庆祝 中华全国总工会 成立100周年
天津总工会

天津工人运动史

（第一卷）

天津市总工会 编著

History of Tianjin
Workers' Movement

天津出版传媒集团

天津人民出版社

图书在版编目（CIP）数据

天津工人运动史. 第一卷 / 天津市总工会编著.
天津 : 天津人民出版社, 2025. 4. -- ISBN 978-7-201
-20935-7

Ⅰ. K261.3

中国国家版本馆 CIP 数据核字第 20244GV126 号

天津工人运动史(第一卷)
TIANJIN GONGREN YUNDONG SHI（DI YI JUAN）

出　　版	天津人民出版社	
出 版 人	刘锦泉	
地　　址	天津市和平区西康路35号康岳大厦	
邮政编码	300051	
邮购电话	（022）23332469	
电子信箱	reader@tjrmcbs.com	

总 策 划	高坤山	
策　　划	刘锦泉　沈海涛	
责任编辑	王　玙　李佩俊	
封面设计	汤　磊	

印　　刷	天津海顺印业包装有限公司	
经　　销	新华书店	
开　　本	710毫米×1000毫米　1/16	
印　　张	23.75	
插　　页	5	
字　　数	400千字	
版次印次	2025年4月第1版　　2025年4月第1次印刷	
定　　价	168.00元	

编审委员会

序　言

　　天津工人阶级诞生于中国处于半殖民地半封建社会的早期,深受凌辱和压迫,具有彻底的斗争精神。在中国共产党的坚强领导下,天津工人运动从自发转为自觉,天津工人阶级在民族解放事业、社会主义革命和建设事业、改革开放和社会主义现代化建设事业、新时代强国建设事业中作出了巨大贡献,涌现出无数可歌可泣、气壮山河的英雄事迹。

　　本套书根据历史脉络,分为四编,共两卷,记述天津工人运动的历史。第一卷的第一编和第二编分别记述近代早期和新民主主义革命时期(1860—1949年)、社会主义革命和建设时期(1949年—1978年12月)的天津工人运动,第二卷的第一编和第二编分别记述改革开放和社会主义现代化建设新时期(1978年12月—2012年10月)、中国特色社会主义新时代(2012年10月—2023年2月)的天津工人运动。每编时间的上限有所上溯、下限有所下延,以保证记述内容的完整性。全书力求全面、客观、真实地反映近现代以来,特别是在党的领导下一百多年来波澜壮阔的天津工人运动,系统总结天津工人运动的成就、经验和教训,从中汲取智慧、探索规律,引导激励天津广大职工发扬优良传统、强化使命担当,为全面建设社会主义现代化大都市、奋力谱写中国式现代化天津篇章作出更大贡献。

　　天津简称“津”,又称“津沽”“津门”,地处华北平原东北部,东临渤海湾,北依燕山余脉,是游牧文明和农耕文明往来争夺的要冲关隘,素有“九河下梢”“河海要冲”之称。明清以降,天津凭借河运、海运、漕运和芦盐之利发展迅速,逐渐成为北方沿海地区重要的商贸、港口城市。

1

自 1840 年鸦片战争开始，西方列强倚仗坚船利炮叩开中国国门，迫使清政府签订了诸多不平等条约，攫取了大量权益。随之而来的，是外国工业制成品开始行销中国和外国资本开始强势介入。这些都加速了封建时代自然经济的解体，促使中国的经济社会发生了深刻变化，中国逐渐沦为半殖民地半封建社会。在此过程中，天津也不可避免地向半殖民地半封建城市转变，并成为近代屈辱历史的见证者和亲历者。

在整个中国近代历史进程中，天津工业无论是规模还是水平都走在了全国的前列，为中国近代以来工业文明的出现和勃兴作出了重要贡献。作为当时我国仅次于上海的工业重镇，天津是中国近代工人最早产生和比较集中的地区之一，是中国工人运动的摇篮之一。

自 19 世纪 60 年代开埠以来，在西方列强商品、资本输出与清政府洋务运动的共同作用下，天津逐渐转型为近代工厂和产业工人的云集之地。工业发展、城市繁荣的背后，是成千上万的普通劳动者默默无闻的辛勤劳作。然而，他们的付出并没有得到应有的报偿，反而饱受欺凌。面对不公，他们曾经反抗过，由于缺少思想认知层面的巨变和坚强政党的领导，他们始终冲不破器物与制度设下的桎梏，始终难以摆脱被压榨的命运。

清朝灭亡，民国肇始，以王权思想为代表的封建余孽依然阴魂不散。先进知识分子终于认识到，改变旧中国实则是改造旧中国的国民，尤其是要改造人们头脑当中的陈旧观念。俄国十月革命后，北京高校的师生开始研究马克思列宁主义，向工人传播新思想。五四运动期间，南开大学、北洋大学的青年学生与北京高校师生积极交流，并借鉴对方的革命经验，兴建学社，创办报纸，深入群众，宣传新知，推动了天津工人群众的觉醒。

中国共产党成立后，天津的党团组织也初步建立，天津革命的面貌焕然一新。从京汉铁路大罢工到五卅运动，从反直系军阀到反奉系军阀，天津工人在党的坚强领导下，始终处在斗争的第一线，与各大城市的工人兄弟并肩作战。大革命失败后，天津工人运动陷入低潮，天津党组织积极调整部署，在逆境中探索党的自身建设和领导工人运动的新路径。20 世纪 30 年代，战争的阴云笼罩中国大地,日本侵略者步步为营,步步紧逼,中日民族矛盾成为主要矛盾。尤其是1937年天津沦陷后,天津工人沦为阶级压迫和民族压迫的双重受害者。即便如此,不屈不挠的天津工人用各种隐蔽、巧妙的方式顽强反抗,为抗战的胜利作出了贡献。天津光复后,国民党掀起"劫收"狂潮,给天津的经济造成了难以估量的破坏,广大工人群众由于经济秩序紊乱而生活窘困。1949年1月15日,天津解放。10月1日,中华人民共和国成立。天津工人终于迎来了真正当家做主人的崭新时代。

新中国成立后,工人阶级以主人翁的姿态投身社会主义革命和建设,为新中国的工业化建设和社会主义现代化建设作出了重要贡献。在党的领导下,工会组织逐渐健全完善。天津各级工会认真贯彻落实党中央、天津市委和中华全国总工会部署,组织动员广大职工积极开展群众性生产运动,推进经济技术革新,开展劳动竞赛,参与企业民主管理,开展政治教育和文化技术教育;同时,积极开展劳动保护工作、送温暖工程、法律服务工作、女工工作等,切实保障工人权益,努力提升工人工资和生活水平。"文化大革命"结束后,天津各级工会开展拨乱反正,组织工人开展生产建设,提升工人生活待遇,为改革开放和社会主义现代化建设新时期天津工人运动开辟新阶段奠定了重要基础。

党的十一届三中全会开启了我国改革开放和社会主义现代化建设新时期,中国工运事业也进入历史新阶段。在党中央正确路线、方针的指引下,天津广大职工坚定走在改革开放的前列,正确对待改革中的利益关系调整,积极支持、参与和推动改革,推崇劳动者价值,以聪明才智和忘我劳动为天津经济的快速增长贡献了智慧和汗水,成为天津经济社会发展的坚强脊梁、推动生产力发展的生力军,以实际行动诠释了工人阶级是推动中华民族发展的坚实力量。天津各级工会从工运事业的历史实际出发,坚持客观性、全面性和科学性相统一的原则,紧紧围绕实现天津"三五八十"奋斗目标和加快实施"三步走"发展战略的大局,深入贯彻"组织起来、切实维权"工会工作方针,坚定不移地走中国特色社会主义工会发展道路,创造了一批在全国具有示范引领作用的工作模式,涌现了一批在全国具有广泛影响的先进典型,干成了一批在通常条件下看来难以干成的大事,破解了许多制约工会工作发展的深层次矛盾,天津工会被中华全国总工会誉为"展示中国工会地位、作用、形象的重要窗口"。

党的十八大以来,中国特色社会主义进入新时代。在以习近平同志为核心的党中央坚强领导下,在习近平新时代中国特色社会主义思想科学指引下,工人阶级在党和国家事业发展中充分发挥主力军作用,工运事业取得历史性成就,工会工作实现全方位进步。天津广大职工与党同心、跟党奋斗,在经济建设、科技创新、脱贫攻坚、乡村振兴、疫情防控、抢险救灾等重大工作中,展现了敢于斗争、勇担重任的时代风采。天津各级工会深入学习贯彻习近平总书记关于工人阶级和工会工作的重要论述,深刻领悟"两个确立"的决定性意义,坚决做到"两个维护",贯彻落实党全心全意依靠工人阶级的根本指导方针,着力保持和增强政治性、先进性、群众性,大力弘扬劳模精神、劳动精神、工匠精神,切实履行思想引领政治责任和维权服务基本职责,组织动员广大职工积极投身天津高质量发展火热实践,为实现"两个一百年"奋斗目标贡献智慧力量。

党的二十大明确提出党在新时代新征程的中心任务,擘画了以中国式现代化全面推进中华民族伟大复兴的宏伟蓝图。天津各级工会深入学习贯彻党中央决策部署,在天津市委和中华全国总工会的领导下,围绕中心、服务大局,统筹谋划、深化改革,务实创新、稳中求进,不断增强基层工会的引领力、组织力、服务力,团结引领广大职工坚定不移听党话、矢志不渝跟党走。天津广大职工理想信念更加坚定,思想基础更加巩固;产业工人队伍建设改革向纵深推进,技能人才支撑更加牢靠;职工合法权益得到有效维护,劳动关系更加和谐;工会改革和建设持续深化,服务职工体系更加完善。天津广大职工和各级工会组织牢记嘱托、开拓创新,脚踏实地、拼搏实干,为全面建设社会主义现代化大都市,奋力谱写中国式现代化天津篇章而团结奋斗。

2025年1月

目　录

第二编　社会主义革命和建设时期的天津工人运动
(1949年—1978年12月)

第一编

近代早期和新民主主义革命时期的天津工人运动

（1860—1949年）

自19世纪60年代天津开埠以来,在西方列强的商品、资本输出与清政府的洋务运动的共同作用下,天津由一个传统社会的港口、商业城市逐渐转型为近代工厂和产业工人的云集之地。工业的发展给这座城市带来了生机和繁荣,其背后是成千上万普通劳动者默默无闻的辛勤劳作。然而,他们的付出没有得到应有的报偿,反而饱受欺凌。面对不公他们曾经反抗过,破坏机器、消极怠工换来的是更为残暴严苛的打骂监督,依靠民间秘密结社抱团取暖换来的是工头把头自肥。由于缺少思想认知层面的巨变和坚强政党的领导,他们始终冲不破器物与制度设下的桎梏,始终难以摆脱被压榨的命运。

清朝灭亡,民国肇始,以王权思想为代表的封建余孽依然阴魂不散。先进知识分子终于认识到,中国虽然出现了近代化、工业化、城市化,但广大人民群众依然处于思想上被愚弄、经济上被剥削、政治上被压迫的境地。在西学东渐的浪潮中,有一种理论的可行性被实践证明,即马克思列宁主义。俄国十月革命后,北京高校的师生开始冲破"工学界限"的藩篱,向工人传播新思想。最终,先进知识分子与劳工阶层这两股革命洪流在五四运动中汇聚在了一起。先进思想与群众运动的结合,先进知识分子与工农群众的汇合,为中国共产党的成立奠定了基础。

中国共产党成立后,天津的党团组织也初步建立,天津革命的面貌焕然一新。各地党团组织参照俄国经验,立足城市组织领导工人运动。但是,天津是反动势力盘踞的大本营,列强、买办、军阀、官僚、清朝遗老遗少无不视群众运动若仇雠。天津工人在党的坚强领导下,迎难而上,从京汉铁路大罢工到五卅运动,从反直系军阀到反奉系军阀,始终处在斗争的第一线,与各大城市的工人兄弟并肩作战。

大革命失败后,天津工人运动陷入低潮。天津党组织积极调整部署,在逆境中探索党的自身建设和领导工人运动的新路径。20世纪30年代,日本侵略者步步为营,步步紧逼,中日民族矛盾成为主要矛盾。尤其是1937年天津沦陷后,天津工人不仅受到日本资本家的剥削,而且受到日伪政权的严密管控,成为阶级压迫和民族压迫的双重受害者。但是不屈不挠的天津工人用各种隐蔽、巧妙的方式顽强反抗,为抗战的胜利作出了贡献。天津光复后,国民党掀起"劫收"狂潮,给天津经济造成的破坏难以估量,广大工人群众的各方面待遇没有得到改善。1949年1月15日,天津解放。10月1日,中华人民共和国成立。天津工人终于迎来了真正当家做主人的崭新时代。

第一章　天津工人阶级的
产生与自发斗争

（1860—1919年）

　　天津简称"津"，又称"津沽""津门"，地处华北平原的东北部，东临渤海湾，北依燕山余脉，是游牧文明和农耕文明的往来争夺的要冲关隘，由于处在海河五大支流的汇合处和入海口，素有"九河下梢""河海要冲"之称。金元以来，由于盐业和漕运业的发展，三岔河口一带已经是相当繁盛的人口聚居地。[①]明清以降，天津凭借河运、海运、漕运和芦盐之利发展迅速，逐渐成为北方沿海地区重要的商贸、港口城市。到1840年鸦片战争前夕，天津卫城已成为商贾萃集的北方经济中心，这时它的人口数量，按照《津门保甲图说》来推算，已约达19万人。[②]

　　值得一提的是，在自然经济占主导地位的封建时代，天津地区的商品经济已有较大发展，为近代工业体系的建构和产业工人的出现奠定了基础。自1840年鸦片战争开始，西方列强倚仗坚船利炮叩开中国国门，迫使清政府签订了诸多不平等条约，攫取了大量权益。随之而来的，是外国工业制成品开始行销中国和外国资本开始强势介入。这些都加速了封建时代自然经济的解体，促使中国的经济社会发生了深刻的变化。中国逐渐沦为半殖民地半封

---

　　① 李竞能主编：《天津人口史》，南开大学出版社，1990年，第4页。

　　② 李竞能主编：《天津人口史》，南开大学出版社，1990年，第5页。《天津人口史》第5页注释2和3提到："如果按照天津市现在的行政区划，用平均法来估算，人口数量比上述两个数字要大得多，1491年（明弘治四年）约9.5万人，1820年（清嘉庆二十五年）约94.6万人。"

建社会。在此过程中,作为沿海地区的重要商贸港口城市,天津也不可避免地向半殖民地半封建城市转变,并成为近代屈辱历史的见证者和亲历者。

在整个中国近代历史的进程中,天津工业无论是规模还是水平都走在了全国的前列,为中国近代以来工业文明的出现和勃兴作出了重要贡献。作为当时我国仅次于上海的工业重镇,天津是中国近代工人最早产生和比较集中的地区之一,是中国工人运动的摇篮之一。[①]由于产生发展在半殖民地半封建的旧中国,"中国无产阶级身受三种压迫(帝国主义的压迫、资产阶级的压迫、封建势力的压迫),而这些压迫的严重性和残酷性,是世界各民族中少见的;因此,他们在革命斗争中,比任何别的阶级来得坚决和彻底。在殖民地半殖民地的中国,没有欧洲那样的社会改良主义的经济基础,所以除极少数的工贼之外,整个阶级都是最革命的。"[②]

第一节　天津工人阶级的产生

近代以来,西方列强侵略中国,中国被迫打开国门,被迫卷入到资本主义、帝国主义列强的全球殖民体系当中,中华民族面对着三千年未有之新变局、新问题、新挑战。鸦片战争爆发后,外国资本加大对中国的投资和经济侵略,对中国本土经济造成了极大的破坏,使原有的城镇手工业和农民家庭手工业面临巨大的危机,加速了自然经济条件下农民、手工业者及城市平民破产、失业的过程,使之涌入劳动力市场,为资本主义工商业的发展提供了大批的廉价劳动力。到1894年甲午战争前夕,外国资本在华所开设的工业企业共达一百余家,雇佣工人约三万四千人。[③]清政府在洋务运动中,共计办有军事

---

① 天津市地方志编修委员会办公室、天津市总工会编著:《天津市志·工会志》,方志出版社,2017年,第3页。

②《毛泽东选集》(第2卷),人民出版社,1991年,第644页。

③ 苟方杰等编著:《中国工人运动简史》,山东大学出版社,1988年,第3页。

工厂19个,民用工矿交通企业28个,官办工矿交通企业工人总数在45000人左右。[1]民族资本经营的各种近代加工工业,共计雇佣工人约27250人,加上民族资本经营的矿业工人约5000人,再加民营航运和公用事业等方面的工人,总数当在33000人以上,总计约11万人。[2]在新陈代谢的巨变潮流中,天津作为毗邻京师的水陆码头,较早开埠通商,建构起了庞大的工商业体系,吸纳聚集了大批产业工人,在肇始于清末的中国近代化进程当中,书写了浓墨重彩的一笔。

一、天津近代工业的崛起

天津是中国近代工业的重要发祥地之一,有着深厚的历史积淀。早在元明之时,由于海运和河运发达,煮盐业和车船零件制造就已经兴起。在西方资本主义浪潮冲击下,封建自然经济的大厦逐渐崩塌,使用机械生产并雇用大量工人的工矿企业开始在一些资源丰富、交通便利的城市出现,天津便是其中的重要代表。官办军工业是天津近代工业的开端。天津近代工业发展的早期,是指从1866年天津开始出现近代工业时起,到1914年第一次世界大战爆发为止的这一段,约五十年的时间。[3]

这一时期的天津近代工业包括清政府官方资本、外国资本和国内民族资本开办的三种类型的工矿企业。具体而言,西方列强侵略中国,试图把中国变为廉价工业原料的出产地和大宗工业产品的输出地。但随着侵略程度的不断加深,商品输出与资本输出双管齐下,西方资本在华投资开矿设厂修建铁路,使近代西方特色的生产技艺和管理模式在古老的中国逐渐普及开来,让东方文明古国震惊之余,客观上促进了中国近代工业的勃兴。此外,清政府在与西方列强

---

① 刘明逵、唐玉良编:《中国工人运动史》(第1卷),广东人民出版社,1998年,第27页。
② 刘明逵、唐玉良编:《中国工人运动史》(第1卷),广东人民出版社,1998年,第31页。
③ 徐景星:《天津近代工业的早期概况》,《天津文史资料选辑》(第1辑),天津人民出版社,1978年,第124页。若考察更长的时段,即从洋务运动到天津沦陷前夕,则可以把天津近代工业的发展历程划分为肇兴萌芽时期(19世纪60至90年代,天津是洋务运动的北方中心)、进一步发展时期(1902—1912年,清末"新政"的试验田)、全盛时期(1912—1937年,全国第二大工商业城市)。

的武装冲突过程中,认识到了彼我双方器物上之代差,官僚地主阶级中的有识之士为了富国强兵、抵御外侮,率先引入西方军火工艺和冶炼技术,开辟了中国近代工业的发展道路。伴随着西方资本与中国官方资本在工业领域的扩张,中国的一些官僚、军阀、买办、商贾,利用自己掌控的权力、财富和人脉,在轻工业领域进行投资设厂,促进了民族资本工商业的发展。

(一)"师夷长技以自强"

1860年,英、法、俄强迫清政府签订了《北京条约》,天津被迫辟为通商口岸,成为北方最早的3个通商口岸之一,使天津半殖民地化逐步加快。从此,天津成为外国列强在中国倾销商品、掠夺原料、输出资本的重要基地。西方近代工业生产方式和经营方式登陆天津,天津从此被卷入到西方列强的殖民"旋涡"当中。西方资本、货物、机器、观念涌入天津,在外力的推动下,这座古老的城市迈开了工业近代化的步伐。

天津开埠以后,各国列强在海河两岸争先恐后地抢占地盘,强划租界。"英、美、法、德、日、俄、意、奥、比等九国租界的总面积共23350.5亩,是天津旧城的8倍,其存在的时间,少则17年,多者达80余年。"①入侵国家之多,强占面积之大,在当时的中国为最。列强依仗特权,在租界里设立领事馆、警察局、武装部队。租界里的市政建设、公用事业、财政事务等全由租界当局任意施行,租界成为完全独立于中国行政和法律之外的"国中之国"。它们不仅控制着天津航运、陆路交通的要道,而且扼守着从海口通往北京的战略要地,对天津乃至全国肆无忌惮地进行经济、政治、军事、文化侵略。经过数十年的经营,租界成了列强掠夺中国财富、欺压当地百姓的据点和桥头堡。

随着列强在津设立租界,掠夺力度不断加强。一大批外国冒险家、传教士、商人纷至沓来,在天津创办洋行、银行、商店,兴建花园、娱乐场、办公楼,建立医院、学校,盖洋房、别墅,不仅带来了资本主义生产经营方式,而且带来了生活娱乐方式。清末,官僚、买办、富商、政客等纷纷在天津买房置地,使天

---

① 杨升祥:《简论天津租界》,《历史教学》2000年第3期。

津成为近代殖民政治、经济、文化的聚合地。

随着天津半殖民地半封建社会程度日益加深，清朝统治集团中的明智之士在纷繁复杂的中西交互中，不断求索解决问题的办法和应对挑战的策略。在这个求索的过程中，天津近代工业崛起的历史大幕徐徐拉开。"天津是从1860年的第二次鸦片战争之后进入近代时期的。"①天津近代工业萌芽于洋务运动。洋务运动，又称自强运动，是19世纪60年代到90年代洋务派以"自强""求富"为口号，利用西方军事装备、机器生产和科学技术以挽救清朝统治的自救运动。在"华洋会剿"太平天国农民起义的过程中，曾国藩、李鸿章等地方实力派见识到了西方兵器的威力，于是在战争期间（1861年）就筹办创立了近代第一个新式兵工厂——安庆内军械所。

以太平天国运动和第二次鸦片战争为开端，清政府开启了一场声势颇为浩大的自救运动——洋务运动。随着与西方列强对抗交往之深入，清朝的统治阶层对于西方之"奇技淫巧"有了更深刻的认识。第二次鸦片战争中，以恭亲王为代表的洋务派根据英法联军的诸多举动，得出了三种教训。其中就包括"西洋的军器和练兵的方法远在我们之上。咸丰十年，担任津京防御者是僧格林沁和胜保。这两人在当时是有名的大将。他们惨败了以后，时人只好承认西洋军队的优胜。另外，恭亲王及文祥发现西洋人不但愿意卖军器给我们，而且愿意把制造军器的秘密及训练军队的方法教给我们。这颇出于时人意料之外。他们认为这是我们自强的机会"②。

基于上述认知，1861年1月11日，恭亲王奕䜣与文祥、桂良呈上奏折——《通筹夷务全局酌拟章程六条》，建议推行以富国强兵为目的的洋务运动，由此揭开了清政府引入近代西方工业技术和探究西方文明的序幕。1861年辛酉政变后，垂帘听政的慈禧开始重用洋务派，采纳洋务派的主张，大规模引进西方先进的科学技术，兴办近代化军事工业和民用企业。到1894年以前，洋务

---

① 来新夏：《天津近代史》，南开大学出版社，1987年，第2页。
② 蒋廷黻：《中国近代史大纲》，青年书店，1939年，第57页。

派共创办四十多家工业企业,雇佣工人多达四万人。[①]这些厂矿企业引进西方技术,使用西式机器,高薪聘请外国工程技术人员,大批一线工人则多从本土招募,存在雇佣关系,总体上是按照西方机器工厂的组织形式进行生产,带有一定的资本主义性质,但在运营方面过分倚重于在清廷中担任较高职务的官员或清朝宗室贵族,具有较强的封建性。

(二)军工企业为先导

天津作为京师门户、首都屏障,不仅战略位置极其重要,而且经济社会发展比较繁荣。因此在洋务运动中,天津成为清政府推行军事近代化、引入新技术、试行新式教育的重点试验示范地区。作为洋务运动的重要"试验田",无论是工业、军事还是文化、教育等方面,天津在中国近代化的过程中具有举足轻重的地位。

在第二次鸦片战争期间,英法联军从天津塘沽登陆,直入京师。战后,清政府为了完善京畿重地防御体系,对东南门户天津更为重视,把天津作为构建近代工业体系尤其是军工体系的重要基地。从19世纪60年代开始,洋务派在天津先后创建了机器局、大沽船坞、轮船招商局(天津分局)等一批军事工业和民用企业。到1900年,天津共有近代工矿企业36家,近代工业体系已经初具规模。

其中,机器局是天津近代工业的奠基之作。李鸿章在几篇奏折中,曾强调在天津开设机器局的理由有三:第一是"天津拱卫京畿,宜就厂中机器仿造一分,以备运津,俾京营员弁就近学习以固根本"[②];第二是因为天津临近海口,"购料制造,不为费手"[③];第三是在天津大规模制造洋火药,"足补南局(上海江南制造局和南京金陵制造局)所未备"[④]。1866年(同治五年),在军机大

---

① 苟方杰等编著:《中国工人运动简史》,山东大学出版社,1988年,第4页。

② 李鸿章:《置办外国铁厂机器折》(同治四年八月初一日),《李文忠公全集》,奏稿,卷9,第30页。

③ 李鸿章:《同治朝筹办夷务始末》,《李文忠公全集》,奏稿,卷17,第16页。

④ 李鸿章:《同治朝筹办夷务始末》,《李文忠公全集》,奏稿,卷55,第17页。

臣兼总理各国事务衙门大臣恭亲王奕䜣的支持下，三口通商大臣兼直隶总督崇厚筹集二十多万两白银，①在天津城东贾家沽道创办机器制造局，最初名为军火机器总局（又称北洋机器局、天津机器制造局），是中国早期的现代化兵工厂，简称"津局"。清廷此举，"隐寓防患固本之意"，企图建立由满洲贵族直接控制的军火工厂，打破汉族官僚对新式军工企业的垄断，借以扭转外重内轻的局面。②

1870年（同治九年），天津机器制造局管理层经历了一次重大变动，管理权从清朝宗室转移到汉族疆臣手中。是年，李鸿章出任直隶总督兼北洋大臣后，③逐步将天津机器制造局置于自己直接掌控之下。这位疆臣领袖、洋务派核心人物，一上任即对天津机器制造局进行扩建和设备更新，积极兴办近代军事工业，大搞洋务运动，带动了天津近代工业的兴起。在李鸿章的安排下，江南机器制造总局派遣沈保靖北上天津，总理天津机器制造局事务。

1873—1886年（同治十二年至光绪十二年），天津机器制造局经过四次扩建，先后建成了三个碾药厂，以及洋枪厂、硫酸厂、轧铜厂、栗色火药厂等，共雇有1400—2500名工人，④规模上仅次于曾国藩、李鸿章于1865年创办的中国近代最大兵工厂——江南机器制造总局（又称上海机器局）。天津机器制造局包括东西两局：东局在天津城东贾家沽，主要生产火药、子弹，兼造步枪和水雷，"日碾洋火药三四百磅"⑤；西局设在南关外海光寺，制造开花弹、炮车

---

① 崇厚是满洲镶黄旗人，完颜氏，字地山，咸丰、同治两朝处理对外事务的重要大臣，是天津洋务运动的创始人之一。

② 苑书义：《李鸿章传》，人民出版社，2004年，第135页。

③ 北洋，原指中国华北靠海一带的疆域，一般是指渤海、黄海、朝鲜半岛四周，如奉天省（今辽宁省）、直隶省（今河北省、北京市、天津市）、山东省。由"北洋"一词延伸出许多关于"北洋"的词汇，如"北洋大臣""北洋水师""北洋政府""北洋军阀""北洋武备学堂""北洋大学""北洋拳术馆"。这些词均源自李鸿章担任北洋大臣后，以天津为中心的政治、军事、商业、教育等活动。李鸿章之后，下一个北洋头目为袁世凯。

④ 刘明逵、唐玉良编：《中国工人运动史》（第1卷），广东人民出版社，1998年，第23页。该书中记载的工人数量较《津门杂记》虽略少，但也比较接近。

⑤ 李鸿章：《开拓机器局片》（同治九年十一月初六日），《李文忠公全集》，奏稿，卷17，第36页。

和军用器具,经过扩建,形成日产枪弹一万五千多发的能力,可仿制炮车、开花子弹、电线等。①共设有铸铁、熟铁、锯木、碾药、洋枪、枪子、水雷、火药、炼钢和修船等分厂,以及机器房、火药库等。还建有司艺厂、电机学堂、水雷学堂和电报学堂,作为培养各种新式人才的教育机构。《津门杂记》中记载:"机器局即制造局,一在城南三里海光寺,工匠六七百人,以机器制造洋枪炮架等物,兼制小火轮船,每日卯正上工酉初停息,由气机管放气为号,响声遥闻数里。一局在城东八里大直沽东北,人称'东局',地广数百亩,屋宇机器全备,规模宏大,井井有条。工作者约二千人,日费不止千金。专制火药及各种军械,均有道员总理其事。并有洋匠,及闽广江浙人,谓之监制云。"②由此可见,机器局东、西两局的工人有两千五百人左右,而且管理上采用比较先进的方法,有固定的工作时间,有明确的下班提示。既有朝廷选派的官员出任类似今天总经理式的岗位,也有来自国外和国内南方发展前沿省份的工程师、熟练工担任技术顾问。所以说,规模大且管理先进的天津机器制造局是清末洋务运动中建立的具有代表性的官办军工企业。

此后,在中央、地方洋务派的支持下,清政府不断追加投资,前后投入白银700多万两,从英国进口大量的机器设备和原材料,并聘请多名英国专家担任工程师。经过沈保靖的整顿,制造局的规模迅速扩大,产品种类不断增加。自光绪朝起,天津机器制造局主要生产火药。"从1876年(光绪二年)正式生产以后,每年产量60余万磅。1881年新建的栗色火药厂开始投产,产量曾高到100多万磅。其次是枪弹和炮弹。所造林明敦、士乃得枪子每年约一百万颗,截至1880年,共造800余万颗。炮弹主要有两种:前膛开花炮弹每年6万余个,后膛来福镀铅大炮弹每年五六千个,1879年最高达9千余个。1879年以

---

① 天津市地方志编修委员会编:《天津通志·政权志·政府卷》,天津社会科学出版社,1996年,第139页。

② (清)张焘:《津门杂记·机器局》,光绪十年(1884年)岁次甲申秋月新刻,中卷,第18—19页。

后,每年造水雷(1000磅、700磅、500磅)数百个。"[1]同时还制造少量的林明敦
后膛枪、[2]水雷和布雷艇以及各种军用器具。

天津机器制造局是"洋军火之总汇",被称为亚洲最大的兵工厂,[3]在军
工国防近代化的过程中发挥了重要作用。该局的武器弹药主要供北洋各支
部队和拱卫京畿的卫戍部队使用,余者支援东北华北的清军以及江南地区
的水陆部队。在中法战争和中日甲午战争期间,天津机器制造局上下齐心,
日夜开工,为前线军队供应装备。1896年,天津机器制造局改名为北洋机器
局。到19世纪末,天津机器制造局已经发展成为集机器制造、金属冶炼、铸
造、热加工、基本化学、船舶修造于一体的大型军工企业。尤其是天津机器
制造局的东局是中国北方最大的工业企业,也是当时世界上最大的机器局
之一。1900年,天津机器制造局毁于八国联军侵华的战火,时人胡思敬记
述:"后拳匪变起,开平质于英,漠河陷于俄,天津机器制造局毁于联军,鸿章
临死,犹引以为恨。"[4]待袁世凯出任直隶总督后,将剩余机器转移至山东德
州另行设厂。[5]

除了开设工厂企业外,交通运输系统也有了重大发展。洋务运动军事企
业随着进一步发展,对能源、原料和交通运输等有了客观需要。为解决天津
机器制造局所需煤炭全部进口的问题,开平矿务局(总负责人是洋务企业家

---

① 徐景星:《天津近代工业的早期概况》,《天津文史资料选辑》(第1辑),天津人民出
版社,1978年,第129页。
② 林明登步枪,清末制造的击针式后装单发枪。1867年江南制造总局首先生产,系仿
美国林明登(后多译为林明敦)边针后膛枪制造。熊武一、周家法主编:《军事大辞海·下》,
长城出版社,2000年,第1785页。
③ 天津市地方志编修委员会编:《天津通志·政权志·政府卷》,天津社会科学出版社,
1996年,第139页。
④ 胡思敬:《国闻备乘》(第1卷),中华书局,2018年,第150页。
⑤ 1902年之后,法国人强占了已毁于炮火的天津机器制造局,改为"东局子兵营"。
1937年抗日战争时期,以程林庄路(今成林道)为界,南部称为万辛庄,今天还有万辛庄大
街等地名,北部称东局子至今。1940年,东局子一带被日军占领,1945年日本投降,此处又
成了美国军队的驻地。

唐廷枢)决议修建铁路。[①]经过李鸿章多次上书奏请,清政府终于准奏。1881年,开平矿务局出资聘请英国工程师金达,主持修建了一条从唐山到胥各庄(今河北省唐山市丰南区)的运煤铁路,这也是我国自建的第一条标准轨道运输铁路,长度9.67公里,命名为唐胥铁路。[②]我国的第一个铁路工厂也诞生在这里,当时称胥各庄修车厂,1888年才迁至唐山,发展成为今天的中国北车集团唐山机车车辆厂。唐胥铁路的建成只是中国铁路的一个开始。1886年,直隶总督李鸿章奏请清政府成立了开平铁路总公司,次年改名为中国天津铁路公司,又称津沽铁路公司,是中国自办的第一个铁路公司,名为商办,实为官督商办,实际控制权仍在官僚手中。1888年秋,唐胥铁路延伸至芦台、大沽、天津,全长130公里,命名为津唐铁路。这条铁路的修建使得唐山的煤炭能够源源不断地运往天津,有力地配合了天津近代军工企业的发展,也使两座城市在近代工业的发展过程中紧密地联系在了一起,为京津政商资本流入唐山投资入股开辟了路径。

为了避免再次出现第二次鸦片战争中侵略者在天津登陆直捣黄龙的状况,北洋大臣李鸿章着力加强天津、唐山、山海关一带的海防,以便拱卫京师。为了构建防务体系,便于煤炭、军火、军队的运输,李鸿章以天津为中心,修筑了天津经唐山直抵山海关的铁路(长287公里),并在沿线创设了一批为军工产业、北洋军队服务的"官督商办"企业。

第二次鸦片战争后,西方列强在北京设立公使馆,要求总理各国事务衙

[①] 1877年,为了供应北洋海军、轮船招商局和天津机器制造局所需要的煤,李鸿章委派怡和洋行买办出身的轮船招商局总办唐景星招股组织"开平煤矿公司"(原先叫开平矿务局)。1878年,在直隶省(今河北省)东部开平县唐山的煤矿区采用机器开掘了第一个竖井。金士宣、徐文述编:《中国铁路发展史(1876—1949)》,中国铁道出版社,1986年,第11—12页。需要注意的是,洋务运动期间,洋务派创办的开平、滦州煤矿等唐山大型工矿企业虽不在天津境内,但无论在统辖权上还是经济联系上都与天津有着十分密切的联系。

[②] 轨距为1435毫米,采用每米重15公斤的轻钢轨,成为中国铁路建筑史的正式开端。该筑路请求曾被清政府驳回,开平煤矿公司甚至曾想用运河代替铁路,但经过地形勘探,实难成行,只好把铁路路线缩短,勉强通过。因毗邻遵化清东陵,清朝宗室担心火车"震动山陵",故铁路起初用骡马拖拉车辆,人称"马车铁路",1882年才改用机车牵引。

门代为收发公文信件。1866年，为了减轻自身的"保安照料"责任，总理衙门委托担任海关总税务司的英人赫德筹办邮传事务。随后，北京、上海、镇江、天津等地海关设立邮务办事处，专门负责收寄各国公使馆的文件和海关公私信件。1868年，天津增设收寄外国侨民私人信件的业务点。在直隶总督、北洋大臣李鸿章的支持下，赫德以天津为中心，逐渐把邮政业务做大，在天津、北京、烟台、牛庄（今营口）、上海五处海关试办邮政，邮寄国内外公民的邮件。1879年，在李鸿章的主持下，天津和大沽炮台之间架设了电报线。翌年，从天津到上海的电报线架设成功，洋务派在天津设立了电报总局和电报学堂。由此，天津作为近代中国邮传电讯业务的重要发祥地之一，产生了近代最早的邮务工人和电讯工人。

以天津机器制造局为代表的官办军工企业，是天津近代工业的开端。官办军工企业资金足、设备新、技术高、工人多、规模大，逐渐形成了包括机器制造、基本化学、金属冶炼、铸造、热加工等在内的大型军工联合企业。但是也应清楚地认识到，清政府兴办军工企业不是为了与西方列强一较长短，维护国家利益和主权的，而是为了继续维持清政府的统治。军工企业生产的产品充实了李鸿章等地方实权派的军事实力，增强了他们个人的政治资本。

这些投入大量国帑的官办企业，并不是在我国经济社会发展稳固的基础上发展起来的，清政府每年在财政上担负了巨额经费开支，实际上加重了广大人民的负担。同时，为一部分外国商人、洋务派官僚增加了一个中饱私囊的良机，他们从中大肆搜刮、损公肥私，对企业长远发展起到了消极作用。上述弊病也注定洋务运动不能长久并以失败告终。

（三）外国资本加大投资

第一次鸦片战争后，外国商人在天津开设洋行，经营进出口贸易。但在开设工厂方面，天津远比开埠较早的上海、广州等地晚。19世纪70年代，第二次工业革命开始，引起资本主义生产关系的局部调整，垄断组织产生并且日益成为各个资本主义国家所有政治经济生活的主导，自由资本主义向垄断资本主义（即帝国主义）过渡，列强对华侵略从商品输出逐渐转向资本输出。

外国资本家倚仗不平等条约所攫取的特权,[①]开始在天津开办工厂。1860年英商隆茂洋行设立的打包厂,是天津工业史上第一家使用机器的工厂。天津最早的外资企业是1874年创立的英国大沽驳船公司,初始注册资金为3.3万美元。1881年,英国人高林在天津创立了高林洋行打包厂,这是天津第一家羊毛打包厂。彼时的天津是皮毛大宗出口的城市,随着交易量激增、价格上涨,牧区中出现皮毛掺沙子的情况,有时羊毛掺沙量达到50%,平均也有30%,给当时的贸易造成了麻烦。几乎所有出口商都在这家工厂为要装运的羊毛清洗打包。

根据现有资料统计,清朝末期外国资本共在津开设24家工厂企业,其中17家开办于1900年以前、7家开设于1900年以后。这些工厂企业的名称与创办时间如下表所示。

表1.1　清末外资在津开设工厂企业

年份	国别	厂名	备注
1860	英	隆茂洋行打包厂	
1874	英	大沽驳船公司	资本3.3万美元
1881	英	高林洋行打包厂	
1884	德	天津时报馆	资本10万两
1887	英	德隆洋行打包厂	
1890	英	天津煤气公司	资本3万两
		华胜洋行打包厂	
		安利洋行打包厂	
		新泰兴洋行打包厂	
	德	兴隆洋行打包厂	

① 第二次鸦片战争后,洋人在华享有的权利对本土经济冲击较大者,如外国船只(包括军舰)可以在沿海和沿长江各通商口岸自由航行;外国货物进行销中国内地和外商从内地收购土产出口,仅征收5%的进出口正税和2.5%的出口附加税,免除一切内地税和杂税。

续表

年份	国别	厂名	备注
1891	英	老晋隆洋行	小规模机制纸烟
1892		祥茂肥皂公司	
1894		天津印字馆	
1897		天津自来水公司	资本19.8万两
1898		平和洋行打包厂	
1900	英	山海关汽水厂	资本3.75万两
	英	仁记洋行打包厂	
1902	比	天津电车电灯公司	资本250万两
	法	法国电灯房电务处	资本11.9万元
	英	济安自来水公司	资本107.2万元
1903	英	天津使馆界发电所	资本26万元
1906	日	天津日租界电灯部	
1908	德	德国北辰电业公司	资本26万元
	英	詹士顿机器制砖厂	年产1000万块

（数据来源：徐景星《天津近代工业的早期概况》）

"按照行业划分：打包厂9家、印刷厂2家、轻工业3家、造船业1家、制砖业1家、公用事业8家。从1860年到1913年，外商在天津开办了20多家企业，其中以英国资本投资数量最多，有18家，占比75%。外资在津投资总额约为400多万元，约占同期外资在华投资总额（2800万元）的15%。其中比利时商人创办的电车电灯公司的投资额最高，达250万两，其次是济安自来水公司，为107.2万元。"[1]1901年，英国骗取唐山开平煤矿，虽然名义上是中英合办，但实际权力掌握在英国人手中，并在英国注册，一度成为外资企业中最大的一

—————————

[1] 徐景星：《天津近代工业的早期概况》，《天津文史资料选辑》（第1辑），天津人民出版社，1978年，第134—135页。清代延续明代计量单位，库平一两等于37.3克，通常银圆的重量约为26.697克，其中纯银约23.76克。所以一两白银换算成银圆的数量为37.3÷23.76≈1.57，所以一两白银相当于1.57银圆。

家。[①]

特别是1895年,清政府在甲午战争中失败,被迫签订了《马关条约》,根据这一不平等条约,帝国主义列强争先恐后地在中国建工厂,开矿山,修铁路,对华侵略进入了以资本输出为主的新时期。至1913年,外资在天津建立的工厂约有十五家。[②]这些工厂是帝国主义列强在华掠夺工业生产原料、剥削压榨我国廉价劳动力而建立的加工型企业。尽管外商投资了一些公共事业,客观上推动了天津部分城区生活方式的近代化,但是他们的根本目的在于通过垄断获取高额利润。如天津煤气公司1909年盈利超过25%,天津自来水厂1911—1913年盈利率都在10%以上,比商电车电灯公司1913年盈利率是14%。[③]

总之,这一时期的外资企业仍然以掠夺中国资源、利用廉价劳动力、攫取更大的利润为主要目标,对彼时中国诸多正在兴起的各行业施展多种手段进行经济侵略。

(四)民族企业有所发展

在外国商品、资本输入和本国君主、官僚专制体制的双重挤压下,鸦片战争后的很长一段时间,国内并无私人资本投资工矿企业。直到洋务运动期间,清政府决定利用民间资本来解决军工企业所需的原料、燃料、运输等问题,节省政府开支,进而采用官商合办或官督商办的形式,招商募股兴办近代工业企业。较早得到消息且手中有积余的部分官僚、地主、商人、买办纷纷下场投资。因此,19世纪70年代,中国民族资本主义企业开始出现。

首开风气的是经商氛围浓厚、与洋人较早接触的南粤地区。当地的私人资本最早投资的行业是轻工纺织业。1873年,陈启沅以七千余两白银在广东南海简村祖屋旁办起继昌隆缫丝厂,翌年秋冬投产,这是中国第一家近代民

---

① 徐景星:《天津近代工业的早期概况》,《天津文史资料选辑》(第1辑),天津人民出版社,1978年,第135页。
② 天津社会科学院经济研究所工业经济研究室:《解放前的天津工业概况》,《天津社会科学》1984年第2期。
③ 汪敬虞:《中国近代工业史资料》(第2辑上册),科学出版社,1957年,第386页。

族资本工厂,实现了中国近代的纺织业从手工操作走向机械化的机器缫丝业,工效提高了十倍,质量也高出三分之一,大大提高了劳动生产率,标志着中国民族资产阶级的兴起。①当时的民族资本企业以轻纺工业、机器制造业和采矿工业为主,尤其是集中在火柴、面粉、碾米、造纸等工业。到甲午战争前,中国民族资本主义企业多达139家,雇佣工人数量在2.7万人左右。②

　　广东是民间资本办厂的起源地,待潮流传至天津后,天津的民族资本与广东是有所不同的,企业与军政界要人的联系更加紧密。19世纪70年代,天津的工矿企业由最初的官办逐步向私人投资转变,官商合办或官督商办逐渐成为企业的主要组织形式。京津一带在朝或在野的政客和军阀以其得天独厚的优势,成为天津工厂企业的主要投资人。北京是官僚军阀、富商巨贾、各界名流的集中地,这些人用各种手段搜刮财富,充盈私囊。往年间,他们或者在故土乡间购置田亩桑园,雇农耕种,以获实利;或在通都大邑兴建豪宅大院,使奴唤婢,锦衣玉食。清末民初,风云激荡数十载,为人身安全、财产升值计,军政要人、各界名流有了更多的选择,纷纷在天津尤其是租界内置办产业,投资有官方背景的"民间企业"。彼时,天津近代工商企业的勃兴、能够赚取高额利润的投资良机,令这些掌握权力、人脉、金钱却缺少用武之地的阔佬趋之若鹜。于是,在官方资本和外国资本开启殖产兴业的先河后,民间资本也开始在津投资设厂、认购股票。

　　1878年,轮船招商局负责漕运和官务的会办朱其昂在天津的海大道③旁、

---

　　① 但由于机器缫丝挤占了当地手工业工人的就业机会,1881年8月南海当地手工缫丝业行会锦纶堂召集村民千余人,将该厂附近的裕厚昌机器缫丝厂捣毁。随后南海县官徐赓陛以机器缫丝厂"男女混杂,易生瓜李之嫌","一家得利,而使千百穷黎失其恒业,其必起而争","各省制办机器,均系由官设局平民不得私擅购置"等为理由,下令各机器缫丝厂停业,被迫迁往澳门,改名"和昌丝厂"与"复和隆丝厂"。

　　② 苟方杰等编著:《中国工人运动简史》,山东大学出版社,1988年,第4页。

　　③ 海大道(今大沽路)早年称海河叠道,其历史可追溯到900年前的宋辽时期。根据史料记载,这条海河叠道是在继承北宋军事砦、铺哨所间的通道,元朝屯田垦盐活动的不完整道路的基础上,经过明朝大规模屯田,使海河南大堤逐步形成了由卫城通往海口屯田区的大道。清康熙年间,鉴于此地低洼积水,有官商捐助对叠道进行过一次整修,使之成为大沽、新城与天津间唯一通衢。

紫竹林村外创办了一家名为"贻来牟"①的机器磨坊。这是天津第一家近代化私人面粉厂,是天津地区机器磨制面粉的首创,也是北方最早的民族企业。贻来牟磨坊用蒸汽机取代了畜力推磨,效率高,质量好,仅员工十余人,就能每年获利六七千两白银。②甚至远在上海的《申报》也曾对此进行报道:"磨面机器一座,在紫竹林招商局下开张磨坊,名曰贻来牟机器磨坊,系创举,向未通行。日计进烧煤若干,及用机器司务两人外,又需小工十余人……事半功倍,出面极多,且面色纯白,与用牛磨者迥不相同。现已远近驰名。"③根据上述记载不难发现,贻来牟机器磨坊不仅使用机器生产,还雇佣一定数量的熟练工和学徒工,较高的技术和管理水平使磨坊生产效率得到提高,质量也得到保证,在天津当地具有较好的品牌效应。

由于利润较高,民间资本不断注入机器磨面行业。到19世纪90年代,天津又新增数家机器磨坊,其中有明确记载的共三家,分别是大来生机器磨坊、天利和机器磨坊、南门外瑞和成机器磨坊。可惜的是,作为首创的贻来牟磨坊于1900年庚子年间,由于员工操作失误导致锅炉爆炸,进而引发大火,厂房、机器被焚毁,数名工人伤亡,此后磨坊一蹶不振(一说毁于战乱)。

除了磨制面粉类轻工业,民族资本还涉足重工业领域。1884年,广东商人罗三佑在天津海大道一带创办了德泰机器厂,这是天津地区第一家由民间资本创建的铁工厂,规模仅次于官办的天津机器制造局。1886年,民族资本在英租界内海大道一带开办了万顺铁厂。到了20世纪初,这里又创立了炽昌铁工厂等。因此,海大道是天津早期民族资本企业的重要发源地和聚集地。除了海大道,天津早期民族资本创建的机器加工产业,还有三条石大街1897年建成的金聚成铁厂。其他的产业则如1887年成立的天津自来火(火柴)公

---

① "贻(yí)来牟(móu)"出自《诗·周颂·思文》:"贻我来牟,皇命率育。"(你把麦种赐我们,天命用它来供养。)"来"在古汉语中有小麦的意思;"牟"指大麦,因此"来牟"泛指麦子。元代著名文人赵孟頫的《题耕织图二十四首奉懿旨撰》有云:"皇天贻来牟,长世自兹卜。"

② 徐景星:《天津近代工业的早期概况》,《天津文史资料选辑》(第1辑),天津人民出版社,1978年,第139页。

③《新式机器》,《申报》1878年12月14日。

司、①1897年创办的北洋织绒厂、1898年创办的北洋硝皮厂，都是当时的著名
买办吴懋鼎在天津投资兴办的，②也是当时天津乃至北方同类行业中最早的。

进入20世纪后，以慈禧太后为首的保守派，为了在八国联军侵华后继续
维持清朝的统治，决议实施"新政"，涉及政治、经济、教育、司法等多个方面。
1902—1912年，直隶总督兼北洋通商大臣的袁世凯在天津大力推行"新政"，
建设河北新区，创办天津造币总厂、直隶工艺总局、北洋劝业铁工厂，鼓励民
间资本加大投入、扩大生产，三条石大街一带逐渐发展成机器制造工业的中
心。民族资本趁此机会得到了较大发展："在天津先后建立了近30家工厂企
业。同时，天津市区人口也迅速增长，由30万人左右急剧增加到60万人左右
（若除去租界人口，则为55万人左右），在20世纪初这已是人口规模较大的城
市。"③这一时期堪称是天津近代工业的发展期，为1914—1922年民族资本主
义工商业的繁荣奠定了基础。

总之，天津近代工业肇端于19世纪60年代清政府兴起的洋务运动，经历
了官办—官商合办—官督商办—商办的发展历程。天津近代工业初始期重
要产业有36家，19家为外资企业，其余17家民族工业中，6家为官办或官督商
办产业，且多与军事相关，即便是官督商办，也多为封建官僚所制。清政府投
资建设的军工企业是天津近代工业体系的主力军，这些企业资金足，规模大，
技术强，工人多，尤其是创造了多项全国第一，④具有开创性价值。民间资本
在天津投资较晚，规模较小，类型也相对单一，以轻工业为主，且一直在夹缝

---

① 1887年，吴懋鼎同天津武备学堂总办杨宗廉、盛军统领周盛波，集资银一万八千两
开办天津自来火公司（火柴业），在直隶省境内专利十五年。该公司产品销售京津地区，大
获其利。1891年5月，制造厂发生火灾，被焚毁。

② 吴调卿，又名吴懋鼎，曾是淮军钱粮所总办，也是英商汇丰银行天津分行第一任买
办，是天津外商银行买办的第一人，与天津怡和洋行买办梁炎青、太古洋行买办郑翼之、华
俄道胜银行买办王铭槐合称"天津四大买办"。

③ 李竞能主编：《天津人口史》，南开大学出版社，1990年，第6页。

④ 如中国第一家近代化火药厂——天津机器制造局东局，第一所工业技术学校——
北洋电报学堂，第一条自建标准轨距铁路——唐胥铁路，第一条电报线——"北塘—大
沽—天津"军用电报线，中国北方第一座船坞。

中艰难发展。部分工厂企业作为历史的见证者,在经历清末变局、军阀混战、日本侵略、解放战争等重大历史转折后,成为新中国工业体系的重要基础,真正地为中华之"自强"、人民之"求富"贡献力量。

二、天津工人阶级的产生

毛泽东曾指出:"为了侵略的必要,帝国主义给中国造成了买办制度,造成了官僚资本。帝国主义的侵略刺激了中国的社会经济,使它发生了变化,造成了帝国主义的对立物——造成了中国的民族工业,造成了中国的民族资产阶级,而特别是造成了在帝国主义直接经营的企业中、在官僚资本的企业中、在民族资产阶级的企业中做工的中国的无产阶级。"①

尽管相比南方的上海、广州、武汉等大城市晚了大约二十年,情况也有所不同,但天津依然是中国近代工人产生较早和相对集中的地区,也是中国工人运动的重要基地。19世纪60年代以后,由于自身的区位优势和清政府的政策扶持,外国资本、早期官僚资本和民族资本纷纷在天津创办工厂,天津地区的工业随之发展起来。特别是天津被开辟为通商口岸之后,许多外国资本蜂拥而至,纷纷开设洋行与加工厂,争先恐后地掠夺中国的原材料,利用中国廉价的劳动力,谋求高额的利润。1860—1898年,在天津出现的外国资本企业超过十家,主要涉及打包业、加工行业与船舶行业,这些工厂企业都需要雇用大量的工人进行劳动。

与此同时,著名的洋务派代表李鸿章在担任直隶总督和北洋通商大臣时,极力发展天津及周边地区如唐山、塘沽的工矿企业,在天津开创了近代矿业、交通、邮电事业,天津也一举成为洋务运动的中心,汇聚着近代工业的各种生产要素。无论是军工还是民用,无论是船舶还是铁路,都需要大量的工人进行集体劳动。如上所述,外资工业和官办工业企业中的工人,是天津第一代产业工人。②

---

① 《毛泽东选集》(第4卷),人民出版社,1991年,第1484—1485页。
② 天津社会科学院经济研究所工业经济研究室:《解放前的天津工业概况》,《天津社会科学》1984年第2期。

产生于民族工商业中的工人是近代天津第二代工人。由于外国资本和官僚资本在天津占有绝对统治地位，天津近代的民族工商业出现较晚，发展较慢。甲午战争的失败给国人极大的刺激，雪耻救亡的呼声日益高涨。清政府在民情激愤之下放松了对一些新工业的控制，并表示"提倡"和"支持"之意。甲午战争期间，国内掀起了"设厂运动""实业救国"的浪潮。在爱国浪潮的推动下，民族资本开始兴起。但是，从鸦片战争到甲午中日战争的半个多世纪内，无论是外国资本在中国开办的企业，还是洋务派官僚所办的企业，其规模与数量都不大，民族资本企业更是微不足道，所以中国工人阶级在这一时期的发展是很慢的。[①]

伴随着第二次工业革命的勃兴，主要的资本主义列强进入到帝国主义阶段，对中国的侵略从以商品输出为主到以资本输出为主。同治年间（1862—1874年），俄国已开启农奴制改革（1861年），美国通过南北战争加强了统一（1861—1865年），日本开始明治维新（1868年），意大利、德国建立国家（1861年、1871年）。列强之序列新贵辈出，不断开始挑战老牌列强的地位，内部竞争日趋激烈。尤其是，美德日意俄等国借第二次工业革命之东风，逐渐工业化、资本化，列强之间纷繁复杂的政治经济斗争亦反映在殖民地、半殖民地地区。因此，清政府在光绪年间所面临的外部环境之复杂困难远在道光、咸丰之上。

自甲午战争始，帝国主义列强在华纷纷划分势力范围，掀起了瓜分狂潮，并在各自的势力范围内投资设厂、铺设铁路、开设银行。列强已不满足于之前取得的通商、传教、协定关税、最惠国待遇等特权，而是迫切要求清政府给予更多的投资特权。战后，日本侵略者借《马关条约》攫取了在通商口岸开设工厂的特权，为列强在华投资设定了合法保障。此后铁路建筑、矿山开采、工厂企业伴随着侵略程度之加深而大为增加。据统计，到第一次世界大战前夕，列强在华投资开设之工厂多达166家。[②]

---

① 苟方杰等编著：《中国工人运动简史》，山东大学出版社，1988年，第5页。
② 苟方杰等编著：《中国工人运动简史》，山东大学出版社，1988年，第6页。

在外部资本力量的刺激下,民族资本亦有所发展。全国范围内,由民族资本开设的,且投资额度在万元以上的工矿企业已有549家。①伴随投资加剧,工厂数量骤增,工人阶级的人数也水涨船高,据统计,矿山、工厂、铁路等行业的工人在第一次世界大战前已有60万之多。以天津为例,在1900年前后,天津民族工商业小荷露角,较有规模的企业共有6家,其股东以官僚政客军阀名流为主。1903年,近代民族工业的重要创始人、著名实业家周学熙受派前往日本考察近代企业,归国后周学熙向直隶总督、北洋大臣袁世凯建议设立直隶工艺局,与地方政府的教养局一道,收纳八国联军侵略后天津地区流离失所的无业游民。此举使游民有了栖身从业之所,不仅为袁世凯博取政声,捞取政治资本,而且为之后开办的工厂提供了大批廉价劳动力。北洋实业即由此开端。②

之后,周学熙以直隶工艺总局投资开办的造纸厂为示范,又以官督商办形式开办劝业铁工厂,官助商办形式开办织染缝纫公司、造胰公司、牙粉公司和玻璃厂等。在周学熙等人的推动下,天津兴起了创办实业的新高潮,从1900年到1914年第一次世界大战爆发前夕,天津民族资本创办的企业超过40家,其中资金在万元以上、较有规模且使用机器动力进行生产的有16家,如启新洋灰公司、北洋烟草厂、中西制药厂、万益织呢厂等。

其中,启新洋灰公司是中国近代最早的水泥厂,也是北方民族资本第一家大型重工业工厂,开创了近代大型工业在天津兴起和发展的历史。启新洋灰公司的前身是1889年(光绪十五年)唐廷枢建立的唐山细绵土厂(细绵土即水泥,是英文cement的音译,在当时亦被称为洋灰),后为英国人把持。1906年,袁世凯令时任天津道的周学熙从英国人手中收回重办,改名为启新洋灰

---

① 荀方杰等编著:《中国工人运动简史》,山东大学出版社,1988年,第6页。蒋廷黻指出:"英美两国资本很多,资本家能得到4%的利息就算很好了。但是如果英美的资本家能把资本投在中国或印度或南美洲,年利润很容易达到7%或更高些。所以英美资本家竞相向未开发的国家投资。"蒋廷黻:《中国近代史纲》,青年书店,1939年,第75页。

② 淳夫:《周学熙与北洋实业》,《天津文史资料选辑》(第1辑),天津人民出版社,1978年,第8页。

公司,邀请各界认购股票。启新最初定股本为1600万元,其中官股40%、商股60%,主要股东有4大户,即袁世凯、周学熙、李春城(人称"李善人")和李士铭(李春城长子)、卢木斋。这4家投资有近40万元,每家约合10万元。其中,袁世凯并不以股东名义出现,他的股份分别记在王筱汀和张镇芳名下,以供其私人享乐、豢养军队之用。

启新洋灰公司是天津近代工业的代表,虽然位于唐山,但一切办事及销售机构均设在天津。公司背后最大的靠山就是袁世凯,其他股东也多是清末民国的大小官僚,因此具有官方背景的周学熙能够排除干扰,大刀阔斧,厉行整顿。在周学熙的管理下,启新洋灰公司无论在工人、设备数量,还是产品质量上均居行业之首,很长一段时间内在国内占垄断地位。该公司是淮系—北洋军阀官僚资本共同投资、开矿设厂的经典案例。

上述民族资本企业或者开设在天津,或者由天津政商资本掌控,雇佣的产业工人多达数千人。除了这些有背景、有资金、成规模的工厂外,在天津水陆交通要冲和物资集散地——三条石①一带,涌现出很多3—5个人的铜铁作坊,随着时间的推移,这里也逐渐发展成为天津金属加工行业的中心。在20世纪的前50年中,铸造和机器制造小作坊排列在街道两侧,保守估计约有75家,雇佣大约1000名工人。②其中,成立较早、经营较成功的是1897年成立的金聚成铸铁厂,在清末时期仅有12名工人,到1913年才增加到39人。③这些小作坊主都是农民出身,在掌握了相关技术后,与家人来到城市,待立足后就雇佣几个熟练工人和学徒(同样是农民出身)来制造小型机器和零部件,间或生产一些民用农具器皿。

---

① 三条石位于天津老城正北面,地处南运河与子牙河的交汇处。"三条石"的名称据说来源于19世纪末,直隶总督、北洋大臣李鸿章家里有人过世,为了方便出殡,他在此修建了一条路,并用三条长方石板铺在上面。

② [美]贺萧:《天津工人,1900—1949》,许哲娜、任吉东译,天津人民出版社,2016年,第113页。

③ [美]贺萧:《天津工人,1900—1949》,许哲娜、任吉东译,天津人民出版社,2016年,第119、120页。

1900年,八国联军侵华期间,列强在天津成立了都统衙门。在实际控制天津的两年里,都统衙门下令拆除旧城墙,扩大租界区的面积,因此需要大量的水管、炉子和其他金属部件和建筑材料。列强的大批金属器具订单给三条石的作坊带来了商机,甚至客观上促进了三条石金属加工作坊冶炼技术的进步。例如,英国人委托"秦记"作坊给租界新架设的电线杆子做铁支架,促进了三条石铸铁作坊翻砂和铸铁技术的进步。据传闻,"秦记"请来了在庚子国变中被摧毁的天津机器制造局的熟练工人,虽然后者对自己的技艺秘而不宣,但最终被偷学,并开始流传开来。除了技术进步缓慢外,三条石作坊的机械化程度普遍较低。直到1916年,金聚成铸铁厂才从一家日本洋行购买了第一台动力机械——三马力发电机。直到20世纪40年代,许多作坊还只有几台车床或一个小铸铁炉。[①]

总之,近代以来,西方工业制成品的大量输入,破坏了中国的传统手工业。农村作坊式经济的萧条为城市的工业生产提供了劳动力,农村里破产的手工业者与失地的农民跑到城市的工厂中,成了工人。而像天津这样水陆交通便利、地理位置优越的城市成为西方资本、国家资本、私人资本开设工厂的首选之地,客观上为进城务工的农民提供了谋生机会。尤其是第二次鸦片战争后,天津开埠通商,外国资本大量涌入,开设工厂;洋务运动中,官僚资本在天津、唐山建立以军工为主体的近代工业;甲午战争之后,民族资本在实业救国浪潮下在天津、唐山投资设厂。民间开设的工厂和作坊在官僚资本和外国列强的双重挤压下,艰难生存,发展缓慢,但仍然是一股不可忽视的力量,是天津近代工业体系的重要组成部分,为天津及周边地区工人阶级产生、发展、壮大创造了条件。

三、天津工人阶级的构成、组织及特点

毛泽东曾说过:"中国民族资本主义发生和发展的过程,就是中国资产阶级

---

① [美]贺萧:《天津工人,1900—1949》,许哲娜、任吉东译,天津人民出版社,2016年,第113页。

和无产阶级发生和发展的过程。如果一部分的商人、地主和官僚是中国资产阶级的前身，那末，一部分的农民和手工业工人就是中国无产阶级的前身了。中国的资产阶级和无产阶级，作为两个特殊的社会阶级来看，它们是新产生的，它们是中国历史上没有过的阶级。它们从封建社会脱胎而来，构成了新的社会阶级。它们是两个互相关联又互相对立的阶级，它们是中国旧社会（封建社会）产出的双生子。"①因此，作为中国近代工人的重要组成部分，天津工人与全国其他地区的工人一样，在阶级本质上、与资产阶级的关系上，并无二致。

资产阶级为了发展工业，需要大量的廉价劳动力，这促使无产阶级进入工厂工作，形成了劳动力市场。无产阶级为了争取更好的工作条件和生活水平，不断与资产阶级进行斗争，这种斗争是推动社会发展的重要动力。资产阶级宣扬资本主义价值观，而无产阶级则倾向于接受马克思主义等社会主义思想。双方在革命变革浪潮中既有联系又有斗争，时而联系时而斗争，这是中国近现代历史的一大特点。

（一）天津工人阶级的构成

天津工人阶级主要来源于以下社会人群：

第一，周边乡村地区的破产农民。明中叶以降，江南地区已经出现了颇具规模的雇佣劳动，农村中的一些失地破产的农民到城市谋生。当时，天津作为已建城近三百年的"天子渡津"处和漕运要冲，一直是周边地区破产农民的汇聚之所。这些人在码头、港口和脚行做工，出卖劳动力，而且多有帮会背景。②比如，脚行伴随着天津发展成为商业中心而逐渐成规模。由于交通便利、临近首都及周边地区盛产棉花等特产，京津乃至直隶地区的官、商、民抵津离津，都需要劳动力抬轿子、搬货物、拎行李。搬运工人活动的主要区域是

---

① 《毛泽东选集》（第2卷），人民出版社，1991年，第627页。

② 曾在天津南开大学交流学习，并在天津进行实地考察走访的美国历史学者贺萧女士谈道："脚行是1949年解放前的天津最令人生畏和最让人鄙视的组织。对历史学家而言，搬运工人一直是天津所有劳动阶层中最难以捉摸的。"［美］贺萧：《天津工人，1900—1949》，许哲娜、任吉东译，天津人民出版社，2016年，第156页。

老城区和针市街附近,另有在海河东岸专门搬运粮食和盐的劳力。直到18世纪初,这些搬运工逐渐组成行会。到了光绪年间,历任天津知县共颁发了11份命令认可各脚行对某一地区垄断的特权。①由于是破产农民进城做工,所以搬运工依然使用成本最低的运输方式,扁担和手推车是最主要的工具。人地两生的搬运工只能依附于某一个地盘的掌事人"伕子头",由他安排工作。每个人的劳动所得先上缴给"伕子头",大家均摊云散。②这点钱很多时候难以维持生计,所以失地破产后进城务工的农民依然生活极度贫困。

天津近代工业体系逐步建构起来后,相继开工运营的工厂、矿山、铁路需要大量的产业工人,作为区域中心城市之一的天津,对周边乡村地区的虹吸效应更加明显。西方列强通过各种不平等条约攫取经济特权,进而利用特权向中国进行大规模商品输出和资本输出。在资本主义入侵与封建主义压迫的共同压迫之下,越来越多的农民陷入破产的窘境,纷纷流入城市,为天津近代工业的崛起提供了大批廉价劳动力,这些劳动力成为近代产业工人的重要组成部分。天津工商业较为发达,水陆码头众多,租界林立,华洋杂处,工作机会多,加之城市生活丰富多彩,因此天津像一块磁铁一样,吸引着周边地区的农民向城市聚集。

加之清末民国鼎革之际,政权更迭,战火连绵,天灾不断,京畿附近地区的农民极易受到牵连,被迫涌入城市谋求生路。1900年的庚子之乱,1917年的大水灾,再到后来的军阀混战,导致乡村地区的农民流离失所,不得不逃至天津城躲避灾难。直到20世纪30年代初,天津华新、裕元和恒源三大纱厂的3399名工人中,多数工人还是来自天津周围的农村地区。③甚至周边省份如

---

① 文中关于脚行历史的内容,主要参考以下资料:《天津市脚行简介》(一),《天津市周刊》第2卷第2期,1947年3月15日,第7—8页;《天津市脚行简介》(二),《天津市周刊》第2卷第3期,1947年3月22日,第6—7页;天津市历史研究所资料室整理:《天津的脚行》,《天津历史资料》第4期,1965年10月1日,第1—29页。

② 根据贺萧的研究,支付给搬运苦力的报酬,高达八成被脚行把头克扣。[美]贺萧:《天津工人,1900—1949》,许哲娜、任吉东译,天津人民出版社,2016年,第157页。

③ 王丽丽:《民国时期天津工厂女工研究》,河北大学硕士论文,2010年,第14页。

河北、河南的破产农民和城市贫民也纷纷来到天津讨生活。以北洋纱厂为例，该厂工人（共2040人）的籍贯排名前三的分别是天津（34.2%）、河北（33.7%）、河南（17.9%）。[①]

第二，破产手工业者。随着侵略程度日益加深，西方列强纷纷在华投资设厂，工厂凭借高效的流水线，短时间内能够生产出大量工业制成品，使中国本土封建时期就已经孕育的封建手工行业颇受冲击。在西方列强商品输出与资本输出之下，城镇地区商品属性不足的自然经济逐步解体，迫使成千上万的破产手工业者流入劳动力市场，被迫进入城市出卖劳动力，从而"给中国资本主义生产的发展造成了某些客观的条件和可能"[②]。

第三，城市中的失业人员。青壮年劳动力为了生计，只能从事出卖苦力的劳动。以码头工人为例，该工种没有固定的工资、工时和场所，技术门槛低，因此从业人员流动性大，人员构成极为复杂，包括产业工人、农民、小商贩、逃亡地主、学生、本地市民，甚至地痞流氓、退职军警，只要有把子力气，都想在这个行业混口饭吃。[③]

（二）天津工人阶级的组织

1.行帮时期

自清代初期开始，各地各省都有部分手工行业的雇佣工人从雇主操纵的

---

① 高艳林：《天津人口研究（1404—1949）》，天津人民出版社，2002年，第109页。

②《毛泽东选集》（第2卷），人民出版社，1991年，第626页。

③ 这种情况甚至一直延续到了国民党统治时期。码头运输工人的大小头目不仅有帮派分子，还有军统、中统的特务人员，还有其他组织如三青团、黑旗队、忠义社、救火会的人，这些人成为国民党压制民意、剥削工人的帮凶。诸如天津市脚行头目巴延庆，1935年加入了国民党特务组织"复兴社"。1937年平津沦陷后，他成为汉奸，当上了新民会运输分会会长、运输职业公会理事长。日本投降后，他又摇身一变出任国民党天津区党部委员、三青团运输分团主任、运输公会理事长、全国总工会常务理事。这位"不倒翁"后来又与军统特务陈仙洲共同组织青帮社团"忠义普济社"，在脚行业中大量发展国民党员、三青团员和"忠义普济社"社员（即军统外围分子）。1947年，由于"效忠党国"，他居然堂而皇之地被选为"国大"代表、天津市参议员、国民党市党部督导委员及"戡乱"委员会常务委员。1948年底，人民解放军逼近天津，巴延庆又协助警备司令陈长捷疯狂搜捕壮丁、平毁村庄、修筑工事和机场。直到新中国成立后，巴延庆于1951年3月31日被处决。

行会中脱离出来,建立自己的帮口、行会组织。这种雇工的组织,有的叫"帮",有的叫"会",有的叫"堂"。那时的雇佣工人还未形成统一的工人阶级,他们的行帮不是按阶级而是按行业(包括职业、工种)和地域(籍贯、帮口)组织起来的,它维护的不是整个阶级的利益,而是只维护参加本行帮那部分雇佣工人的利益。①行帮是工人阶级形成和工人运动的原始雏形,经常在工资伙食等问题上以组织的形式代表雇工与雇主进行斗争,的确起到了维护雇工利益的作用,有一定的进步意义。

但是,行帮也具有狭隘性、排他性和对手工技术、工作、业务的垄断性和保守性,只对加入本行帮、同籍贯的雇工负责,对于其他行业、其他机关的工人则严守门户界限,作壁上观。此外,行帮之间因地域不同、风俗不同、利益冲突等缘由亦有争斗仇怨,有时矛盾十分尖锐,甚至酿成大规模械斗,历经多年、数代人也难以消弭。以脚行为例,脚行各个头目"很戒备地控制着各自的地盘,只允许自己的脚行成员在界内搬运货物"②,"通过对商人采取威胁和暴力手段,贿赂和讨好当局,通过欺骗并偶尔使用野蛮手段,维持这种垄断"③。对于脚行从业者而言,暴力就是家常便饭,行业内部由于抢夺地盘常有殴斗。脚行头目则威逼利诱脚行工人抽"死签",然后报奋勇,递战表,约日期,讲打法。除了打架斗殴就是好勇斗狠,看谁骨头硬,看谁不怕死,拿刀自戕、伤口撒盐、下油锅等,比赛似的自虐自残。胜利的一方,有里有面,既有实际地盘受益,也能够在街面上趾高气扬。胜方的伤者之后不仅受人尊敬,也能每天拿分红津贴,不幸死亡者则将其分红津贴给予其家人。行帮的这种狭隘属性割裂了整个雇工阶层,阻碍了各行业雇工之间的团结协作,不利于工人阶级的最终形成。

---

① 刘明逵、唐玉良编:《中国工人运动史》(第1卷),广东人民出版社,1998年,第13页。

② [美]贺萧:《天津工人,1900—1949》,许哲娜、任吉东译,天津人民出版社,2016年,第156页。

③ Lieberthal, Kenneth: *Revolution and Tradition in Tientsin, 1949—1953*, Stanford University Press, 1980, p.22.

最后，行帮具有较强的封建属性，有时候行帮头目暗中勾结雇主、官府，在政治上不断强化对雇工的人身束缚，在经济上压低工钱，降低伙食标准；行帮的观念、帮规、仪式也难脱封建色彩浓厚之窠臼，敬奉行业祖师爷、抬神像游街，雇工们求神拜佛、赌咒发愿盲目跟从，从思想观念上深受封建主义之束缚。这类团体带有严重的封建性和盲目的破坏性，往往又容易被反动统治阶级和帝国主义势力所操纵和利用，因此，工人不可能依靠这类团体得到出路。[①]随着工人力量的壮大和中国共产党的成立，完全新式的群众组织建立了起来，这类落后的团体就失去了它们的价值。

近代资本主义性质的企业在华建立后，外国的资本家、工程师和管理者更重视生产管理的高效化、专业化和科学化。那么具有行帮背景的把头包工制，就成为工厂企业提高生产效率和产品质量的绊脚石。近代工厂企业的管理者起初都曾尝试建立新型的雇佣关系、管理模式，但纷纷在数百年历史的封建传统面前败下阵来，最终不得不妥协合流。存在这种现象的原因，就在于把头与工人之间虽然存在剥削与被剥削、压迫与被压迫的关系，但两者之间脱胎于封建社会的人身依附关系和等级制度十分牢固，而且这种人身依附关系背后还有浓厚的行帮色彩。行帮这类秘密社会或民间结社在近代控制了矿山、码头、运输等诸多行业的苦力劳动工作，很多苦力劳动者和把头都是帮会中人。[②]天津作为漕运枢纽，水陆码头众多。在漕运废弛、海运兴盛的巨变中，大批漕帮子弟失业，改为到天津其他出卖苦力的行业谋求生存，行业虽换，行帮关系犹在。因此，在民国时期就有人针对此问题指出"包工制历史来源太久，今已根深蒂固，有时且与中国工人阶级之秘密组织所谓'帮'者，发生极不可解之关系。在'帮'一问题未解决时，单独废除包工

---

①《毛泽东选集》（第1卷），人民出版社，1991年，第11页，注17。

② 总体而言，天津帮会头目的社会地位是不如上海帮会头目的。上海帮会头目如杜月笙开银行、经营赌场和鸦片生意，而报纸上则是关于他们做慈善如创办医院的新闻。相比之下，天津帮会尤其是青帮规模小，也更加松散。参见［美］贺萧：《天津工人，1900—1949》，许哲娜、任吉东译，天津人民出版社，2016年，第177页。

制,自然障碍滋多"①。

由于长期处在把头的管控之下,工头与工人之间存在着层级明确的依附庇护关系,工人们找工作、食宿、工资收支、劳资纠纷、丧葬医疗等仍由包工头出面包办。这样一来,后来的工人运动要建立工人俱乐部或工会组织来代表工人,首先就触及了工头的利益,也势必与工头发生矛盾。工会、工人俱乐部与工头、行帮之间矛盾纷争的核心问题,就是谁能够代表工人。

2.工团的出现

20世纪初,工团在一次大规模的反帝爱国运动中开始出现。1916年天津各界抗法斗争是辛亥革命以来最大的一次由工人阶级自发组织且天津广大市民积极参加的反帝爱国斗争,初步显示了天津工人阶级蕴藏的巨大能量。在斗争中,工人队伍中已经出现了一种工团组织,下设文牍、会计、招待、调查、庶务、稽查、演说7个部门,并将工人编为18个部。②说明天津的工人群众在斗争实践中,不仅敢于斗争,而且增长了斗争的经验,变得愈发善于斗争,使爱国行动愈加有组织性和执行力。

然而,此时的工人阶级只是所谓的"自在阶级",既没有先进的理论为指导,也没有先进的组织为依仗,他们对待资本主义、帝国主义的认识尚处于感性认识阶段,仅限于表面之现象和外部的联系,且容易被其他势力所左右、所利用,从而使工人运动在规模和形式上受限。与此同时,那些声称支持工人运动者明确表示,情愿倾家荡产,亦决不辞其责任,但要求工人万不可稍有无意识之暴动,以免外人有所借口。③由此可见,工人阶级在旧民主主义革命时期,即使力量有所壮大,但依然处于被压制的境地。

(三)天津工人阶级的特点

中国近代的工人阶级在产生和发展的过程当中,总体上呈现出以下两个特点:

---

① 吴至信:《中国包工制之现有形态》,《劳工月刊》1936年第5卷第8期。
② 彭明:《五四运动史》,人民出版社,2019年,第69页。
③《悬而未决的老西开案》,(上海)《民国日报》1916年11月19日。

　　一是分布相对比较集中,集中于东部沿海沿江的少数大城市和部分行业企业之中。据统计,1894年,仅上海一地的工人数量就占到全国工人总数的46.4%,几乎是半数。临海临河且是京畿门户的天津也是工人相对比较集中的大城市。天津自第二次鸦片战争开埠通商后,以其地理之优越、交通之便利、人口之众多,吸引外国资本在此开辟租界和创设工厂。洋务运动期间,清政府建立军工企业,机器、原料、燃料均依赖从外国输入,所以在天津这类重要的通商口岸划区为厂。民族资本主义工商业亦步亦趋,为了便于进出口运输,解决资金技术依赖问题,选择在天津建厂招工。因此,天津近代工业的发展和天津租界的建设,促使天津在近代快速发展成为中国北方最大的城市和工商业中心,以及李鸿章北洋基地的核心地区[1]。

　　从前文中各个工厂所处的地理位置不难看出,天津的工人大部分集中于租界、海大道、三条石及其他沿海沿河的港口码头区域。而且,血缘(同族)、地缘(同乡)关系是店东、厂主雇佣工人的重要考量标准。然而,他们彼此之间也存在敌对和竞争。以三条石为例,这里是当时天津铸造业和机器制造业的中心,作坊主们虽然采用前工业化时代欧洲的手工工场经营模式,但是却没有借鉴欧洲的行会组织。直到20世纪30年代,天津的机器制造商们才在国民政府的提倡和指导下成立了行会。在此之前,由于没有行会组织尝试着去阻止或规范成员作坊之间的竞争,因此作坊间互相送礼或秘密结盟是企业关系的普遍特征。据当时的作坊主回忆:"三条石的资本家并不齐心合作。他们相互之间明争暗斗。"[2]

　　从行业分布来看,天津的工人阶级主要集中于纺织、铁路、造船、航运、邮电、盐业等行业。这些行业既包括天津开埠通商前的传统优势行业,如纺织、

---

　　[1] 1880年,清政府为加强海防,命李鸿章在天津创建北洋水师大沽船坞。大沽船坞是近代中国北方第一座船坞,与旅顺军港、威海卫刘公岛并称北洋水师的三大基地,用于修理北洋水师的军舰。

　　[2] [美]贺萧:《天津工人,1900—1949》,许哲娜、任吉东译,天津人民出版社,2016年,第125页。

盐业、航运,也有开埠后新兴者,如铁路、邮电、造船。工人阶级在地区和行业上分布得相对集中,便于组织宣传,有利于团结斗争,迸发出强大的战斗力、凝聚力。据北洋政府农商部统计,1919年全国范围内雇佣五百余名工人的工厂多达144个,雇佣上千名以上工人的工厂达29个,个别工厂的工人人数甚至多达数千、上万人。①铁路工人虽然不如工矿企业工人集中劳动,分散在各条铁路沿线,但由于全国铁路运输昼夜不停,在全国的交通枢纽间不停穿梭,铁路工人的工作也是需要协调合作、密切联系的。铁路工人掌握交通的大动脉,便于通气连声,互相支援,集结成强大的力量。正如毛泽东所言:"他们所以能如此,第一个原因是集中。无论哪种人都不如他们的集中。"②

二是由于大规模使用机器的工业比较少,大部分工人在规模较小的工厂里做工。他们能够使用简单的工具进行操作,实际上只能算是手工工人。因此,小生产者的思想和封建思想意识依然比较浓厚,对早期工人运动有一定的消极影响。

第二节　天津工人阶级的境况与自发斗争

随着天津近代工业的崛起,天津地区的工人在数量上不断增加,但他们的经济地位依然十分低下,这为工人们后来的自发斗争埋下了种子。正如毛泽东所说,作为失地农民和城市底层打工者,"他们失了生产手段,剩下两手,绝了发财的望,又受着帝国主义、军阀、资产阶级的极残酷的待遇,所以他们特别能战斗"③。因此,随着民族矛盾、阶级矛盾不断激化加深,工人的反抗日益激烈。

一、天津工人的生活状况

第一,工资极低且上下悬殊。与旧中国其他地区的工人一样,天津工人

---

① 彭明:《五四运动史》,人民出版社,2019年,第64页。
②《毛泽东选集》(第1卷),人民出版社,1991年,第8页。
③《毛泽东选集》(第1卷),人民出版社,1991年,第8页。

的工资薪酬十分低廉，与他们的付出不成正比。据统计，19世纪70至90年代的天津，一般的普工每日收入为1.5—2角，熟练工人和工头略多，能达到2.7—2.8角。女工的工资则更低，仅为1—1.6角。在纱厂和火柴厂里，工资最低的女工每日收入甚至不足5分钱。[①]

采矿工人不仅要忍受恶劣的井下工作环境，还要忍受资本家制定的计件工资制，以采挖多少单位的矿石为考核标准，因此他们的工资水平甚至低于工厂工人。位于唐山的开滦矿也受到天津开滦矿务局节制管控，[②]所以矿工们的薪酬也可以作为研究彼时天津工人薪资水平的一个重要参考。据资料记载，第一次世界大战前后，井上头等小工日薪2.5角，井下头等小工略多，也仅仅是3.5角，每人每天吃上两顿玉米面、吃上两卷纸烟就两手空空了。[③]这

---

① 据贺萧研究，天津劳工中女工数量非常少。然而，另有数据表明事实远非如此。1927年冬，上海基督教女青年会对天津36家工厂进行调查，数据显示这36家工厂的女工共有1万多人，将近三分之一的女工集中在纺织和烟草业。而土木工程建筑与化工则鲜有女工。刘明逵：《中国工人阶级历史状况》（第1卷第1册），中共中央党校出版社，1985年，第224页。而1939年，天津市《社会统计月刊》以及1947年的调查统计表明，虽然处在战乱时期，天津女工的人数依然在7000人左右。《社会统计月刊》（第1卷第1号），天津特别市公署社会局编，1939年，第45页；《华北劳动》（第1卷第1期），华北劳动月刊社刊行，1947年2月15日。贺萧在1979—1981年来到天津进行实地调研，采访老工人，但结论却与上述三个调查相差甚远，令人不解。当时，全国其他地区存在一定数量的女工，如浙江和丰面粉厂，共雇佣840名工人，其中女工有370名，男女童工有100名，男工370人。各厂虽不尽相同，但可以说明女工在某些地区被雇用已经是普遍现象了，原因就在于女工工资比男工工资低。以杭州为例，男熟练工人每日6角至1元，非熟练每日2角5至5角。女熟练工每日3角至5角，非熟练工每日仅1角5分至2角5分，童工大约每天1角。魏宏运：《第一次世界大战期间中国民族工业的发展和工人阶级的成长壮大》，《南开史学》1982年第2期。

② 1900年，八国联军占领唐山。开平矿务局督办张翼在英国侵略者和帝国主义分子、张翼的德籍顾问德璀琳、美籍矿师胡佛（后成为美国第31届总统）的挟持、贿赂和威逼下，被迫签订"移交约"和"卖约"，开平矿权为英国人所骗占，改称"开平矿务有限公司"。为收回开平煤矿，1907年10月，长芦盐运使周学熙受北洋大臣袁世凯指派，在开平煤田北部开办了"北洋滦州官矿有限公司"，意欲实力抵制，"以滦收开"，但阻力太大，事与愿违。1912年1月，"开平矿务局"迫使"北洋滦州官矿有限公司"与其签订"联合"经营合同，在不平等条件下成立"开滦矿务总局"，总局地址设在天津。1922年，天津的开滦矿务局办公大楼建成并投入使用。

③ 魏宏运：《第一次世界大战期间中国民族工业的发展和工人阶级的成长壮大》，《南开史学》1982年第2期。

样的工资收入,连一个青壮年男性的个人基本生活都维持不了,更谈不上养家糊口。因此,工人们的经济状况十分糟糕,处于贫困线以下。

铁路工人的薪酬也相当微薄。根据1913年京奉、京汉、京绥、津浦、沪宁五条铁路的工资统计,工人平均工资每月只有8元(如京绥)到12元(如沪宁),而学徒的最低工资还要比此数为少。1916年袁世凯称帝时,中国、交通两银行纸币停止兑现,到1919年10月,纸币价值贬低到银圆的40%。当时铁路职工的工资虽采用了搭发银币的办法,每月工资在10元以内的发银币五成,20元以内的发四成,30元以内的发三成,但工人的实际工资则降低了30%到40%。根据1920年5月上海《星期评论》的调查,夫妻二人的最低生活费要17.50元;如果再有两个孩子,就要34.76元。由此看来,当时铁路工人及其家庭的最低生活是无法维持的。[1] 即便是这些微薄的薪水,铁路当局还利用各种所谓"违规违章""病假逾期"等借口加以克扣,铁路工人由于担心失业后忍饿挨饥、流落街头,只能忍辱负重。

工作最繁重的一线工人工资微薄,相反那些位高权重的管理人员却享受着高薪、惬意的生活。1916年交通部规定,国有铁路一等局局长月薪700—800元,将近工人平均工资的100倍。此外,局长们还每月支取等于月薪的一半的"公费"。 实际上,他们还有许多不公开的非法收入。[2]薪资待遇的严重不公平、不平等体现了对工人敲骨吸髓式的剥削,而这种沉重的压迫和剥削也是近代工人们进行抗争的根本原因。

第二,劳动时间长且强度大。工人们薪水工资低廉,相反劳动时间却很长。19世纪80至90年代,天津工矿企业中的工人们,平均劳动时长约为11—12小时,甚至还有少数达到14—16个小时,而且星期日多半没有休息。一名英国监工就曾谈到工人的劳动时长:"工人们离开工厂出去散散步的机会都

---

① 金士宣、徐文述编:《中国铁路发展史(1876—1949年)》,中国铁道出版社,1986年,第315页。

② 金士宣、徐文述编:《中国铁路发展史(1876—1949年)》,中国铁道出版社,1986年,第315页。

很少，因为厂中作工是从早晨5点钟一直至下午6点钟，每隔一个星期日才休息1天。"[1]铁路是交通运输的大动脉，也是帝国主义列强在华掠夺的重要手段。铁路运输不分昼夜，铁路工人十分辛苦。他们每天的劳动时间一般为10个小时，直到反帝反封建的北伐战争以后，才在工人们的强烈要求下改为8小时。列车在运行过程中，司机、司炉、车长、制动员甚至需要连续工作16个小时。至于加班加点则是再正常不过的了。

第三，劳动保护缺乏，劳动条件恶劣。工人们的工作强度如此之大、时间如此之长，使人的精神和体力都达到了极限。但是，企业工厂主的眼中只有效率和效益，从来不会真正关心工人们的工作条件、健康状况和安全保障。而且，在旧中国没有保障工人权益的法律，所以工厂矿山缺乏卫生设备和安全设备，工作环境极为恶劣，工人常因为矿井和车间的生产事故致死致残。

以官僚资本创办的最早企业天津机械局为例，机械局东局（东局子）位于城东贾家沽道，距天津老城区较远，许多工人下工后需要跋涉11里回家，如逢雨雪天气，道路泥泞不堪，难以通行。这些工人每天还要进行长达12个小时的火药生产，劳动强度大、条件恶劣，工人健康受到严重摧残，工资微薄，每月仅5—8元。由于缺少安全保障，在火药生产过程中，屡屡发生事故，造成伤亡。一次，有一台研药机摩擦起火，引燃火药造成爆炸，把一名研磨火药的工人炸伤。

除了军火工业、采煤业外，纺织厂也存在此类现象，甚至到了20世纪20年代依然普遍。长时间与电力驱动的高速运转机器一起工作导致危险不断。在织布厂，从织布机上飞出去的梭子足以杀死一名附近的工人。天津的纱厂没有使用织布机之间安装防护铁丝网这种安全装置。1923—1928年，裕元纱厂共发生了46起工人重大伤亡事故。1928—1929年，裕元纱厂和华新纱厂的医疗所诊治的病人，超过四分之一是由工业事故造成的，并需要做手术。[2]

英国代总领事戴维森在参观天津各工厂后，在给麦克利爵士的信中提

---

① 孙毓棠编：《中国近代工业史资料》（第一辑下册），科学出版社，1957年，第1233页。
② ［美］贺萧：《天津工人，1900—1949》，许哲娜、任吉东译，天津人民出版社，2016年，第211页。

到："天津各家工厂的厂房大部分过于拥挤,通风不良,一般都不卫生。火柴工厂仍在使用白磷,以致工人中流行坏死病。在棉纺厂和皮毛洗染厂,对清除尘埃和绒毛未采取任何措施。机器常常没有防护措施,以致经常发生意外事故,尤其是小孩。"[1]

第四,管理落后,毫无人权。近代中国没有制定出涵盖煤矿安全生产和管理制度、煤矿安全机构设立、煤矿安全教育、矿山救护、煤矿生产事故责任认定等方面的系统的煤矿安全生产法律法规,从而造成了预防和处理矿难方面的法律真空,为矿方投机取巧、逃避事故责任提供了可乘之机。[2]1892年候补道员张翼(字燕谋)接任总办之职后"官矿"身份更加突出,只因股份仍为众多的社会股东所持有,对外保持着一种准官方的产业性质。[3]因此,官僚资本掌控的工矿企业等级森严,技术、管理人员欺压工人现象比较普遍。李鸿章甚至曾下令,矿上有权设立刑具,对工人进行鞭打、枷铐、判刑,矿上对工人可自行随意处置。[4]这些带有浓厚封建色彩甚至残余奴隶劳动属性的措施都被明文载入资本主义性质企业的管理章程中。对煤矿工人而言,有的被奴役到了甚至"情愿一死也不愿拉煤受苦"的地步。

此外,对工人的人身侮辱也十分普遍。洋务运动后,数条铁路以天津为起始点,[5]天津成为铁路系统重要枢纽。但在铁路运输业取得较大发展的同时,铁路工人的境遇却十分悲惨。铁路工人要时常忍受厂长、处长、段长、监

---

① 《戴维森代总领事致麦克利爵士文》,1924年8月10日,摘录自魏宏运:《第一次世界大战期间中国民族工业的发展和工人阶级的成长壮大》,《南开史学》1982年第2期。

② 郝飞:《法制因素与近代开滦煤矿矿难的发生》,《河南理工大学学报(社会科学版)》2008年第1期。

③ 云妍:《晚清开平矿案的生成》,《近代史研究》2022年第6期。

④ 天津市总工会工会志编修委员会编著:《天津工运百年纪事》,2014年,第6页。

⑤ 唐津铁路是中国第一条自办运营铁路,天津也因此成为中国第一个使用国际标准轨距铁路的大城市。唐津铁路通车之后,从天津到山海关的津渝铁路,也于1895年建成通车。1897年,天津至北京卢沟桥(旧名芦沟桥)的津芦铁路建成通车,这是由天津为起点的我国最早的一条复线铁路。一百多年来,这段铁路维系着京津两大城市,联络着京山、津浦两大铁路干线,成为名副其实的铁路大动脉。1910年,从天津至浦口的津浦铁路开始修建。1911年,津浦路和北京到沈阳的京奉路在天津接轨。所以,天津是名副其实的水陆交通枢纽。

工的肆意辱骂甚至拳打脚踢,工作时去厕所大小便的次数、时间被严格限制,下班时还要被搜身。克扣工资、罚款、罚站也是家常便饭。铁路系统那些依附洋人的官僚骑在工人们头上作威作福,工人不仅要深受这种不人道的对待,还要被迫在过年过节、生日祝寿时送钱送礼。

民间资本创办的工厂中,工人的境遇也是十分悲惨。后来的工运领袖、共产党员邓培,在1898年14岁时,随舅父来到天津谋生,进入德泰机器厂当学徒。机器厂工作条件恶劣,没有安全设施,更无劳动保护,每天须工作十几个小时,待遇薪资却十分低微。邓培作为学徒工不仅承受巨大的工作压力,而且经常遭到工头打骂。这段经历在少年邓培的心中留下了不可磨灭的印记,也促使他最终走上了一条领导工人闹革命的道路。

由此可见,当时工人的处境是十分艰难的,不仅在经济上待遇低、强度大,在政治上也是毫无权利可言,被工厂管理者视为牛马。这也使得工人与厂方矛盾十分尖锐,只是迫于对方强大的势力敢怒不敢言。自身的悲惨境遇及严酷的生存环境是工人进行反抗的最主要原因。

二、近代工人的雇佣形式

近代天津的工矿企业中还普遍存在四种用工制度,即学徒工制度、包身工制度、养成工制度和包工制度。学徒制,就是用师徒关系来掩饰掩盖雇佣关系的用工制度,是旧中国手工作坊、商行、工厂中普遍存在的剥削青少年(童工)的制度。学徒年龄有大有小,"多数学徒的年龄介于14到18岁之间"[1]。初入厂、店者要先充当学徒。学徒须有铺保、人保,付一定数目押金或保证金,要办拜师酒。要对厂主或店主立下"学徒契约"或"保证书",上面一般多写明"只许东家不用,不准本人不干","生死不管,不干还钱"等,以保障厂主和店主对学徒的剥削与压迫。工厂和作坊里的学徒工几乎没有工资薪酬,厂方东家仅提供食宿,零活杂活都要做,挨打挨骂几乎是常态。

---

① [美]贺萧:《天津工人,1900—1949》,许哲娜、任吉东译,天津人民出版社,2016年,第75页。

以三条石一带的作坊为例。三条石的作坊延续了中国传统的小型工业组织，这是一种建立在劳动剥削基础上的前资本主义组织形式，与工业化以前欧洲的手工工场相类似。[1]作坊主与雇佣的工人一起参加劳动，对工作时长和闲暇时间没有明确的规定。只有学徒工在非工作时间和业余行为方面都要受到管束，对作坊主形成人身依附，地位仿若童工和家奴的综合体。具体而言，作坊主（师父）不允许他们离开工厂，不允许他们留长头发（也有安全方面的考虑），不允许结婚，甚至在作坊主在场时不许将手背在身后。如果作坊主家有人过世，学徒工还要披麻戴孝，要把作坊主的子女当作长辈相称相待，过春节的时候要向作坊主磕头行礼拜年，甚至有的还要皈依作坊主的信仰。[2]

到了20世纪20年代，天津的工厂里比较普遍地采用了学徒工制度，这时期学徒工的待遇稍有好转。学徒工进厂是因为他们的父母也在该厂里上班，父母想给自己的子女也找一个能赚点小钱贴补家用的营生和工作。同时，一些纺织厂在建立之初急需大量工人，因此能够给予学徒工相应待遇。如宝成纱厂要为学徒提供饮食、服装和津贴。到了30年代，由于受到全球经济危机的影响，天津的工厂纷纷裁员，学徒工及其他童工首当其冲。因此，他们在工人中的比例急剧下降，1929年16岁以下儿童占工人总数的14%，到1933年降至还不到3%。[3]学徒工制度既有封建传统的一面，也有近代工厂企业化的一面，某种程度上可以看作是那个时代新旧杂糅、更替反复的一个缩影。

包身工是旧中国工厂中实行的一种定期卖身的雇佣制度，首先实行于日商在华的纱厂，是资本主义和封建主义相结合的残酷的奴役制度。包身工一般多为农村来的女童工，由包工头迫使他们的父母或保人接受极其微薄的包身费，订立包身契约。包身期限一般是3年，在此期间，包身工没有人身自由，一

---

① ［美］贺萧：《天津工人，1900—1949》，许哲娜、任吉东译，天津人民出版社，2016年，第114页。

② ［美］贺萧：《天津工人，1900—1949》，许哲娜、任吉东译，天津人民出版社，2016年，第114页。

③ ［美］贺萧：《天津工人，1900—1949》，许哲娜、任吉东译，天津人民出版社，2016年，第76页。

切听命于包工头，不准回家，不准到其他厂家劳动，全部工资归包工头所有，包身工所得到的，仅能勉强维持自身较低生活水准的生存。包工头仅提供极差的食宿条件。包身工身受资本家和包工头的双重剥削，不少被迫害致死。

养成工指旧时纺织厂内尚未熟悉生产技术、处于学习阶段的童工。工厂以"教""养"为名，对童工进行奴役，只给饭吃，不发工资，最早实行于日本资本家在华开设的纱厂当中。待养成期满后，养成工须在厂劳动数年。厂方以教授劳动技艺和提供食宿为由，付给最低工资，且没有厂方允许，养成工不得辞工。

包工制或把头包工制，[1]是本地街面上有头有脸的人士与厂方相互勾结，招募工人，承揽生产，并对工人进行超经济强制的一种落后反动的制度。天津作为北方经济发达的水陆码头、漕运要冲，漕帮青帮、混混大耍、青皮玩儿闹各色人等汇聚于此，这些人依靠封建行会流传下来的师徒父子、拜把结盟、字辈切口等门规制度结成依附庇护关系，在天津组织严密，势力庞大，甚至袁世凯的次子袁克文在寓居天津时也与青帮人士过从甚密，收录门徒，人称"天津青帮帮主"，青帮之势大由此可见一斑。帮会势力渗透到了天津的各个行业，普通百姓无论是贩夫走卒、引车卖浆，还是进厂做工，往往需经他们的同意或介绍。

工厂需要劳动力时，包工头就从农村或社会上以少量代价雇佣破产农民、失业市民，送入工厂。工人几乎是没有人身自由的，每月所得薪水往往被包工头克扣。"天津华新纱厂和裕大纱厂，都是五四时期建立的，都是包工制，工人每日劳动12个小时，工资很低，华新小工每日工资4角5分，车工、瓦工每日5角，木工每日6角。最低者为2角。裕大工人最高的6角，最低3角，平常

---

① 包工制大致可分为外包工制与内包工制。前者又称"包买制"或"场外生产制"，中间商、包买商提供原料，由乡村家庭为单位的生产作坊负责生产，而后中间商、包买商再负责收购成品，多存在于工业化早期的纺织、鞋帽制作等轻工业中。内包工制则是资方把生产劳动任务承包给包工头，并提供生产场地、原材料和生产工具，由包工头自行雇佣工人完成任务。包工头赚取资方包价和所支付工人工资中间的差额利润。以上两种制度在近代中国工业化过程中也广泛存在。马学军：《把头包工制：近代中国工业化中的雇佣和生产方式》，《社会学研究》2016年第2期。

发放工资要扣存半数,到年终始完全发还。"①这种大型纺织厂的扣存方式已经算是网开三面,法外开恩了。需要注意的是,不同行业间也是花样繁多,彼此有别。例如,手工行业中存在的师徒关系,在苦力脚行中并不存在。苦力脚行的"头目代表他们交涉工作及收取工钱,把其中几分之几自取,几分之几则贮藏着作疾病或因他事而不能工作者的生活费、扶助废疾者、给死者葬仪费,余下的才分给各劳动者"②。

封建帮会的头目与资本主义的包工制本有道桥之别,但是为了保证大批廉价劳工的来源,节省管理开支,外国资本家乐于下放部分权力,利用本地帮会势力对工人进行所谓的"管理",这也进一步使双方合流。以开滦煤矿为例,这种在当时颇具规模的大型企业,虽然在洗煤、炼焦、运输等环节引入了机械化设备,但煤矿开采业务依然靠包工制来完成。因此,这些矿企上层在明知道这种管理制度落后、工人遭遇悲惨的情况下,依然只是站在企业管理者的角度,短视地采用这种竭泽而渔的生产管理模式,使得这种残酷野蛮的方式长期存在,这也是当时中国诸多所谓近代化企业的一个缩影。③

工头、把头也有大小上下之分,经常是势力大的包工头负责整个生产,下面各个小包工头负责某一个或数个工种、工序。把头之下,有管工、班头(类似于组长、班长)之类的小把头,层级分明,分工明确。负责承包工程和负责日常管理的头目,就是把头,他们是整个承包业务中的最高监督和指挥者。这些大小把头,很多都是从之前洋务派兴办的厂矿企业转移过来的,继续在非官办的重工业类厂矿企业中承包工程,④具有一定的专业文化水平和处置

---

① 魏宏运:《第一次世界大战期间中国民族工业的发展和工人阶级的成长壮大》,《南开史学》1982年第2期。

② 全汉升:《中国行会制度史》,百花文艺出版社,2007年,第168页。

③ 根据民国时期的研究者估算,20世纪30年代,中国共计有矿工200万人,80%以上都是在包工制下雇佣的工人。骆传华:《今日中国劳工问题》,上海青年协会,1933年,第220页。

④ 马学军:《把头包工制:近代中国工业化中的雇佣和生产方式》,《社会学研究》2016年第2期。

事务的能力。

在残酷的剥削方式与落后的雇佣制度下,工头掌控着工人,对工人随意打骂处罚、克扣工资,成了掌握工人生死大权的奴隶总管。如有不服者,则被派到最危险的掌子面去工作,或者给戴上一顶红帽子,送到矿井队关押起来,甚至派打手枪手直接杀掉。[1]工人们在严酷的工作环境下进行高强度劳动,而他们劳动所得在经过层层盘剥后,到手的却已所剩无几。据1933年统计,当时,每出一"罐"(对矿工的计工单位,每罐煤为1吨)煤,矿方支付工价0.39—0.50元,经过包工公司、"二包"和"小包"层层剥削,到工人手里的工钱仅0.03元。[2]把头包工制这种组织管理方式在民国时期广泛存在,直到新中国成立后的1950年,在中国共产党的领导下,全国各行业开始彻底废除把头制度。少数罪行严重、民愤极大的把头被绳之以法,大部分经教育改造仍然继续留用,而其中一贯表现较好者,还被任为班组长之类的职务。[3]

总之,在半殖民地半封建的中国,上述这些对工人群众残酷压迫剥削的制度,保留时间之长,存在范围之广,残酷程度之深,是触目惊心的。天津工人的遭遇与全国其他地方的工人并无不同。在极度压缩成本、赚取更多利润上,中外资本家达成了默契。在新旧交替的时代背景下,外来的资本主义性质的近代工厂企业与本土的具有封建色彩的等级制度、人身依附庇护关系、秘密社会的仪规,碰撞、交织、融汇在一起,形成了这种土洋结合、新旧兼具的独特管理模式。一些外国资本掌控的工厂企业也开始使用这些落后的"管理"模式。这些外国资本家,打着"进步"的幌子,披着"文明"外衣,用警察替代弁勇,用警犬替代刑枷,在厂内外为所欲为,对中国工人施行人身和人格上的侮辱伤害,这在当时国权丧尽、民权尽无的时代是司空见惯的。官僚资本掌控的工厂则在建立之初就把工人视作低人一等的苦力、奴隶,对工人肆意

---

① 刘明逵、唐玉良编:《中国工人运动史》(第5卷),广东人民出版社,1998年,第63页。

② 刘明逵、唐玉良编:《中国工人运动史》(第5卷),广东人民出版社,1998年,第62—63页。

③ 余明侠:《近代封建把头制度探析》,《江海学刊》1994年第2期。

检查,滥施私刑。民族资产阶级的软弱性使其自身既无勇气也无力量来彻底铲除封建把头势力,甚至有时候还借用把头工头的恶势力,与之相互勾结,加强对工人群众的压榨。

在旧中国,天津工人与其他地区的工人们一样,从一开始就饱受外国资本、本国封建官僚及军阀、民族资本的三重压迫,这种压迫和剥削的残酷性、顽固性和复杂性是世所罕见的。在各方势力、多种手段的压迫下,近代工人的政治地位极为低下,要求解放的心情最为迫切,进行革命斗争改变自身命运的愿望、决心最为强烈。

三、天津工人的自发斗争

工人由于处在半殖民地半封建社会的最底层,工作、生活条件极为恶劣,不仅在经济上饱受资本家的压榨剥削,而且在政治上毫无权利可言。因此,在五四运动和中国共产党成立以前,工人们就已经开始对外国资本、本国封建势力和民族资本势力进行英勇的斗争。尽管对于阶级压迫的内在机理认识模糊,尽管还没有成为一支独立的政治力量,尽管缺少一个真正代表工人利益的政党为指引,但工人们在实践中逐渐觉醒,为了争取自身权益自发地进行斗争。

薪酬微薄,以及工厂企业的直接管理者如工头、监工、技师们对工人的欺压侮辱,是引发工人自发斗争的最主要原因。1882年夏,开平矿务局矿工要求提高工资待遇举行罢工斗争,罢工得到了其他煤矿工人的响应,致使大部分矿井陷于停产。此外,天津作为洋务运动的北方中心,周边地区的工厂企业中聘请了大批的外国技术人员。他们仰仗着洋人身份和掌握先进技术的优势,受到了优厚的待遇。这也助长了他们在工厂里耀武扬威、欺压工人的嚣张气焰。据不完全的统计,全国范围内,在1866—1895年近30年间,发生在中外企业的47起较有规模的罢工斗争中,矛头指向外国在华企业资本家的达到35起,占总数74%。[①]1891年4月,由于外国技师依势欺压工人,工人忍

---

① 汪敬虞:《十九世纪西方资本主义对中国的经济侵略》,人民出版社,1983年,第308页。

无可忍愤而展开斗争。津沽铁路唐山机车厂的上百名工人手持木棒、石块，惩治了一个名叫伯恩的外国工头。工人们的英勇团结使这些平日里作威作福的管理者望风而逃，开平煤矿公司和铁路公司的所有外籍人员纷纷逃往天津避难。直隶总督李鸿章闻讯后，下令派兵镇压，逮捕了为首的5名工人，下令押解到天津，工人们的斗争暂告失败。

据统计，民国初年到五四运动前，即1912年到1919年5月，全国范围内工人罢工130多次，比辛亥革命前7年多了100次，虽然多系一个企业或一个地方的罢工，但地区性的同盟罢工也不是没有。[①]同盟罢工就是一行或几个行业的工人联合起来去反抗资本家的压迫，以改善自己的待遇。如1917年3月商务印书馆工人千余人举行罢工，中华书局和文明书局的工人一起罢工支持。当时的多数罢工都是由于物价上涨、生活成本增加，工人要求加薪、改善待遇而爆发的。这就说明，在当时工人通过罢工的形式进行斗争抗议已经成为比较普遍的现象，而且工人们已经知晓了资方的剥削是造成他们疲于奔命却难以为继的直接原因。

在马克思主义先进理论传入中国并与工人运动相结合之前，工人们的罢工更多的是自发的经济斗争，目的仅限于改善工资待遇，不仅缺乏有力的领导，而且没有明确的政治纲领，因此这些罢工往往在官商军警的联合绞杀下惨遭失败。尽管屡战屡败，但中国工人阶级向世人展示了，他们不仅具有世界各国工人所具有的特点，即与最先进的生产方式相联系、具有组织性和纪律性、不占有生产资料，还具有自己独特的优势，即吃苦耐劳的品格、艰苦斗争的精神。尽管由于年代久远和记录不全，工人早期（1860—1919年）的自发斗争有很多事迹湮没在历史长河中，今天的我们只能管窥其中的历史片段。即便如此，我们也能够从中感知到当时的工人境遇之凄惨、生活之艰辛，且能够从他们的斗争实践中感受到不屈不挠的反抗精神。在半殖民地半封建社

---

① 魏宏运：《第一次世界大战期间中国民族工业的发展和工人阶级的成长壮大》，《南开史学》1982年第2期。

会的旧中国,在华洋杂处、近代工业较为发达的天津,工人们反抗资本家、工头、监工的斗争从一开始就具有了反对本国封建主义、官僚资本主义和帝国主义的性质。

四、天津工人的爱国行动

毛泽东指出:"帝国主义和中国封建主义相结合,把中国变为半殖民地和殖民地的过程,也就是中国人民反抗帝国主义及其走狗的过程。"[①]天津作为近代较早被迫对外开放的商埠和洋务运动的中心,半殖民地半封建程度尤为深刻。19世纪末20世纪初,帝国主义列强加紧对华资本输出,日、俄、德、意纷纷在天津圈占土地,建立租界,侵犯中国主权,并依仗特权以高人一等的姿态任意欺压当地百姓。处在半殖民地半封建社会的旧中国,生活在社会最底层的工人阶级在遭受各种反动势力联合压迫剥削的同时,积蓄了坚决而有力的反抗力量,当自己的国家受到洋人欺侮的时候,工人阶级积极踊跃参与,与天津其他各界人民一道开展反帝爱国斗争。例如义和团运动爆发后,"天津工人和人民群众,还以极大的革命热情,为义和团赶制战斗武器。尽管天津知县阮国桢'出示禁止铁铺打刀',但仍'家家铸刃,丁丁之声,日夜相续⋯⋯冶炉遍衢巷'"[②]。

(一)抵制洋货

抵制洋货是反帝爱国运动的重要组成部分。进入20世纪后,随着中国近代工业的初步发展,产品增加,洋货与国货之间的竞争日趋激烈,在民族危机加深、爱国热情高涨、全国性的反帝救国斗争蓬勃发展的同时,国内市场上抵制洋货和提倡国货的斗争也连年不断,形成了一股强大的潮流。[③]中国历史上第一次具有全国性大规模抵制洋货的反帝爱国斗争,是从1904—1905年为

---

① 《毛泽东选集》(第2卷),人民出版社,1991年,第632页。

② 天津市历史博物馆、天津市文物管理处:《天津义和团反帝斗争史迹调查记略》,《文物》1976年第5期。

③ 王相钦:《抵制洋货和提倡国货——中国近代市场上的反帝爱国斗争》,《商业经济研究》1995年第7期。文章认为,洋货指外国生产的机械制造品,国货指中国生产的机械制造品,不包括其他的农副产品和手工艺品。

反对美国政府虐待中国在美华工、华侨而开始的。19世纪中期，美国为了开发西部地区，从中国招募了大量移民。这些中国移民历尽艰险，为美国的西部开发作出了巨大贡献，以至于美国的政客也承认"没有华工就没有西部的垦殖"，华工的辛勤劳动"带来了牛油和面包"。①1904年12月，美国胁迫清政府签订的《中美会订限制来美华工保护寓美华人条款》（简称《华工禁约》）十年期满，理应废除。十多万旅美华侨联名上书清廷，要求废除这一不平等条约。美国政府却宣布条款继续有效。此举引发全国人民的公愤，掀起了大规模抵制美货的浪潮。

1905年6月，天津商界学界率先行动，各界群众群起响应。爱国志士、青年学生走上街头，发表言说，散发传单，历数美国政府欺压华工、华侨的罪行，告知市民切莫购买美国货。一时间，不穿美国花旗布、不吃美国面粉、不用美孚石油、不吸美国烟蔚然成风。天津工人也加入斗争行列当中，海河各码头、车站的搬运工人十分默契地拒绝装卸美国货物，导致美货无法转运，造成产品积压；印刷工人不分昼夜地赶制各种宣扬抵制美货的宣传品，排字工人拒绝刊印美国厂商的广告。南北洋铁路工人发表公告，号召"凡我铁路、电报及车务、工程人等"，应尽"国民义务""务宜心心相印，协力抵制"。②

1915年1月18日，日本公使日置益向袁世凯政府提交了旨在独霸中国、灭亡中国的"二十一条"，并敦请袁保守秘密。中国的谈判代表多次拒绝"二十一条"中的部分内容，并向社会各界透露日本之无理要求，以期国际社会干涉此案，并唤起国内舆论讨伐日本，迫使日本让步。舆论发酵后，全国民众一片哗然，认清了日本的狼子野心，包括北京、天津、青岛、上海等大城市都出现了大规模抵制日货的运动。学生到处演讲，工人勇做先锋，商人积极配合，甚至在湖南出现了工人为了唤起民众爱国热情，愤而自杀的事情。③北洋政府

---

① 卿汝辑：《美国侵华史》（第2卷），生活·读书·新知三联书店，1956年，第512页。
② 天津市总工会工会志编修委员会编著：《天津工运百年纪事》，2014年，第9页。
③ 《湘民对日义愤之声》，（上海）《神州日报》1915年5月27日。

迫于民意,未敢同意日方全部要求,另签"中日民四条约"①。

（二）反对强占老西开

由于天津设有九国租界且有大量外国背景的企业工厂,因此工人们抗争的性质逐渐以谋求自身合法利益的经济斗争与反抗列强侵略行径的反帝爱国斗争相结合。1916年10月,天津发生了法国租界当局强占老西开事件,引发了全国范围内的反法浪潮。法租界工部局在天主教堂前面建一水泥桥,把法租界西开和界外隔着墙子河的老西开连接起来,随即派出越南籍的巡捕站岗,将1500多亩的老西开予以霸占,法租界当局毒打中国岗警,夺取枪支,并驱逐中国地方机关。②

在此期间,天津的工人阶级积极参加抗法斗争,搬运工人首先点燃了人民的怒火,工厂工人紧随其后,整个法租界除了洋行的买办和职员外,各行业的中国人均有爱国抗法的表现。10月12日,天津爱国群众组织维持国权国土会。10月18日,法国代办照会外交部,要求将天津老西开划入法租界,并十分强硬地限北洋政府48小时内答复。10月20日,天津的法国领事派兵强占老西开,解除华警武装,将华警全部逮捕。③10月21日,维持国权国土会发动数千人举行示威,赴直隶省公署、交涉署和省议会请愿。10月23日,天津商会决议,抵制法国银行所发行的纸币,抵制法国货,并请政府致电法国政府,要求撤换法国驻华公使。10月25日召开了市民大会,与会者多达8000余人。市民大会通电全国,号召与法国断绝经贸往来,以此作为对法国侵略者强占老西开的正义回应。10月29日,外交次长夏诒霆到天津查办老西开事件,天津召开公民大会,与交涉署委员发生冲突,捣毁公署,要求罢免交涉员。10月31

① "中日民四条约",是1915年日本帝国提出《对华二十一条要求》之后,中华民国袁世凯政府努力与日本大正天皇政府周旋后所签订的《关于南满洲及东部内蒙古之条约》《关于山东之条约》等条约。
② 严逸文:《四十年买办生活回忆》,《文史资料选辑》(合订本第42辑),中国文史出版社,1999年,第271页。
③ 郭廷以编:《中华民国史事日志》(第1册),台湾"中研院"近代史研究所,1979年,第266页。

日,经英国公使调停,法国代总领事允诺恢复原状。①

11月1日,法国人以报纸文章揭露老西开事件双方所议定的条件为由,指责北洋政府泄露秘密,遂向外交部质问,并声明之前所议定的条件全部取消。11月6日,英、日、俄三国公使宣布介入,调停中法老西开事件。②11月12日,法租界内法商仪品公司等工厂的工人、夫役、人力车工人、女佣工、职员群起罢工,并组织工团,总人数达到1400人,罢工时间持续4个月,致使法租界陷于瘫痪,电灯厂停电,道路、垃圾无人清扫。同时,居住在法租界内的中国居民、商人也掀起迁居华界的运动。11月17日,天津公民大会召开,反对法国人强占老西开。迫于民众压力,法国领事于11月19日释放了之前拘捕的华人警察。③但不久后,天津法租界工部局拘捕了参与罢工的华工二十余人。④

值得一提的是,在爱国精神的感召下,洋行里的中国职员纷纷辞职,⑤指责法国人的非法侵略,加入罢工行动当中。在工人队伍的带领下,商店和居民也纷纷迁出法租界,租界内的华人警察也给予积极响应,参加到罢工当中。天津爱国群众团结一心,各行各业积极响应,使法国租界内的一切公共生活停摆,断水断电。法租界白天是工人学生游行示威的洪流,夜晚则陷入一片漆黑死寂。习惯了纸醉金迷、夜夜笙歌的法国人和他们豢养的买办不仅要忍受生活的停摆,而且要时刻担心生意的停顿和金钱的耗失。以天津

---

① 郭廷以编:《中华民国史事日志》(第1册),台湾"中研院"近代史研究所,1979年,第267页。

② 郭廷以编:《中华民国史事日志》(第1册),台湾"中研院"近代史研究所,1979年,第268页。

③ 郭廷以编:《中华民国史事日志》(第1册),台湾"中研院"近代史研究所,1979年,第271页。

④ 郭廷以编:《中华民国史事日志》(第1册),台湾"中研院"近代史研究所,1979年,第272页。

⑤ "当时抗法的公民会收到各方捐款,对肯于离开法国洋行的人们按原薪予以补助,抗法情绪由此更为高涨。后来由于法租界当局勾结中国官吏,对运动施用种种破坏手段,结果公民会收不到捐款了,对于离职人员的补助由减为补助半薪而至停发。离职人员为生活计,不得不请求复职。"严逸文:《四十年买办生活回忆》,《文史资料选辑》(合订本第42辑),中国文史出版社,1999年,第272—273页。

工人为主导的法租界罢工行动沉重打击了法国侵略者的嚣张气焰,使法租界彻底瘫痪。此次行动声势愈演愈烈,得到了全国各界的赞誉和支援,持续时间长达三四个月之久,让法国人和他们的帮凶见识到了中国人民反抗民族压迫的伟力。

对于天津工人群众的正义举动,英、日、俄等国悍然进行干涉。英国公使甚至强迫北洋政府签字,承认法国占领老西开的既定事实。因此,天津法租界工人们的这次斗争,不仅是对始作俑者法帝国主义分子的抗争,而且也具有反对一般帝国主义的性质。面对工人们高涨的爱国热情和对帝国主义列强的切齿仇恨,媒体报刊争相报道:"天津人民忍耐以待之至,渐发见一种倔强之状,此不能不设法遏止,而继续延宕之政策,实极危险。"①

天津工人与各界群众的正义爱国行动,彰显了中华民族众志成城的爱国热情和不屈不挠的反抗精神,不仅打击了帝国主义国家的嚣张气焰,而且促进和鼓舞了民族工商业的发展。天津各界群众朴素的爱国情怀和敢于同列强斗争的勇气将永载史册,为人们所铭记。

---

① 《英报论老西开事》,(上海)《民国日报》1916年12月26日。

第二章　天津工人运动
从自发走向自觉
（1919—1923年）

　　一部中国近代史（1840—1949年）共109年，分为两个历史时期。第一阶段是从1840年鸦片战争到1919年五四运动，旧民主主义革命时期。其间革命以农民阶级、资产阶级反抗本国封建主义和外国侵略为主要内容。包括天津工人在内的中国工人阶级（工人无产者）尚处在产生、发展的幼年时期，天津工人阶级还处在"自在阶级"，多数的工人运动都是"自发斗争"。[①]工人阶级没有认识到自己受剥削受压迫的真正原因（如归罪于机器），没有觉悟到资本家和工人队伍之间的整个阶级对立，不了解自己的阶级地位和历史使命。斗争是自发的、分散的，仅限于经济要求。所以，天津工人早期的自发斗争以怠工、破坏机器、逃跑为主，有组织的公开罢工是少数。

　　第二阶段是从1919年五四运动到1949年新中国的成立，新民主主义革命时期。毛泽东指出："1919年五四运动以后的中国民主革命，已经是无产阶级领导的人民大众的反帝反封建的新民主主义革命。"[②]无产阶级的定义是丧失生产资料、靠出卖劳动力为生被雇用的劳动者阶级，因此工人阶级是新民主主义革命的领导阶级。在这一历史时期，天津的工人阶级已经由"自在阶

---

　　① 天津市地方志编修委员会办公室、天津市总工会编著：《天津市志·工会志》，方志出版社，2017年，第5页。

　　②《中国共产党简史》编写组编：《中国共产党简史》，中共党史出版社，2021年，第99页。

级"转变为"自为阶级",由"自发斗争"转变为"自觉斗争"。①

　　作为自为阶级,天津工人阶级对资本主义生产方式的认知由感性上升到理性阶段。他们逐渐认识到,工人群众遭受苦难的根源是资本主义剥削制度,是资产阶级利用国家机器压榨无产阶级的结果;无产阶级作为资本主义的掘墓人,担负着消灭一切剥削阶级、解放全人类的历史使命;无产阶级要想得到解放,必须团结起来,在政治、经济、思想领域进行有意识、有组织的斗争。新民主主义革命时期,天津工人在政治成熟性、思想觉悟性和组织严密性等方面迅速提高。这种转变的原因即在于中国先进知识分子对马克思主义革命理论的普及,以及与工人运动实践的紧密结合。有了先进理论武装且在斗争实践中得到锻炼成长的工人阶级和先进知识分子为中国共产党的成立奠定了思想和组织基础。所以,中国无产阶级由"自在阶级"转到"自为阶级"的主要标志,是马克思主义与中国的工人运动相结合,以及代表无产阶级利益的中国共产党的出现。

第一节　天津工人阶级发展壮大并登上历史舞台

　　辛亥功成,共和肇建,可惜又遇袁氏当国。1912年2月,宣统逊位后,以袁世凯为头目的北洋军阀凭借强大的军事武装,长期把持北京政府,攫取了辛亥革命的果实,建立起了集地主、军阀、政客、买办等剥削食利阶层于一体的,具有浓重封建色彩的近代国家实体。北洋军阀对天津的统治,从1912年清帝逊位,到1928年6月直鲁联军军阀褚玉璞撤出天津为止,共17年。这17年间,13任总统、46届内阁如走马灯,真可谓"城头变幻大王旗,你方唱罢我登场"。这些人在台上时,互相攻讦,宛若仇雠,巧立名目,为己谋私;下野时,多

---

　　① 天津市地方志编修委员会办公室、天津市总工会编著:《天津市志·工会志》,方志出版社,2017年,第6页。

到天津租界当寓公,虽风光难再,却也富贵荣华。

1916年,袁世凯死后,北洋军阀内部派系斗争日益激烈。各派军阀凭借武力,勾结列强;划分势力范围,割据自立。他们虽然名义上仍受北京政府节制,但实际上无异于中晚唐时期的藩镇割据。政坛无一日不纵横捭阖,军阀无一日不染指兵祸。他们对外勾结列强,通过出卖国家权益来获取列强支持;对内巧取豪夺,利用借内债、征捐税、发纸币、印军票、乱摊派等种种方式搜刮百姓;军阀彼此之间互相攻伐,以致兵祸连年、民不聊生。武夫治国、军阀混战,直接冲击了天津的对外贸易和工商业。每次战后,胜利一方携战胜之威大敲竹杠,溃退之兵凭枪杆在手肆意劫掠,对天津各界尤其是民族工商业而言,无异于一场大灾难、大破坏。

除了饱受本国军阀、官僚的勒索,这一时期民族资本在与欧美日资本的竞争中常常处于下风,不得不在夹缝中求生存。需要指出的是,清政府垮台后,支持旧式经济的制度也遭到严重破坏,开始慢慢向资本主义经济模式转变;尤其是第一次世界大战期间,各列强的工业生产部门大多用于内需,而不是对外输出,所以国内顿时少了较为廉价的外国进口物资的竞争;第一次世界大战后,欧洲列强需要一个时期医治战争创伤,暂时还无力向远东市场进行掠夺;加之中国人民在反帝爱国斗争中时常进行抵制洋货运动,因此,尽管重工业基础依然薄弱,实力远逊于外资且封建经济依然普遍存在,但是我国民族工业趁此良机发展迅速,迎来了短暂的"春天"。据统计,在第一次世界大战前,中国的民族工业有698个,到1920年,就增至1759个,6年间,工厂增加157%,其中纺织、面粉、卷烟、造纸、制革等轻工业的发展尤为迅速。[1]

第一次世界大战期间,伴随着民族工业的发展,工商业城市的崛起,中国工人阶级进一步发展壮大,上海、天津、青岛、武汉等地,成为工人阶级聚集的大本营。正如列宁在1912年的预言一样:"由于在中国将出现许多个上海,中国无产阶级将日益成长起来。"[2]据统计,1840—1894年,中国产业工人数目在

---

[1] 苟方杰等编著:《中国工人运动简史》,山东大学出版社,1988年,第6页。
[2]《列宁选集》(第2卷),人民出版社,1972年,第428页。

十万左右,1895—1913年,工人数量有了较大的增加,工矿企业工人已达六十万,加上海员、铁路等工人,中国产业工人已有一百多万。但是从1914至1919年的五年中,中国工人队伍迅速壮大,至1919年,中国的产业工人已达二百万。[①]二百万的工人队伍在全国人口中占比并不多,但是二百万人组成的工人阶级是新生产力的代表,是近代中国最进步的阶级。在五四反帝爱国运动中,工人阶级走上历史舞台,与爱国知识分子共擎革命火炬,把运动再次推向高潮。

民族资产阶级自出现以来,对军阀势力、帝国主义列强及买办、官僚资本主义既有斗争,也有妥协。这样就造成了民族工业的曲折发展,以及工人群众的境遇起伏不定。随着西方列强结束欧战,他们恢复了元气,又重新开始了对中国市场的占领。1919年以后,中国进口贸易总值激增。同时,中国又陷入了军阀混战的局面,天津作为北京政府的东大门饱受军阀混战的侵扰,天津的很多企业因战争原因也无法做大,即便有所受益也时常被军阀逼捐勒索。为了挣扎图存,中国厂家不能不从各方面寻求出路,保本求利,因此增加工人劳动强度自然成为各厂一致的政策。[②]

五四运动后,先进知识分子与工人群众结合在一起,寻求改善自身命运和国家命运的出路。随着运动不断发展,中国革命呼唤一个坚强的政党组织,领导人民奋起抗争。1921年7月23日,中国共产党第一次全国代表大会在上海召开,宣告中国共产党正式成立。从此,在古老落后的中国出现完全新式的,以马克思主义为行动指南的,以实现社会主义和共产主义为奋斗目标的统一的无产阶级政党。这是中华民族发展史上开天辟地的大事,是近代中国革命历史上划时代的里程碑。自从有了中国共产党,灾难深重的中国人民有了可以信赖的组织者和领导者,中国革命有了坚强领导核心。

---

① 彭明:《五四运动史》,人民出版社,2019年,第63—64页。
② 李国伟:《荣家经营纺织和制粉企业六十年概述》,《文史资料选辑》(合订本第7辑),中国文史出版社,1999年,第35页。

一、天津工业的发展和工人阶级的壮大

进入20世纪以后，随着近代交通运输体系的变革，天津市场规模迅速扩大，市场网络分工明晰，已经形成以轻工业、纺织和食品工业为主的近代工业结构和以外资银行、华资银行和银号三足鼎立的金融市场，经济腹地向西北和东北延伸，20世纪20年代末天津已经是华北、西北乃至东北的经济中心。[①]尤其是民国初年至日军侵占前（1912—1937年），这段时期是天津近代工业的兴盛期，主要表现在商办产业的兴盛，面粉、火柴、纺织、化学、制革等类型在全国占有重要地位。天津逐渐发展成为中国北方的工业中心，华北最大、全国第二大工商业城市。

彼时的天津，作为京津、京奉、津浦三条铁路线的交会点，依托内河航运和海运，对外贸易、工业、商业、金融业较快发展。一批中西合璧的建筑群，如国民饭店、天祥市场、泰康商场、惠中饭店、渤海大楼、交通旅馆、浙江兴业银行、中国大戏院等拔地而起，连成一片，颇为壮观。1928年，位于日租界和平路的中原公司（现百货大楼）、劝业场相继开业，两大商场在和平路上遥相呼应，成为天津商业繁荣的象征。至1931年，天津共有商店和商号17124家，涉及120多个行业。"全市近代企业中的工人已达10万人以上，加上码头搬运工人、人力车夫等劳动群众有近20万人。"[②]"天津卫，好地方，繁华热闹胜两江，河路码头买卖广。"这首竹枝词描述了天津经济的繁荣。

近代天津经济社会的迅速发展尤其是工厂企业的不断创办，为人们提供了数量较多的就业机会和就业岗位。城市的住房、饮食、工作条件、娱乐以及

---

① 张利民、刘凤华：《抗战时期日本对天津的经济统制与掠夺》，社会科学文献出版社，2016年，第2—3页。

② 周巍：《红色激流——大革命高潮在天津的兴起》，《求知》2017年11期。人力车夫虽然没有组织行会，却是天津工人阶级的重要组成部分。他们的数量在1935年估计为45000人，1946年为73000人。大部分人力车夫买不起自己的人力车，而是从车行租车，按天支付车租。车行要支付9种运输税——每个区和每个租界分别缴纳，因此车夫可以在整个城市自由拉客。作为回报，车行收取的车租有时超过车夫一天拉车的收入。[美]贺萧：《天津工人，1900—1949》，许哲娜、任吉东译，天津人民出版社，2016年，第156页，页下注1。

受教育和开放程度与农村有明显差异,吸引着农村中不安于生活在封闭状态的青年人和破产农民来津谋生。[1]1840—1936年,有近百万人从外地迁居而来,有不少人在此定居生活。甲午战争前,天津城市人口一直处于较低的增长速度,50年间仅增加10万人,年增长0.2万人。进入20世纪前50年,城市人口增速明显高于前期。

天津工业加快发展,大量的外来人口为天津城市建设带来了充足的劳动力,也为贸易的发展和市场的活跃提供了基础。根据相关统计,20世纪初至1928年,每年平均有3万人源源流入,占当时平均城市净增人数的95.86%。[2]1906年,天津城市人口为42.5万人,到1910年,增加到60.1万人,增长了41.66%,平均每年有4.42万人定居。1915—1916年,随着天津6大纱厂的开工和8家面粉公司的成立,所需产业工人大增,促使人口大量涌入天津。1925年,天津已经成为超百万人口的大城市,城市人口为107.3万人,比1917年增长了49.01%,是近代天津人口增长的巅峰时期。到1930年,全市华人约1048712人,外侨约3987人,约计1052699人,加上四乡之华人340579人,外国侨民282人,共计1393560人。[3]

天津工人阶级的发展壮大是在第一次世界大战期间。1914—1918年,由于西方列强阵营内部政治经济发展不平衡,新生力量德国发起了对老牌帝国主义英国的权力挑战。由此,欧洲列强分裂为两大阵营,开始了旷日持久的血腥厮杀。欧洲列强耽于内讧无暇东顾,暂时放松了远东市场,还未卷土重来。这样,中国民族工业获得了时机,有了较大发展。以天津为例,1914—1925年,建立了资金在万元以上的工业企业二十余家(战前只有十余家)。[4]这一时期,纺织工业和面粉工业发展最快。特别是纺织行业,作为当时最大

---

① 罗澍伟:《近代天津城市史》,中国社会科学出版社,1993年,第461页。
② 池子华:《中国流民史近代卷》,安徽人民出版社,2001年,第272页。
③ 宋蕴璞:《天津志略》,蕴兴商行,1931年,第14页。
④ 天津社会科学院经济研究所工业经济研究室:《解放前的天津工业概况》,《天津社会科学》1984年第2期。

的新工业,在1905年日俄战争后,曾有显著的发展。欧战爆发后,进口棉织品减少,产品供不应求,利润成倍增长,这吸引了官僚、军阀和商业资本家们的资金,他们争先投资创建纱厂。

"纺织业在华北集中于天津。1915年天津模范纺织工厂成立,资本25万元,纱锭5万支,从此风气为之大开,陆续建立的有裕元（1915年）、华真、华新（1916年）等厂,资本最高额达350万元,机器多为美国制造,天津从此成为北方纺织工业中心。"[1]1920年以后,欧洲列强为医治战争创伤,重新规划世界秩序。天津纺织行业再接再厉,恒源、北洋、裕大、宝成等纱厂陆续开工。天津新增加的棉纺织业投资占全国同期新增投资的30%,新增纱锭占全国新增的31%,是棉纺织发展最快的城市之一。到1922年,天津已经成为全国第二大棉纺织工业城市,六大纱厂均已建成投产。

民族资本还涉足面粉加工以及制碱、制盐等与民生息息相关的行业。面粉工业是当时仅次于纺织的第二大工业。第一次世界大战期间,寿丰、福星、大丰、民丰等数家面粉厂陆续建成开工。久大精盐公司和永利制碱公司也分别于1915和1917年成立并开始投入生产。此外,这一时期建立的企业还有盛锡福、同升和鞋帽厂、华北制革厂、东方油漆厂、振华造纸厂,以及玻璃料器工厂等。铸铁、机械修理、车具等行业也有所发展,手工业的地毯、针织、糖果作坊大量增加。[2]据统计,第一次世界大战及战后数年间,天津民族资本主义涉及八十多个行业,建厂两千多家,吸纳工人就业四万多人。[3]由此可见,天

---

[1] 魏宏运:《第一次世界大战期间中国民族工业的发展和工人阶级的成长壮大》,《南开史学》1982年第2期。

[2] 天津社会科学院经济研究所工业经济研究室:《解放前的天津工业概况》,《天津社会科学》1984年第2期。此外,机器制造业也有所发展,可以制造纺织、磨面、碾米、轧花机及轮船锅炉引擎等。但这些规模都较小,如天津三条石郭天祥机器厂、郭天成机器厂,制造轧花机、织布机。还有当时最大的火柴厂即天津丹华火柴厂,1917年由北京丹凤和天津华昌两火柴厂合并成立,资金120万,工人1100多人。魏宏运:《第一次世界大战期间中国民族工业的发展和工人阶级的成长壮大》,《南开史学》1982年第2期。

[3] 天津市地方志编修委员会办公室、天津市总工会编著:《天津市志·工会志》,方志出版社,2017年,第4页。

津地区以六大纱厂和八大面粉厂为骨干的近代民族资本主义工业进入了一个繁荣发展的历史时期。

值得一提的是,随着近代教育在我国的建立及发展,部分工厂逐渐任用专科毕业生来替代工头、把头管理车间,部分缓解了劳资双方的激烈矛盾,有助于生产秩序的平稳和生产效率的提升。而且,个别工厂企业对于工人的权益相对比较重视。范旭东兴办的永利、久大,虽在经济十分困难的时候,对于工人的福利设施仍很重视,例如办了食堂、医院、小学、补习学校等。有一次总统黎元洪来厂参观,称赞工人福利办得好,并说:"工人吃的馒头,面很白,同我吃的一样。"[1]此外,永利制碱公司还"实行八小时工作制"。[2]只是,这类重视工人福利、保障工人权益的工厂在以压榨剥削工人为主流的旧社会是一股难得的清流,也正因如此"范旭东""久大""永利"是当时民族资本主义工商业的优秀代表,至今依然是上了年纪的老天津人每当谈起就赞不绝口的好企业。

以纺织业为代表的中国民族工业不断发展壮大并逐步占领国内市场,给予国人以无限希望。当时的一些人认为,英国之发达肇始于工业革命,而工业革命始自纺织行业,因此认为中国也进入了工业革命的时代。但事实证明,在当时列强环伺的情况下,这只能是一种浪漫的梦想。帝国主义特别是日本帝国主义极力阻止中国工业的发展,并时刻觊觎,试图用各种手段巧取豪夺。早在第一次世界大战期间,日本资本家依仗自身经济实力和帝国主义强权势力,趁欧洲列强鏖战无暇东顾之机,以惊人的速度扩展了在华经济势力。除了增加对中国的商品输出外,日本资本在中国还增设了许多工厂企业。尤其是对德宣战后,日本侵略者强行接管了德国在华尤其是在山东省的权益,在天津、青岛、上海等地开办纱厂、榨油厂、面粉厂等,掠夺中国资源,压榨中国劳动阶级。以天津为例,日本企业从1915到1921年不断加大"投资"

---

① 陈调甫:《永利碱厂奋斗回忆录》,《文史资料选辑》(合订本第10辑),中国文史出版社,1999年,第14页。
② 陈调甫:《永利碱厂奋斗回忆录》,《文史资料选辑》(合订本第10辑),中国文史出版社,1999年,第14页。

力度,开办的工厂数量从150家骤增到360家,涨幅为142%。但是也应注意到,此时的"日本乘战事机会,蓄意攫取东方霸权,而限于国力和机器设备的生产赶不上它国内的需求,一时还不能高速拓展"①。20世纪20年代,随着凡尔赛—华盛顿国际体系的确立,欧美列强卷土重来,在中国沿海、沿江地区的"投资"急速增加。到1921年,英美两国在天津开设的工厂企业由1903年的105家增长到134家,增幅为28%。②在"欧风美雨"的干预之下,日本妄图独占中国、称霸亚洲、建立由其主宰的亚太新秩序的第一次尝试宣告失败。

由此观之,尽管第一次世界大战迟滞了西方列强对华的侵占掠夺和资本输出,同时改变了诸列强在华投资格局,但这是暂时的,而且是局部的。随着第一次世界大战的结束和凡尔赛—华盛顿体系的确立,欧美日列强重新达成协议,重新加强了对包括中国在内的广大亚非拉地区的殖民地、半殖民地的掠夺,而且为了修复自身的战争创伤,恢复本国经济发展,这些帝国主义国家对殖民地、半殖民地的掠夺压榨比第一次世界大战前更甚。需要指出的是,列强在天津开设的工厂企业数量激增,本质上是对天津各项资源的侵占和掠夺,以及对天津劳工阶层的残酷压榨,同时严重挤压了天津本地民族资本的生存空间,但客观上促进了天津地区工人阶级队伍的不断发展壮大,到1922年前后,天津的工人数量已达18万人,形成了一支强大的社会力量,为日后天津工人阶级登上历史舞台、天津地区工人运动的蓬勃展开奠定了基础。

帝国主义列强第一次世界大战后卷土重来,进一步加强对华经济侵略,加上北洋军阀对民族工商业的摧残,③民族资本难以得到长久有效的发展。而且无论是生产技术上,还是经营管理上,民族资本都难以与外资抗衡。天

① 李国伟:《荣家经营纺织和制粉企业六十年概述》,《文史资料选辑》(合订本第7辑),中国文史出版社,1999年,第30页。

② 天津市地方志编修委员会办公室、天津市总工会编著:《天津市志·工会志》,方志出版社,2017年,第4页。

③ 天津久大盐业公司成立,因触犯了大盐商及与之有关的封建势力,久大精盐就被限制只能在有租界的口岸销售。魏宏运:《第一次世界大战期间中国民族工业的发展和工人阶级的成长壮大》,《南开史学》1982年第2期。

津工人的数量随着帝国主义列强战后追加"投资"有所增加,但所受到的迫害压榨也随之增加。同全国的工人阶级一样,天津工人饱受帝国主义、封建主义和资本主义的层层压榨和残酷剥削。也正是由于饱受压迫,天津工人队伍自产生之日开始,就为了改善自身的境遇、改变自己被奴役压迫的命运而奋起反抗、不懈斗争。以天津工人为代表的中国工人阶级投身于国民革命后,"使得中国革命更加有力,更加彻底,而且特别带有群众性,能够使革命得着胜利。相反,工人阶级如果离开了革命……则革命不能胜利"①。

产生、壮大于半殖民地半封建社会的天津工人阶级,一开始就受到外国资本主义和本国封建主义的双重压迫,因此也就从产生伊始就投身到反对外国侵略者和本国封建统治者(或兼有资本主义、封建主义性质的剥削者)的斗争之中。

二、五四运动中的天津工人

五四运动是中国新民主主义革命的开端,以此为契机,中国的工人阶级开始登上了革命历史的宏大舞台,成为现代中国产业工人进行革命活动的新起点。在五四运动当中,天津各界积极响应,不仅声援北京爱国学生的正义行动,而且把天津的革命形势推向高潮,显示出了工人阶级强大的组织能力和如火山喷发般的蓬勃伟力。作为中国工人阶级的重要代表,天津工人在五四运动当中也得到了锻炼,积累了经验。

五四运动以前,天津的工人运动多是自发的、分散的,且由于深受封建行会、帮口束缚,②缺乏统一领导,容易陷入各自为战的境地,容易被分化瓦解、各个击破。五四运动以后,天津广大工人群众在全国反帝爱国热潮的影响下,投身于爱国运动,并在其中觉醒、成长。在学生罢课、商人罢市、工人罢工的"三罢"运动中,天津工人经受了革命暴风雨的洗礼,在运动中开始接触到了中国先进知识分子宣扬阐释的马克思主义的革命真理和劳工万岁的革命

---

① 中共中央文献研究室、中华总工会编:《刘少奇论工人运动》,中央文献出版社,1988年,第302页。

② 地方上或行业中,借由同乡、同行或其他关系结合起来的小团体。

精神。代表先进思想文化的爱国师生与代表先进生产力的产业工人在并肩
作战中逐渐走向融合，迸发出了强大的革命力量，为中国共产党的成立奠定
了重要基础。所以，五四运动在天津体现为以青年学生为中心，团结和依靠
工人阶级及其他各阶层，对北洋军阀卖国政府的压迫和日本帝国主义的侵略
给以猛烈反击的一次规模浩大的群众爱国运动。①

（一）五四运动的爆发

1919年1月开始，第一次世界大战的战胜国在法国巴黎召开会议。这实
际上是一次由此时世界五强，即英、法、美、日、意五个帝国主义国家操纵的重
新瓜分世界的会议。②1919年4月29日至30日，在英、法、美三国的操控下，巴
黎和会完全接受日本方面的提议，把德国在山东攫取的权利，如青岛的租界
权、胶济铁路管辖权及沿线资源开采权转交给日本。日本在第一次世界大战
期间抢夺自德国的中国权益以国际合约的方式确定下来。尽管中国代表对
此不公平予以抗议，但是北洋政府在帝国主义列强的压力下竟然准备在这个
丧权辱国的合约上签字。

北洋政府在巴黎和会上外交失败的消息传回国内，列强无视中国人民收
回山东主权的正义要求，强行把德国在山东的权益转交给了日本帝国主义，
这一无耻行径激起了全国人民的强烈愤慨。第一次世界大战期间，北洋政府
经过黎元洪、段祺瑞的"府院之争"，决议参加第一次世界大战，并加入了协约
国一方。虽然北洋政府没有派遣军队到欧洲参战，但是组织了十多万的劳工
不远万里前往欧洲支援协约国作战。中国劳工在战场上冒着枪林弹雨运送
弹药补给，运送伤病员，挖掘战壕，付出了巨大的牺牲，为协约国最终战胜同
盟国作出了巨大的贡献。因此，中国是以战胜国的身份参加巴黎和会的。彼
时国内各界对羸弱之中华能以战胜国身份参加巴黎和会一事欢欣雀跃并报

---

① 谌小岑：《回忆天津"五四"运动及"觉悟社"》，《天津文史资料选辑》（第3辑），天津
人民出版社，1979年，第26页。

② 中共中央党史研究室：《中国共产党历史·第一卷（1921—1949）》，中共党史出版社，
2011年，第39页。

以强烈的希望,希望一扫鸦片战争以来的国家民族所蒙受的耻辱,希望通过此次会议废除列强在华取得的部分特权,例如领事裁判权、驻扎军警、租界等。除了北洋政府派出的五位代表外(王正廷、魏宸组、顾维钧等),一些社会名流如梁启超甚至自费前往法国听会。然而,希望越大,失望就越大。巴黎和会不仅没有废除列强在华部分特权,反而重新规划了侵华新格局,觊觎中华已久的日本成了最后赢家。

巴黎和会上的外交失败再次证明了强权即真理,弱国无外交。消息传至国内,举国哗然。陈独秀在1919年5月4日的《每周评论》第20号中写道:"什么公理、什么永久和平、什么威尔逊总统十四条宣言,都成了一文不值的空话。"1919年5月4日下午两点,北京大学、北京高等师范学校等13所高校的爱国学生3000多人挥舞着旗帜,呼喊着爱国口号,走上街头游行示威。爱国学生火烧了卖国贼曹汝霖在赵家楼胡同的宅院,痛打另一位卖国贼章宗祥,揭开了五四反帝爱国运动的序幕。

在五四运动爆发的前三天,李大钊在《晨报》上发表文章,号召工人起来进行"直接行动"。[①]五四运动爆发后,天津的爱国群众备受鼓舞、群情激昂。1919年6月2日下午,7名在北京东安市场演讲的学生被北京警备司令段芝贵和步军统领王怀庆下令逮捕,引发北京二十余所高校九百多名学生上街抗议。北洋政府紧急派遣军警上街逮捕,步兵、马队横冲直撞,驱散爱国群众。学联立即给上海新闻界发电报,告知当天有178名学生被捕。随后几天,由于大批学生被捕,北京监狱已经无法容纳,北洋政府遂开辟北大法科校舍作为临时监狱。6月4日,又有七百多名学生被逮捕,军警再辟北京大学理科校舍为第二临时监狱。

(二)五四运动在天津

为了声援北京爱国师生的壮举,抗议日本帝国主义抢占山东的暴行,天津工人开始了有组织的斗争。1919年5月30日,天津码头工人宣布拒绝装卸

---

① 郑德荣、黄景芳、陈一华:《毛泽东思想史稿》(新民主主义革命时期),甘肃人民出版社,1983年,第21页。

日货,一时间七千多名劳工群起响应,导致许多日本轮船由于无法卸货而不
得不停泊在河上。码头工人的义举得到了天津各界爱国群众的有力支援。
无论是工人、佣工还是店员、学徒,都积极投身于这场声势浩大的反帝爱国斗
争之中。各行各业也逐渐开展抵制日货行动,对于日资工厂生产的棉纺织
品、日用百货等轻工业产品进行销毁。街头巷尾张贴着"不买日货""烧毁日
货"的口号标语。拒绝装卸、抵制销毁日货的爱国行为是天津爱国群众对日
本军阀、财阀觊觎并蓄谋侵占中国利益、资源的有力回应,反映了中国人民对
国家民族最朴素、最深厚的感情以及对侵略者卑劣行径的痛恨。

"六三"大逮捕后,全国舆论更是一片哗然,各地各行业纷纷开展"三罢"
斗争,支援北京高校学生的爱国行为,抗议北洋政府的残暴统治。1919年6月
10日,天津学界、商界罢课、罢市,人力车夫也纷纷罢工,数十万天津劳工群众
酝酿更大规模的抗议斗争。彼时日本的轻工业产品充斥天津市面,许多商店
的青年店员斗争情绪极高,督促检查各商号制订抵制日货的办法,行动十分
活跃。[1]许多店员组成"跪哭团",[2]对于那些不顾民族大义,专门贩卖日货的
奸商予以无情地揭露和打击。

当日,天津和塘沽的码头工人拒绝装卸日货,天津三个火车站(总站、东
站、西站)的铁路工人一齐罢工,天津五四运动声势越来越大。天津日租界是
日货进入中国的重要枢纽、集散地,店员和工人们对日货的抵制使日本商人
受到沉重打击。天津工人的义举鼓舞了全国工人,铁路工人和各地工厂工人
纷纷响应,掀起了全国性罢工的浪潮,有力地支援了青年学生们的反帝爱国

---

[1] 谌小岑:《回忆天津"五四"运动及"觉悟社"》,《天津文史资料选辑》(第3辑),天津
人民出版社,1979年,第3页。

[2] 跪哭团是以调查股长王卓忱为主干,其余参加跪哭的团员大多是年龄较长的,如刘
雁宾、于方舟等都是团中热心分子。他们在确定跪哭对象以后,首先在联合会集齐团员,
一律披麻戴孝,完全装扮起灵堂孝子模样,手持哭丧棒,戚容满面地列队出发。在行进途
中引起很多人注意,尾随而行的群众甚多。对于依然销售日货的商店,全体团员把店主围
在中间,跪倒在地号啕大哭。团员们边哭涕,边作忠言逆耳的劝告,历述亡国灭种的残酷
遭遇。最终,在各种压力下,店主往往承诺停售或当众销毁日货。

运动。迫于民众的压力，北洋政府于1919年6月10日释放了被捕的爱国师生，并罢免了亲日派官员、卖国贼曹汝霖、陆宗舆、章宗祥三人的职务。为了平息天津人民的怒火，北洋政府派人星夜赶赴天津，向天津百姓宣布消息。即便如此，革命斗争形势依然如火如荼。

据刘清扬回忆："当时的学生有些是资产阶级、小资产阶级家庭出身的青年，他们参加五四运动只是凭一股爱国热情，究竟应该如何坚持斗争，心中无主，所以一经学校和家庭阻挠，有一部分学生，认为卖国贼已罢免了，巴黎和会已拒绝签字，运动已进行了两个多月，没有什么可干了，斗争情绪松懈了。天津学生联合会感到情况不对，极力想法维持学联的爱国活动，并鼓励骨干分子集中办公，都搬进南开中学居住。"①

1919年6月28日，为了更好地推动革命运动，天津各界组成了新的团体——天津救国十人团联合会。救国十人团顾名思义，每10个人为一团，包括工人、学生、商人、店员等各界爱国群众，推举一人为团代表，20个团公推一人为廿代表，100个团推举的为百代表，1000个团则称为千代表（以千为止）。参加救国十人团的成员拥有名片，背面印有其他9人的姓名、住址，而且加盖印章，作为证明身份的证件。团内成员的责任是宣传爱国、救国思想，吸纳新成员。救国十人团提出倡议：不买日货，不用日币，存钱不去日本银行，墙壁禁止张贴日货广告；提倡国货，振兴实业。十人团内互相监督，互相鼓励，坚决把斗争进行到底。②救国十人团的成立表明了天津各界对日本帝国主义者的切齿痛恨，表明了自己坚决的革命意志。天津革命形势不断高涨，把五四运动推向新的高潮。

---

① 天津档案方志网，https://www.tjdag.gov.cn/zh_tjdag/jytj/jgsl/jgfq/details/1594032533677.html。

② 直到1919年底，天津救国十人团依然不断发展，工人是重要组成部分。1920年3月，救国十人团积极营救被北洋政府军警逮捕的郭隆真、于方舟、周恩来、马骏等爱国学生。1920年7月17日，爱国学生被释放，显示出救国十人团的作用和威力。1920年秋，五四运动的骨干纷纷出国，天津的爱国运动告一段落，救国十人团也停止了活动。到1925年五卅运动期间，为了声援上海人民的革命斗争，天津人民重建救国十人团，再次同日本帝国主义展开斗争，并给日本在津工商业予以沉重打击。

天津是工人阶级比较集中的地区。五四运动期间,天津工人位卑未敢忘忧国,以最朴实的爱国热情,践抵制日货之行。《益世报》的记者偶然听来的一段对话:①

　　时间:1919年5月8日。

　　地点:天津东马路某元宵铺。

　　对话者:身着短衣之苦力二人。

　　甲曰:老二,汝知日本强占我山东乎?

　　乙曰:何为不知此事,我辈决不能甘心。

　　甲曰:闻北京已发起抵制日货,据我看,天津亦应仿行。

　　乙曰:此法极好,我不买他的货,他不能强逼叫我买。

　　甲曰:老二,咱二人立志,谁买一个钱的日本货,不算人类。

　　乙立时拍掌曰:赞成,赞成。

新闻记者听了这样一段工人的对话,不觉叹息说:"夫安得我中国人尽如此甲、乙之两个苦力哉!"《益世报》还专门发表评论,提到:"爱国之心所同具也,不以贫富贵贱而判等差……昨在元宵铺内所闻甲乙之言,即可证明贩夫走卒其爱国程度实高于大人先生,而其人格之完美,亦有非大人先生所敢比拟者。"②由此可见,五四运动时期,天津工人群众对日本的强盗行径义愤填膺,用最朴素的言行表达出最深沉的爱国热忧。在工人、学生及各界民众的爱国热情推动下,天津商人也开始了抵制日货的行动。自1919年7月中旬开始,各业商人或商人同业公会纷纷集议,或致函总商会,或声明于报端,表示要抵制日货。③

---

　　① 彭明:《五四运动史》,人民出版社,2019年,第295页。

　　② 彭明:《五四运动史》,人民出版社,2019年,第295—296页。

　　③ 李学智:《五四运动中天津商人罢市、抵制日货问题考察》,《近代史研究》1995年第2期。该文还提到,天津各商号虽多称抵制日货,实际上日货仍如常照售,且一直持续到1919年12月。由此观之,商人虽然难以自外于革命,但与工农、学生相比,商人并不具有革命的彻底性。

五四运动期间,天津工人开始把经济斗争与政治斗争合二为一,把反帝爱国斗争与反抗资方斗争融合在一起。1919年7月4日,为了抗议资本家无视工人生命,天津德国永和公司新河造船厂两千多名工人举行罢工。以此为契机,天津其他行业的工人群起响应,法租界的工人组成苦力联合会,入会者有三百多人,专门负责查禁商人私售日货的行为。苦力联合会是在救国十人团的基础上发展起来的。法租界百泽斯烟草工人在刘、季两位老师傅的带领下,迅速成立了近四十个工人的救国十人团。烟草工人的行动也鼓舞了法国造船厂工人,但是造船厂工人筹备组建救国十人团期间,被法国监工发现,监工打伤一名工人并威胁工人不准成立救国团体。工人们忍无可忍、奋起抗争,纷纷把法国监工和工厂经理等管理人员围住,当场提出三项主张:工人有集会进行爱国行动的权利、保证以后不再殴打开除工人、受伤工人要由厂方出钱医治并照发工资。工人们的团结和愤怒让平日耀武扬威的洋人大受震撼,尽管法租界派出士兵弹压,但最终法国厂方被迫接受了工人们的条件,并签字为证。工人们的行动一方面是五四爱国运动的一部分,另一方面,如火如荼的革命形势也激发了工人们的爱国热情,使他们在热烈的革命浪潮当中趁势而上,争取到了本该属于自己的利益,也让那些在中国的土地上蛮横惯了的洋人们见识到了中国人民的革命斗志。

综观天津的五四运动,天津的工人群众形成默契,工人不去日本资本家经营的工厂企业做工,即便后者给出较好的条件。与此同时,脚行、码头工人也纷纷达成共识,拒绝装卸日本人的货物。工人们表示"虽然他们运费给钱多,但至死也不替倭奴运载,倭奴来的货虽然多,但一点也不让上岸,让日本人看着干着急,瞧着气死也没人管"①。

天津诸多行业的工人在运动中得到锻炼,组建革命团体,汇聚成一股革命的洪流。电车工人、火柴厂工人、成衣铺和杂货铺店员等与烟草工人、造船工人、码头工人一道,纷纷开展抵制日货和日本原材料的行动,同时为争取自

---

① 天津市总工会工会志编修委员会编著:《天津工运百年纪事》,2014年,第16页。

身的合法权益而英勇斗争。工人们的义举沉重打击了日本货物在天津的流通贩售，从经济领域对日本帝国主义予以回击，展现了中国人民不屈不挠的反抗意志。正如当时日本驻天津武官万喜八郎所言：“抵制日货，我日本商业大受影响。”①

三、马列主义在天津的传播与工人阶级的觉醒

中国工人阶级的思想觉悟和凝聚力、战斗力在血与火的斗争实践中不断增长。随着国内形势日趋复杂、时代潮流滚滚向前，中国的工人阶级迫切需要马克思主义理论为指导，迫切需要一个坚信、坚守马克思主义的政党带领工人阶级继续斗争。此时的中国工人阶级正处于从“自在阶级”向“自为阶级”转变的前夜。人民的需要是马克思主义在中国生根、发芽、开花、结果的最好土壤。

19世纪末，天津的近代工业有了一定发展，工人队伍也随之壮大。20世纪初到20年代，天津已有纺织、面粉、铁路、造船、烟草、化工等行业，产业工人达几万人。②在企业工厂当中，天津工人的劳动强度大，工作时间长，工资待遇低，劳保设施差，规章制度苛，工人受到不平等、不公正待遇的现象十分普遍。“排字的工人，机织厂中见那幼年工徒，却是无昼无夜的劳动……恐怕连吃饭、睡觉都没有一个确定的钟点。”③诚如刘少奇在《中国职工运动简史》中所言：“全世界工资最低要算中国，就是技术很高的工人，每月也不过三四十元。工作时间很长，普通总在九小时以上，甚或有二十小时以上者，工人的生命与生活根本没有保障。中国工人生活这样苦的原因，也在于中国的社会性质是半封建半殖民地，中国工人受着三重压迫……工人组织很少，工人的社会地位很低，政治上更没有自由，完全是一种所谓‘下层人’。”④

---

① 天津市总工会工会志编修委员会编著：《天津工运百年纪事》，2014年，第19页。
② 董振修：《马克思主义的传播与天津早期工人运动》，《天津社会科学》1983年S1期。
③ 天津历史博物馆、南开大学历史系编：《五四运动在天津》，天津人民出版社，1979年，第648—649页。
④ 中共中央文献研究室、中华全国总工会编：《刘少奇论工人运动》，中央文献出版社，1988年，第280—281页。

在当时处于国际先进水平的外资工厂中,资本主义榨取剩余价值与无产阶级顽强斗争的对抗一直在上演着。长期受到残酷压迫的工人开始通过斗争的方式来谋求自身权益。在斗争初期,天津工人的抗争往往比较隐蔽。由于公开罢工需要组织串联、提出口号纲领,因此相对较少,工人们更多的是采取怠工、破坏机器、逃跑等方式。正是这一时期,急于摆脱被奴役命运的工人阶级需要一种新的思想作为行动指南,恰在此时马克思主义传入了中国。实际上,早在五四运动前二十年,马克思的名字和"安民新学"(即社会主义)就通过《万国公报》传入我国。1911年,天津出版了《维新人物考》一书,其中刊载了《马格斯》(即马克思)一文,这是迄今在天津发现的最早介绍马克思的文章。[①]

1917年11月7日(俄历10月25日)深夜,列宁领导布尔什维克党、赤卫队包围并占领了资产阶级临时政府的办公地点——圣彼得堡的冬宫,是为俄国十月革命。十月革命是共产主义运动在人类历史上首次获得的胜利,马克思列宁主义由此在全世界范围内得到了更广泛的传播。十月革命也对其他国家的社会进步(比如中国)产生了重大影响,1917年11月7日,十月革命爆发当天,时任中国驻俄公使刘镜人在致北京政府外交部的电报中说:"近俄内争益烈,广义派势力益张,要求操政权,主和议,并以暴动相挟制。政府力弱,镇压为难,恐变在旦夕。"[②]随着十月革命对中国影响的扩大,《新青年》开始宣传马克思主义。毛泽东曾做以下评价:"十月革命一声炮响,给我们送来了马克思列宁主义。"[③]

1917年发生的俄国十月革命,是一个具有划时代意义的世界性的历史事件。它昭示人们,资本主义制度并不是永恒的,无产阶级和其他劳动群众

---

① 董振修:《马克思主义的传播与天津早期工人运动》,《天津社会科学》1983年第S1期。
② 台湾"中研院"近代史研究所编:《中国近代史资料汇编·中俄关系史料·俄政变与一般交涉·民国六年至八年》,台湾"中研院"近代史研究所,1984年,第180—181页。刘镜人发报时为1917年11月7日,起义正在酝酿中,尚未爆发。电报中说的"广义派",就是布尔什维克。北洋政府收到电报的时间是1917年11月27日。
③《毛泽东选集》(第4卷),人民出版社,1991年,第1471页。

一旦觉醒起来,组织起来,完全可以依靠自身的力量创造出维护绝大多数人利益的崭新的社会制度。十月革命证明,落后国家也可以用社会主义思想来指引自己的解放之路。十月革命发生在中国学习西方的努力遭到失败、中国的先进分子陷于彷徨和苦闷之际,使中国人从中看到了民族解放的新希望。

天津的纸媒对十月革命及相关庆祝活动进行报道,同时对马克思主义一些观点进行翻译阐释。"1917年11月11日,即十月革命爆发几天后,天津《益世报》就以《俄京大革命之现状》为题,客观报道十月革命的消息。自此,有关十月革命的消息介绍,就在天津各大报刊上屡屡出现,发表诸如《俄国军工代表推倒新共和政府》等文章。随后,列宁(里林、黎宁、莲林、李宁)的名字,时常出现在天津报刊上。"[1]1918年7月25日,俄罗斯苏维埃联邦社会主义共和国发表对中国人民和中国南北政府的宣言(即第一次对华宣言),声明俄国政府将沙皇政府与中国订立的一切不平等条约概行废除,并将沙皇政府与俄国资产阶级强行掠夺、占有之中国领土及一切权益,全部归还中国人民。该宣言于1920年4月间,在中国报刊上公开发表。[2]宣言的发表,进一步加深了中国人民对俄国政府及其革命道路的好感。1920年11月7日,十月革命一周年纪念日前夕,《大公报》刊发文章,将马克思名著《资本论》中有关"祖述资本主义经济学论"的内容视为"不动之真理",并认为"熟察各交战国战后经营之方针滔滔向国家社会主义之方向流行乃不可否认之事实也"。[3]虽然文中观点较社会主义所去尚远,但将马克思主义经济学理论奉为圭臬,强调"劳动者"在政治斗争中的作用,显然对宣传十月革命与社会主义起到积极作用,也客观反映了第一次世界大战结束初期社会主义思潮的勃兴。[4]

---

① 夏静雷:《马克思主义在天津早期传播的历史考察》,《北京党史》2020年第2期。

② 中共中央文献研究室编:《毛泽东年谱(1893—1949)》(上卷),人民出版社、中央文献出版社,1993年,第41页。

③《将由欧战赍来之世界革命》,(天津)《大公报》1918年11月5日。

④ 谌贵义、姚奇:《民国时期〈大公报〉与十月革命纪念话语嬗变研究》,《唐山师范学院学报》2018年第5期。

1918年11月11日,协约国与德国签订休战条约,第一次世界大战结束。15日,在中国率先举起马克思主义旗帜的李大钊饱蘸浓墨、热情地讴歌十月革命,在《新青年》第5卷第5号发表了《庶民的胜利》和《布尔什维主义的胜利》两篇文章,热情赞扬十月革命。李大钊指出,十月革命所开启的"是世界革命的新纪元,是人类觉醒的新纪元。我们在这黑暗的中国,死寂的北京,也仿佛分得那曙光的一线,好比在沉沉深夜中得一个小小的明星,照见新人生的路"①。这些文章,在天津新中学会、北洋法政专门学校、北洋大学、南开学校、天津中华书局和少年中国学会等知识分子群体中广泛流传,启蒙了天津的先进分子,培育了天津社会各界积极响应五四运动的社会土壤。中国的知识界、思想界都倾向于用社会主义的方式解决中国的问题。②

天津报刊对十月革命的相关报道扩宽了天津工人群众的视野,让工人们备受鼓舞,为五四运动期间理论与实践的开始结合埋下了伏笔。五四运动加速了马列主义在中国的传播。1919年9月下旬,俄共(布)老党员、后来担任俄共(布)中央委员会西伯利亚局东方民族处主任的布尔特曼到津,同鲍立维同住旧俄租界,会见了李大钊,商谈了组织工会的问题。11月1日,天津真学社主办的《新生命》创刊,该刊物提倡的宗旨是:抱住一个特别的意见,牺牲一切虚荣心、利己心,求适于现代和能改造一切环境的真理,创造一个新生命,打破旧的、过去的和将过去而没过去的,和应该过去而仍站住的,或非真理而却自夸为真理的,阻碍新生命发展的东西。

真学社主张彻底推翻旧的社会制度,求得一个除旧布新并从根本上解决一切社会问题的真理和方案。《新生命》也十分重视劳工问题。在《新生命》创刊号上,发表了"柏夫"的《劳动问题与俄国革命》一文。文章分析了十月革命爆发的历史原因和社会条件,指出工人阶级的成长壮大是革命成功的阶级基础,马克思社会主义学说是革命成功的思想基础,认为中国无产阶级仅靠经

---

① 《李大钊文集》(上卷),人民出版社,1984年,第608页。
② 王宪明、蔡乐苏:《中国近现代史述要》,清华大学出版社,2008年,第144页。

济斗争是解决不了根本问题的，必须"以俄为先例"实行无产阶级革命，彻底推翻旧社会。文章呼吁："近来劳动界都已觉悟了，所以每次罢工都是要求缩短做工时间，增加工价，劳动界的痛苦虽比从前减少些，但并不是根本的解决，什么是根本的解决呢？有俄国为先例……俄国的劳动者实为推翻俄国旧社会创造新社会的先锋。"①以俄为师，组织发动劳工起来进行政治斗争的观点逐渐流行开来。

此外，1919年，《新青年》《湘江评论》《每周评论》《少年中国》《新潮》等进步刊物，在天津北洋大学、北洋法政专门学校、南开中学和天津中华书局设立代卖处。天津本地的进步刊物，如《觉悟》《天津学生联合会报》《南开日刊》《新生命》也吸引了大批读者。这些刊物宣传新的革命思想，在天津师生当中迅速传播开来。师生围绕俄国十月革命和马克思主义学说纷纷展开讨论，并开始撰写文章，宣传新思想、新理论，发表了一批进步文章如《觉悟的宣言》《社会主义和中国》《中国的劳动家应该怎样去做》《马克思劳动时间的主张》《劳动问题与俄国革命》，表明马克思主义在天津的传播速度之快，天津的先进分子对新理论的敏感之强、对新理论理解之深。

除了阅读进步刊物，撰写马列文章，天津的先进分子还提出，要尽快成立各种组织、工会，促成知识阶层与劳工阶层的融合。李大钊、陈独秀曾莅临天津指导学生、工友社团的活动，传播马克思主义，指导革命具体实践。邓中夏也曾运用长辛店的工作经验指导天津的工人运动。天津的一些进步青年与北京的马克思学说研究会取得联系，京津一带的高校师生经常举行研讨会，学习研究马列主义。师生们不仅谙熟于理论研究，而且大胆地走出学校，走进工厂车间，来到劳动人民中间，创办平民夜校、工人补习学校、人力车夫休息处等。进步师生们的言行不仅表达了对劳动人民的同情和善意，还帮助工人群众学习文化知识，在实践中宣扬、验证革命思想，使天津的五四运动迅速

---

① 中共中央马恩列斯著作编译局研究室编：《五四时期期刊介绍》（第3集），人民出版社，1959年，第95页。

进入知识阶层和劳工阶层联动、思想与实践齐飞的新阶段。

随着马列主义在中国的传播和中国先进分子对先进思想的深入思考，中俄两国的革命者在五四运动中，见证了中国工人阶级的力量，认识到组织发动工人进行斗争的必要性，所以组建一个以马列主义为指导、以领导工人运动为任务、以推翻封建军阀和帝国主义列强联合统治为目标的坚强政党提上了日程。1920年4月1日，新生社（1919年9月成立）创办的《新生杂志》出版，以发表新生社的主张和介绍新思想为宗旨"全带社会主义色彩"热情宣传马克思主义，讨论在天津建立共产党组织问题。1920年以新生社为基础成立了马克思学说研究会。新生社的第一个活动地点在今和平区建设路芸芳里2号，第二个活动地点在今和平区泰安道3号。新生社暨研究会由方舟负责领导，成员包括：直隶省立一中的韩麟符、安幸生、陈镜湖；天津公立甲种商业学校的李培良；直隶公立工业专门学校的卢绍亭；直隶省立第一师范学校的辛璞田；直隶第一女子师范学校的王天麟、卢㯶瑜、王桐华、王棣华等。其中的主要成员，如安幸生、李培良、卢绍亭等人，后来都成为中共天津地委的中坚力量和天津工运的重要领导者。在觉悟社和新生社成立之前，天津学生组织按惯例都是男生女生分开，因为当时多数学校不收女生，女生必须去读女校。而觉悟社和新生社的创立，打破了男女校和男女生分别组织团体的界限。

同一时期，北洋大学学生领袖张太雷在李大钊的指导下成立了天津社会主义青年团。张太雷率领团小组成员定期集会，学习研究马克思主义，对理论问题和工人运动问题彼此交流展开讨论，而且把李大钊的著名文章《我的马克思主义观》打印成册在天津发行，产生了广泛影响。更为重要的是，张太雷团小组还到唐山等工业重镇开展活动，在工人群众中反响很大，把新的革命理论付诸革命实践。

通过理论学习研究和深入基层体察民情，张太雷针对中国工人阶级的现状和命运，提出了自己的观点。他在《工人世界》发表的文章提到："在中国只有大城市和外贸开放的港埠才有一些工厂，这绝不是偶然的。因为，外国人在投资时,在将外国银行引进时,总把自己的投资置于自己军舰的保护之下,不过大多数中国无产者并不在这些外国人的工厂中做工。大体说来,中国无产阶级的主要成员是在中等的本国工业企业里,且多为手工业工人,只是近些年,在西方文明、欧美和日本的工商业影响下,中日轻重工业的工厂数目才开始逐渐增加,工人数目也随着逐年增长。"在文章当中,张太雷还介绍了中国工人阶级的工作生活条件,尤其是被资本主义和封建把头剥削的现实。最后,张太雷为工人指明了斗争的方法,即工人兄弟们组织起来,成立新型的、没有资本家走狗参加的、纯洁的工人联合会。

北洋大学、南开学校、直隶第一女子师范学校、直隶省立第一中学等学校的爱国青年,对马克思列宁主义在天津的传播、五四运动在天津的开展、中国共产党党团组织的建立,以及工人、农民运动的开展作出了巨大的贡献。其中他们组织的进步青年社团如觉悟社、新生社及后来发展的社会主义团小组,为后来中共天津地委的建立奠定了组织基础,为天津工人、农民运动的蓬勃发展作出了卓越贡献,他们中的一些人甚至为解放劳苦大众这一崇高事业献出了宝贵的生命。

四、知识阶层与劳工阶层相结合

经过五四运动这次伟大的革命实践,工人与学生开始紧密地联系在一起。天津工界与天津学生联合会通力合作,组织学生、工人在大街小巷进行露天演说,让更多的民众了解帝国主义列强对中国的剥削、侮辱,了解了北洋政府的昏聩无能,宣传了革命思想,提高了人民的革命觉悟。通过革命实践,天津高校的左翼学生与天津工人成为亲密的战友,为日后中国共产党北方组织的建立奠定了组织人员基础。

以李大钊为代表的中国先进知识分子,发起组织马克思学说研究会和北京共产党早期组织。李大钊深刻认识到了人民群众的力量,在1919年初就号召"知识阶级与劳工阶级打成一气"[①],并从自己每月120元的工资当中拿出80

---

① 《李大钊传》编写组:《李大钊传》,人民出版社,1979年,第101页。

元,作为北京共产党早期组织活动的经费,租赁校舍开办长辛店工人夜校,创办工人刊物《劳动音》[①]。"在已知的共产主义者中,他是每月拿出资助革命最多的人。"[②]在他的指导下,各项工作得以有序展开且颇有成绩。在李大钊的推动下,中国的先进知识分子在五四运动中积极与一线产业工人、铁路工人建立联系。[③]他们深入工厂车间,宣扬革命理论,通过建立劳动补习学校让工人及其子女接受教育,[④]不仅让广大工人群众深刻认识到自身的力量,而且培养了未来工人运动的骨干力量。

天津的知识分子、爱国青年也认识到,爱国行动和革命运动要与工农群众相结合。1920年8月初,天津觉悟社举行了一次年会,周恩来在会上总结了一年多来天津爱国运动的经验教训,指出:"今后的救国道路,只有深入劳工群众,依靠劳动阶级;同时,把'五四'以后全国各地涌现的大小进步团体都联合起来,采取共同行动,才能挽救中国的危亡。"[⑤]8月16日上午,觉悟社的11名成员前往北京,与北京少年中国学会、人道社、曙光社、青年互助团等青年

① 1920年11月7日——十月革命节,李大钊领导下的北京共产主义小组创办了向工人进行社会主义宣传的通俗小报——《劳动音》周刊。邓中夏负责具体编辑。刊物的目的很明确,就是提高工人觉悟,促进工人团结,指导工人运动的进行。《劳动音》出版后,很快在京津唐的工人中广泛流传开来,受到工人群众的热烈欢迎。12月间,每期销售达两千多份。《李大钊传》编写组:《李大钊传》,人民出版社,1979年,第103页。

② 王建柱:《党费:"红色账本"中的赤子情怀》,《解放日报》2017年1月13日。

③ 第一次世界大战前,中国多条铁路(中东铁路、京奉路、京汉路、津浦路、正太路、广九路等)已建成通车,全国铁路工人人数骤增。据北洋军阀政府交通部的统计报告,1913年国有铁路职工共计57318人。曾鲲化:《中国铁路史》,燕京印书社,1924年,第221页。另有其他职工37000余人,两者相加共94000多人。刘明逵、唐玉良编:《中国工人运动史》(第1卷),广东人民出版社,1998年,第36页。因此,随着列强在华攫取筑路权,铁路工人队伍不断壮大,成为近代中国工人的一支主力军。

④ 1920年12月,北京的共产党早期组织派邓中夏、张国焘、张太雷、杨人杞等人到京汉铁路北段工人集中的地区长辛店筹办劳动补习学校。1921年1月,在邓中夏等人主持下,学校正式开学,以增进劳动者和劳动者子弟完全知识,养成劳动者和劳动者子弟高尚人格为宗旨。校址设在长辛店祠堂口一号。学校分日夜两班,日班为工人子弟班,夜班为工人班。教员由北京共产党早期组织以北京大学学生会名义派去。1923年二七大罢工失败后,长辛店劳动补习学校被反动当局查封。

⑤ 《李大钊传》编写组:《李大钊传》,人民出版社,1979年,第99—100页。

组织的代表二十多人，在北京陶然亭慈悲庵团聚一堂，举行茶话会。李大钊对于青年的热情给予了肯定，并对青年提出恳切的要求，即到劳工中去，到农民中去，和他们同呼吸共命运，了解他们，启发他们，依靠他们，因为20世纪的革命必定是滔滔滚滚的群众运动。[1]8月18日，在北大通信图书馆，5个青年团体在李大钊的指导下，通过了"改造联合"的宣言和约章。这两个文件接受了李大钊的建议，号召集合在"改造"赤旗下的青年，必须以相爱互助的精神，组织一个打破一切界限的联合；同时，提出了"到民间去"的口号，明确规定了"社会实况之调查""农工组织之运动"。[2]在李大钊的启发和指导下，天津的革命知识分子开始深入到工农群众中去进行宣传道理、组织活动。周恩来、郭隆真等人后来赴法国勤工俭学，于方舟、安幸生等人到天津的码头工人了解情况，他们以极大的勇气和决心，与工人群众打成一片，使革命理论与革命群众深入结合，为未来革命形势的高涨与中国共产党及党领导的革命组织的诞生作出了重要贡献。

掌握理论工具的知识分子与具有实践精神的工人阶级的联合，产生了1+1>2的效果。五四爱国运动推动了马克思主义真理与中国工人运动实践相结合的历史进程，为天津地区共产主义党团组织的建立提供了组织条件。以五四运动为转折点，天津工人运动由之前的缺乏集中统一领导、有队伍却无组织的局面，开始向有领导、有组织、有明确斗争目标的方向转变。

五四运动爆发后，翻译、阐释、宣传社会主义和其他新思想的报刊书籍大量涌现，高校爱国师生组成的各种团体深入群众，在街头坊间进行宣讲，社会氛围为之一振。天津当地的知识青年率先受到以马克思主义为代表的各种新思潮的熏陶，并以报刊、册子、话剧、演讲等形式在工人群众当中进行展示。喜闻乐见的宣讲方式让工人群众受到了巨大鼓舞和影响。1920年11月，国立北洋大学（现为天津大学）学生张太雷在李大钊的指导帮助下，建立了天津第

---

① 石英、范文麟编著：《五四运动话天津》，天津人民出版社，1961年，第117—118页。
②《李大钊传》编写组：《李大钊传》，人民出版社，1979年，第100—101页。

一个社会主义青年团小组——张太雷小组。1921年1月,该小组创办了专门供工人群众阅读的刊物《来报》。《来报》作为反映工人社会生活的小报,设有国内外新闻、工人状况、杂感、故事等多个栏目,以通俗易懂的方式向工人群众报道国内外工人运动、工人阶级的境况,宣传革命思想,提升了工人群众的革命觉悟,为天津工人运动提供指导和借鉴。

值得一提的是,1921年春,按照中国共产党早期组织委派,张太雷将离开北京前往伊尔库茨克代表中共参加共产国际远东书记处工作。当时,张太雷正在天津组织工人运动,接到赴苏工作的消息,他十分激动。但是,他又惦念家里多病的母亲、结婚两年的妻子和年幼的女儿。不过时间紧迫来不及回家告别,于是他便提笔写下了一封家书。信中写道:"我们现在离开是暂时的,是要想谋将来永远幸福,所以你我不必以为是一件可忧的事。我们应该在这时期中大家努力做,寻我们将来永远的幸福,这是一件何等快乐的事。"这封信寄出后,张太雷就踏上了艰险的征程,成为中国共产党最早的一批党员之一,也是中国共产党早期组织派往共产国际的第一位红色使者。

1921年6月,在中国共产党第一次全国代表大会召开前,张太雷作为中国共产党的代表出席了共产国际的第三次代表大会。张太雷向大会提交了一份一万多字的长篇书面报告,并在会上做了五分钟的即席发言,详细报告了中国的社会状况、社会各阶层及中国的共产主义运动开展情况。张太雷参加此次会议意义重大,这是尚在襁褓中的中国共产党在世界共产主义运动最高级会议上的第一次亮相,这对于共产国际了解中国、了解中国共产主义运动的实际情况,对于中国共产党直接了解列宁有关东方革命的理论,起到了非常重要的作用。

天津的另一所著名高校南开大学在五四运动中诞生,校父严修先生对学生报以殷切嘱托——"勿志为达官贵人,而志为爱国志士"。肇始于国家危难、民族存亡之际的南开大学深深地厚植下了爱国主义的基因。

因此,南开大学的第一批学生当中,很多都是五四运动的积极倡导者,其中的代表人物有周恩来、马骏、于方舟等。为了声援北京的五四运动,周恩来提出"快快成立各种组织，各种工会"。①马骏在天津各界联合会成立后担任执行部部长，具体负责联合各界进行罢工、罢市。从1919年5月中旬开始，天津各界开始"三罢"活动。

在此期间，还有不少先进知识分子走上了革命道路，走出书斋，走出学校，走向社会，积极参加平民教育活动，在五四运动前后创立平民学校、工人星期日学校、工厂补习学校、学徒工义务学校、工人半日学校、人力车夫休息处等场所，对工人、市民、店员、学徒工等进行宣讲授课。他们不仅普及文化知识，而且介绍国际国内形势并予以评论，在授课的同时宣传了新思想，引导更多的人了解、认同，最终走上革命道路。知识阶层与劳工阶层在五四运动中的合流，为新思想在中国传播，新思想指导中国革命，执行新思想的新政党的成立，奠定了组织人员基础。

第二节　中国共产党成立后
天津工人运动的新局面

工人运动指工人为实现某种要求或表示抗议而进行的有组织的行动。②工人运动一般面临三大难题，其一是资方联合列强、官僚、军警禁止阻挠，反动力量十分强大；其二是工人群众势单力薄，罢工期间如何维持生计的问题；其三就是工人普遍缺乏阶级意识和抗争意愿。随着马克思主义与中国工人运动的结合，心向革命的知识分子努力学习马克思主义，深入到工人群众之中，组织开展各项斗争。在斗争实践中，他们在思想觉悟上和情感上发生了

---

① 1919年4月，五四运动前夕，周恩来从日本回到天津。此时的周恩来在南开已无学籍（南开学校大学部，即南开大学是在9月开学的），但并不妨碍他参加各种活动。5月17日，"敬业乐群会"在南开礼堂召开茶话会，周恩来应邀参加。6月初，周恩来参加了天津学联的活动。随后，周恩来担任《天津学生联合会报》的主编，宣传改造社会的新思潮，对联络京津等地各界斗争，起了很大作用。彭明：《五四运动史》，人民出版社，2019年，第299—301页。

②《马克思恩格斯全集》（第28卷），人民出版社，1995年，第23页。

深刻的变化,逐步锻炼成无产阶级战士。与此同时,工人阶级逐渐了解、接受了马克思主义,提升了对自身阶级的了解。各地的工人队伍中也涌现出了一批具有共产主义思想的先进分子。由此,中国共产党成立的条件基本具备。

1921年7月23日,中国共产党第一次全国代表大会召开,宣告了中国共产党的成立。中共成立后把组织领导工人运动作为中心任务,旨在提高工人的阶级觉悟,使工人运动从自发斗争转向有组织、有领导的斗争,从经济斗争转向政治斗争。在中共的领导下,工人运动的历史发生了翻天覆地的变化,进入了一个自觉进行有组织的政治经济斗争的新纪元、新阶段,并且在运动过程中融入了新民主主义革命反帝反封建的历史使命。

中国共产党一大闭幕后,中共北方组织和李大钊贯彻大会要求,集中力量领导工人运动,通过组织领导京奉铁路工人罢工、开滦五矿工人罢工等活动,提升中国共产党在京津唐地区的威望和影响,通过培养天津地区有共产主义觉悟的先进分子入党,为天津地区共产党组织的创建积蓄骨干力量。中国共产党在天津地区的组织建立后,天津地区革命翻开新的篇章。

一、劳动组合书记部天津支部的成立

中国共产党在成立之初就十分注意同工人阶级的密切联系。中共一大通过的中国共产党第一个决议规定,中国共产党在当前的基本任务是成立产业工会,"在工会里灌输阶级斗争的精神",要派党员到工会去工作。

为便于组织领导工人运动,中共的最高领导机构中央局于1921年8月11日在上海成立了中国劳动组合书记部。[①]它的首要任务是完成"一大"明确提

---

① 姜沛南、陈卫民:《中国劳动组合书记部成立于"一大"以后》,《近代史研究》1987年第2期。中国劳动组合书记部(Trade Union Secretariate)诞生于1921年8月11日。主任为张国焘,办事处设在法租界渔洋里6号。刘少奇曾对该名称进行解释:"这个书记部也就是后来的'工会',因为当时不知道用工会这个名词。'劳动组合'是从日语中学来的,'书记部'即秘书处的意思,'劳动组合书记部'也便是工会的秘书处,用以指导全国工人运动。"中共中央文献研究室、中华全国总工会编:《刘少奇论工人运动》,中央文献出版社,1988年,第282页。直到1925年5月1日,第二次全国劳动大会在广州召开,中华全国总工会宣告成立,"劳动组合"的工作才宣告结束。

出的——组织工人阶级,加强中国共产党对工人运动的领导。中国劳动组合书记部创办了机关报《劳动周刊》,在上海小沙渡工厂区创办工人补习学校,并以1922年1月香港海员罢工为起点、1923年2月京汉铁路工人罢工为终点,领导掀起了中国工人运动的第一个历史高潮。仅在"半年之内(1922年秋到1923年春)各地大小罢工据统计有96次之多,参加人数有27万多人。不仅罢工,而且各地的工会也纷纷成立,所有工人都加入了工会"①。

中国共产党建立初期,借鉴俄国十月革命经验,在水陆交通便捷、经贸往来频繁、工矿企业众多、工人群众聚集的大城市尝试革命活动,不断掀起一波又一波的工运浪潮。中国劳动组合书记部成立后,先后在北京、广州、汉口、长沙建立地方分部,天津、唐山地区属于在北京建立的北方分部的工作范围。②中国劳动组合书记部北方分部成立于1921年11月1日,早期部员有罗章龙、杨人杞、吴汝铭、何孟雄、李梅羹、宋天放、王复生、贾祝年、李俊和邓中夏,其中何孟雄负责天津、唐山、郑州等地工人运动。③

北方分部成立后,根据中共一大关于集中力量领导工人运动的决议,把工作重点放在组织和发动北方地区铁路工人和开滦煤矿工人开展斗争上。在第一次工运高潮期间,北方分部发动和组织工人,建立工会开展斗争,于1922年下半年至1923年2月先后领导开展了长辛店八月罢工、山海关铁工厂工人罢工、唐山制造厂工人罢工、开滦煤矿大罢工、京绥铁路车务工人罢工、石家庄机器厂工人罢工和长辛店二七大罢工等重大斗争,掀起了北方工人运动高潮。此时的天津地区,以纱厂、铁路、煤矿工人为主的产业工人队伍已逐

---

① 中共中央文献研究室、中华全国总工会编:《刘少奇论工人运动》,中央文献出版社,1988年,第282页。

② 北方书记部工作范围管辖北方十二个省和十六个大城市的工人运动,即顺直(河北)、山东、山西、河南、陕西、热河、察哈尔、绥远、甘肃、奉天、吉林、黑龙江和北京、天津、开封、太原、济南、青岛、西安、兰州、沈阳、长春、哈尔滨、郑州、洛阳、徐州、蚌埠、张家口。后来全国铁路总工会所管辖的全国各铁路工会亦包括在内,所以事实上北方书记部涉及范围很广。沿铁路南至上海、武汉、广州、安源、昆明、腾越、蒙自等城市都有工作联系。

③ 李自华:《中国劳动组合书记部北方分部成立情况及初期工作的新考释》,《中共党史研究》2012年第10期。

步发展起来。在中共北方党组织的关注和引导下,天津产业工人反剥削反压迫的斗争成为北方乃至全国工人运动的重要组成部分。

1922年5月1日,第一次全国劳动大会在广州召开,参会的各地代表近200人。从"八小时工作制案"到"罢工援助案","一劳大"通过了10项影响深远的决议案,确立了中国共产党在全国工人运动中的领导地位,开创了工人联合起来的新纪元。1922年被称为"中华劳动运动纪元年",从此工人阶级开始走向全国团结的道路。

与此同时,4月28日至5月5日,第一次直奉战争爆发,北京政局发生变化。获胜的直系军阀吴佩孚控制了北洋政府,原来的交通系内阁倒台,在客观上对中国共产党领导北方铁路工人运动起到了一定积极作用。[①]吴佩孚为了笼络工人,标榜"保护劳工"。中国共产党抓住机会,积极发动工人斗争。1922年7月17日,上海公共租界工部局查封了中国劳动组合书记部办事处并通缉其成员。当时北京尚可公开活动,中国劳动组合书记部就迁往北京,邓中夏任主任,并在上海、汉口、湖南、广东、济南等地设有分部。

1922年8月,在邓中夏、罗章龙的领导帮助下,劳动组合书记部天津支部成立,由安幸生担任天津支部书记。[②]在围绕《劳动法案大纲》的群众运动中,安幸生以天津支部的名义,在8月27日致电北京政府参议院议员,要求通过该法案,保障工人的正当权益。电文尖锐指出:"被压迫的工人阶级,才是创造世界财富的真正主人,而资本家与反动军阀官僚,则是最残忍的剥削者与

---

① 北方工人运动的重心在于发展铁路工人运动。自1921年中共开展铁路工人运动以来,开辟了一个新的局面,尤其中共在长辛店开办工人学校和工人俱乐部,影响日益扩大。然而,北方的铁路由交通系把持,因此中共为开展工人运动首先要将交通系打倒。郑志廷、李凤伟:《试论吴佩孚制造"二七惨案"的背景》,《历史教学》2003年第8期。

② 关于中国劳动组合书记部天津支部成立的时间,目前存在争议。一种观点是成立时间最晚在1922年6月,根据就是:"(1922年)6月,(支部书记)安幸生组织天津各界团体集会游行,支持'劳组'总部要求北洋政府控制的国会通过旨在保护工人权益的《劳动法案大纲》"。赵凤俊:《天津工人运动领袖安幸生》,《求知》2020年第7期。另一种说法是1922年8月,天津支部成立后即致电国会参众两院,敦促国会迅速通过劳动法案大纲。董振修:《中国共产党在天津的早期革命活动》,《天津文史资料选辑》(第10辑),天津人民出版社,1980年,第6页。考虑到《劳动法案大纲》提出的时间是1922年8月16日,故采用8月一说。

压迫者,此种不平等之劳资关系,必须坚决废除。"①由此可见,在天津支部建立之初,支部的工作就围绕帮助工人争取权益全面展开,而且无所畏惧敢于亮剑,理直气壮地申明自己的立场。

在《劳动法案大纲》运动告一段落后,1922年9月,天津支部领导了茶食行业工人罢工,工人的行动迅速遭到了直隶省当局的镇压。10月,北洋纱厂千名工人举行大罢工,在天津支部的组织下,工人们上书当地法庭,揭露资本家侵吞工人工资的不法行为,并在法庭外组织游行示威,但被军警驱散。11月,茶食行业工人再次罢工,盛兰斋、四远香、鹤祥斋、桂顺斋等商店的工人不畏军警的棍棒再次上街游行示威,进行罢工等抗议活动。1922年8—11月,中国劳动组合书记部天津支部领导了多次争取工人权益的斗争。尽管面对当局的弹压,新建立的天津支部在安幸生等人的带领下,与工人们并肩作战不屈不挠,在实践中提高了自己的组织性和斗争能力,掀起了天津工运的新浪潮。

二七惨案后,中共北方党组织遭到了军阀的破坏。安幸生参与组织领导天津各界群众在"五一"②"五四""五七"连续举行了声势浩大的示威游行活动。1924年,中共天津地委成立,安幸生任执委,专门负责工人运动。总之,在1925年8月初天津总工会成立前,安幸生领导的中国劳动组合书记部天津支部负责组织领导天津的工人运动,并作出了重要的贡献。

二、工会组织的初步建立

工会是工人阶级自己的群众性组织,有着深厚的力量来源和广泛的群众基础,是保障工人群众合法权益的重要工具。正如列宁所说:"工会不仅是在

---

① 缪志明:《天津工运第一代主要负责人安幸生事迹集述》,《天津市工会管理干部学院学报》2012年第1期。

② 1889年7月第二国际(一个工人运动的世界组织)宣布将每年的五月一日定为国际劳动节。这一决定立即得到世界各国工人的积极响应。1918年,中国国内的部分革命知识分子开始在上海、苏州、杭州、汉口等地向群众散发关于"五一"的传单,为争取工人权利奠定了思想基础。1920年5月1日,北京、上海、广州、九江、唐山等城市的工人群众浩浩荡荡地走向街市,举行了声势浩大的游行和集会。中国五一劳动节的历史由此开始。1949年12月,中央人民政府政务院将5月1日定为法定的劳动节,是日全国放假一天。

历史上是必要的,而且是历史上不可避免的工业无产阶级的组织。"①

早在五四运动期间,京奉铁路唐山制造厂工人在工人领袖邓培②、梁鹏万、张云汉等人的带领下,成立了"职工同人联合会",即京奉铁路工人俱乐部,总部设在唐山、山海关和北京丰台,在天津设立了支部。工人俱乐部成立后,积极参加反对帝国主义和北洋军阀的斗争,参加了唐山地区"六界联合会"组织的由三万多名工人群众参加的反帝反卖国游行集会。

1920年10月,北京共产党小组成立,党小组派人到长辛店开展工人运动,长辛店与上海小沙渡并称为"中国共产党最初做职工运动的起点"③。随后,北京党组织派代表到郑州、天津、唐山等地帮助建立党团组织,与当地工人建立联系,筹组工会。④1921年7月,中国共产党成立后,把组织工会视为一项重要任务。1921年11月,《中国共产党中央局通告》明确要求:"以全力组织全国铁道工会,上海、北京、武汉、长沙、广州、济南、唐山、南京、天津、郑州、杭州、长辛店诸同志,都要尽力于此计划。"⑤

从1921年春起,天津社会主义青年团派人到唐山与京奉铁路机车厂工人邓培建立了联系,北京小组也派邓中夏、张国焘等人几次到唐山,与邓培等人讨论如何建立工人组织。邓培本人加入了共产主义小组,在京津两地工人运动骨干的帮助下,以职工同人会和十人团为基础,成立了唐山制造厂工会,邓

---

① 《列宁全集》(第8卷),人民出版社,1995年,第81页。

② 邓培(1884—1927),字少山,广东三水人,是铁路工人的优秀代表和工人运动领袖。1906年,邓培成为唐山铁路车辆厂南厂技术旋工。辛亥革命后,邓培逐渐成为粤籍工人代表。20世纪20年代初,张太雷、谌小岑、邓培等人开始在津唐地区建立地下党组织。1919年,曾为唐山制造厂工人的邓培在五四运动期间参与了唐山工人组织"职工同人会"和"十人团",发动罢工、罢课、罢市。邓培是北方区委第一个工人党员,并于1922年1月赴莫斯科参加远东大会,受到列宁的接见。会后,邓培开始参加北方书记部工作,为唐山特派员。京奉铁路罢工及开滦五矿罢工期间,邓培均为罢工委员会负责人兼党团成员之一。全国铁路总工会成立后,邓培被推举为常委。1925年,邓离开唐山,专心铁总的工作。1927年清党期间,邓在广东被杀害,沉尸海中,殁年43岁。

③ 邓中夏:《中国职工运动简史(1919—1926)》,人民出版社,1953年,第17页。

④ 中共北京市委党史研究室:《中国共产党北京历史》(第1卷),北京出版社,2001年,第59—60页。

⑤ 《中共中央文件选集》(第1册),中共中央党校出版社,1989年,第26页。

培本人担任工人委员会委员长,办公地址位于唐山,这是中共在唐山最早的地方组织。9月,邓培、王麟书在天津机务段组织建立铁路工会。这是中国共产党在天津建立的最早工会组织。1922年,京奉铁路工会天津分会正式成立,随即就参加了"唐山劳动立法大同盟"组织的大规模游行示威活动,向资方提出增加工资待遇的要求,在资方拒绝后,三千多名工人开始罢工。

1923年1月,邓培等人在唐山召集了各站工会代表开会,秘密成立了京奉铁路总工会,在第一次全国工运高潮中,津、唐各站工会曾数次举行集会,声援京汉、京绥铁路工人的抗议斗争,并派遣代表参加了长辛店、郑州举行的铁路工人大会。1923年二七惨案后,全国工人运动转入低潮,工会组织在直系军阀吴佩孚的血腥镇压下被迫转入地下秘密活动。

三、天津工余补习学校的创立

于树德,又名永滋,1894年2月出生于河北省静海县唐官屯村。早年参加同盟会,投身民主革命。1917年毕业于直隶公立法政专门学校。[①]他参加新中学会时结识周恩来。1921年在北京大学执教,和李大钊成为挚友。1922年6月,经李大钊介绍加入中国共产党。安体诚,1896年出生于直隶(今河北)丰润县,从小就受到较好的文化教育,1909年考入北洋法政专门学校附中,1913年升入该校法律预科,翌年升入法律本科。于树德和安体诚二人都是李大钊的低年级校友。1918年,于、安赴日留学,在日本京都帝国大学经济学部学习,受日本学者河上肇的影响,开始接触马克思主义,逐渐认识到了工人阶级的伟大力量和工人运动的重要意义。在日本,安体诚还曾著有《河上肇博士关于马可思

①北洋法政专门学堂坐落在今天津市河北区新开河西岸志成道33号,占地4200平方米,1906年由直隶总督兼北洋大臣袁世凯委托黎渊筹建。校舍是二层砖木结构的楼房,校门用拱券。1907年8月开始招生,1909年更名为北洋法政专门学校。1914年,保定法政专门学校和直隶高等商业专门学校两校并入,改为直隶公立法政专门学校,设法律、政治、商业三科。1928年8月,改称河北省立法商专门学校。1929年4月,改组成立河北省立法商学院,1937年2月被解散,1947年暑期复校。1952年院校调整,该校法商两系并入北京法政学院和天津南开大学。它是中国最早的法政学校,是中国近代史上一所培养法政人才的著名高等学府。

之唯物史观的一考察》一文,寄回国内在《时事新报》副刊《学灯》发表。

1921年,于树德、安体诚回国任教。当年正月,长辛店劳动补习学校正式开学,并于5月组织长辛店铁路工人召开了第一次纪念五一劳动节大会,号召工人们团结起来,争取八小时工作,这在中国是空前盛举。①受此感召,于树德和安体诚在李大钊的指导下,二人自筹资金,于9月11日在恒源纱厂附近的河北宇纬路东兴里4段12号正式创办了"天津工余补习学校"。于树德任校长,安体诚任教务主任。学校以"普及劳工教育,使工人利用工作余暇补习学识,促进觉悟"为宗旨。教职员有于树德、于树珊、安体诚、朱凤翥、李培、张惠敏、曾宝箴、迟兰昇、兰峻峰等,学生总数为106人。②

天津工余补习学校招收的学生以恒源纱厂的学徒工为主,还有铁路工人。学员被分为普通和特别两个班。普通部设常识、国文、数学、尺牍等课程,特别部设国文、英语、数学等课程。除普及基本文化常识外,于树德、安体诚等老师还着重对工人进行马克思主义教育,提高了工人的阶级觉悟。由此,天津工余补习学校逐渐成为天津工人运动的中心以及中国共产党宣传、组织的活动基地。1922年3月12日,中共北方区委派党员来津,在补习学校内建立了以于树德、李峙山(毅韬)为书记部正副主任的社会主义青年团天津支部,成员共11人,其中包括李腾(水产学校学生)、觉吾(久大工厂练习生)、李培良(甲种商业学生)、李季扬(南开学生)、吕一鸣(高等工业学生)、安体诚(法政学校教员),从而加强了党对青年的工作,推动了工人、学生、妇女运动的开展。③

为了进一步拓宽工人的视野、提高工人的觉悟,更好地配合中共党团组织在工人中间开展活动,于树德、安体诚积极改善工人们读书看报的学习条件,并在学校所拟定的《工余补习学校章程》第九条中写道:"本校依当地工人

① 当时开设劳动补习学校的还有天津、洛阳、唐山、丰台、张家口、吴淞、徐家棚、沟帮子、大槐树、长沙、九江、昆明、包头等地。
② 李自华:《中国劳动组合书记部北方分部成立情况及初期工作的新考释》,《中共党史研究》2012年第10期。
③ 董振修:《中国共产党在天津的早期革命活动》,《天津文史资料选辑》(第10辑),天津人民出版社,1980年,第5—6页。

之需要,得附设工人阅报室和工人图书馆等。"经过多方筹资和努力,在天津
工余补习学校内,建立了天津第一家工人图书馆,设专人为图书管理员。图
书馆里不仅有各种书籍、报纸、杂志,还藏有中共党团组织北方分部赠寄的
《新青年》《先驱》《劳动周刊》《工人周刊》等刊物,供工人秘密阅读。1922年5
月5日,工余补习学校以马克思生日命名创办"天津五五书报代卖社",代售全
国各地出版的进步书报刊,专事马克思主义的宣传,并以收入的一部分作为
天津工人运动经费。通过这种方式,中共在天津的党团组织成功地与工人们
建立了紧密的联系,图书馆、代卖社也成为宣传革命思想的重要场所,提高了
工人的觉悟,为培养骨干力量、推动工人运动创造了条件。因此,天津工余补
习学校被誉为"天津工人运动的一道曙光"。[1]

工余补习学校创办以后,在周边厂区的影响力越来越大,附近各个工厂
的工人慕名而来,短时间内便有数百名工人与学校建立了联系。然而,随着
影响力越来越大,学员越来越多,补习学校不断遭受各种骚扰阻挠,甚至一度
影响正常教学秩序。例如,在安、于两人加入中共之前,该校教员和赞助人中
的无政府主义分子如李腾、吕一鸣、姜般若、兰秀山等人经常捣乱,阻挠教学
工作,使之难以开展。此外,恒源纱厂等纱厂的资本家、工头也担心补习学校
"教坏"工人,限制学徒工外出,并屡次要求警察局取缔该校。

1922年6月21日,直隶省教育厅下令,以该校"有劳工运动之宣传新思想
潮流"[2]为借口,撤销了备案,予以取缔。天津工余补习学校和工人图书馆随
之被迫解散,转入地下秘密开学,但不久再次被查封。警察逮捕了专任教员
一人和其他数人(教员被禁闭了半年多,并受拷打,其他人不久被释放)。
1922年底,由于遭到多方查禁,天津工余补习学校最终停办,虽然仅开办一年
多,但这是中国共产党在天津教育、培养工运骨干的一次重要尝试,在天津工
人运动史上留下了重要一笔。

---

① 董振修:《中国共产党在天津的早期革命活动》,《天津文史资料选辑》(第10辑),天
津人民出版社,1980年,第4页。
② 李耕:《早期的天津工人图书馆》,《天津市工会管理干部学院学报》2002年第2期。

四、《劳动法案大纲》深入人心

1922年8月,中国劳动组合书记部天津支部成立伊始就积极开展工作,组织十多万工人群众示威抗议,倡导劳动立法,保障工人合法权益。8月27日,天津支部作为工人代表致电直系军阀掌控的北洋政府"国会",要求实施《劳动法案大纲》。

为了敦促北洋政府实施法案,天津支部负责人安幸生团结工人组建工会,带领工人罢工,组织工人游行,以工会的名义推行《劳动法案大纲》,其中包括实行八小时工作制、不许使用童工等条款,深入人心,引起很大反响。1922年7—8月,中国劳动组合书记部发起劳动立法运动,向直系军阀把持的国会提出《劳动法案大纲》。大纲共19条,主要是要求工人有集会、结社、罢工、缔结团体契约、国际联合等权利,实行八小时工作制、禁止超过法定工作时间,保障工人最低工资和享受劳动保险,以及保护女工、童工等。大纲规定,禁止雇佣16岁以下的男女工,禁止18岁以下的男女工担任剧烈、有害卫生及法定工作时间外的劳动,劳动者有权参加政府经济机关、企业机关等,国家设立劳动检查局,各种劳动者享有休一个月年假权,农民生产品价格由农民提出等。①

法案深入人心,直抵问题关键,得到了各地工人的热烈拥护,成为嗣后全国工人罢工的纲领和统一意志。此时的旧国会在天津刚恢复不久,正准备移驻北京,重开会议,制定宪法。为了敦促国会通过法案,天津支部组织声势浩大的群众运动。各界团体纷纷集会游行,表示坚决拥护劳动立法运动。1922年8月27日,天津支部致电已移驻北京的参众两院议员,要求迅速通过实行《劳动法案大纲》,指出被压迫的工人阶级是创造世界财富的真正主人,而资本家和反动军阀官僚,是最残忍的剥削者和压迫者,这种不平等的劳资关系必须废除。②虽然《劳动法案大纲》没有被国会通过,但"这次劳动立法运动,

①这个文件最早刊登在北京出版的《工人周刊》上,该刊迄今没有找到,这里依据的是1922年9月3日出版的《先驱》第11期上转载《工人周刊》的《劳动法案大纲》。
②天津市地方志编修委员会办公室、天津市总工会编著:《天津市志·工会志》,方志出版社,2017年,第292页。

对推动工人运动的继续高涨起了重要的作用"①。

五、第一次工运高潮中的天津工人

1922年1月—1923年2月,在中国共产党的组织、领导下,全国工人斗争热情高涨,掀起中国工人运动的第一次高潮。工运的第一次高潮始于1922年1月的香港海员大罢工,结束于1923年2月二七惨案的腥风血雨之中。在长达13个月的时间里,全国主要城市及工业中心的三十多万名工人进行了一百多次的罢工。这些罢工绝大多数都取得了胜利,工人们在胜利后都组建了维护工人利益的工会组织。

工人运动当中,在经济方面改善待遇是工人们的首要要求。工人们普遍要求增加工资,改善待遇,进而提出参与工矿企业的管理,如工人的奖惩、升迁制度的建立。这都反映了工人觉悟的提高。例如在开滦五矿工人罢工中,工人们提出如下宣言:一是工人按照不同等级加薪;二是工人年底应得一个月的花红;三是工人节假日和罢工期间的工资照发;四是要求发放慰劳金和养老金;五是要求发放工人因公致残致死的抚恤金;六是工人每年有两个星期的例假,三年有两个月的例假,假期间给全薪;七是矿局应承认五矿工人俱乐部有代表工人之权限;八是以后雇佣、革除工人,须通过工友俱乐部委员会会议等。②

在第一次工运高潮中,工人们不仅提出了自己的经济诉求,而且还提出了政治方面的要求。工人们力求维护自身的人格尊严,向资方要人权、争自由,要求当局承认工人有结社、组织团体的权利。例如发表在《晨报》1923年2月11日的二七罢工宣言中提出:"为保障我们的人格,为争回我们的自由,我们要向前进攻了。"工人们在政治方面的正义呼声堪称"我国工人运动罢工史上最有价值的决议案"③。

---

① 中共中央党史研究室:《中国共产党历史·(第一卷)1921—1949》,中共党史出版社,2011年,第88页。

② 田素文:《中国工人运动第一次高潮的新特征》,《山东师大学报(社会科学版)》1994年第2期。

③ 张国焘:《"二七"前后工会运动略史》,《"二七"二周年纪念册》,1925年。

由于受到封建思想和反动宣传的影响,工人们曾一度认为自己受压迫、受贫穷是命中注定、摆脱不了的。在中国共产党的教育下,通过革命实践的锻炼,工人们逐渐认识到了自身的强大力量,也逐渐认清了自己在社会上所处的地位,认识到了自己被压榨剥削、饱受饥寒贫病的根本原因。

工人群众除了为自身的命运抗争外,还积极参加到反帝爱国斗争当中,在斗争实践中明确了反帝反封建的民主革命任务。天津工人参加反对日本占领山东旅大斗争。1921年12月9日,在中国共产党领导下,天津工人阶级同全市各界数百人游行示威,反对日本占领山东旅大,并散发传单称"鲁案危险,凡吾国民,亟宜有所举动,以作外交后盾"。从北马路商会齐集出发游行,表示民气。各界群众数千人从总商会出发游行示威,沿途高呼"力争鲁案"等口号。16日,游行队伍增加到数万人。12月18日,天津六十余团体数万人在南开中学操场召开市民大会,会议一致通过反对会外交涉、取消"二十一条"、无条件收回山东权利、满蒙领土完整4项议案。达仁女校校长马千里①和学联会、救国十人团代表先后发表演讲。会后数万群众游行示威,沿途散发传单一百余种、二十余万张。12月23日,为收回山东权利,天津23个团体代表再次集会,决定致电北洋

① 马千里是20世纪初天津的一位著名爱国教育家、社会活动家。既是周恩来在南开中学的老师,又是邓颖超在直隶第一女子师范学校(河北师范大学前身)的老师。马千里祖籍浙江绍兴,1885年出生于天津一个官僚家庭。1904年考入国立北洋大学(现为天津大学)俄文专修班,毕业后到上海就读一年。1908年,23岁的马千里插班考入南开中学。南开校长张伯苓对马千里的人品与才干极其赏识,在他入学第二年,便将胞妹张祝春介绍给他。1912年马千里以优异成绩毕业留校任教,讲授多种课程。1915年,直隶教育厅请张伯苓临时兼任女师校长。张伯苓带去两名助手,其中一个就是马千里,由他掌管具体校务。马千里回到南开筹建大学部,被任命为庶务主任。1919年南开大学成立。五四运动中,马千里、周恩来并肩战斗,于1920年1月先后被捕入狱。在全国人民声援下,全体被捕者于7月17日出狱。教育厅指令各校将被捕学生一律开除。张伯苓迫于压力,开除了周恩来、马骏等学生。马千里怒不可遏,坚决辞职以示抗议。张伯苓两次派人送来薪水,又托人出面挽留,但他决心已定。周恩来等学生被开除后,住在小客栈,马千里前去看望。此时严范孙设"范孙奖学金",资助周恩来赴欧留学,马千里深感欣慰。天津开明药商乐达仁于1921年出资创办达仁女校,请马千里出任校长。马千里聘请邓颖超等进步女青年来校任教,把达仁女校办成一所爱国、民主的学校。由于劳累过度,1930年3月1日马千里在直隶第一中学校长的岗位上英年早逝,年仅45岁。南开大学新闻网https://news.nankai.edu.cn/nkrw/system/2013/08/30/000138454.shtml,原题为《马千里与周恩来夫妇》,作者龙飞,《文摘报》2013年8月22日。

政府和外交代表团不能让步，号召全国各地人民"宜有一致主张"。会上推选杨晓林、马千里为赴国务院外交部请愿代表，即日赴京请愿。

　　天津工人群众反日爱国运动持续升温，七百多家成衣铺的七千多名工人在青年团员组织发动下，成立裁缝同业救国团体，抵制日货。该团体主张凡系日货一概不用；主顾衣服，凡系日货一概不予承做。到1922年2月5日，以工人、学生为主力的天津各界八万多人进行反日大游行，把反日爱国运动推向高潮。此次反日爱国行动展现了天津工人及各界爱国群众在第一次工运浪潮中，反对帝国主义的坚强意志，对那些在天津为非作歹的日本浪人、压迫工人的日本商人和搜集情报、阴谋破坏的日本军国主义分子是一种强大的震慑。

　　在革命斗争中，工人群众的阶级意识不断增强，逐渐认识到天下工人是一家。当一地爆发罢工后，其他地区的工人纷纷予以响应。在声援的电报中，"阶级互助精神"是出现频率较高的词汇。例如1922年1月17日，湖南工运领袖黄爱①、庞人铨被反动军阀赵恒惕残忍杀害。消息传到天津后，天津工人群众义愤填膺，街头巷尾旋即出现各种传单，号召"劳动者联合起来"，"讨伐万恶的军阀和资本家"，"为黄、庞申冤"。2月5日，郑州机车厂厂长陈福海无故剥夺工人元旦、春节假期休息的权利，郑州铁路工人俱乐部以郑州机务处全体工人的名义在《工人周刊》上发表宣言，揭露陈福海的十六条罪状，并向北洋政府交通部、京汉铁路局提出撤换陈福海、改善工人待遇等六项要求。《工人周刊》发表宣言后，引发了长辛店、天津、石家庄、唐山等地工人组织的

---

　　① 黄爱，湖南长沙人，被称作"三湘人杰"，1919年春到河北工业大学前身——直隶公立工业专门学校就读。伟大的五四运动后，积极投身于反帝爱国学生运动，参加了天津学生联合会执行部的工作，并担任周恩来主办的《天津学生联合会报》的编辑，被吸收为"觉悟社"第一批社友。后来主要是从事学生运动，被学校除名。1920年夏天，经李大钊介绍，黄爱由北京去了上海，会见了陈独秀，并在陈独秀主办的《新青年》杂志社担任缮写和校对。在陈独秀的影响和帮助下，黄爱更加坚定了投入工人运动的决心。1920年9月中旬来到长沙，在《湖南通俗报》上发表了《告工友书》，并和庞人铨相遇，着手创建湖南劳工会，在湖南开展大规模工人运动，成为早期的工人运动的先驱。1922年1月17日凌晨，在同资本家、反动政府斗争时，黄爱与庞人铨惨遭杀害，黄爱年仅25岁。

大力支持,纷纷组织游行示威,声讨资方对工人的剥削行为,最终迫使北洋政府撤换了陈福海。

1922年8月24日,在中国劳动组合书记部北方分部的领导下,长辛店和唐山的铁路工人举行罢工,这次罢工把北方工运浪潮推向顶点。工人们提出增加工资、准许休假、医治疾病、实行八小时工作制等合理要求,最终迫使铁路局接受部分条件。从10月23日起,唐山、林西、马家沟、赵各庄、胥各庄同时举行罢工,井上、井下、机务各处总计三万多工人全部停止工作,一场震撼中外的开滦五矿同盟罢工就此开始了。同一天,北方分部在天津浪花街设立指挥部,王尽美、邓培等带领天津工人、学生向各界发起捐款,支援罢工运动。

随着工人运动的开展,轰轰烈烈的京汉铁路工人大罢工的序幕徐徐拉开。京汉铁路是连接河北、河南和湖北三省的交通命脉,具有重要的经济、政治、军事意义;而且京汉铁路的运营收入还是直系军阀筹措军饷的主要来源之一。1923年2月1日,在中国共产党的领导下,京汉铁路总工会筹备会在郑州召开。汉冶萍总工会代表、武汉三十多个工会的代表,以及北京和武汉等地的学生代表近三百人齐聚郑州。天津机务段工会会长作为京奉铁路代表,也参加了郑州会议。中共中央对这次大会非常重视,派出了张国焘、陈潭秋、包惠僧、林育南等人出席。

工人运动的发展,引起统治阶级的恐慌和不安。的确,京汉铁路对于吴佩孚而言,实在太重要了,他的军费、运兵、借款抵押、发行公债等大部分要靠京汉铁路。[1]尤其是,1923年2月初,春节将近,吴佩孚急需年关军饷。而此次京汉罢工三日,已造成损失一百多万元。[2]因此,吴佩孚抛弃了自己之前的进步言论,撕下了伪装,露出了本来面目,命令工会不得开会,或择期召开。然而平汉路工会向全国的请柬已经发出,不能改期,于是双方针锋相对,气氛骤

---

① 郑志廷、李凤伟:《试论吴佩孚制造"二七惨案"的背景》,《历史教学》2003年第8期。
② 中国社会科学院近代史研究所、中华民国史研究室编:《中华民国史资料丛稿·大事记》(第九辑),中华书局,1986年,第13页。

然紧张。

为了阻止各地代表和工人群众参会，军阀吴佩孚下令全城戒严，派出大批荷枪实弹的军警在郑州实行军事管制。数百名参会代表和上千名郑州铁路工人不畏强暴，抬着各地赠送的匾额整队向会场进发。工人队伍与反动军警相持数小时，工人们最终不顾敌人刺刀、棍棒的威胁，冲破反动军警的阻拦，进入普乐园会场。京汉铁路总工会成立大会秘书李震瀛登上讲台，高声宣布京汉铁路总工会成立了。

工人们的正义举动惹恼了吴佩孚，在他的指派下，军警把会场层层包围，然后用武力把参会代表强行驱散，各地工会赠送的匾额被捣毁。为了迫使各地代表马上离开郑州，反动军警占据了各个旅馆、饭馆甚至是工会办公地址，工人们的人身安全受到严重威胁。

1923年2月1日晚，京汉铁路总工会执委会秘密召开会议，决定将总工会临时总办公处转移到汉口江岸，并决定全路在三天后举行总罢工。2月4日，全路两万多工人举行大罢工，一千二百多公里长的铁路顿时瘫痪。为了声援京汉铁路罢工，天津西沽机车厂工人在中国劳动组合书记部天津支部和铁路工会的领导下，开始罢工行动，抗议吴佩孚的反动行径，要求工人的言论、出版、结社、集会、罢工等自由。

1923年2月7日，在帝国主义势力支持下，吴佩孚调动军警对罢工的工人群众进行疯狂镇压，导致五十多人牺牲、三百多人受伤、一千多人被流放关押，使工人运动转入低潮。各地的反动军警开始封闭工会，派遣军队占领工会，强迫工人复工。工人们在工会的领导下，与各地政府起了冲突，长辛店、郑州等地接连发生工人被捕及流血事件。二七惨案及一些地区的流血事件发生后，天津机务段的工人悲愤交加，与京奉铁路各单位的工人一道，在天津南市第一舞台（原南市东兴大街兴安路小学第五分校）为死难者举行了追悼会。为了表示对北洋政府当局的强烈抗议，京奉铁路工人在数天后再次召集全路代表会议，向当局提出六项要求。

京奉铁路天津段的工人积极参加行动，引起了反动当局的警惕和恐慌。

为了弹压地面,扼杀工人运动,津浦铁路沿线的护路警察人数从2月下旬开始增加了三分之一,并调集军警准备实施镇压。1923年2月25日,直隶省警务处下令,命天津临榆警察所暨唐山警察局,严防工潮之扩大。①

1923年2月9日,总工会发表宣言下令复工,认为罢工已没有坚持的必要,留余力为将来报仇之用,而全国各地罢工,仍在继续,但也各遭打击,遂使中国工运大衰。②第一次工运高潮以京汉铁路罢工的失败而宣告结束,工运转入地下,无法公开活动,工人领袖或被捕或被通缉,工人学校和俱乐部被查禁。在此次工运高潮中,天津虽然不是主要阵地,但作为中国共产党领导工人的重要基地,天津工人积极响应号召,在斗争中不断增强自身的阶级意识,提高革命觉悟,逐渐认识到中国共产党领导的工人运动与帝国主义、北洋军阀势力水火不容,双方的矛盾根本不可调和。吴佩孚的军阀本质也让部分听信其谎言的工人群众抛弃了对他的幻想,使广大工人群众进一步团结在中国共产党的周围,对反动势力进行更加坚决的斗争。天津工人在第一次工运高潮中,不仅声援了兄弟工会的斗争,而且借助历史发展的大势提出自己经济、政治方面的诉求,为自己谋求合法的权益,彰显出了天津工人的蓬勃伟力,提高了天津工人的组织性和纪律性。

---

① 天津市总工会工会志编修委员会编著:《天津工运百年纪事》,2014年,第40页。
② 中共中央文献研究室、中华全国总工会编:《刘少奇论工人运动》,中央文献出版社,1988年,第286页。

第三章　天津工人运动在
大革命的洪流中蓬勃发展
（1923—1927年）

中国共产党成立后积极组织领导工人运动,但是二七惨案的腥风血雨让工人群众彻底打破了对吴佩孚的幻想,[①]彻底认清了反动势力的残暴和强大,确立了打倒列强除军阀的斗争目标,也促使国共两党寻求合作。1924年初,国民党一大召开,开启了国共两党的第一次合作。在共产国际和苏联的帮助下,黄埔军校和革命军队逐渐成形,广东成为革命的大本营。1926年7月,轰轰烈烈的北伐战争开始了。各地的工人也纷纷群起响应,或参加,或援助,到处都有工人的铁道队。铁路工人见北伐军来则不给军阀开车,电信工人也不给他们发电报,全国工人给北伐很多的帮助,所以说北伐的胜利并不完全靠军事。[②]

这一时期的工人运动蓬勃发展,不但把广大工人组织了起来,而且通过斗争实践使工人群众得到了锻炼和教育,不仅改善了工人的生活,而且提高了工人的社会地位,使工人真正参与到大革命当中。但是,这一时期的工人运动也存在不足,即没有把工人充分地武装起来,对工人忽略了思想政治方面的教育,致使部分工人当中存在行会思想和帮会组织,有比较浓厚的行会

---

① 吴佩孚是直系军阀的主要将领,对北洋政府有很大影响,且经常发表一些诸如劳动立法、"保护劳工"等美妙动听的言论。他的不敛钱、不要地盘、不住租界等表白,为他披上了一层进步的外衣。从1920年到1922年8月,苏俄对华外交实行的是主要联络吴佩孚的政策。郑志廷、李凤伟:《试论吴佩孚制造"二七惨案"的背景》,《历史教学》2003年第8期。

② 中共中央文献研究室、中华全国总工会编:《刘少奇论工人运动》,中央文献出版社,1988年,第293页。

性与流氓性。此外，"工会还有不少行动代替了政府，可是当时的工会又忽视参加国民政府及以下的各级政府机关，没有把握住群众的意志；再就是当时工人提出的经济要求过高，而且过'左'，工会本身还有许多缺点，如民主不够，组织不严密，一般不要职员参加工会。当时职工运动的这些缺点，也是造成大革命失败的原因之一。"①

　　正在大革命轰轰烈烈开展、北伐战争势如破竹之时，国民党右派的阴谋破坏和中国共产党内存在的右倾投降主义，给第一次国共合作的破裂、大革命的失败埋下了隐患。自中山舰事件和整理党务案后，以蒋介石为首的国民党右派步步为营、得寸进尺，终于在1927年4月举起了屠刀。素以"左派"面貌示人的汪精卫在武汉下令屠杀共产党。处在幼年时期的中国共产党在共产国际和苏共的命令下，对国民党的野心和残忍估计不足，准备不充分，最终惨遭屠戮，受到重创。国共两党关系宣告破裂后，中国革命和中国共产党遭遇了前所未有的巨大挫折，面临生死存亡之重大考验，轰轰烈烈的大革命也在一片血雨腥风中落下帷幕，工人运动、农民运动等群众性革命运动纷纷陷入了低潮。要到何处去，是摆在中国共产党人面前生死攸关的大问题。

第一节　中国共产党天津地方组织的建立与五卅运动的爆发

　　二七惨案发生后，中国共产党认识到了自身力量的不足，认清了吴佩孚的军阀本质和他"保护劳工"的谎言。鉴于反动势力强大且凶残，在共产国际和苏联的帮助下，中国共产党和国民党开始寻求双方的第一次合作。1924年1月20日至30日，中国国民党第一次全国代表大会在广东召开。大会通过了

---

① 中共中央文献研究室、中华全国总工会编：《刘少奇论工人运动》，中央文献出版社，1988年，第298页。

新的党章,改组了国民党组织,选举了有中国共产党党员参加的新一届中国国民党中央领导机构,重新解释了三民主义,形成了"联俄、联共、扶助农工"等重大政策,实现了第一次国共合作,从此揭开了大革命的序幕。国民党与共产党展开合作,以黄埔学生军为主力,在稳定了两广之后,扩军备战,准备北伐,欲扫平与帝国主义勾结的北洋军阀势力。中国共产党在各地的党团组织积极开展农民运动、工人运动,响应配合北伐。不断壮大的革命武装力量和蓬勃发展的城乡工农运动,注定使大革命在中国革命史上留下浓墨重彩的一笔。

一、组织壮大成立地委

国共双方积极合作,共图革命大业的消息一经传出,令全国革命群众十分振奋,为国共两党在各地设立地方组织打下了良好的群众基础。在国民党一大召开的前三天,天津、塘沽等地的工人已经按捺不住,走上街头,游行示威。1924年1月17日,为了纪念湖南劳工会创始人、工人运动领袖黄爱、庞人铨遇难两周年,①天津、塘沽、唐山的工人以及湖南劳工会在津会员在天津集会,回顾了两年来工人运动的情况,总结了经验教训,向全国工人阶级呼吁:"携起手来,为劳动阶级的利益而奋斗。"

工人们的正义之举引起了军阀当局的警惕。北洋政府在京汉铁路大罢工后,对工人运动十分忌惮。此次工人们在天津的纪念活动及集会迅速引起

---

① 1920年11月21日,湖南劳工会成立。从主要发展学生会员,到广泛吸收工人会员,一年多时间,会员人数壮大到7000人,成为拥有包括纺织、机械等21个工团的劳工组织大联合。劳工会成立初期是一个受无政府主义影响的工人团体。中共湖南支部对湖南劳工会进行了改造,黄爱、庞人铨也在毛泽东等人的影响和帮助下,摆脱了无政府主义影响并加入中国社会主义青年团。随后,湖南劳工会的活动纳入中国劳动组合书记部湖南分部的指导之下。1922年1月到1923年2月掀起的第一次中国工人运动高潮中,湖南是全国5个罢工的重点区域之一。1922年1月,湖南第一纱厂工人发动大罢工,组织大规模游行示威。1月16日,黄爱、庞人铨在领导工人罢工与资方谈判时被军阀赵恒惕政府逮捕,第二天被枪杀于长沙浏阳门外。黄爱、庞人铨殉难的消息迅速传遍全国,引起工人阶级和全国人民的无比愤怒。毛泽东在长沙举行两次追悼会,发行纪念特刊,迅速把湖南工人运动和群众斗争推向高潮。1922年5月1日召开的第一次全国劳动大会特作出决议,将每年1月17日定为黄爱、庞人铨殉难纪念日。中国劳动组合书记部称两人为"中国第一次为无产阶级而死的先烈"。《党史上的湖南之最丨黄爱、庞人铨:全国最早为无产阶级事业牺牲的工运领袖》,《湖南日报》2021年3月23日。

了直隶省当局的注意,后者旋即调派大批军警监视工人行动,围捕工人领袖,并查禁了《工人周刊》,①以切断"鼓动工潮之导线"。工人们没有被白色恐怖所吓倒,他们不畏强敌、迎难而上。国民党一大结束后,中共带领铁路工人开始筹建全国性的新组织,预备下一阶段的斗争。1924年2月7日,全国铁路工人代表大会在北京秘密召开,来自津浦、京奉等9条铁路的20多名代表出席了会议,而当时在中国共产党领导下已经组织起来的铁路工人有四万余人,②约占当时铁路正式工人总数的三分之一。大会正式成立全国铁路总工会,邓培任委员长。在铁路工人代表大会秘密召开期间,铁路工人和各界群众还举行了公开的大规模集会,悼念二七惨案一周年。这场声势浩大的公开集会吸引了军阀当局的注意,为大会的秘密召开和顺利进行创造了有利条件。

由于天津地区工人队伍在历次斗争中展示出来了强大的力量,天津地区党团员数量也在不断增加。因此中共中央决定,鉴于党在天津已有了相当发展,要求于方舟把党、团分开,成立天津党的地委和团的地委,以便更好地开展工作。③1924年3月9日,社会主义青年团天津地方执行委员会会议在天津高等工业学校召开,参会的团员有45人。会议由韩麟符(韩在北方区委工作)主持,选举产生了委员与候补委员各5人,委员为于方舟、李廉祺(即李希逸,后脱党)、崔溥、王乃宽、张宝泉;候补委员是王贞儒(卓吾)、张儒林、卢绍亭、谢曦、邓颖超。④天津团地委在4月16日进行了分工:于方舟为委员长,李廉祺为秘书,张宝泉为会计,崔溥为宣传,王乃宽为教育,没有固定的办公地点。

---

① 《工人周刊》于1921年7月在李大钊的领导下创刊,是工人运动最早的报纸之一,被认为是"全国劳动运动的急先锋""为全国铁路工人谋利益的"指导性报刊。

② 邓中夏:《中国工人阶级的力量》,《中国工人》1924年第2期,《第一次国内革命战争时期的工人运动》,人民出版社,1980年,第8页。

③ 吕职人:《天津早期革命工作和顺直省委的建立》,《天津文史资料选辑》(第19辑),天津人民出版社,1982年,第2页。

④ 董振修:《中国共产党在天津的早期革命活动》,《天津文史资料选辑》(第10辑),天津人民出版社,1980年,第8页。据吕职人回忆,第一届天津社会主义青年团地方委员会书记是李廉祺,成员有崔溥、阎怀聘、宋树藩、杨洪涛、杨凤楼等。吕职人:《天津早期革命工作和顺直省委的建立》,《天津文史资料选辑》(第19辑),天津人民出版社,1980年,第3页。

1924年5月1日，为了庆祝五一国际劳动节，天津的党团组织利用第二次直奉战争前夕，双方军阀整军备战无暇顾及工人运动之机，组织发动各界群众在天津进行游行示威活动。《妇女日报》专门出版了《五一纪念特刊》，号召劳动者"联合起来，组成一个坚强的团体"，为工人群众争取应得的权利，为实现劳工专政和共产主义而奋斗。

天津是京奉、津浦两条铁路干线的枢纽，工人人数众多，尤其是纺织、铁路、印刷、码头、面粉等行业的工人相对比较集中，便于组织活动。中国共产党北京区委决定委派于方舟、江浩和李锡九等人筹建中国共产党天津地方组织。当时天津的党员有7人，团员45人，为了便于开展国共统一战线工作，均以个人名义加入中国国民党，1924年天津建党就是以此为基础的。[①]1924年春，根据《中国共产党章程》关于"凡有党员5—10人均得建立一小组"的规定，在中共北京区委的直接领导下，天津成立了由5名党员和候补党员组成的天津第一个党小组，原天津工余补习学校的负责人于树德担任党小组的组长。9月，中共天津地方执行委员会成立大会在长春道普爱里34号举行，于方舟当选为委员长。中共天津地委成立后，领导天津人民开展了工人运动、农民运动、学生运动和妇女运动，把天津革命运动不断推向高潮，有力地配合了全国革命形势的发展，使天津成为北方革命斗争的重要基地之一。[②]天津党小组原组长于树德被调往北京工作，于方舟担任第一届中共天津地委书记（委员长），李锡九（李永声）负责组织工作，江浩负责宣传工作。李锡九和江浩二人都是参加过辛亥革命的老同盟会员，民国成立后还分别担任过参议员和众议员。[③]

---

① 董振修：《中国共产党在天津的早期革命活动》，《天津文史资料选辑》（第10辑），天津人民出版社，1980年，第8页。

② 任云兰：《中国共产党在天津》，《天津日报》2021年6月30日。

③ 吕职人：《天津早期革命工作和顺直省委的建立》，《天津文史资料选辑》（第19辑），天津人民出版社，1980年，第2页。于方舟被调往北京地委后，李培良继任负责，1925年李季达任书记，粟泽、傅懋恭先后任组织委员，再后粟泽搞工运，傅懋恭（彭真）任过书记。董振修：《中国共产党在天津的早期革命活动》，《天津文史资料选辑》（第10辑），天津人民出版社，1980年，第7页。

天津地委成立后,一方面经常邀请北京各大学著名教授来天津作学术讲演,借以广开舆论,唤起社会共鸣。另一方面,切实深入各工厂码头、学校及各行业,组织各种群众团体,发展党员、团员。①天津地委先后作出关于开展工人运动、农民运动、学生运动和妇女运动的决议。以工人比较集中的纺织、铁路、印刷、码头搬运等行业为重点,由专人负责组织开展工人运动。具体分工如下:宋树藩负责学生运动和青年运动,张兆丰负责农民运动,王贞儒、邓颖超负责妇女运动,李震瀛(宝森)、王仲义负责铁路工运,李志新负责印刷工运,安幸生负责码头工运,李培良、卢绍亭负责纱厂工运。②通过开办平民学校等方式,传播革命思想,培养骨干,发展党员,建立党和工会组织,从而壮大了革命的力量。中共天津地委的成立使天津人民的革命斗争从此有了更加强有力的领导核心,使天津工人运动在中国共产党的直接领导下不断发展壮大。

二、孙中山北上鼓舞民心

天津的工会组织发展壮大后,在天津地委的领导下,与天津各界群众一道积极参加国民会议运动。国民会议运动是中共天津地委第一次领导大规模的群众运动。③这场运动与孙中山北上有着密切的联系。

1924年10月23日,第二次直奉战争中的直系将领冯玉祥发动北京政变,囚禁"贿选总统"曹锟,推翻了直系军阀操控的北洋政府。11月初,冯玉祥亲自致函孙中山。冯在信中赞曰"先生(乃)党国伟人,革命先进,务祈即日北上,指导一切",并派马伯援往广州迎接。④11月3日,冯玉祥、胡景翼、孙岳等

---

① 吕职人:《天津早期革命工作和顺直省委的建立》,《天津文史资料选辑》(第19辑),天津人民出版社,1980年,第5页。

② 天津市地方志编修委员会办公室、天津市总工会编著:《天津市志·工会志》,方志出版社,2017年,第7页。"10月,又调郝久亭、张兆丰负责军运。"董振修:《中国共产党在天津的早期革命活动》,《天津文史资料选辑》(第10辑),天津人民出版社,1980年,第7页。

③ 周巍:《红色激流——大革命高潮在天津的兴起》,《求知》2017年第11期。

④《冯玉祥致孙中山函》(1924年11月初),桑兵主编:《各方致孙中山函电汇编》(第9卷),社会科学文献出版社,2012年,第164页。

16人，联衔邀孙北上，辞情恳切而恭敬地表示"此后一切建国方略，仍赖先生指示"①。孙中山接受邀请，于11月10日发表了谋求中国统一与建设的《北上宣言》，重申自己坚持反对帝国主义和军阀的立场，决意推动中共此前所提倡的关于国民会议的政治主张。孙中山发表《北上宣言》，彻底消除了中共中央和北方区委的疑虑，使其迅速改变态度，开始全力支持孙中山北上。②天津地委按照中共中央的指示，从1924年11月到1925年3月，积极开展各项活动，呼吁召开国民会议，迎接孙中山北上。

1924年11月13日，孙中山乘船离开广东，扶病北上。然而奉系军阀头目张作霖和寓居天津的皖系军阀头目段祺瑞不希望孙中山北上，并试图逼迫冯玉祥下野。为了对抗北洋政府的强大阻力，国民党和共产党积极动员群众，大力宣传孙中山北上之行对于中国局势的积极意义，使京津地区的舆论风向为之一变。天津《大公报》称孙中山为"中国唯一有主义之大革命家，能破坏而又有方法以建设者"③。天津《益世报》发表社论一改往日"倒孙"论调，言道："夫人民之所以热烈欢迎者，非震于其名位之高，非慑于其权威之大，实为其为革命巨子也，为其为共和元勋也，为其抱有改革不良政治之宏愿也，为其具有制造平民国家之魄力也，为其有周历各国之经验，能淹贯中外之治体也。故欢迎之意，不类于官场之具文，而出于人民之心理。"④

1924年12月4日上午11时45分，寒风凛冽，孙中山与夫人宋庆龄等一行人乘坐"北岭丸"轮船抵达法租界美昌码头，这也是孙中山一生中第三次来到天津。冯玉祥的代表徐谦、焦易堂，张作霖的代表杨毓轴，段祺瑞的代表许世英、吴光新，黎元洪的代表李根源、熊少豪，直隶省府代表杨以德，以及京津国

---

① 《孙文允清理粤事后北来》，《顺天时报》1924年11月5日。

② 中共中央和北方区委起初之所以持反对态度，最重要的原因是担心孙中山北上会与军阀势力合作，破坏国共合作的基础。刘思防：《浅析中共对孙中山北上态度的变化》，《南方论刊》2017年第1期。

③ 《天津市民筹备欢迎孙中山先生》，（天津）《大公报》1924年11月24日。

④ 《为孙中山进一言》，（天津）《益世报》1924年12月5日。

民党、各团体代表王法勤、叶恭绰、蒋梦麟、吴子才等,上船谒见孙中山。[1]码头上人群簇拥,欢声雷动。在中共天津地委的动员和组织下,五十多个社会团体,五万多名工人、学生和市民,[2]打着"打倒帝国主义""打倒军阀"的旗子前往欢迎。在天津人民的夹道欢呼中,孙中山一行乘车到了张园(今鞍山道59号)下榻。马千里、邓颖超(国民会议促成会的女界代表)等天津各界代表到张园对孙中山一行的到来表示欢迎和慰问。

1924年12月8日,孙中山强撑病体接见天津各界代表,对于天津的革命形势,予以高度评价:"天津国民革命的兴起,打破了北方封建军阀、帝国主义统治最牢固的堡垒,使我看到了三民主义、五权宪法的曙光,这是同诸君精诚努力分不开的,希望全党上下更加勠力同心,促成国民会议的召开。"孙中山的讲话充分体现了他对天津人民革命活动的赞扬和期望。在孙中山的鼓舞下,12月22日,天津首先成立了由邓颖超为主席的天津妇女国民会议促成会,12月27日,由天津各界人士组成的国民会议促成会也相继成立。12月31日上午10时许,孙中山偕夫人宋庆龄及其诸随员由张园起身至东车站(今天津站)乘专车入京。于方舟、江浩、邓颖超等人作为市民代表到火车站欢送孙中山前往北京。

据统计,孙中山在张园的27天中,仅以大元帅名义在张园给部下发出的指令、训令等,就有118件;在张园接待的各界代表,见诸报端的就有68人;并在张园发出了长文《孙中山抵津后之宣言》,草拟了建国意见25条。当时孙中山虽然已是肝癌晚期,但他为了消除军阀混战、废除不平等条约,达到和平、统一、救中国之目的,仍日夜操劳。[3]孙中山的到来推动天津市民形成了声势浩大的群众革命运动,是一次反帝反封建的政治动员。

---

① 葛培林:《孙中山三莅津门》,http://dangshi.people.com.cn/n1/2016/1103/c85037-28831802.html。

② 王永义、岳琮琰:《"五卅"运动中天津人民的反帝斗争》,《天津师院学报》1981年第2期。

③ 葛培林:《孙中山三莅津门》,http://dangshi.people.com.cn/n1/2016/1103/c85037-28831802.html。

三、工人学校筑牢基础

虽然孙中山北上没有达到实现南北和平统一的目的，但他的北上之行广泛促进了北方民众的觉醒，鼓舞了人民群众的革命热情，国共两党的影响力得到了空前发展，这些都为大革命高潮的到来铺平了道路。①在孙中山北上与北洋政府当局共商国是期间，中国共产党于1925年1月在上海召开了第四次全国代表大会，会议提出了无产阶级在民主革命中的领导权问题和工农联盟问题；大会通过的《对于职工运动之决议》提出，工人阶级应努力参加反帝反封建的革命斗争，同时要大力发展各种行业工会，以壮大自己的力量；大会还强调，"上海、汉口、天津，是新式工业最发达的区域，我们对这几区的工人，能完全组织在本党指挥之下，则本党职工运动的基础就更稳固了。以后对于这几区职工运动应特别注意"②。

党中央指示天津地委：天津、唐山等地的"纯粹工业工人的数量很多"，要特别注意在天津等地发展中共党员。新中国成立前，天津是中国北方纺织业最发达的城市，因此各大纱厂成为党组织早期开展革命活动的基地。这一时期，在天津的工人队伍中，纺织工人最多，约有三万人，"占天津工人总数的三分之一左右"③。经过天津地委的教育和培养，一批纺织工人的骨干逐渐成长起来，他们中的一部分人成为天津地区的第一批工人党员。天津共有六大纱厂，分别是华新、恒源、宝成、裕大、裕元与北洋。其中华新和恒源在河北区，裕大和宝成在河东区，裕元和北洋在河西区，河东区、河西区的四大纱厂隔河相望，形成一个相对集中的纺织工业区。④

天津地委根据天津六大纱厂的分布，委派周振东、韩义分别负责河北区的华新和恒源，李培良负责河东区的宝成和裕大，卢绍亭负责河西区的裕元

---

① 刘思防：《浅析中共对孙中山北上态度的变化》，《南方论刊》2017年第1期。
② 天津市总工会工运研究室等编：《新民主主义革命时期天津工人运动记事》，天津社会科学丛刊编辑部，1985年，第30页。
③ 周巍：《红色激流——大革命高潮在天津的兴起》，《求知》2017年第11期。
④ 缪志明：《1925：平民学校与海河沿岸纺织工人的罢工斗争》，《天津电大学报》2012年第3期。

和北洋。几名同志深入工厂车间,找工人聊天拉家常,传播革命思想,宣传"为什么社会上有穷人和富人?"还宣传第一次直奉战争给人民带来的灾难,利用群众的反战情绪,提出"打倒军阀"的口号。[1]这些宣传启发了工人们的阶级意识,使工人更加认同共产党的主张,为发展工人党员,组建赤色工会创造了条件。

平民学校是建立赤色工会的基础。1924年秋,天津地委先后派遣李培良、卢绍亭深入到纱厂工人较为集中的河东区郑庄子和小刘庄等地组织工人建立工会,在海河东岸宝成纱厂和裕大纱厂所在地郑庄子一带开办平民学校。李、卢二人自己编写教材,不仅教工人识字读书,而且讲解革命道理,使工人群众逐渐认识到自身的悲惨境遇并寻求解放的道路,让工人们明白只有团结起来才能反抗资本家的剥削压迫,唤醒了他们的阶级意识和政治觉悟,激发了他们改变自身命运的勇气。另外天津地委还派遣周世昌到华新纱厂、韩义到恒源纱厂、宋树藩到南开地毯厂联络工人,开展工作。在天津地委的努力下,党员、团员与以工人为主体的社会各界民众广泛交流,宣传无产阶级革命思想,在工人和其他先进分子中间发展党员,并在宝成纱厂建立了天津市纺织行业的第一个工会组织。随后,印刷工人、码头工人和铁路工人在中共的领导下先后建立起了工会组织。随着工会组织的建立和壮大,天津党团组织也得到了发展。

为工人开办平民学校并不是一帆风顺的。由于工人们平日里忙于工作,大多数昼夜两班倒,且挨家挨户调查效率又低,四位同志借鉴南方党组织的经验,在纱厂附近开办平民义务学校,[2]从1924到1925年,六大纱厂附近先后开设了三处平民学校,分别是裕元纱厂附近的河西区小刘庄耦耕里学校,由

---

[1] 董振修:《中国共产党在天津的早期革命活动》,《天津文史资料选辑》(第10辑),天津人民出版社,1980年,第12页。

[2] 周振东所办学校设在华新纱厂附近;李培良所办学校设在郑庄子清源里(庆元里);卢绍亭所办学校设在小刘庄耦耕里。缪志明:《1925:平民学校与海河沿岸纺织工人的罢工斗争》,《天津电大学报》2012年第3期。

卢绍亭负责;裕大纱厂北边河东区郑庄子学校,由李培良负责;第三处位于河北区华新纱厂附近,由周振东负责。这三所学校也是天津党组织开展工人运动、创办工会组织的基础。

　　为了吸引工人入校,学校不仅免收学费,而且无偿提供课本文具。卢绍亭、李培良对前来上课的工人十分亲切和蔼,详细询问了工人们的工作、生活情况和薪资待遇,并且做了记录。李培良向工人们讲阶级压迫、阶级斗争,不能任由资方、工头欺辱;卢绍亭向工人们介绍了俄国十月革命的历史和列宁的革命历程。教材课本都是老师们自己编印的,内容通俗易懂,读起来朗朗上口,例如“你织布,我纺纱,赚的钱来都归资本家”[1]。有工人提问:“为什么中国工人的生活这样苦?”为了启发工人群众的阶级觉悟,老师就给学生们讲解:中国工人还没有组织起来,只有组织起来,团结起来,才能有力量,资本家就不敢任意欺压工人了。[2]此外,平民学校还购置了象棋、乐器,培养工人们的业余爱好,逐渐在工人队伍中扩大了影响。

　　工人们进入平民学校后,第一次听到劳动人民通过斗争寻求解放的道理,初步了解了马列主义的革命理论。在夯实理论和人员基础后,纱厂工人们开始秘密组织成立工会。在李培良等的努力下,1925年4月,宝成纱厂率先成立党支部和宝成纱厂工会,这是天津地方党组织的第一个基层党支部。工会办公地点设在郑庄子(今河东区六纬路棉三创意街区一带)东头的几间房子里,天津第一批工人党员姬兆生、沈玉山、董召义便是该厂工会的骨干。在短时间内,宝成纱厂工会会员就发展到一千八百多人,[3]占全厂职工人数(二千七百多人)的三分之二。宝成纱厂党支部和工会成立后,马上以工会的名义,向资方提出三个条件:一、恢复被削减的工资;二、设立女工喂奶间;三、为

---

　　① 司呈祥:《参加天津早期革命活动的回忆》,《天津文史资料选辑》(第10辑),天津人民出版社,1980年,第69页。

　　② 司呈祥:《参加天津早期革命活动的回忆》,《天津文史资料选辑》(第10辑),天津人民出版社,1980年,第69页。

　　③ 王永义、岳琮琰:《“五卅”运动中天津人民的反帝斗争》,《天津师院学报》1981年第2期。

工会俱乐部提供用房。宝成纱厂经理吴敬仪派遣工头、把头虚与委蛇,三天后工人开始罢工。面对厂方的威逼利诱,李培良等工会负责人统一部署,拒不复工,迫使吴敬仪完全接受工会条件。工会牛刀小试,即显示出强大的力量。消息传来后,工人们顿觉扬眉吐气。

随后,裕元、北洋、恒源、华新等纱厂也陆续建立起了工会组织,而且这些纱厂的工会都是通过平民学校组织起来的。工会成立后,工人的组织性得到提高,在对资方及其爪牙的斗争中更加有底气。例如,裕元纱厂每次发工资,工人们都需要花费大量时间排队,工人每日上工辛苦,有的时候队伍难免不齐整,维持秩序的厂警对工人非打即骂,以往工人们只能忍气吞声。有了工会后,情况大有不同,工人们对爪牙们的打骂丝毫不让步,甚至一拥而上进行反抗,最终迫使厂警班长出来向工人赔礼道歉,并保证开除打人的厂警,工人们的怒火才算平息。由此可见,反动势力阵营中,那些仰资本家鼻息的爪牙只是虚张声势,狐假虎威,以为工人贫弱可欺,当工人群众联合、团结、组织起来并对他们进行英勇、坚决的斗争后,他们纸老虎的真面目就暴露出来了。

当然,天津党组织在工厂筹建工会的工作并非一帆风顺,甚至阻力重重。例如,裕大纱厂工会之所以一时未得组建,是因为该厂青帮头子与资本家勾结得较为紧密的缘故。[①]裕大纱厂的情况比较复杂,厂里有工人四千多人,老板是日本人,重金收买青帮大佬、流氓头子赵魁高担任管事的总工头,工人生产、生活方面的事都由他来处理。在裕大纱厂中,各车间的大小工头要么是他的盟兄弟,要么就是他的徒子徒孙。这些人作为资方的耳目,对工人严密监视,残酷欺压;动辄打骂、扣工资,甚至开除。李培良召集宝成纱厂党员及工会代表开会,请他们帮助裕大纱厂打破僵局、成立工会。根据宝成纱厂工会代表沈玉山、姬兆生提供的情况,裕大纱厂工人项瑞芝和他的父兄共五人,都是"裕大"的工人,人称"项家五虎",在工人中颇有威望。当时的裕大纱厂

---

① 缪志明:《1925:平民学校与海河沿岸纺织工人的罢工斗争》,《天津电大学报》2012年第3期。

有八个工房，每个工房有一个厨房，项瑞芝的父亲办的一个厨房，经常有五六十人吃饭，非常便于开展工作。[①]裕大纱厂的工人有不少是项氏父子的宝坻同乡，在厂子里相互关照，抱成一团。这些人不买总工头青帮赵魁高的账，后者对他们也甚为忌惮。[②]五卅运动爆发后，李培良乘势而上。1925年7月，在项瑞芝的介绍和帮助下，从项家父子包饭的厨房发起，其余七个厨房陆续签名参加，总共召集了上百名工人参加集会。工人们在会议上共推选了七名代表，即项瑞成、张瑞生、熊玉山、杨德生、王元成、贺志、项瑞芝，其中项瑞芝的大哥项瑞成为负责人。至此，裕大纱厂的工人们在中共的领导下冲破阻力，最终建立了工会组织，中共天津地委在天津六大纱厂筹建工会的工作得以完成。以裕大、华新、裕元、恒源、北洋和宝成六大纱厂为骨干的棉纺织工业，资本额占全国华商纱厂资本总额的30%，占天津工业资本总额的60%以上。因此，党在六大纱厂完成筹建工会工作是一个了不起的壮举，是大革命期间，天津工人运动发展的一项重要成果。

四、赤色工会奋勇当先

1925年上半年中国职工运动进入复兴期以后，从政治、经济、社会各方面观察，显然有许多征兆预示着革命高潮已不可阻挡。共产党当时的任务，无疑首先需要扩展和巩固自己阶级的力量，因此召开全国第二次劳动大会再不可缓，遂决定于1925年5月1日在广州召开。[③]

1925年5月1日，第二次全国劳动大会在广州大学大讲堂召开。青年军人联合会及革命学生亦派代表参加。到会者一千多人，代表有组织的工农群众七十多万人。[④]大会的中心任务是讨论确定国民革命中工人运动的策略、方针和建立全国统一的工会组织。会上正式成立了中华全国总工会并成立

---

① 项瑞芝：《记1925年砸裕大事件的前前后后》，《天津文史资料选辑》（第10辑），天津人民出版社，1980年，第116页。

② 司呈祥：《参加天津早期革命活动的回忆》，《天津文史资料选辑》（第10辑），天津人民出版社，1980年，第76页。

③ 邓中夏：《中国职工运动简史（1919—1926）》，人民出版社，1953年，第155页。

④ 邓中夏：《中国职工运动简史（1919—1926）》，人民出版社，1953年，第157—158页。

了全总执行委员会,选举林伟民为委员长。大会还决定中华全国总工会加入赤色职工国际。

大会还通过了《组织问题决议案》《中华全国总工会总章》等三十多个文件,其中《纺织问题的决议案》强调:"须特别注意组织铁路、海员、内河及码头运输工人、矿山、纺织、缫丝、烟草、印刷,以及天津、北京、上海、武汉、青岛、大连、长沙、广州、香港等处重要城市的工会工作。"[1]为了统一指挥工人斗争,大会决定成立中华全国总工会,来代替中国劳动组合书记部开展工人运动。第二次全国劳动大会为工运新高潮的到来做好了准备,为即将到来的大革命起到了助推作用。

同日,为了庆祝五一国际劳动节,天津党组织联络基层工会,上万名纺织工人、码头工人与青年学生一道在南开中学操场举行庆祝大会,并在会后举行游行示威。游行队伍以工人为主体,以学生为先导,以"工人运动万岁""打倒帝国主义""收回铁路矿山""买卖不要日货"为口号。游行队伍从南开中学操场出发,经东南角日租界,对日本卫兵呼喊口号,吓得他们胆战心惊。[2]得益于天津党组织和工会组织行动的秘密严谨,这次大游行出其不意,让军阀政府和帝国主义势力措手不及,所以活动圆满成功,展现了天津党组织和工会同志的卓越才干。

1925年5月4日,天津地委又召开数万人参加的纪念集会,于方舟发表演说,阐述五四运动的伟大意义,号召天津市的爱国青年继承爱国进步的传统。五一节和五四纪念活动后,天津各界以建立工会组织为潮流,逐渐成星火燎原之势。

为统一协调各纱厂的工会工作,1925年5月,在天津地委的领导下,天津五座大型纱厂的工会代表在宝成纱厂齐聚一堂,成立了天津纺织总工会,选

---

[1] 天津市总工会工运研究室等编:《新民主主义革命时期天津工人运动记事》,天津社会科学丛刊编辑部,1985年,第33页。

[2] 王永义、岳琮琰:《"五卅"运动中天津人民的反帝斗争》,《天津师院学报》1981年第2期。

举宝成纱厂的姬兆生为主要负责人。党支部和工会在各纱厂的普遍建立和纺织总工会的成立,为纺织工人维护自身权益提供了强大的组织力量。

1925年5月6日,纺织总工会成立后马上带领工人投入抗议宝成纱厂资方的斗争当中。宝成纱厂的资本家无故开除一名年轻女工。为了保护工人利益,削弱打击资方对工人生杀予夺的嚣张气焰,天津党组织和工会发动宝成纱厂工人罢工。安幸生挺身而出,以学界代表的身份参加调解,并在与资方长达三个多小时的谈判中据理力争,慷慨陈词,驳斥对方种种借口。最后,在中共和工会的领导下,工人们团结一心,资方被迫接受工人们的三项合理要求,即资方不得处罚、打骂、随意开除工人,增加工资,午间给予工人一小时的吃饭时间。天津纺织总工会初试锋芒即取得胜利。

1925年春,在中共四大和第二次劳动大会召开之际,天津地委在工人群众当中积极开展工作。天津工人运动以及学生运动、青年运动、妇女运动蓬勃发展,迎来了国民革命运动的春天。党支部先后在天津的印刷业、纺织业、铁路、码头、学校以及妇女界建立起来。其中印刷工会有会员一百五十多人,经常参与工会活动的工人群众多达三千多人。天津的铁路工人也先后成立京汉铁路工会天津分会和津浦铁路工会天津分会。在中共天津地委的积极努力下,党的基层组织和党领导的工会组织如雨后春笋般建立起来,为促进天津工人运动的开展和新的革命高潮的到来提供了重要的组织准备。

五、天津工人声援五卅运动

1925年1月,中共四大提出了无产阶级在民主革命中的领导权问题,决定加强党对工农群众运动的领导。四大闭幕后,各地党组织根据党中央的统一部署,积极开展群众运动。这一时期,党团队伍不断壮大,不少团员入了党,党团组织在许多工厂发展党团员,组织起了赤色工会。在中共的领导下,天津工人群众反帝爱国热情持续高涨,斗争形势迅猛发展。

(一)五卅运动的爆发

1925年2月,上海发生历时三周,涉及上海日商纱厂三万五千余名工人的同盟大罢工,被称为五卅运动的预演。[①]为反对日本资本家打人和无理开除工人,22家日商纱厂的工人要求增加工资而先后举行罢工,中共中央专门组织了领导这次罢工的委员会。5月15日,上海小沙渡内外棉七厂工人为抗议日本资本家随意开除工人举行罢工,日本资方竟然调动武装进行镇压,枪杀了工人领袖、共产党员顾正红,激起了工人群众的愤怒。5月28日,中共中央决定5月30日在租界内举行大规模的反帝示威活动。5月30日,上海英租界当局命令巡捕向游行示威群众开枪,打死13人,重伤数十人,逮捕一百五十多人,制造了震惊中外的五卅惨案。全国人民义愤填膺,掀起了一场震动世界的伟大反帝爱国运动——五卅运动。五卅运动是阶级矛盾与民族矛盾激化并不可调和的产物,其规模之大,影响之深,在近代中国人民的反帝斗争史上是前所未有的。

五卅运动掀起了全国范围的革命高潮,"是工运复兴、大革命开展的信号"[②],冲破了长期笼罩全国的沉闷的政治空气,大大促进了群众的觉醒,显示了各革命阶级、各阶层民众在无产阶级领导下联合斗争的巨大威力,给了帝国主义和军阀势力一次前所未有的打击。[③]

在中国共产党的领导和推动下,五卅运动以狂飙迅速席卷全国,从工人发展到学生、商人、市民、农民等社会各阶层,并从上海发展到全国各地,遍及全国25个省区(当时全国为29个省区),约六百个市县,各地约有一千七百万人直接参加了运动。北京、广州、南京、重庆、天津、青岛、汉口等几十个大中城市和唐山、焦作、水口山等重要矿区,都举行了成千上万人的集会、游行示威和罢工、罢课、罢市。五卅运动沉重打击了帝国主义,对中华民族的觉醒和国民革命运动的发展起了巨大的推动作用,大大提高了中国人民的觉悟,揭

---

① 沈以行、姜沛南、郑庆声主编:《上海工人运动史》(上卷),辽宁人民出版社,1991年,第194—199页。

② 中共中央文献研究室、中华全国总工会编:《刘少奇论工人运动》,中央文献出版社,1988年,第290页。

③ 中共中央党史研究室:《中国共产党历史·(第一卷)1921—1949》,中共党史出版社,2011年,第134页。

开了大革命高潮的序幕。中国共产党在领导五卅运动的斗争中受到很大锻炼,培养造就了一大批干部,党组织也得到极大发展,在斗争实践中总结了宝贵的经验,为以后党领导大规模的群众斗争奠定了基础。

（二）天津人民积极声援

五卅惨案的消息传至天津后,天津党团组织连夜召集学生联合会、工会联合会、天津总商会及其他爱国团体负责人开会,准备举行全市范围的反帝大游行。1925年5月31日下午,李培良通知裕元纱厂的工人参加游行示威活动,另外非工会会员亦可以自愿参加。工人们组织有序,10人为一组,3个小组设立1名干事,各车间工会负责组织好队伍。大家分工协作,制作传单、纸旗和横幅。

1925年6月1日,天津市各爱国团体在南开中学大操场召开了第一次反帝集会游行,声援五卅惨案遇难同胞,声讨帝国主义国家的暴行。工人是游行示威的主要力量,裕元纱厂参加游行示威的工人群众多达五千余人,北洋纱厂参加者有两千多人。两大纱厂的七千多名工人声势浩大,排成四路纵队,从小刘庄出发,绕过英租界、途经佟楼,直奔炮台庄方向。上午11时,大会开始。中共天津地委负责宣传工作的安幸生向与会群众汇报了上海五卅惨案的详细经过。尽管讲台简陋,仅由几张桌子拼成,且没有扩音器,但安幸生的报告激起了爱国民众的强烈愤慨,口号声此起彼伏。随后地委书记于方舟上台宣读了声援上海工人爱国行动的电报全文,阐释了天津工人声援上海工人的重要使命,部署了今后反帝爱国运动的具体安排。之后,天津总商会、学联、女界爱国同志会、反日大同盟等爱国团体的代表纷纷发表讲话。最后,天津地委宣布示威游行开始。

在游行总指挥靳子平(法政学校老师)的率领下,游行队伍浩浩荡荡地从南开中学出发,途经南马路、东马路至官银号。其中,工人走在队伍的最前列,每个人都拿着小纸旗,振臂高呼口号:要求惩治杀人凶手,与日本经济断交,抵制日货,收回日本租界,打倒日本帝国主义。当游行队伍抵达东南城角中国地与日租界交界处时,日本士兵在铁丝网路障后面手持步枪,满脸杀气,严阵以待。游行的爱国群众丝毫不惧,依然高呼口号,随后转向东马路,在官银号附近解散。天津市声援上海工人的第一次游行示威虽告一段落,但反日工作并没有结束,帝国主义对我侵略压迫也未见收敛。[①]

(三)中国共产党的影响不断扩大

"六一"集会游行是天津各界爱国群众的誓师动员大会。游行活动结束后,天津地委各个部门开足马力,集中组织联络,力争把反帝爱国运动推向高潮。在此期间,为了进一步加强党在天津的工作,中共北方区执行委员会决定改组天津地委,派李季达到天津担任中共天津地委书记,于方舟改任组织委员,以充实党的领导机关,加强对革命群众运动的领导。[②]李季达就任后,与其他同志在6月先后组织了三次大规模市民集会、游行示威活动,使反帝爱国运动持续高涨,扩大了党在天津人民群众中的影响。

1925年6月5日,中共中央发表《中国共产党为反抗帝国主义野蛮残暴的大屠杀告全国民众书》,指出:"全上海和全中国的反抗运动之目标,决不止于惩凶、赔偿、道歉等","应认定废除一切不平等条约,推翻帝国主义在中国的一切特权为其主要目的"。同日,中共天津地委在南开中学操场组织大规模群众集会,天津中等以上学校上万名学生及各界团体参加集会。会上,李季达亲自起草了《告天津民众书》,并且第一次在天津市公开以共产党的名义发出,在群众中产生很大影响。[③]这反映了当时的中国共产党对无产阶级领导权的问题从一般谈论进入了争取实现的具体实践阶段。[④]大会还通过了声援上海人民的八项决议。会后举行了声势浩大的反帝大示威,"打倒帝国主义""声援上海受难同

---

① 司呈祥:《参加天津早期革命活动的回忆》,《天津文史资料选辑》(第10辑),天津人民出版社,1980年,第72—74页。

② 王永义、岳琮琰:《"五卅"运动中天津人民的反帝斗争》,《天津师院学报》1981年第2期。另有说法是李季达担任天津地委书记,粟泽担任组织部部长,原书记于方舟和原组织部部长江浩则由上级党组织批准跨入国民党,负责统战工作。司呈祥:《参加天津早期革命活动的回忆》,《天津文史资料选辑》(第10辑),天津人民出版社,1980年,第74页。

③ 王永义、岳琮琰:《"五卅"运动中天津人民的反帝斗争》,《天津师院学报》1981年第2期。

④ 邵雍:《"五卅"运动中的工人帮会问题》,《党史研究与教学》1993年第3期。

胞""抵制英日货""与英经济绝交"等口号声此起彼伏。

1925年6月10日，天津各界联合会在北马路前进里1号成立，以"铲除帝国主义，取消不平等条约"为宗旨，妇女界代表、共产党员邓颖超当选为主席团五位主席之一。①参加各界联合会的社会团体多达三十个，代表着全市工农商学各界的八十多万群众。天津各界联合会的成立，有力地聚集起天津的革命力量，推动天津反帝爱国斗争的进一步高涨。工人阶级积极参加到联合会中，并与爱国学生一道发挥了主力军的作用。

随着五卅运动在天津如火如荼地开展，帝国主义列强十分恐慌，他们利用报纸《京津泰晤士报》和《天津日报》（日文）大肆污蔑诋毁中国人民的爱国正义之举。1925年6月11日，印刷业党支部先后发动《天津日报》（日文）的全体中国工人和承印《京津泰晤士报》的天津印字馆工人开展罢工。②印刷工人们的罢工表明了对英日帝国主义列强斗争的决心。

1925年6月11日，汉口参加游行示威的群众行至公共租界时，英国水兵向人群开枪射击，打死数十人，重伤三十余人。汉口惨案进一步激起全国民众的愤怒。全国各地到处响起"打倒帝国主义""废除不平等条约""撤退外国驻华的海陆空军""为死难同胞报仇"的怒吼声，形成了全国规模的反帝怒潮。三天后的6月14日，天津爱国群众举行第二次反帝爱国大游行。第二次游行把英、日两大帝国主义列强作为斗争对象，而且民众组成了良心救国团和抵制日货、英货跪哭团，用极具视、听觉冲击效果的话剧形式来表达深厚的爱国情感。跪哭团成员身穿孝服，头戴孝帽，手拿哭丧棒，走到卖日货的商店，跪

---

① 于建：《津沽大地上走出的伟大女性——纪念邓颖超同志诞辰100周年》，中共天津市委党史研究室：《天津党史资料与研究》（第1辑），长春出版社，2004年，第8页。文章介绍，邓颖超1923年底在津加入中国社会主义青年团。国共合作后先后担任国民党直隶省临时党部委员、省党部委员，妇女部部长，参与组织天津学术讲演会、反帝大同盟等革命团体。1925年初，邓颖超由社会主义青年团成员转为中共党员。3月，担任中共天津地委妇女部部长。

② 周巍：《红色激流——大革命高潮在天津的兴起》，《求知》2017年第11期。

着哭求商家卖国货,不卖洋货。①

在此期间,天津各界群众团体在短时间内已经从几十个发展到了两百多个,反帝统一战线急剧扩大。在天津各界联合会集会上,邓颖超代表全体市民向段祺瑞执政府提出五项要求:收回英、日租界;取消领事裁判权;废除不平等条约;英、日政府必须惩办杀人凶手;负担抚恤金。大会选出邓颖超、江浩、安幸生等7人为请愿代表。大会结束后,各界群众大约十万人进行游行示威,浩浩荡荡地到公署衙门请愿。

帝国主义国家对中国人民的正义呼声置若罔闻,视中国人民的生命如草芥。这些国家不仅毫无悔悟之意,反而对革命群众虎视眈眈,变本加厉。1925年6月23日,广州沙基租界英国军警肆意射杀声援五卅运动的革命群众,英、法军舰炮轰广州城,导致五十多人丧生,一百七十多人重伤,轻伤者不计其数,史称"沙基惨案"。惨案发生后,广州革命政府立即向英、法两国提出强烈抗议,并封锁海口,断绝与英国的经贸往来。天津等各大城市获悉消息后,再次掀起了反对英、法帝国主义的群众斗争浪潮。6月30日天津十多万各界群众在南开中学操场再次集会,对死难同胞进行公祭活动,然后举行了第三次大规模游行示威活动,声援沪、穗反日、英帝国主义的斗争。大会主席邓颖超在致辞中强调:"我相信,只要我们的反帝运动始终不懈,永远坚决,就一定会取得最后的胜利。"②

为了从物质上支援上海纱厂工人的罢工斗争,天津市内广泛开展捐款活动。天津的爱国师生、工人、职员把捐款视为反对英、法、日帝国主义斗争的最实际行动。久大精盐公司、永利制碱公司的职工、南开大学的师生、绸布纱业同业工会的商人踊跃捐款,最终全国各地汇聚到上海的捐款"差不多有几

---

① 司呈祥:《参加天津早期革命活动的回忆》,《天津文史资料选辑》(第10辑),天津人民出版社,1980年,第74页。天津爱国民众还谱写了爱国歌曲:"日本人,豺狼成性,强杀我同胞,血肉横飞,淋淋淋,热血洒沪滨;中国人,四万万多,不卖英日货,经济绝交,渤渤渤,民气壮山河。"

② 于建:《津沽大地上走出的伟大女性——纪念邓颖超同志诞辰100周年》,中共天津市委党史研究室:《天津党史资料与研究》(第1辑),长春出版社,2004年,第8—9页。

千万元"①。久大精盐公司的职工表示："杯水车薪,聊补万一,兄弟之责,义不容辞。"这种充满兄弟情谊的肺腑之言,充分表现了中国工人阶级团结互助的高尚品质。②天津各界群众汇往上海的捐款有力地支援了上海工人的罢工斗争和各界群众的反帝爱国斗争,对英、日帝国主义予以有力打击。

天津的工人、学生在中共天津地委的领导下,以各种形式开展反帝爱国斗争,仅1925年6月就举行了三次有十几万人参加的大集会和游行示威,③尤其是天津的产业工人始终站在斗争的最前列,是运动的骨干力量。6月持续高涨的反帝爱国运动使中共在天津各界群众中的影响不断扩大,为接下来领导工人大规模罢工,打破外国资本家封锁,建立工会,奠定了群众基础和组织基础。

六、掀起高潮旋遭镇压

五卅运动爆发以来,天津人民在1925年6月举行了一系列集会、游行、示威活动。在这个过程中,中国共产党天津地委在群众中的影响力不断扩大。根据第二次全国劳动大会的相关决议,天津地委在海员、码头、纺织、印刷等行业的工人中积极开展各项活动,以平民义务学校为基地,力争在英资、日资的工厂中建立工会。五卅运动期间,工人群众一方面积极参加反帝爱国运动,另一方面在天津地委的领导下,借革命的东风,向资方提出经济政治方面的要求,掀起了工人运动的高潮。其中,安幸生领导的海员、码头工人罢工与纱厂工人"砸裕大"事件是工人运动的高潮。英、日帝国主义势力勾结奉系军阀李景林,以武力强行镇压。最终,在中外反动势力的联合绞杀下,五卅运动期间掀起的天津工运高潮最终被白色恐怖所取代。

---

① 中共中央文献研究室、中华全国总工会编:《刘少奇论工人运动》,中央文献出版社,1988年,第291页。

② 王永义、岳琮琰:《"五卅"运动中天津人民的反帝斗争》,《天津师院学报》1981年第2期。

③ 董振修:《中国共产党在天津的早期革命活动》,《天津文史资料选辑》（第10辑）,天津人民出版社,1980年,第13页。

（一）海员大罢工

1925年7月,为了破坏五卅运动,削弱上海地区的工人力量,阻挠工人罢工,英国的怡和洋行、太古洋行把停泊在上海的商船调往天津。①英国洋行的阴谋被识破,它的反动之举遭到了海员们的强烈反对。英帝国主义不惜动用武力,驱赶昌升号、顺天号等数艘轮船北上天津,大批海员随商船抵津。为了挫败敌人的阴谋,中共北方区委在得知消息后派遣赵世炎抵津,与天津地委的李季达、安幸生等人组成"天津海员罢工委员会",将计就计,秘密筹划天津港口的海员罢工行动。

昌升号轮船抵津后,在船上工作的李维翰与天津地委的安幸生组织起了天津海员工会,发动组织了海员罢工,并发表罢工宣言,表示坚决同帝国主义斗争到底。1925年7月18日,中国海员工会天津支部成立,地址位于法租界蓝牌电车道(今和平区滨江道117号)的长春大旅社,李维翰担任工会主席,安幸生担任支部书记。②此后直到8月初,英国洋行的其他五艘商船陆续抵津,天津地委短时间内组织联络了四百多名海员。在支部的领导下,英国洋行共六艘轮船的海员与天津海员共同举行罢工,并在报纸上发表《海员工会泣告工友书》,向天津各界群众寻求支持。

此外,安幸生在组织海员罢工的同时,积极联络码头工人。为了打破与工人群众的"工学界限",学生出身的安幸生身穿同样的粗布短衣衫,与工友们一起出工,亲自到码头上去扛大个儿,拉大车。他还与码头工人同吃同住,在聊天说笑中潜移默化地宣传工人斗争思想。随着时间的推移,码头工人们逐渐聚拢在安幸生周围,逐渐对这位身材不高但很壮实的年轻人产生信赖。在一个月的时间里,安幸生前后共组织联络了上百名码头工人,并从中培养

---

① 除了洋行,英国资本家创设的太古、怡和轮船是近代外资在华开办的最大规模的轮船运输公司。尤其是1872年成立的太古轮船公司,到19世纪末已经成为中国当时最大的轮船公司。

② 董恂如:《永不磨灭的忆念——记董季皋、安幸生烈士》,《天津文史资料选辑》(第10辑),天津人民出版社,1980年,第57页。作者为安幸生烈士的遗孀。

出了一批工运骨干。

与此同时,纺织、地毯、铁路、印刷、油漆等行业的工人也积极行动起来,组织建立工会。为统一领导工人阶级的反帝爱国斗争,1925年8月4日,天津20多个工会组织的50多名代表齐聚一堂,宣布天津总工会成立,安幸生被推举为主要负责人,会址设在广东会馆。

经过三天的组织筹备,安幸生等人于1925年8月9日在广东会馆主持召开了中华海员工会天津支部第一次全体大会。就在同一天,全市工人群众游行示威,反对英、日帝国主义的血腥罪行,各爱国团体成立了反帝国主义大同盟,并发表了反帝宣言。[①]同日,宝成、裕大、北洋等纱厂的两万多名工人举行罢工,要求资方提高工资待遇,取消苛刻的惩罚制度。在爱国热情和阶级仇恨的激发之下,工会率领工人包围了工厂,并与反动军警展开搏斗。

码头工人的罢工效果是立竿见影的。由于工人拒绝搬运货物,致使货物在码头港口堆积如山,饱受风吹日晒雨淋,英、日货轮无法起航,外商暴跳如雷却无计可施。值得一提的是,中共天津地委还成立了天津济安会,为罢工工人筹措食宿,募集捐款,保障罢工工人的日常生活。最终,在各界群众的支持下,这次海员和码头工人罢工一共持续了三个月之久,沉重打击了洋行买办势力及其背后的帝国主义势力,有效地配合了全国范围内的工人罢工斗争。

(二)军阀阻挠

天津纺织工会成立后(1925年5月),在天津地委的领导下,多次动员组织纱厂工人参加天津市反帝爱国游行示威运动,并为上海等地的罢工同胞举行募捐。天津总工会在1925年8月成立后,接连举行了全市工人大游行,并重点组织发动裕大、宝成等纱厂工人罢工,工人运动呈现出蓬勃发展的态势。天津工人运动的蓬勃发展令资本家又恨又怕,后者为了维护自身利益,对参

---

① 董振修:《中国共产党在天津的早期革命活动》,《天津文史资料选辑》(第10辑),天津人民出版社,1980年,第14页。

加罢工的工人进行压制，劳资双方矛盾日益尖锐，关系日渐紧张。宝成、北洋、裕大①、裕元等纱厂的工人相互支援，举行大罢工，向资本家提出改善待遇和工作环境等条件。工人们的正义行动遭到了反动军警的残酷镇压。

天津工人支援上海工人的罢工运动中，天津地委的同志们一方面勇敢地帮助工人组织工会、领导罢工；另一方面从全局出发，进行有策略的斗争。宝成纱厂位于天津河东地区，纱厂工人罢工期间，劳资双方僵持不下，工人与厂警发生冲突。天津地委书记李季达马上派吕职人（中共党员），以各界联合会的名义进行调解，"并对工人进行劝说，以此表明这次运动的目的主要是反对帝国主义屠杀中国工人；因此，凡是有外国投资的工厂，坚决罢工，中国资本的工厂，最好不罢工，这也是有利于反对帝国主义的"②。吕职人站在工人的立场上，与厂方进行交涉，申明反对帝国主义也是为了维护民族资本，但是厂方打骂工人是绝不容许的。最终，在吕职人的调解下，劳资双方派代表进行谈判，厂方作出了不再打骂工人、提高工资待遇的保证。天津地委审时度势有勇有谋，不仅维护了工人的合法权益，而且维护了国共第一次合作期间的革命统一战线，使全体国民一致对外，反对英日帝国主义。

对于外国资本尤其是英、日资本掌控的工厂企业，天津地委积极推动工人罢工和工会组织的建立。当时，在全市六大纱厂中，只有裕大纱厂在日本资本家的阻挠下工会发展比较缓慢。五卅运动期间，为尽快在裕大纱厂扩大中共和工会的影响，天津地委组织其他纱厂工人，协助裕大纱厂建立了工会。

---

① 裕大纱厂，1920年5月创建，1922年开工。该厂的经济、技术和经营管理均受债权人日商东洋拓殖株式会社（简称东拓公司）控制。1925年5月，裕大纱厂被日本东拓公司吞并。当时，在全市六大纱厂中，只有裕大纱厂由于日本资本家的阻挠没有建立工会。1936年1月，宝成纱厂也被日本大福公司吞并，与裕大纱厂合并为一个厂，组成天津纺织公司（即天津棉纺三厂前身）。1945年日本投降后，改名为中国纺织建设股份有限公司天津第三棉纺织厂。1950年11月15日更名为天津市第三棉纺织厂。1998年被天津市第六棉纺织厂并购后成立了天津天鼎纺织集团北洋纺织有限公司。

② 吕职人：《天津早期革命工作和顺直省委的建立》，《天津文史资料选辑》（第19辑），天津人民出版社，1980年，第8页。据吕职人回忆，第一届天津社会主义青年团地方委员会书记是李廉祺，成员有崔浦、阎怀聘、宋树藩、杨洪涛、杨凤楼等。吕职人：《天津早期革命工作和顺直省委的建立》，《天津文史资料选辑》（第19辑），天津人民出版社，1980年，第7页。

在裕元纱厂和北洋纱厂工会代表的协助下,裕大工人于1925年7月24日向日本资本家提出五项要求:给工会办公用的房屋;八小时工作,四小时学习;吃饭由二十分钟改为一个小时;增加工资;要日本资方给上海有关方面发电报,让上海英、日资工厂开工(因为五卅运动爆发后,英资、日资工厂对工人以停工相威胁)。①裕大纱厂的日本资本家一面虚与委蛇,表面上同意工人们的前四项要求(最后一项拒不答应,同时拒绝工人领袖贺志回厂上班),一面暗中收买、勾结奉系军阀李景林,要求对方派军警"弹压地面"。

奉系军阀李景林在五卅运动期间大玩两面派手法。五卅运动爆发之初,天津各界群众群情激昂,反帝爱国运动如火如荼。李景林对工人、学生运动极为厌恶和恐慌,站在了革命群众的对立面。"以津沽华洋杂处,易生事端,李连日召集军警绅商商谈对策之外,另由军警严加戒备,重点保护日商在津的各纱厂。"②与此同时,李景林并未彻底暴露自己的军阀面目,反而试图利用自己拙劣的表演蒙骗革命群众。他"在督署门前搭起大讲台,召集市民、工商各界和学生开大会,自己亲自登台讲演,吹嘘自己如何爱国爱民,说得天花乱坠,声泪俱下",③但与会群众大多被士兵强迫来参会,因此面面相觑,反响平平,台上的"演员"也只好草草收场。

早在1925年7月初,由于忌惮游行队伍亮出打倒军阀的旗号、口号,李景林担心燎原之火加诸己身,因此,他借口罢工游行期间,社会秩序混乱,出现偷盗行为,召集各界联合会的代表到金钢桥督办公署开会。会议上,李景林污蔑工人偷盗,参会的李连祺、安幸生、吕职人等代表据理力争,并反将一军请李景林下发商会捐款作为救济金,后者极为恼火。会后,天津地委根据李景林的种种表现,作出了军阀当局可能准备镇压的正确预判。

---

① 司呈祥:《参加天津早期革命活动的回忆》,《天津文史资料选辑》(第10辑),天津人民出版社,1980年,第77页。

② 张同礼:《李景林督直及其附蒋经过》,《天津文史资料选辑》(第6辑),天津人民出版社,1979年,第105页。

③ 张同礼:《李景林督直及其附蒋经过》,《天津文史资料选辑》(第6辑),天津人民出版社,1979年,第105页。

(三)"砸裕大"事件招致军阀镇压

1925年8月上旬,英资怡和、太古洋行旗下轮船公司的海员和码头工人在安幸生等人的领导下准备进行罢工,英帝国主义唆使李景林派遣暗探、跟踪调查。在英、日帝国主义势力的勾连下,李景林撕下了最后的伪装。不久,李景林以开会为名,诱捕了安幸生、辛璞田等各界代表近二十人,[①]先后把他们关押在大胡同军警督察处拘留所和第三监狱。反动军警大施淫威,对被捕代表进行刑讯逼供,宝成纱厂工会负责人姬兆生表现出了坚强的革命意志,在敌人的严刑拷打下坚决不透露任何秘密,虽然被打得遍体鳞伤,但仍然昂首挺立,毫不屈服。

在逮捕工运领袖和各界代表后,李景林认为工人群众失去领导人群龙无首,对裕大纱厂工人之前提出的正义诉求置若罔闻。1925年8月11日上午,李景林命上千军警包围裕大纱厂,准备进行武力镇压。一时间纱厂内外的空气骤然紧张,大有风雨欲来之势。一场爱国群众与反动军警间的大规模斗争拉开了序幕。这场斗争把天津人民的反帝爱国运动推向了高潮。

裕大工人代表根据形势变化,即刻派人到河西区的裕元、北洋纱厂寻求帮助。当日下午,裕大纱厂全体工人在工会号召下开始罢工,并与反动军警发生口角和小规模肢体冲突,军警用枪把工会负责人项瑞成和工人王惠民打伤。这一事件引发了工人与军警的全面冲突。裕元、北洋纱厂工人得到消息

---

① 具体人员如下:天津总工会的安幸生、杨茂如,学联的辛璞田、陆荇,各界联合会的吕职人、李散人、李逸、黄琴父、李公权、杨恒南,纺织工会的纪北海、周心农,裕大工会的贺志、张玉升、项瑞芝、魏某某,宝成工会的姬兆生,裕大工会的崔桂昌,海员工会天津支部陆苗根等人。被捕代表人数说法不一,一说为17人(吕职人:《天津早期革命工作和顺直省委的建立》,《天津文史资料选辑》(第19辑),天津人民出版社,1980年,第9页),另有一说为15人。这些人被营救出狱时,报纸上登载人数为21人,除了上述人,还有王光恩(圣约翰大学学生)、袁大师(赵各庄矿代表)。董振修:《中国共产党在天津的早期革命活动》,《天津文史资料选辑》(第10辑),天津人民出版社,1980年,第20页。

后,奔赴河东区参加战斗。一时间,海河两岸挤满了工人队伍等候渡船过河。①
宝成纱厂与裕大纱厂仅隔着一条小马路,因此宝成的工人支援最为迅速。由于
裕大厂铁门已经上锁,前来支援的工人们情急之下把厂区南面的墙体推倒,形
成了十几米的缺口。工人们一拥而上,手持镐头、铁棍等武器,从缺口处进入裕
大纱厂,参加战斗。裕大工人看到援军顿时勇气倍增,把军警赶跑。据事后统
计,工人们俘房了几个军警和一个日本医生,缴获了10支大枪、3支手枪,机器
房、水泵房、账房等都已破烂不堪,厂内满地都是钞票、账簿、布匹、衣服等物。②
这场军阀与工人的流血冲突就是天津工运史上著名的"砸裕大"事件。

　　事件爆发当晚,督察处派出代表进行调停,承诺要求厂方答应裕大工会
的全部5个要求,而且答应把受伤工友送往南市慈善医院救治,工人们则需要
把俘获的军警、日本人和缴获的枪支交给督察处。虽然斗争取得了阶段性胜
利,但李培良等工运领袖依然保持着清醒,向工人提出要有两手准备,四大纱
厂的工人第二天在河东盐坨地集会,准备更大的斗争。

　　"砸裕大"事件爆发后,李景林在日本帝国主义的唆使下,调兵遣将,对工
人阴谋实施报复。午夜过后,他派出一个旅的军队封锁了河东区郑庄子地
区,大肆搜捕裕大、宝成两座纱厂的工会代表、工人骨干。

　　1925年8月12日清晨,河西区的裕元、北洋纱厂的工人到达海河岸边,发
现所有渡船均在河心停泊,岸边无船可用。工会代表们一面向船工喊话,请
求他们给予援助,一方面号召会游泳的工人下河帮助船工起锚。最终,河西
区的工人得以渡河进入河东区。在周家祠堂(周学熙家族的祠堂)附近,工人

---

　　① 司呈祥:《参加天津早期革命活动的回忆》,《天津文史资料选辑》(第10辑),天津人
民出版社,1980年,第78页。裕元和北洋两厂的工人队伍赶到的时候天色已晚,大约八九
点钟,工人与军警的厮打已经结束。项瑞芝:《记1925年砸裕大事件的前前后后》,《天津文
史资料选辑》(第10辑),天津人民出版社,1980年,第118页。

　　② 司呈祥:《参加天津早期革命活动的回忆》,《天津文史资料选辑》(第10辑),天津人民
出版社,1980年,第78页。裕大纱厂工人代表项瑞芝的回忆文章中亦有同样记载。项瑞芝:
《记1925年砸裕大事件的前前后后》,《天津文史资料选辑》(第10辑),天津人民出版社,1980
年,第118页。

们受到军警阻拦,并发生冲突。李景林下令对工人们开枪射击,先是朝天射击予以警告,之后向人射击,一时间工人队伍大乱。

由于反动军阀的血腥镇压,工人伤亡很大。有的受伤坠河后淹死在海河中,有的惨遭枪杀,裕元纱厂摇纱工人韩振泉被敌人枪杀在山药地里,裕元纱厂实验室工人张凤林被枪杀在裕大厂内;项瑞芝大哥项瑞成的腿被子弹打残;项瑞芝本人被捕后饱受酷刑折磨,两腿上夹棍,被打了二百鞭子,辣椒水灌耳朵,致使耳朵失聪、右眼烂瞎。[1]但他始终不承认、不交代,展现了工人领袖的血性和骨气。反动军警拘捕了五六百人,把警察所、督办公署等能够关押人的地方都关满了。[2]此后,工会的重要活动场所——平民学校也陆续被李景林下令查封,工会和其他爱国团体转入地下,各大工厂企业的资本家尤其是外国资本家借机向工人发动进攻,不仅毁弃了之前答应的条件,而且动辄就以严查"赤化党"为名对工人进行审查、逮捕、殴打,对于那些工运骨干则分化瓦解,升职加薪以示拉拢。其中,司呈祥(司福祥,裕元纱厂工人)也是被拉拢收买的对象,被提升为工头,日工资增至六角二分,比一般工人的工资要高出一角多钱。[3]

惨案发生后,中共北方区委和天津地委组织各界爱国团体抗议军阀当局的暴行,争取全国的舆论支持,迫使反动当局释放了被拘捕的几百名工人。仍被关押的代表,在安幸生等共产党员的带领下,继续坚持斗争,直到冯玉祥所部国民军进驻天津后被党组织营救出狱。[4]

"砸裕大"和纺织工人大罢工给反动政府及帝国主义以沉重打击,使五卅

---

① 项瑞芝:《记1925年砸裕大事件的前前后后》,《天津文史资料选辑》(第10辑),天津人民出版社,1980年,第120页。

② 司呈祥:《参加天津早期革命活动的回忆》,《天津文史资料选辑》(第10辑),天津人民出版社,1980年,第80页。

③ 司呈祥:《参加天津早期革命活动的回忆》,《天津文史资料选辑》(第10辑),天津人民出版社,1980年,第81页。司呈祥面对敌人收买不为所动,依然秘密从事工运工作,受到了天津地委书记李季达的接见,并在李培良和崔桂昌的介绍下秘密加入中国共产党。

④ 刘云光:《中共天津地方组织创建与早期革命活动》,《求知》2014年第1期。

运动期间天津以工人为主体的反帝爱国斗争达到最高潮。这场运动中,裕大纱厂的损失后来估计超过了五十万两,日本公使就此向外交部提出抗议。[1]为了报复,裕大纱厂资本家宣布开除一千五百多名工人。中共领导的中国济难会天津市总会对其中最贫困的工友进行救济,给冲突事件中受伤的工人送来救济金以示慰问,使工人们的生活得以维持。许多伤者由于担心被捕纷纷返回家乡避难。李景林还派军警查封了天津华界内的所有工会,并安插密探警察对租界内的工会及相关人员进行严密监视。安幸生等人在广东会馆建立的海员罢工组织中心也遭到关停搜查。甚至许多积极参加反帝爱国运动的学生领袖也遭到了逮捕,在狱中遭到审讯,严查与中共的关系。整个天津市区陷入了一片白色恐怖之中。

五卅运动期间,天津人民在中国共产党的组织领导下,开展了持续数月的反帝爱国运动。在此期间,从1925年6月数次群众大规模集会、游行、示威,再到7月海员、码头工人罢工,最后到8月六大纱厂的工人们在工会的领导下,进行有组织大规模罢工,把这场反帝爱国运动推向最高潮。天津各界爱国群众在运动中彰显出对祖国的拳拳赤子之心,显示出了人民群众作为历史推动者的磅礴伟力。尽管天津人民的爱国之举最终惨遭军阀镇压,但是天津人民不畏强暴、英勇反抗的精神永载史册。

第二节　天津工人运动曲折前进

在大革命时期,为了躲避反动当局的破坏,中共天津地委进行了艰苦卓绝的斗争,从1924年到1927年的3年中,天津地委先后迁址7次,坚持开展地下斗争。1924年10月至11月,天津地委机关从普爱里迁到了和平区兆丰路福利里21号,继续开展工作。1924年12月到1925年5月,地委机关又迁址和

---

① [美]贺萧:《天津工人,1900—1949》,许哲娜、任吉东译,天津人民出版社,2016年,第287—288页。

平区南京路义庆里40号（现南京路义庆里21号），地委领导人于方舟、安幸生、卢绍亭等人经常在这里办公居住。后来出于安全考虑，义庆里40号曾一度停止使用，1926年3月重启，作为党的统战机关。五卅运动爆发后，李季达接替于方舟担任地委书记，办公地点改在义庆里17号（现义庆里20号）。1926年11月，义庆里的天津地委机关遭到了军阀的破坏，出于安全考虑，义庆里机关停止使用。1926年11月底到12月，天津地委迁址法租界海大道松茂里（和平区大沽北路松茂里5号）。1926年12月底到1927年4月，天津地委在和平区南京路集贤里17号办公。1927年元旦，地委书记李季达与地委妇女运动负责人王贞儒在这里结为夫妻，以家庭形式掩护机关工作。1927年4月初，李大钊在北京遭逮捕。4月18日，江震寰等15位革命志士在天津被杀害。李季达等人一方面小心行事，躲避敌人搜捕，另一方面把天津地委机关转移至山西路松寿里79号（现和平区劝业场街崇仁里社区）。1927年6月底到8月，形势进一步恶化，天津地委又迁移至长沙路求志里17号。8月1日，中共顺直省委成立后，天津地委改为天津市委。不久后，市委书记李季达和组织部部长粟泽等人不幸被捕，天津党组织遭到严重破坏。

天津党组织办事机关的7次转移，显示了中国共产党在城市、白区进行斗争所面临的环境是异常凶险的，彰显了中国共产党超凡的勇气和过人的智慧。组织机关的7次转移，也为今天的天津留下珍贵的红色印记、红色资源。

一、调整策略继续战斗

军阀的血腥镇压让人们看清了军阀的真面目。在革命运动方兴未艾之时，军阀为了笼络人心，往往虚与委蛇。当群众反抗帝国主义、反抗强权的斗争逐渐超出了军阀的界限时，军阀就撕去伪装，以"维护地方治安、防止国家赤化"等为借口，对工人群众施以血腥镇压，对纺织工会的工人代表开枪射击并拘捕入狱，制造了轰动津沽的惨案，引发全国舆论大哗。[1]

---

[1] 邢士廉在上海、张宗昌在青岛、李景林在天津、萧耀南在汉口、杨森在成都、王陵基在重庆等地都不同程度地对群众的反抗斗争予以镇压。杨永明：《"五卅"运动时期的外交与内政》，《社会科学研究》2001年第5期。

自1925年7月起,帝国主义和军阀势力步步紧逼,工人的斗争愈发艰难。军阀当局对天津的革命团体进行镇压和缉拿,查封了天津总工会、天津各界联合会、学生联合会、救国日报社等团体,并明令禁止罢工、游行、示威、演讲等活动,天津陷入一片白色恐怖之中。由此可见,北洋军阀政府不仅不能抵御外侮,维护国家、民族的利益,反而成为帝国主义国家在华恣意妄为的帮凶及阻碍革命群众进行反帝爱国斗争的绊脚石。正如刘少奇指出:"国内军阀是帝国主义之工具和走狗。帝国主义和国内军阀永远是群众的敌人,也是国民革命的对象。同时又可以证明必须打倒军阀,方能使反帝国主义运动得到胜利。"①

随着形势的不断变化,中国共产党也在不断调整斗争策略。根据来自中国的报告以及共产国际的意见,1925年7月28日,俄共(布)中央政治局中国委员会召开会议,②认为"必须采取措施,保证有组织地脱离罢工斗争,最大限度地巩固业已取得的成果"③。根据俄共(布)的意见,8月10日,中共中央发布文告,提出:"上海工人,假使能满足自己的经济要求及法律要求而上工,这决不是停止与帝国主义奋斗。这不过是总斗争中之一个段落和部分的胜利。""你们即是有组织的罢工奋斗,你们也要有组织的上工。"④这样,从8月25日到9月30日,各行业罢工工人陆续复工,五卅运动至此结束。⑤

五卅运动中,天津的革命斗争虽然经历了反动军阀的血腥镇压,但在天津地委和天津总工会的领导下,天津党团员深入工人群体,积极开展工人运动,取得了较大的成绩,其中之一就是工会成员急剧增加。1924年底,天津工会会员1430人,1925年底达到17900人,1926年底32280人,联系工人多达十

---

① 《刘少奇选集》(上卷),人民出版社,1981年,第1—2页。

② 俄共(布)中央政治局中国委员会是1925年4月17日成立的,是仅次于俄共(布)中央政治局的、制定对华政策及领导中国革命的中心机构。

③ 杨雨青:《五卅运动的收束与"首都革命"的发生》,《北京党史》2000年第3期。

④ 中央档案馆编:《中共中央文件选集·第一册(1921—1925)》,中共中央党校出版社,1989年,第438—439页。

⑤ 杨雨青:《五卅运动的收束与"首都革命"的发生》,《北京党史》2000年第3期。

万余人，占全市工人的50%。[①]与此同时，一批优秀的工人加入了天津党团组织，成为工人运动的骨干。到1927年，天津有党支部24个，党员459人，工人占了很大比重。1924年3月天津团地委成立时，仅有团员45人，到1926年3月，团员发展到174人，其中工人115人，占60%以上。[②]大批优秀工人加入中国共产党和共产主义青年团，在斗争实践中逐渐经风雨见世面，成长为工人队伍的骨干，在历次爱国运动当中都发挥了重要的作用。

二、积极参加倒奉运动

奉系军阀勾结日本帝国主义倒行逆施，中国共产党指出："段、张政府是帝国主义的工具，尤其是日本帝国主义的工具。"[③]奉张为了维持军阀统治，血腥镇压工农革命运动，查封工会及其他革命团体，大肆捕杀革命人士。为了扩大地盘武力吞并，奉军大举南下，[④]与国民军、苏皖浙沪地区的军阀展开混战，以致战火连月，生民涂炭。

1925年10月15日，在英、美帝国主义支持下，孙传芳起兵攻打奉军，浙奉战争爆发。19日，吴佩孚通电反奉。20日，中国共产党审时度势，发表反奉战争宣言。24日，国民党中央也发表宣言，号召民众参加反奉战争。11月，孙传芳占领南京、蚌埠、徐州，控制了浙、闽、苏、皖、赣五省，自任五省联军总司令。[⑤]11月23日，奉军第三方面军副军长郭松龄在滦州发表通电，历数奉张的罪行，亲率7万大军挥师北上，直指奉天，史称"郭松龄反奉"。冯玉祥利用奉

---

① 董振修：《中国共产党在天津的早期革命活动》，《天津文史资料选辑》（第10辑），天津人民出版社，1980年，第20页。

② 董振修：《中国共产党在天津的早期革命活动》，《天津文史资料选辑》（第10辑），天津人民出版社，1980年，第20页。1949年12月，新中国成立初期，天津市工会成员已经发展到19万多人，约占工人总数的60%。

③ 《中国共产党为反抗帝国主义野蛮残暴的大屠杀告全国民众》，《向导》1925年第117期。

④ 到1925年10月底，入关的奉军已近30万。杨雨青：《五卅运动的收束与"首都革命"的发生》，《北京党史》2000年第3期。

⑤ 王宗华主编：《中国现代史辞典》，河南人民出版社，1991年，第591页。

系军阀内部矛盾，与奉军郭松龄签订《郭冯密约》，①联合倒奉。12月20日，中
国共产党发表了《告全国民众书》，指出："一向替奉张及安福保镖的日本帝国
主义者，现在已经公然出兵援助张作霖抵抗郭军了！……全中国人，任何阶
级的中国人，都应该起来参加此次由反奉而反日的运动，以保全中国的主权
和民族自由。"②在中国共产党的推动下，各地反奉运动逐渐兴起，中国革命的
形势，由五卅运动一转而为反奉运动。③

　　为了应对新的斗争形势，加强党在华北、东北、西北等地区的领导，党中
央对北方区委进行改组。1925年10月，中共北京区委改组为中共北方区委，
直接隶属于中共中央，李大钊担任书记兼国民运动委员会主任。④北方区委
领导的工作区域包括北京、天津、直隶、山西、察哈尔、热河、绥远。1926年初，
北方区委直属组织有北京、天津、唐山、乐亭、张家口、正定、北满、大连、太原、
保定等十多个地执委、几十个特别支部和独立支部。

　　就在中共中央改组北方区委的同时，直系军阀孙传芳武力反奉，由江浙
边境分三路出击北上。冯玉祥率领国民军在北方也发动了对奉系军阀的进
攻。党决定利用反奉战争的有利形势，推动人民群众的反奉运动。1925年12
月，在国民军逼近天津之时，天津地委做了诸多准备工作。在天津地委领导
下，革命群众准备了大小红旗三千多面，准备欢迎国民军入城。天津党组织
还抽调工人，秘密组建一支武装别动队，以策应逼近天津的国民军。这是党
在天津建立无产阶级革命武装的一次重要尝试，在配合国民军攻占天津的战
斗中发挥了积极作用。

---

　　① 密约主要内容是：排除军阀专横，永远消灭战祸；实行民主政治，改善劳工生活及待
遇；实行强迫普及教育；开发边境，保存国土。吴锡祺：《冯玉祥、郭松龄联合反对张作霖的
经过》，《文史资料选辑》（合订本第35辑），中国文史出版社，1999年，第172页。

　　②《为日本出兵干涉中国告全国民众书》，《向导》1925年第139期。

　　③ 杨雨青：《五卅运动的收束与"首都革命"的发生》，《北京党史》2000年第3期。

　　④ 另有陈乔年任组织部部长，赵世炎任宣传部部长兼职工运动委员会主任，刘清扬、夏
之栩为妇女运动委员会负责人，张兆丰任军事运动委员会主任，李怀才任农民运动委员会书
记。1927年4月，受奉系军阀破坏，李大钊、范鸿劼、杨景山等北方区执委领导人被捕，中共
北方区执委停止工作。

1925年12月1日,李景林在天津召开会议,决定抵抗国民军。第二天,他宣布与山东的张宗昌组成直(直隶)鲁(山东)联军,4日,李景林通电讨伐冯玉祥,国奉战争爆发。这场战争从1925年12月一直持续到1926年8月,是北洋时期规模最大的混战,双方参战军队接近七十万人,死伤人数也创历次军阀混战之最,战争波及河南、山东、直隶、京津、热河、察哈尔、绥远、山西、陕西和甘肃部分地区,损失和创伤难以估计。国奉战争吸引了北洋军阀的火力,为两广发动北伐战争创造条件,加速了北洋军阀的覆灭。

1925年12月上旬,冯玉祥的国民军与李景林的军队在天津城外展开大规模会战,李景林的军队抵挡不住四散溃退。中共领导天津的工人武装积极行动,北仓和杨村一带截住了大批败兵,缴获了三四千条枪,甚至还占领了李景林的督办公署。工人武装英勇作战,切断了奉军部分队伍的后路,迫使他们抛弃大批武器、辎重,狼狈地退出天津。中共天津地委领导的工人武装为冯玉祥国民军的胜利作出了重要贡献。

三、国奉战争期间工运浪潮短暂勃兴

1925年12月24日,在天津工人武装的接应下,冯玉祥的国民军进入天津,孙岳担任直隶省长兼督军,省会由保定改设在天津。天津地委积极联络,设法获得对方对国民革命的同情,借此机会于12月25日营救出了被李景林无理逮捕的各界代表辛璞田、安幸生等人。天津地委把获释代表接到了侯家后的悦来栈,并在玉皇阁召开欢迎会,[1]为在狱中坚贞不屈的每位同志赠予"革命先锋"纪念章。[2]随后,天津各界市民代表万余人在南开中学操场集会,欢迎入城的国民军和被释放的代表,提出了"国民军应与人民结合"的口号,以此为标志,天津人民一改五卅运动时期被军阀镇压的革命颓势,再次掀起

---

① 项瑞芝:《记1925年砸裕大事件的前前后后》,《天津文史资料选辑》(第10辑),天津人民出版社,1980年,第121页。
② 纪念章由李志新负责在美丰金店制作,现珍藏在天津市北辰区双口镇中河头村安幸生烈士故居。司呈祥:《参加天津早期革命活动的回忆》,《天津文史资料选辑》(第10辑),天津人民出版社,1980年,第82—83页。

革命浪潮。

冯玉祥的国民军进驻北平、天津后,因他个人同情南方革命运动,允许工会进行公开活动,于是平津地区纷纷成立工会,人数骤增至五万人。[①]各厂工会都有了办公地址。例如,裕元纺织工会地址位于厂附近荣善里的一座小楼上,楼下大门口左边挂着"天津纺织总工会"的牌子,右边挂着"裕元纺织工会"的牌子。河西地毯业工会的代表也经常在此开会。各团体的指挥中心则设在东北角的大东旅社,天津党团地委在楼上,天津总工会和其他团体的总部在楼下。[②]1926年1月1日起,天津总工会、学联、妇联等几十个群众团体陆续恢复公开活动。1月5日,天津总工会举行升旗仪式。安幸生代表总工会发表讲话,指出军阀政府只能摧毁工会的形式,不能消灭工会的精神,号召广大工友加倍努力,以期得到最广大最坚固之团结。9日,总工会发表宣言,开宗明义地指出工会是保护工人利益的组织,总工会所属纺织工会、津浦铁路分会、京奉铁路分会、油漆工会、印刷工会、雕刻工会等各行业的工会一律恢复,参加工会的工人达三万二千人。[③]

随着天津总工会及其所属行业工会的工作逐步恢复、开展,天津地委与国民军天津督办孙岳进行沟通,并向国民军提出三项要求:一是言论、出版、集会、结社自由;二是希望国民军与群众结合;三是打倒军阀,打倒帝国主义。[④]针对郭松龄反奉期间,日本帝国主义者出兵干涉并趁机扩大势力范围和在华权益,天津总工会发表了《告全国同胞书》,揭示了日本帝国主义侵占

---

① 中共中央文献研究室、中华全国总工会编:《刘少奇论工人运动》,中央文献出版社,1988年,第287页。

② 司呈祥:《参加天津早期革命活动的回忆》,《天津文史资料选辑》(第10辑),天津人民出版社,1980年,第82页。其他人的回忆也印证了这一点。例如张一清在《我所知道的党在天津的早期活动片断》(《天津文史资料选辑》第10辑,第110页)中也回忆道:"大东旅社楼上是中共天津地委和团委机关,对外用的是国民党的名义,楼下是总工会。实际上大东旅社就是共产党的总部。"

③ 董振修:《中国共产党在天津的早期革命活动》,《天津文史资料选辑》(第10辑),天津人民出版社,1980年,第17页。

④ 董振修:《中国共产党在天津的早期革命活动》,《天津文史资料选辑》(第10辑),天津人民出版社,1980年,第17页。

东北的狼子野心,号召同胞团结一致,打倒日本帝国主义。

自从有了固定的办公地点后,天津总工会进一步加强舆论宣传和工人教育工作。1926年1月25日,天津总工会创办了旨在宣扬革命精神、维护工人权益的《工人小报》作为工会的机关报,这也是天津工人阶级的第一份报纸,主编由中共北方区委宣传部部长赵世炎担任,编辑为邢克让。《工人小报》反映了工人的生活并为工人发声,受到工人及各界群众的广泛好评。此外,天津总工会还开办了工人夜校,不仅提高了工人的思想觉悟,而且扩大了党在工人群体中的影响,培养了工人运动的骨干力量。

四、铁总"三大"在津召开

中国产业工会中铁路总工会规模最大,有会员十万人,而且创建最早,是中共在工人阵地最强大的力量,因此铁总党团也是拥有产业工人人数最多的支部。在国民军占领天津期间,天津地委协助北方区委和中华全国铁路总工会,于1926年2月7日到16日在天津南市第一舞台成功举办了全国铁路工人第三次代表大会,[①]号召全国铁路工人起来参加武装革命。

此次会议共有18条铁路58位代表参加,代表着14万铁路职工。铁总负责人邓培(中共四大候补中央委员)主持会议,首先宣布了召开大会的宗旨,然后与会人员全体起立,向"二七"烈士致哀。总干事王荷波做了铁总一年来的工作报告。天津地委书记李季达作了纪念二七罢工的发言。到会的各地代表也纷纷登台演讲。会场上群情激昂,掌声雷动。大会共收到代表提案四十多件,最后发表宣言,号召铁路工人继承二七罢工革命传统。大会通过路工与政党、路工与农民等三十多项决议,1926年3月4日,在《工人之路》第249期上发表了宣言称:"我们目前最急切的工作,在破坏帝国主义与反动军阀之联合战线,扫灭奉系军阀与直系余孽之残余势力,继续国民革命的工作。"大会最后选举产生了铁路总工会执行委员会委员罗章龙(化名罗文虎)、吴雨

---

① 铁路总工会"三大"召开地点在法租界国民饭店二楼,大会场设在南市大舞台,日常会议在国民饭店餐厅举行。

铭、孙云鹏、康景星、王荷波、丁子明、史文彬、周振声、韩金波、刘文松、傅景阳、李连、邓培，共13人；候补委员施恒清、杨纪云、潘玉华等7人。罗章龙等人决定把铁路工人总会设在天津。这是首次在天津召开的全国性会议，对推动天津工人运动和整个革命形势的发展都产生了积极影响。会后，北方津浦、京汉、京奉、京绥等铁路的工人，组织起来破坏北洋军阀占领地区的铁路交通，以此来支援冯玉祥的国民军。国民军撤出天津后，卷土重来的奉系军阀褚玉璞命令查封天津的铁路总工会机关，部分同志被捕入狱，中共三大的各种文件被全部查抄，已经印刷成册的《铁路总工会年鉴》连同底稿、印刷机，全部被警察厅抄走。在反动军阀的镇压下，心向革命的铁路工人有的被杀害，有的被迫离开铁路丢掉了工作。

为了加强对青年工人的引领，使青年工人在工人运动中迅速成长起来，成为运动骨干，天津地委利用1926年春节各工厂放假期间，在小刘庄裕元纱厂附近的一个广场召开了青年工人大会，与会者多达两三千人。于方舟、安幸生、李井泉、王星五、郭隆真等人出席大会，与青年工人一道总结了"砸裕大"的经验教训，教育青年工人应该有组织、有领导地与资本家进行斗争，而不要单独盲目行动，也不要任意破坏生产工具、厂房，以免造成失业。

会议结束后，天津地委根据会议精神发动工人组织工会，其中乾昌地毯厂、裕元纱厂、华新纱厂的工人为了增加工资，先后举行罢工，并全部取得了胜利，而且再也没有出现破坏机器、砸毁厂房的现象，工人运动在中国共产党的领导下步入正轨，进行有理有利有节的斗争。地毯行业是天津重要经济支柱，地毯工人的境遇并没有因为行业的发展而向好转变。天津地毯业以来料加工为主，出口到国外。地毯厂一有订单则雇佣工人进行生产，产品交付后则往往把工人辞掉，导致地毯工人生活没有保障。冯玉祥的国民军驻扎天津期间，政治空气稍有缓和，资本家对工人的压榨遭到了工人的强烈反抗，工人罢工次数有所上升。天津地毯工人也爆发了改善自身工资待遇的经济斗争。大丰地毯厂的工人向资本家提出：提高工资，工人工资从每月6元上涨到8元；改善伙食，把玉米面换为大米、白面，吃熟菜；逢年过节不准无故辞退工人。①其他地毯厂的工人也相继提出复工条件,如徒工干多少活就领多少钱,提高学徒工的待遇。在大革命浪潮的推动下,资本家不得不同意工人合理正义的要求,工人斗争取得胜利。值得一提的是,天津地毯工人在斗争中注重团结协作,成立了"有义志友社",含义是"我们都是有义气的人,志向相投",入社的工人多达七千多人。②成立了工人联合组织后,工人的斗争更加坚决,更有方向。

五、斗争形势日益严峻

随着工人及各界革命运动在天津蓬勃开展,冯玉祥的国民军的立场开始出现了变化。尽管他曾一度倾向于革命,但他毕竟是军阀,惧怕人民的力量,因此国民军一进天津,旋即解除了工人的武装,③接着消灭了津南地区的华北农民自卫军,还镇压了华新纱厂的工人运动。④

为了团结革命力量,共同对抗帝国主义势力。1926年3月12日,在天津南市大舞台戏院,中共北方区委、天津地委与国民党市党部、天津总工会联合举行"纪念孙中山逝世一周年"大会。大会为期五天,天津各界联合会的代表、社会知名人士、各行各业的负责人、各工会代表、学生代表等共千余人与会。3月14日,李大钊特意从北京赶来参加此次大会,指导天津党组织的工作,并于当天发表了演说。⑤谭平山、于树德、于方舟等也都发表了演讲。李大钊演讲的题目是"各国帝国主义对中国的侵略",重点讲述了中国人民应该如何进行反抗。演讲持续了数个小时,演讲者和听众的情绪始终高涨。天津

① 芮允之:《天津地毯工业的兴起和发展》,《天津文史资料选辑》(第1辑),天津人民出版社,1978年,第77页。

② 芮允之:《天津地毯工业的兴起和发展》,《天津文史资料选辑》(第1辑),天津人民出版社,1978年,第77—78页。

③ 国民军进入天津市区,奉军溃逃,枪支弹药散落,工人纠察队捡拾到了武器,结果被国民军缴了械。张一清:《我所知道的党在天津的早期活动片断》,《天津文史资料选辑》(第10辑),天津人民出版社,1980年,第110页。

④ 董振修:《中国共产党在天津的早期革命活动》,《天津文史资料选辑》(第10辑),天津人民出版社,1980年,第18页。

⑤ 中国人民政治协商会议河北省委员会文史资料委员会编:《李大钊年谱》,《河北文史资料选辑第3辑》(专辑),河北人民出版社,1981年,第223页。

总工会代表王星五也登台讲演，号召工人加强纠察队组织，将来要像苏联一样发展工农红军。王星五自幼习武，曾在日本神户学习纺纱技术，在日本期间传授同胞武术，以武力抵抗日本人的欺侮。王星五根据个人经历，指出了工人队伍未来的斗争方式，具有前瞻性。

就在纪念大会召开的同一天下午，日本方面为了帮助奉系军阀尽快打垮国民军，派出军舰炮击大沽口国民军守军，甚至还有两艘战舰进入大沽口内，用机枪向国民军射击，以掩护奉军反扑，国民军予以正当还击，两艘日舰败走，史称大沽口事件。不甘失败的日本帝国主义者纠集《辛丑条约》签字国英国、美国、法国、意大利、西班牙、比利时、荷兰公使，于1926年3月16日向段祺瑞政府发出最后通牒，提出五项无理要求，即停止大沽口至天津一带的战事，撤除大沽口海面的水雷及其他障碍物，恢复所有航行标志，不准干涉外国航船，停止对外国船只的检查。17日，各帝国主义国家二十余艘军舰云集大沽口，对中国进行武力威胁，试图帮助他们的在华代理人重新建立在平津一带的秩序。

大沽口事件立即引起中国人民的极大愤慨，在中共北方区委和李大钊的领导下，各界群众召开大会，强烈抗议日舰炮击大沽口。大沽口事件也成为北京"三·一八"惨案的导火索。惨案发生三天后，为了抗议日本军舰炮轰大沽口及段祺瑞执政府制造的枪杀爱国学生的惨案，天津地委江浩、于树德、安幸生、于方舟等同志于1926年3月21日组织召开了"废约驱段"群众大会，提出"反对日本出兵南满""打倒张匪作霖""推翻段祺瑞执政，建立国民政府"等口号。

在英、日帝国主义的调解下，奉系军阀张作霖和直系军阀吴佩孚摒弃前嫌，联合向冯玉祥的国民军进攻，山西军阀阎锡山也配合进攻，败退到山东的李景林与张宗昌勾结，联合组成直鲁联军反攻天津。因此，几路军阀压境，天津的局势十分紧张，党领导的"废约驱段"大会被迫中断。1926年3月22日凌晨，在帝国主义和军阀势力的联合绞杀下，冯玉祥的国民军被迫全部撤出天津，奉系军阀卷土重来，重占天津，直隶督办由李景林换成了褚玉璞。4月至8

月,国民军因寡不敌众,退往西北地区。直、奉军阀在战争中扩大了地盘,再次控制了北京政权。军阀战争的胜败直接影响了当时中国政局的走向,也直接影响了京津唐等北方地区革命形势的发展。

自1926年3月冯玉祥的国民军撤出天津之后,天津再次陷入奉系军阀的残暴统治之下。褚玉璞占领天津后,开始了疯狂的反攻倒算。土匪出身的他进入天津后发出通告,声称要严拿"赤化党"。为了保存和发展革命力量,天津地委调整改变了策略和方式,命令党团组织、总工会、学生联合会等组织迅速转入秘密斗争。为了保存革命火种,天津地委统一部署,把此前在群众运动中经常露面的爱国学生和党团成员"分批送到了毛泽东创办的广东农民运动讲习所或黄埔军校,也有的被送到苏联去学习"①。除了李季达留在天津主持工作,于树德、赵世炎、刘格平等人离开了天津。同时,北方区委又派遣新同志如粟泽、靳子涛(即金城)、邢克让、傅懋恭(后改名彭真)、阚家骅等人来到天津工作。②

这一时期,党在天津的工作重点依然是工人运动及筹建工会,但是由于军阀政府管控极严,工作开展十分困难。更为严重的是,反动军阀与资本家勾结串联,把不听话的工人、积极参加工运的工人大批开除。部分工人失业后,生活难以为继,斗争意志逐渐消沉。统治阶级用温饱这些基本生存问题扼住了工人们的咽喉。由此一来,天津工人运动的形势急转直下,对党团员和工运领袖而言,这是一次非常严峻的考验。

为了打破禁锢,天津地委的同志准备在1926年8月底组织北洋纱厂工人进行罢工,李季达、粟泽、傅懋恭等亲自上阵指挥,指挥部就设在法租界5号路

---

① 董振修:《中国共产党在天津的早期革命活动》,《天津文史资料选辑》(第10辑),天津人民出版社,1980年,第19页。

② 1925年,北京区委改称北方区委,领导的地区除北京、天津、唐山、石家庄等顺直省地区外,还包括河南、山东、山西、陕西、东北和内蒙古地区,甚至和云南、贵州也有联系,除此之外还包括全国各条铁路等。大革命失败后,傅懋恭任中共天津市委代理书记、书记、中共顺直省委常委、组织部部长、代理书记等职,是党在北方地区的主要领导人之一。

(现吉林路)35号楼上。①此次罢工也是国民军撤离天津后,党领导的第一次罢工行动。罢工遇到了前所未有的强大阻力,厂方对工人的要求置之不理,勾结反动军警和流氓打手对工人进行围殴。

面对资方与军警的威胁,天津党组织临危不乱、随机应变,指挥摇纱车间工人罢工。工人们手持棍棒敲打机器设备,提出如果不释放被捕工人,就要仿照砸裕大事件,砸烂北洋纱厂。工人们人多势大,北洋纱厂资方不得不与工人代表进行谈判。经过工人们的不懈斗争,三位被捕工人被释放,所有工人日薪增加五分钱。北洋纱厂的工人罢工取得了胜利。

在北洋纱厂罢工事件结束后,军阀褚玉璞不断强化反动统治,加之党对在白色恐怖下开展斗争缺少经验,1926年底至1927年初相继发生了"义庆里事件""普爱里事件",党的领导机关和秘密联络点遭到敌人破坏,江震寰等一批共产党员和革命志士被捕遇害,革命力量遭受了严重损失。1927年4月28日,北方区委书记李大钊在北京被捕牺牲,"乃北方建党以来最大损失"。天津党组织失去强有力的领导中枢,革命斗争转入低潮。天津地委在异常艰难的环境中,继续顽强地坚持斗争,探索天津革命的道路。②

为了应对急转直下的斗争形势,天津地委在北方区委的领导下立即开展应对措施。中共北方区委领导赵世炎多次来津指导工作。天津地委负责同志李季达、安幸生、辛璞田等人积极展开行动,争取社会舆论的同情支持,做好善后工作,设法营救被捕同志和群众,在军阀的高压残暴统治下继续开展斗争。

六、反动势力联合绞杀

1926年3月,奉系军阀李景林和张宗昌组成的直鲁联军向天津展开攻势,冯玉祥的国民军抵挡不住,被迫撤出天津。天津重新陷入军阀的暴虐之中。军阀耀武扬威,资本家狐假虎威,极端仇视共产党领导的工人运动、学生运动。

奉系军阀勾结帝国主义势力首先对工会下了毒手,包括工会积极分子在

---

① 司呈祥:《参加天津早期革命活动的回忆》,《天津文史资料选辑》(第10辑),天津人民出版社,1980年,第87页。

② 刘云光:《中共天津地方组织创建与早期革命活动》,《求知》2014年第1期。

内的一批工人被开除,原先建立在各工厂的工会组织遭到破坏。1926年3月25日,褚玉璞派兵查封了天津总工会,随即天津所有的革命团体被迫纷纷关闭解散,斗争形势急转直下。

面对这种形势,中共天津地委及时调整斗争策略,由公开斗争转入地下。正因为党在此次局势变动中应对及时,党组织在奉系军阀进入天津后基本保存完好,依然能够秘密地组织工人运动。随着奉系军阀反动统治不断加强,党组织由于缺少秘密斗争的经验,天津党组织于1926年底至1927年初遭受了重大损失,一些党团员被捕杀,余者仅百人。[①]1926年11月22日,党在英租界义庆里40号的地下机关被军警破坏。天津警察厅联合英租界工部局,以"组织党部,宣传赤化,阴谋暴动"的罪名,逮捕了江震寰等15名同志。当时,义庆里40号名义上是国民党市党部的机关,实际上是中共地委机关,是党领导革命活动的指挥所,这就引起了敌人的注意。[②]事件发生后,国共双方纷纷开展积极营救行动,但英租界当局很快就把15名人员引渡给中方警察厅,为此国民政府向英国政府提出强烈抗议。

义庆里事件后,党组织位于法租界绿牌电车道(滨江道)普爱里72号的城市俱乐部也被查封。天津地委组织部部长粟泽,宣传部部长傅懋恭,地委委员靳子涛、阚家骅、薛世五、张贵祥、陶卓然、李志新、李凤岐、王润芝等30余人,被法租界工部局羁押。[③]在押期间,党员们对于可能出现的各种情况也做

---

① 天津市能够继续工作的党员仅剩30多人,共青团员不足百人。中共天津市委党史研究室:《中共天津历史简明读本》,天津人民出版社,2011年,第22页。

② 董振修:《中国共产党在天津的早期革命活动》,《天津文史资料选辑》(第10辑),天津人民出版社,1980年,第21页。

③ 司呈祥:《参加天津早期革命活动的回忆》,《天津文史资料选辑》(第10辑),天津人民出版社,1980年,第89页。根据当事人张贵祥(原名张一清,张贵祥为化名)的回忆:"当时被逮捕的有傅懋恭、粟泽、李志新、阚家骅、薛世伍、李铁军、严瑞生、秦茂萱、吴雨铭等三十多个共产党人。可以说除了党的地委书记李季达同志和团的书记李延瑞同志没有被捕,大部分负责同志都被捕了。去开会的同志只有司福祥(司呈祥的原名)在路上走着,将近普爱里的时候,发现我们的同志一个个被人架走,才没有进普爱里而免于被捕。"张一清:《我所知道的党在天津的早期活动片断》,《天津文史资料选辑》(第10辑),天津人民出版社,1980年,第113页。

了预判和应对措施。据张贵祥回忆:"粟泽同志当时是地委组织部部长,他说'当前只有两条路,第一条,痛痛快快按政治犯释放,当然最好;第二条,也要准备引渡到中国官厅,到时候问你们再说什么也不知道就不行了,所以有事都往我身上推,我一人承担'。"[1]粟泽危难关头挺身而出,为同志们着想,体现了一名共产党人的高尚品格。

军阀当局获悉后,派警察厅厅长丁振芝的弟弟丁履芝(警察厅的特务头子)向法租界提出引渡要求,但被法国人驳回。[2]因为依照当时的国际公法惯例,中国政治犯可以在租界要求政治避难。李季达重金聘请的美籍律师根据这一惯例指出,租界当局不应逮捕且不应引渡。最终,在地委书记李季达的多方奔走营救下,上述人员在被关押24小时后,以驱逐出界的名义被释放,否则后果不堪设想。

1927年4月12日,以蒋介石为代表的国民党右派背叛了革命,发动了四一二反革命政变,大肆缉拿屠杀共产党员。奉系军阀褚玉璞、警察厅厅长丁振芝与之遥相呼应,在天津实施了反革命屠杀。4月18日,江震寰等15名地下党和工运领袖在南市广场被枪杀,英勇就义,史称"天津十五烈士"[3]。仅十天之后,奉系军阀又在北京杀害了李大钊等中共北方区领导和党员20人,北方区委遭到严重破坏,被迫停止了工作。天津党组织失去强有力的领导中枢,革命斗争转入低潮。

奉系军阀把中国共产党北方区委和天津地委及其领导下的各种组织视

---

① 张一清:《我所知道的党在天津的早期活动片断》,《天津文史资料选辑》(第10辑),天津人民出版社,1980年,第113—114页。

② 法租界之所以采取与英租界截然相反的态度,是因为1926年底,北伐军占领武汉后,收回了英租界,而没有收回法租界。司呈祥:《参加天津早期革命活动的回忆》,《天津文史资料选辑》(第10辑),天津人民出版社,1980年,第89页。

③ 当时正值第一次国共合作时期,两党常在义庆里接头,联系工作,常去义庆里的人大部分是国民党员,一些是无党派人士,而共产党人则去的少。被捕的15人中约有4名共产党员,江震寰(共青团天津地委书记)、王益三(裕元粗纱工人)、王建文(北洋摇纱工会代表)、马自芳(又名陈楚鞭,可能是中共党员),另有王纯善、赵品三、邹集中、许凤山、徐延钟、王鹤洲、马增玉、孙宝山、孙一山、倪家志、孙士彬。司呈祥:《参加天津早期革命活动的回忆》,《天津文史资料选辑》(第10辑),天津人民出版社,1980年,第88页。

若仇雠,必欲除之而后快。1927年6月,面对白色恐怖,天津地委书记李季达一面嘱咐各级组织谨慎行事,一面将党组织的重要文件和500名党员的名单,让新婚妻子王贞儒缝制一个白布包,存放在法租界浙江兴业银行总行(今和平路与滨江道交口的星巴克臻选旗舰店)的第一号保险柜里。同时,天津地委机关也秘密迁移至山西路松寿里79号,不久又转移到长沙路求志里17号。

尽管天津一片白色恐怖,但天津的党团员一直在坚持不懈地开展工作。1927年6月,天津地委的同志包下了新中央戏院(后为滨江剧场)楼上的全部包厢,组织几十名党员召开会议。会议决定成立三个部委:第一部委书记是靳子涛,活动范围在日租界以北(今红桥区及河北区北部);第二部委书记是秦茂轩,活动范围在租界区域;第三部委书记是司呈祥,半年后由杨宗义接任,活动范围在今河西区,重点活动是五村农民运动,并在一些地毯厂先后建立了党支部。①

在此期间,天津党团组织在纱厂工人中间积极发展成员,尤其是女性党团员,例如裕元纱厂的女工刘和轩、北洋纱厂的朱淑珍等。傅懋恭还联合了人力车夫组成了工会。国民军撤出天津后,党团活动与工人运动一度陷入沉寂,但是在天津地委的领导下,以新中央戏院的会议为契机,逐渐打开了新的局面。

1927年7月,中共中央鉴于北方区委在4月遭到严重破坏,因此决定在天津成立顺直省委,天津地委改组为天津市委。顺直省委成员包括李季达、刘伯庄、朱金城、彭述之、陈伟仁等。李季达被任命为省委宣传部部长、工人部长兼天津市委书记,粟泽任天津市委组织部长,傅懋恭担任市委宣传部部长,靳子涛负责工运,李培良和袁子真也是天津市委委员。顺直省委成立及天津市委改组后,中共天津地下党的工作才得以全面有序开展。

1927年8月,天津总工会在奉系军阀褚玉璞的重压之下被迫停止活动。

---

① 司呈祥:《参加天津早期革命活动的回忆》,《天津文史资料选辑》(第10辑),天津人民出版社,1980年,第93页。

当月,在中共小刘庄区委管辖的海津地毯三厂党支部中,叛徒向在警察厅当便衣特务的亲戚告密,军警得悉如获至宝,率先秘密逮捕了与此人同一个支部的团员工人姚宝元。此后,大面积搜捕秘密展开。李季达等共产党人已危在旦夕。8月9日,由于叛徒告密,设在天津英租界求志里17号的中共天津市委遭到破坏,①李季达夫妇不幸遭到逮捕。后经党组织多方营救,只有王贞儒被营救出狱。11月18日,天津市委负责同志李季达、粟泽（天津市委组织部部长）、姚宝元三人被奉系军阀枪杀。12月30日,天津党组织的创始人于方舟在领导玉田暴动失败后,惨遭杀害。据统计,从1926年11月至1928年1月,仅中共天津地方党组织就连续九次遭破坏,②一百多人被捕,二十多名共产党员和革命志士惨遭屠杀。此外,天津党组织的另一位重要创始人、天津工运领袖安幸生（1927年八七会议后,担任顺直省委组织部长兼北京市委组织部长）于1927年10月21日在北京不幸被捕。1927年11月11日,在京师法院地方看守所后门,安幸生、王荷波等18位共产党人被敌人杀害。由此可见,以张作霖为头目的老派奉系军阀不仅时刻密切注意着中共的活动,而且在防苏、防"赤化"和屠杀共产党上,与蒋介石为首的新军阀达成了一致。

总之,大革命期间,在中共北方区委和天津地委的领导下,天津的工人运动以及社会各界的反对帝国主义和军阀统治的爱国革命运动日益高涨,把天津的革命运动不断推向高潮,有力地配合了党在南方开展的革命斗争,有力地配合了国共双方合作以来掀起的全国革命浪潮。面对国民党右派和奉系反动军阀的血腥屠杀,"中国共产党和中国人民并没有被吓倒,被征服,被杀绝。他们从地下爬起来,揩干净身上的血迹,掩埋好同伴的尸首,他们又继续战斗了"③。

---

① 求志里居民区位于今天津市和平区黄家花园一带。求志里17号是中国共产党天津地方执行委员会机关的最后一个办公地。
② 董振修:《中国共产党在天津的早期革命活动》,《天津文史资料选辑》（第10辑）,天津人民出版社,1980年,第20页。对革命的镇压,多发生在奉系军阀李景林、褚玉璞统治时期。
③《毛泽东选集》（第4卷）,人民出版社,1991年,第1036页。

第四章　天津工人运动在
革命低潮中艰难前行

（1927—1937年）

　　1927年,以蒋介石为首的国民党右派和素以"左派"面貌示人的汪精卫背离了孙中山"联俄、联共、扶助农工"的三大政策,投靠了帝国主义,叛变了革命。他们忘记了工人阶级在北伐过程中作出的重要贡献,向全国工人阶级实行最野蛮、最残酷的白色恐怖统治。工运骨干和积极参加革命的工人们被屠杀、被逮捕、被开除;赤色工会和稍带革命色彩的群众组织被查封关闭;本该属于工人的政治权利和一切自由完全被剥夺了。南京国民政府于1929年10月公布了《工会法》,于1931年2月公布了《工厂法》,把剥夺工人政治权利和自由的倒行逆施都加以合法化了,并建立了由国民党掌控的"工会"组织,意在约束、限制工人运动,维持反动统治。

　　由于10年内战时期国民党反动派的长期摧残,以及领导上的"左"倾机会主义错误,中共在白区的力量和工人运动遭到严重削弱。[①]1935年,日本侵略者步步紧逼,华北形势危如累卵。北平爱国学生的一二·九运动和中共召开的瓦窑堡会议,使得抗日救亡运动不断高涨。从这一时期开始,党对白区工人运动的指导方针也随之转变,全国各地的工人斗争开始复苏,到全民族抗战爆发前,工人运动已经逐渐走出低谷,把政治经济斗争与爱国救亡运动有机地结合在一起,甚至在天津等地日趋活跃。抗战爆发后,中共在洛川会议

---

① 刘明逵、唐玉良编:《中国工人运动史》(第5卷),广东人民出版社,1998年,第4页。

上提出了《抗日救国十大纲领》，要求共产党员及党所领导的武装力量，用极大力量发展抗日的群众运动，"不放松一刻工夫一个机会去宣传群众，组织群众，武装群众"①。

以天津为代表的沦陷区，工人运动主要以积蓄力量、消极怠工、暗中破坏等形式进行斗争，同时尽可能地支援根据地，向根据地输送优秀工人，参加根据地的工业生产。在较早沦陷的天津地区，工人群众与武装到牙齿的日伪汉奸相较，力量极为悬殊。囿于客观形势"共产党领导的工运规模依然狭小，工运力量远远说不上强大"②。尽管如此，这些看似并不强大的力量，犹如一道道涓涓细流，最终汇聚成反抗日本侵略者的大江大河。

第一节　工人运动遭国民党当局严密管控

革命浪潮，浩浩荡荡，起起伏伏。越是风急浪高，越能大浪淘沙；越是乌云密布，越能显露光芒。在中国共产党和中国革命事业遭遇重大挫折之际，有的人明哲保身，有的人挺身而出；有的人知难而退，有的人迎难而上；有的人背弃信仰苟且偷生，有的人大义凛然向死而生。千淘万漉虽辛苦，吹尽狂沙始到金。革命事业的低潮时期才是考验共产党人成色的试金石。

一、中国共产党北方地区组织的重建

1927年4月开始，南北军阀沆瀣一气，屠杀共产党。四一二反革命政变发生后，盘踞在北方的奉系军阀头目张作霖于4月28日绞杀了中共北方区委负责人李大钊等20名革命者，致使党在北方地区的组织遭受重创。4月底5月初，中共五大在武汉召开，对陈独秀、彭述之等人的右倾机会主义错误进行批

---

①《中央关于目前形势与党的任务的决定》（1937年8月25日洛川会议），《中共中央文件选集》（第10册），中共中央党校出版社，1985年，第322页。

② 刘明逵、唐玉良编：《中国工人运动史》（第5卷），广东人民出版社，1998年，第4页。

判。①为了统一领导以应对奉系军阀与国民党右派的联合绞杀,党中央着手重建党在北方地区的领导机构,筹建顺直省委,整顿和恢复党的组织。6月中旬,中共顺直临时省委在天津成立,领导工作区域与原北方区委相同。由第五届候补中央委员、北京地委书记刘伯庄任代理书记,机关地址位于三安道耀华里2号(今和平区山西路)。

1927年8月1日,党在北方地区新的领导中枢——顺直省委正式在天津耀华里秘密成立。彭述之任书记,刘伯庄任组织部主任,李季达任宣传部主任,陈为人任职工部主任。其中,彭、刘、李三人为省委常委,委员一共13人。中共顺直省委是中共中央在北方建立的第一个省级机构,其中心任务就是贯彻党中央的决议,整顿党组织,重新恢复与其他地区党组织的联系,积极开展各项工作。它管辖的工作范围包括河北、山西、北京、天津、察哈尔、热河、绥远、豫北、陕北等地。顺直省委成立后,天津地委改为天津市委,由李季达任书记,②粟泽、傅懋恭分别负责组织与宣传工作。

1927年9月初,中共中央重组北方局,负责管理顺直、山西、满洲、内蒙古、山东等地的党组织。9月下旬,北方局迁驻天津。1930年12月24日,中共中央决定取消北方局,顺直省委直接改组为河北省委,管理北方地区党的工作,省委机关仍然设在天津,顺直省委停止工作。顺直省委、北方局和河北省委都曾设在天津,③使天津成为指挥和领导北方革命运动尤其是工人运动、抗日

---

① 中国共产党的五大虽然批评了陈独秀的错误,但对无产阶级如何争取领导权,如何领导农民进行土地革命,如何对待武汉国民政府和国民党,特别是如何建立党的革命武装等迫在眉睫的重大问题,都未能作出切实可行的回答,因此,难以承担在生死存亡的危急关头挽救大革命的重任。而真正结束中央所犯的右倾机会主义错误,制定正确的土地革命和武装起义方针,是在3个月后的八七会议上完成的。

② 1927年11月,李季达牺牲后,傅懋恭任天津市委书记。

③ 1931年2月5日,中共临时河北省委在天津成立。4月8日,河北省委遭到破坏,10日迁往北平。5月8日,河北省委正式成立,殷鉴任书记。6月,河北省委再遭破坏,河北省委军委书记廖划平被捕叛变,导致殷鉴等30多名干部被捕。1933年10月23日,河北省委机关遭到查禁,由北平迁往天津。1935年6月起,河北省委兼负北方局工作,一个机构两块牌子。1936年,河北省委与北方局机关搬迁至天津法租界石教士路,4月,刘少奇携新婚妻子谢飞从延安赴津,任北方局书记。1937年2月下旬,刘少奇率领机关由天津迁往北平。由此可见,天津作为河北省委机关驻地,是北方革命的重要基地。

救国运动的中心。

二、工人运动遭黄色工会掣肘

1927年，大革命失败后，革命陷入低潮。"革命的职工运动，也叫赤色职工运动。与赤色职工运动对立的有一种黄色工会，这便是职工运动的分裂，两派经过了多年的斗争……国民党为了要消灭工人运动，建立了他们的黄色工会。于是赤色工会转入秘密状态，国民党则大肆整理工会。"①国民党新军阀占领天津后，采取两面手法对付工人运动。国民党一方面大造"白色恐怖"，对工人中间的积极分子进行武力镇压、逮捕甚至屠杀，施行工厂法、工会法，解散和改组工会，禁止工人罢工及一切言论、集会、结社之自由；另一方面打着"改良主义"的旗号蒙蔽工人，他们在国际帝国主义操纵的国际联盟劳工局和第二国际的指使下，利用工贼、党棍、流氓、特务，组织起"御用"的黄色工会，欺骗工人群众，篡夺工人运动的领导权，分裂工人的团结，瓦解工人的斗争，并对工人进行监视、告密和压制。他们在全国成立了国民党的"特别党部"，而且借"整理"和"改组"之名，用黄色工会来取代工人自己的工会。

这种御用工会（黄色工会）唯国民党反动派马首是瞻，极大地扰乱工人阶级队伍。大革命失败后，国民党组织的黄色工会扩张迅速，会员增至几十万之多。1928年8月17日，白崇禧致电平津卫戍司令部，以"平津工会内有少数共党"为由，要求"两地工会一律解散"。国民党天津党部闻令而动，派人将正在筹备中的天津总工会和下属35个分会予以接管"整顿"。为了在占领初期迅速稳定社会秩序，弥合劳资双方过于紧张的关系，国民党天津市政府于8月20日明发公告："各种工会组织乃是保障劳资双方之利益，并无危害产业和生活之趋势，且在本党领导之下，绝不使其有危害一方利益之举动。"在国民党天津市党部的整顿和操纵下，天津国民党总工会于8月24日重新恢复公开活

---

① 中共中央文献研究室、中华全国总工会编：《刘少奇论工人运动》，中央文献出版社，1988年，第299页。

动,并于1928、1929年先后召开两次天津市国民党工会代表大会,选举出两届"天津特别市总工会执监委员会",地址设在玉皇阁。

这个所谓的"总工会执监委员会"本质上就是国民党在天津地区麻痹愚弄、分化瓦解工人阶级的御用工具,名义上是为了调节劳资双方的关系,实际上代表官僚资本、大地主、买办阶级利益的国民党不会也不可能真正为工人阶级谋福利。这个所谓的"委员会"在实际存在的两年多时间里,耽于内部争权夺利、派系斗争,既无重大活动,也从未维护工人权益,形同虚设,濒临解散。由此观之,黄色工会建立的目的是阻挠工人反抗,打着劳资合作的旗号,削弱阶级剥削与阶级斗争,使工会沦为了国民党政权的附属组织,而且对工人队伍分化瓦解,禁止学徒工、职员加入工会,阻挠各地工人进行串联,不许工人成立全国性的组织。

盘踞在北方的其他军阀势力也纷纷组建自己的御用工会。1928年冬,冯玉祥、岳维峻在北方自组御用工会,指使工贼大规模残杀铁路总工会工作人员,致使铁总遭受重大破坏。全国总工会加派王仲一、吴汝铭等到北方组织铁总领导机构,恢复各路被破坏组织。由此可见,南北军阀在反共清共方面达成了共识,联合向革命者发起进攻,给党组织造成了巨大的破坏。

由于中国共产党及赤色工会的力量遭到削弱,天津的资本家对工人的管理更加肆无忌惮,通过大大小小的"规矩",明里暗里地侵犯工人的权益。为了方便管理,有些资本家对工人进行挑选甄别,进行区别对待,试图对工人进行分化瓦解。例如北洋纱厂从1936年春夏之际进行整改,多留女工,少留男工,分化新老工人、本地与外地工人之间的团结,以便于驾驭。纱厂盈利后,纱厂资本家拒绝向工人发放奖金,并勾结警察出面镇压。[①]资本家总结应对工人罢工的经验,开始变换对待工人的手法,把工人队伍划分为上层、中层、

---

① 吕露园:《北洋纱厂与朱梦苏》,《天津文史资料资料选辑》(第6辑),天津人民出版社,1980年,第131页。

基层员工,定期或不定期地给一些工资补贴,①用生产奖、超产奖、清洁奖、出勤奖等蝇头小利收买拉拢部分工人,分化瓦解工人队伍。

总之,"资本继续进攻还是严重的,国民党黄色工会和雇主与帝国主义联合一致向工人阶级继续进攻也还是严重的"②。由此可见,1927年建立的南京国民政府是代表大地主、大资产阶级利益的。国民政府政治、经济措施的实施,都是为了维护其反动统治的,广大工人、农民的利益得不到有效保障。

三、工人运动陷入沉寂

在南京国民政府的屠杀与压制下,白区职工运动遭受了严重挫折。以1930年为例,全国赤色工会会员仅剩下四万人,主要分布在北方铁路矿山(唐山)、南方上海海总(香港),其次为武汉、天津、沈阳等处。偏远区域如四川、云南、香港有千人以上,安源残破已极,尚存五十余人,景德镇二百余人……党与革命工人群众组织大致已恢复到1925年五卅前的水准。③到了1932年,党在白区的职工运动更加举步维艰。在全国三百万产业工人中,中共在白区领导的赤色工会会员仅剩下三千人,而且超过半数人没有经常参加工会活动。④白区的赤色工会被国民党政府全面压制,只能进行小范围的秘密活动。

由于斗争环境相当恶劣,潜伏下来继续进行斗争的中共地下党员在白区的工厂、铁路、矿山中,很难组建成较有影响力的工会。而且,他们对国民党领导的黄色工会情况知之甚少,有些人甚至认为没有必要在敌对的黄色工会

---

① 吕露园:《北洋纱厂与朱梦苏》,《天津文史资料资料选辑》(第6辑),天津人民出版社,1980年,第133页。

② 中共中央文献研究室、中华全国总工会编:《刘少奇论工人运动》,中央文献出版社,1988年,第53页。

③ 据1930年全国总工会文献可以判定,当时列于全总预算表内的工会基层组织有上海、武汉、东三省、天津、唐山、广州、香港、青岛、无锡、南通、南京、厦门、九江、太原等地。

④ 中共中央文献研究室编:《刘少奇年谱(1898—1969)》(上卷),中央文献出版社,1996年,第118页。

中扩大影响,进行斗争。由于缺乏以往中国共产党强有力的政治引领和各地工人群众的群起响应,白区工人在这一阶段进行罢工时,只是进行比较有限的自发经济斗争。黄色工会在其中充当和事佬的角色,大事化小、小事化了。

除此之外,在九一八事变后民族矛盾日益尖锐的五个月里,"赤色工会从白区派到红军和苏区的工人不到二十个人,简直没有派遣工人纠察队及义勇军到前线去参加反对帝国主义的战争"①。所以,刘少奇在《给工会工作人员的一封公开信》中指出:"赤色工会目前的紧急任务是要组织同盟罢工,最大限度地武装工人,动员工人到前线去。在组织罢工的时候,必须把工人的切身要求和反帝斗争密切地联系起来。赤色工会应依靠下层统一战线,独立地领导工人的反日运动。在各大城市发起召集各厂工人的代表大会,成立工人反日会等。"②

与全国其他城市一样,党在天津的工作十分困难,没有很好地保存、集聚力量。1927年下半年,中共天津市委第二部委书记秦茂轩在天津被捕后牺牲。11月,天津市委书记李季达被奉系军阀褚玉璞下令枪杀后,傅懋恭代理了市委书记一职,靳子涛代理了组织部部长。傅懋恭担任书记后,把天津党组织工作的重点放在了领导农民运动,尤其是五村(小刘庄、贺家口、小滑庄、东楼村、西楼村)农民反霸斗争上。天津党组织在五村建立了党支部,在实际工作中把工人、农民运动结合起来,动员广大父老乡亲反对封建势力在农村地区的代表土豪劣绅,并取得了一定的胜利。

但是,盘踞在乡村地区的封建势力十分强大,党在农村的领导并非一帆风顺。1928年初,于方舟到河北省玉田县组织农民起义,在暴动中被捕后牺牲。由于南北新老军阀沆瀣一气,戕害革命志士,党在腥风血雨之中损失惨重,在天津的工运工作几乎陷于停顿。迫于形势的压力,党转入地下,把横向

---

① 中共中央文献研究室编:《刘少奇年谱(1898—1969)》(上卷),中央文献出版社,1996年,第119页。

② 中共中央文献研究室编:《刘少奇年谱(1898—1969)》(上卷),中央文献出版社,1996年,第119页。

领导改为纵向单线领导。组织部部长兼第一部委书记靳子涛专门负责工人运动,第三部委书记司福祥(司呈祥)负责与傅懋恭一道组织五村农民进行反对恶霸地主、保护佃农的斗争。从1927年冬到1928年春,农民运动声色渐起,但天津市各大纱厂和地毯厂的工人运动归于沉寂。总体上符合刘少奇在1928年2月16日政治局常委召集的谈话会上的研判,即"关于革命潮流是高涨还是低落的问题,依乡村来看是高涨的,依城市看来是低落的趋势"①。

1928年1月,共产国际方面建议恢复中央工委及全总系统工会工作。2月8日到12日,全国总工会第一次扩大会议在上海召开,会议决定重整工人运动阵营。3月24日,中共中央临时政治局常委会会议讨论顺直工作问题。会议决定派刘少奇去天津,以中华全国总工会特派员的身份,参加全国铁路总工会的领导工作,同时作为中央委员指导顺直省委的工作。②刘少奇抵津后,参加中共顺直省委常委会。在会议上,他指明下一阶段工作的重点,即"不要顾此失彼,农民工作很重要,但也要把工会工作抓起来"③。在极其困难的历史时期,刘少奇等人积极谋划工运实践,不断发展白区职工运动的斗争理论,在黑暗中积极探索新的斗争路径。

第二节　中国共产党在天津坚持领导工人斗争

在国民党军队进占平津之初,中共顺直党委内部不少人对国民党产生了幻想,认为北洋军阀被打败了,革命成功了。顺直省委书记王藻文甚至表示

---

① 中共中央文献研究室编:《刘少奇年谱(1898—1969)》(上卷),中央文献出版社,1996年,第76页。

② 中共中央文献研究室编:《刘少奇年谱(1898—1969)》(上卷),中央文献出版社,1996年,第76页。

③ 司呈祥:《参加天津早期革命活动的回忆》,《天津文史资料选辑》(第10辑),天津人民出版社,1980年,第98页。会后,中共顺直省委书记王藻文不仅没有认识到错误,反而继续煽动地方党委对中央的对立情绪。刘少奇派全国铁总负责人张昆弟与其谈话。

要停止宣传反对国民党的口号。①在天津指导顺直省委工作的刘少奇对此表示明确反对。此外,顺直省委没有正确的政治路线的指导,时而消极;顺直党内极端民主化的现象严重,个人不服从组织,下级组织不服从上级组织;有的同志闹经济主义,做工作就要钱,没有钱就不干。为了解决顺直党的问题。中共中央于1928年6月底成立"中共处理顺直问题特派员机构",指派陈潭秋、刘少奇和韩连会为特派员(代号潭少连),代行顺直省委职权。

一、"不入虎穴,焉得虎子"

随着各个工厂建立黄色工会,中共领导的工人运动更加举步维艰,甚至有些工运骨干为了个人名利,转而投入了国民党的怀抱。如印刷工会的陶卓然投到了国民党市党部去了,又如北洋纱厂的李凤岐当了国民党天津市第六区分部委员,还有裕元织布场的张殿文、傅玉儒当上了黄色工会委员。②1928年下半年的数月间,由于国民党及黄色工会的步步紧逼,以及顺直省委、天津市委的人员损失、内部动荡,③中共在工厂车间的活跃程度大不如前,只能在工厂外围做一些工作。

这一时期,由于党中央继续执行"左"倾错误政策,④一批工人运动积极分子退出了黄色工会。针对这种行为,刘少奇专门撰文《批评"退出黄色工会"的策略》,指出这种行为的错误所在:"退出那些有群众的黄色工会,实际上就

---

① 王藻文,河北张家口人。原为京绥铁路工人,1924年加入中国共产党。1928年1月任中共顺直省委书记。3月,在中共中央委派刘少奇以中华全国总工会特派员身份到天津指导顺直省委工作以后,仍召开天津活动分子会议煽动反对中共中央,接着又提出停止宣传反对国民党的口号,因而受到刘少奇的多次批评。10月,王藻文因领导顺直省委工作中的诸多错误,被中共中央政治局撤销省委书记和中央委员职务,并调离顺直省委。1929年,他叛变投敌,被开除党籍。

② 司呈祥:《参加天津早期革命活动的回忆》,《天津文史资料选辑》(第10辑),天津人民出版社,1980年,第98页。

③ 当时,刘少奇、陈潭秋、韩连会都在天津,为了便于掩护和开展工作,顺直省委的名称曾一度以这三位同志的名字各取一字,即"潭少连",作为省委代号。司呈祥:《参加天津早期革命活动的回忆》,《天津文史资料选辑》(第10辑),天津人民出版社,1980年,第99页。

④ 1931年1月,王明在六届四中全会上,在苏联的支持下夺取了中央领导权,实际成为中共中央主要负责人。1931年11月,他到莫斯科担任中共驻共产国际代表,继续遥控中共。

是要使我们脱离黄色工会下面的群众,让这部分群众去受黄色工会领导的欺骗和愚弄,结果也就是维持了黄色工会的存在。"同时点明了对黄色工会的斗争策略,即"觉悟的工人不仅不应该退出,而且应该加入有群众的黄色工会中去,因为在黄色工会里面建立反对派,更容易接近群众,更容易揭破黄色工会领袖的欺骗,更容易反对黄色工会领袖出卖工人利益,更容易争取黄色工会下面的群众,同他们建立统一战线"[①]。

为了进一步阐明工运骨干在黄色工会里的任务和策略,刘少奇在《工运指南》第四期上发表《在黄色工会里面建立什么?》一文,指明"我们的组织任务就是在这些工会里面建立能够执行赤色工会任务的小组或支部,使之成为我们在黄色工会中活动的核心……就是团结黄色工会里面反对黄色工会、赞成赤色工会主张的会员群众,组织革命职工反对派"[②]。这种"不入虎穴,焉得虎子"的斗争策略,与党中央彼时盛行的"左"倾冒险主义大相径庭,这是根据当时白区革命形势作出的实事求是的判断,给低潮时期的白区工人运动指明了方向。

尽管形势异常严峻,但是工人们积极发挥主观能动性,与敌人斗智斗勇。天津的赤色工会虽然被解散了,但是各种形式的工人团体又如雨后春笋般组织了起来。在铁路工人中间,地下党组织了读书读报组、互济会、储蓄会、工人补习夜校、俱乐部、关帝会等组织。在京奉、津浦铁路的某些站、段组织了秘密的赤色工会或赤色工会小组。中共地下党通过这些公开的、半公开的和秘密的组织,把许多铁路工人团结起来,并领导他们与国民党反动派掌控的黄色工会进行斗争。

二、"左"右之间

八七会议后,党中央纠正了陈独秀右倾机会主义错误,并委派王荷波、蔡

---

① 中共中央文献研究室、中华全国总工会编:《刘少奇论工人运动》,中央文献出版社,1988年,第88—93页。

② 中共中央文献研究室编:《刘少奇年谱(1898—1969)》(上卷),中央文献出版社,1996年,第115页。

和森北上传达中央指示并就地指导工作。1927年9月初,中共中央北方局在北京成立,王荷波任书记,蔡和森任秘书长,委员有彭述之、张昆弟、刘国庄、杨善南,负责领导顺直、山东、满洲、山西及内蒙古的党组织。①

八七会议通过了《最近职工运动议决案》,指出"注意于武装工人及其暴动巷战等军事训练,即刻准备能响应乡村农民的暴动,而推翻反革命的政权……工人阶级应时刻地准备能领导并参加武装暴动。以乡村农民之胜利为依据,推翻反革命政权,而建立革命平民的民权的城市政府"。《最近职工运动议决案》明显带有"左"倾冒险主义色彩,在国民党新军阀盘踞的重镇天津,依靠工人武装进行暴动是不切实际的。9月的改组会议虽然纠正了右倾错误,但也把八七会议上的"左"倾错误传递到了北方,导致北方局在思想、政治、组织上依然处于迷茫混乱状态。

为了解决问题,党中央任命在组织、领导工人运动方面具有丰富经验的陈潭秋、刘少奇为特派员赴天津指导工作。1928年7月22日到23日,在陈潭秋、刘少奇的主持下,顺直省委召开扩大会议,重新制定了工作方针,一定程度上纠正了八七会议后的"左"倾错误。然而,1930年2月,顺直省委最后一任书记贺昌(时24岁)上任后,②积极推行中央"左"倾冒险主义方针,命令党团员在繁华市区集会时公开亮相,引起了国民党的注意。1930年3月18日,纪念

---

① 1927年9月下旬,北方局从北京迁驻天津。10月,王荷波在北京被捕,不久牺牲,由蔡和森主持北方局工作。11月,中央正式通报各省取消北方局。中国中共党史学会:《中国共产党历史组织机构辞典》,中共党史出版社、党建读物出版社,2020年,第39—40页。

② 1930年8月3日,中央决定顺直省委改组,重建北方局。顺直省委书记贺昌任北方局书记兼军委书记,建立以贺昌为书记的北方局总行动委员会,发动武装总暴动,进攻中心城市。1930年9月下旬,中共六届三中全会批评了立三路线。1930年12月24日,中央决定取消北方局,顺直省委改为河北省委,领导顺直、晋、陕、甘、豫北党的工作。贺昌,原名贺颖,又名其颖,字伯聪,1906年1月19日出生于山西省离石县柳林镇(今属柳林县)的一个士绅家庭。贺昌曾被选为中共第五届、第六届中央委员。1930年春任中共中央北方局书记(时24岁)。曾组织唐山兵变和多次武装暴动,均因没有建立巩固的革命根据地,在强敌进攻下失败。次年到中央苏区,任中国工农红军第5军政治委员、第3军团政治部主任、总政治部副主任。中央红军主力长征后,贺昌留在赣南坚持游击战争,任中央军区政治部主任。1935年3月率部向粤赣边突围,10日于江西会昌河畔遭国民党军伏击,与时任赣南省委书记阮啸仙等人一起壮烈牺牲,年仅29岁。

巴黎公社革命59周年，党团员和积极分子在劝业场门前组织集会，发表演说，散发传单，号召工人在天津城区进行革命活动，暴露了革命力量，遭到了国民党军警和"法租界"工部局的联合镇压，许多处于秘密工作状态的党团员遭到逮捕，给党组织造成了巨大的损失，也使刚刚活跃起来的工人运动再次面临危机。

以"左"倾冒险主义为主要内容的立三路线在中共中央内部占据主导地位后，顺直省委误判客观形势，以致"左"的错误愈加严重，天津的革命形势再次恶化。天津党员在公开亮相后遭到逮捕，最终只剩下二三十人。天津工人联合会被国民党当局解散，工人运动再次陷入了难以为继、四面环敌的险境，直接导致工人运动数量减少，难成规模。据统计，1930年，天津工人群众直接发起的罢工、怠工、抗议斗争仅有21起，比1929年减少了三分之二。

三、纠"左"有成效，工运有起色

（一）1928—1929年天津烟草行业工人罢工

1928年10月，中共地下党组织的河北省邮政工人罢工取得胜利，取得了八小时工作制的待遇。同月，天津英美烟公司工人也开始组织罢工斗争。自从烟草工会成立后，资方对其极为仇视，利用各种借口，把参加工会的工人相继开除。为了维护工人的利益，中共地下党领导的工会向厂方提出了四项条件。但是，直到11月17日，厂方迟迟不予答复。于是，30名工人代表到国民党掌控的"天津市总工会"请愿。为了平息事态，市社会局、总工会进行调停，但厂方依然潦草敷衍，对工人提出的条件和工会的要求严词拒绝。

厂方态度之强硬令工人愤怒异常。1928年12月27日，一声汽笛响起，全厂设备戛然而止。工人们停下机器，请厂内各部主管接收机器及一切物资，4000余名工人集体交出了工牌，整队出厂，宣告罢工。罢工期间，工会组织纠察队在工厂周围警戒，工人代表聚集一起研究斗争策略。12月31日，工会委员刘奉臣率工人再次到市总工会请求支持，却遭到了断然拒绝。尽管地下党与工会成员积极组织工人罢工，但是在敌强我弱的革命低潮时期，国民党占领的大城市中的职工运动处于劣势地位。最后，在各方势力的联合打压下，这场烟草工人的罢工最终被镇压下去。

尽管如此,此次罢工对于天津英美烟公司工厂仍是一个沉重的打击,也从一个方面深刻反映了我国产业工人勇于斗争的精神。在这次斗争中,中共地下党发挥了积极的作用,在解决罢工工人善后问题时,中共党员张友渔按照顺直省委的要求,为工人争取了部分利益。

此次罢工运动让国民党天津政府大为震惊,并在社会上引起了不小的反响,1929年1月9日,中共顺直省委机关刊物《红旗》刊载《北方四千烟草工人的斗争》一文,介绍了此次罢工的情况。

(二)1928年底顺直省委扩大会议

1928年6月18日至7月11日,中国共产党第六次全国代表大会在莫斯科近郊五一村召开。党的六大以后,中央政治局召开会议,决定派政治局常委、中央组织部部长周恩来以中共中央特派员的身份到顺直地区进行巡视,传达六大会议精神,解决顺直党内存在的问题。12月11日,周恩来从上海乘坐轮船秘密抵达天津。

1928年12月下旬,顺直省委在天津法租界张庄大桥附近的大吉里(今天津国际商场附近)召开了省委扩大会议,史称"十二月扩大会议"。参加会议的共43人,包括顺直省委常委、天津等地的党组织代表以及在北方工作的中共六大代表。陈潭秋和刘少奇主持会议,周恩来作了题为"当前形势和北方党的任务"的政治报告,传达六大会议精神,阐明了中国革命的对象、动力、前途等重大问题,强调了"左"倾盲动主义是党内的主要危险,提出"积蓄力量,以待时机,争取群众,开展斗争,迎接革命新的高潮"。周恩来的报告根据当时的形势作出了实事求是的判断,为顺直省委在大革命失败后,第一次土地革命战争时期的工作指明了方向。此次会议改选了新的省委常委,由韩连会任书记、陈潭秋任宣传部部长、柳直荀任省委秘书长,成立了职工、农民、军事、妇女四个工作委员会,从而为北方党组织建立了一个健全的领导中枢。

会议根据六大决议精神,结合顺直党的具体情况,经过讨论,通过了一系列决议案,其中包括《顺直党的政治任务决议案》《顺直省委党务问题决议案》

《顺直省委职工问题决议案》等。值得一提的是,1928年12月18日,周恩来还用"伍豪"的化名发表了《改造顺直党的过程中几个问题的回答》,在文中强调工人运动的重要性,提出"目前,唯一的办法是要号召全体同志特别是干部同志深入群众,发展产业工人同志创造产业支部生活,从工作中斗争中提高党员的政治水平线,加强中央对顺直和顺直省委本身的指导"①。

顺直省委扩大会议最后通过选举,正式产生了中共顺直省委。②同时成立的,还有顺直军事委员会,张兆丰为书记;顺直职工运动委员会,张昆弟为书记;顺直农民运动委员会,郝清玉为书记;顺直妇女运动委员会,秦兰英(张昆弟的爱人)为书记。

1928年底到1929年初,天津党组织进行整顿。根据中央关于省委要集中注意产业中心区域工作的指示,决定暂不恢复天津市委而先建立若干区委,由顺直省委直接领导。据此,天津建立五个区委,即下边区(以小刘庄裕源纱厂为主)、河北区(以恒源纱厂为主)、河西区(以西楼五村为主)、租界区(以市区租界为主)、河东区(以佟家楼裕大纱厂为主)。

(三)工人运动渐有起色

在津期间,周恩来还向负责工运的人员指明了工作方向,即"联络一下这些年失掉关系的工人党员和原工会积极分子,把工会工作恢复和开展起来"③。

---

① 原载《出路》1928年第2期。

② "顺直"是一个历史地名,大致相当于今天的河北和天津、北京三省市的区域,清代在此设立直隶省和顺天府,此后人们就用"顺直"来称呼这一带地区。顺直省委是以中共北京地委和中共天津地委为班底组建的。存在的时间是1927年5月至1930年12月。中共顺直(河北)省委领导革命活动的范围为冀、热、察、绥及豫北、鲁西北,曾经一度还包括晋、陕两省,其下属组织最多时有13个特委、7个市委、34个中心县委、90个县委,是中共中央领导的一个重要的跨省区组织。中共顺直省委历任书记是:彭述之,1927年8月任,不久被免;接任他的是刘伯庄,刘伯庄在书记任上1月有余;接任刘伯庄的是朱锦堂,朱锦堂任书记的时间是从1927年9月到1928年1月;1928年1月王藻文当选顺直省委书记,但不久即出国参加中共六大,由傅懋恭(彭真)代理书记;1928年7月,韩连会任省委书记,一直到1929年4月;1929年5月,卢福坦任省委书记;1个月后,当年6月,张金刃任省委书记,他被贺昌在1930年2月接任,共9任。

③ 司呈祥:《参加天津早期革命活动的回忆》,《天津文史资料选辑》(第10辑),天津人民出版社,1980年,第98页。

之后,中央派遣毛泽民、胡锡奎、张友渔、薄一波、刘天章等人到天津从事工运、出版、宣传、特科任务。这也说明天津已经成为北方革命运动的重要基地。同时,顺直省委还决定取消天津市委,由省委直接领导,傅懋恭负责在津设立工作办事处,具体负责天津的工运、农运和学运。在补充新人、精简机构之后,党在天津的力量得到加强,到1929年春,天津的党组织发展到3个区委、14个基层党支部,党员数量达到120多人。

天津地区党组织的发展推动了天津工人联合会的发展。1928年底,中共顺直省委建立了"天津市工人联合会",秘密发展会员五百多人,联合会包括纱厂工人工会、人力车工人工会、提花工人工会和烟草工人工会等组织。顺直省委还派遣三名常委深入铁路、市政、纱厂等行业开展工作,联络发动群众。

从1928年底到1929年初,天津的工人群众在天津党组织的领导下多次发动反对资方的抗争,遍及纺织、铁路、海员、码头、火柴、造船、化工、电车等各个行业,甚至一度发展到绸缎、鞋帽、金银首饰等商业、服务业。这一时期的工人运动虽不如大革命时期汹涌澎湃,但是在规模上逐渐由小到大,不同行业间逐渐走向联合,在内容上也从之前的讨薪类经济斗争发展到反对国民党统治和西方资本主义国家压迫剥削的政治斗争。

1929年1月,津浦路工人抗议当局欠薪,以"卧轨"形式进行抗争。1929年3月,平奉路工人因当局拒不执行加薪、发煤条、发制服、发花红筹等协议举行怠工斗争。1929年6月11日,电车工人罢工,被舆论称之为"世界电车罢工史上少有的罢工风潮"。1929年11月26日,天津英商太古轮船公司的工人举行罢工,抗议资本家对工人残酷压榨。在1929年,天津党组织和天津的工人运动均有较大发展,尤其是工人运动逐渐活跃。天津工人与全国工人一道,在中国共产党的领导下,在极端严峻的形势下,采用各种形式,对于国民党政府的反动统治,给以不断的回击。中国共产党天津组织始终与天津工人群众站在一起,积累了经验,得到了锻炼,在残酷的斗争环境下砥砺前行。

四、九一八事变后天津工运乘势而起

1931年,九一八事变爆发后,全国反日救亡情绪高涨,天津市工人群众对长期盘踞在天津且带有严重压迫、殖民意味的日本工厂企业、日租界军警愤恨非常。①为了顺应民众情绪,国民党天津市当局才勉强于1931年底筹建了一个"天津市各业工会救国联合会"。然而,为了避免工人群众的怒火刺激到日本侵略者,国民党当局多次发布禁令,严禁工人集会游行、发表言论。在国民党的默许保护下,资本家愈发变本加厉地剥削欺压工人,任意延长工时,克扣薪酬,动辄以开除、失业威胁工人。

在中国共产党的领导下,天津地区的工人群众不顾国民党当局的禁令,勇敢地奋起反抗。1928—1937年,天津的工人进行了多种形式的斗争,次数多达317起。1929年1月6日,津浦铁路职工三百余人,为了抗议铁路局九个月不发薪酬,填写求死志愿书,决定开展"卧轨"斗争。1月27日,蒋介石命令天津警备司令傅作义派兵镇压,解散工人组织。工人们不屈不挠,越挫越勇。6月11日,天津比商电车电灯公司的电车工人提出改善待遇、实行八小时工作制的要求,公司高层置之不理。同日,天津上千名电车工人举行罢工,导致全市电车交通陷于停顿。此次罢工得到了中共顺直省委的支持,各界民众也纷纷组织后援会支援工人们的正义举措。工人群众团结一心、坚决斗争,持续半个月,最终以胜利告终。中共顺直省委在此次罢工中为工人们联络谋划,发挥了重要作用。

1931年九一八事变到1935年华北事变,天津的斗争形势既严峻又复杂。一方面国民党当局对工人运动严厉控制,残酷镇压;另一方面日本侵略者步步紧逼,东北华北战云密布,中外资本家不断加重剥削。这一时期,各条战线

---

① 天津日租界是近代中国5个日租界中最大的一个,占地两千多亩。日本政府允许在租界内吸毒,使得毒品行业合法化,因此当时天津日租界成为烟馆、妓院云集的地方。截至1936年,界内有执照的日本妓院、朝鲜妓院和中国妓院有200多家,正式营业的妓女1000多人。界内公开制造、贩卖吗啡、海洛因的日本店铺有160多家,中国烟馆有500多家。加上各种走私违法犯罪活动猖獗,日本租界内乌烟瘴气,堪称是城市之癌。

的救亡组织纷纷成立,并与工人运动逐渐融合在一起。1932年初,河北各主要产业包括铁路、矿山、纱厂及市政的工人,自发开展争取经济利益的罢工斗争。工人们在斗争中表现出了顽强和坚决的斗争精神,尤为重要的是此次罢工还带有反对日本帝国主义侵略的政治斗争属性。中共中央给河北省委的指示信中指出:"在这种情形下面,党和赤色工会应集中力量拿住几个中心企业,拿住工人群众的日常要求……与'武装驱逐帝国主义''拥护苏维埃与红军'及'建立北方苏维埃区域'等总的政治任务联系起来。"①

由此可见,城市的工人运动能够有力支援苏区的红军斗争。诚如刘少奇所言:"城市的工人与工农红军在各个战线上互相呼应,给帝国主义国民党以严重打击,这就给全国民众以斗争的胜利信心。在白色区域工人的每一个经济斗争,每一个罢工,每一个群众的发动,都是对于苏维埃与红军最好的直接的帮助。没有产业中心城市工人的巨大的顽强的罢工斗争与武装暴动,苏维埃在全中国取得胜利,是不可能的。"②由此可见,中国共产党领导的白区职工运动和苏区红军斗争内外呼应、相互支援、互动频繁,是中共领导中国人民谋求独立、解放的两大重要基石,也是探寻、厘清中共革命历程的两条重要线索。

1935年,日本帝国主义步步紧逼,把侵略的魔爪伸向华北,民族危机日益深重。10月,日本外相广田弘毅对中国驻日大使提出了所谓的"对华三原则":一、中国取缔一切抗日运动,放弃依赖英美的政策;二、中国承认伪"满洲国",树立中日"满"经济合作;三、中日共同防共。11月至12月间,中日双方就"广田三原则"进行多轮谈判。③11月25日,日本帝国主义又扶植国民党河北省政府滦榆、蓟密两区行政督察专员殷汝耕在通县成立傀儡政权,名为"冀东

① 中共中央文献研究室编:《刘少奇年谱(1898—1969)》(上卷),中央文献出版社,1996年,第118页。
② 中共中央文献研究室编:《刘少奇年谱(1898—1969)》(上卷),中央文献出版社,1996年,第133—134页。
③ 1936年1月,南京国民政府外交部发表声明,说"国民政府既非全部承认三原则,亦非全然不承认"。《毛泽东选集》(第1卷),人民出版社,1991年,第163页。

防共自治委员会"（一个月后改称"冀东防共自治政府"），使当时河北省东部
22个县脱离了中国政府的管辖，史称"冀东事变"。冀东事变及其成立的冀东
防共自治政府是华北五省自治的首步。日本企图借此使河北、察哈尔、绥远、
山东、山西五省脱离中国。

民族危亡之际，蒋介石政府依然继续实行对日妥协退让、对内屠杀镇压
的反动政策，出卖华北主权，镇压人民的抗日运动，围攻要求抗日的红军。在
此形势下，1935年12月9日，北平爱国学生数千人，在中共北平临时工作委员
会的组织领导下，举行抗日救国示威游行，要求"停止内战，一致对外"，史称
一二·九运动。之后，天津各界爱国群众举行游行示威，学生们组成南下扩大
宣传团，深入人民中间宣传抗日救国。一二·九运动公开揭露了日本帝国主
义侵略中国、吞并华北的阴谋，打击了国民党政府的妥协投降政策，大大地促
进了中国人民的觉醒。它配合了红军北上抗日，促进了国内和平和对日抗
战。它标志着中国人民抗日民主运动新高潮的到来。正如毛泽东所指出：
"一二·九运动是动员全民族抗战的运动，它准备了抗战的思想，准备了抗战
的人心，准备了抗战的干部。"①

面对日益激化的民族矛盾，中共中央正确决策，于1935年12月17日召开
瓦窑堡会议，确定把国内战争同民族战争结合起来以及建立抗日民族统一战
线等策略。为了进一步加强党在华北地区的工作，12月29日中共中央政治局
召开常委会会议，重点讨论了北方局的工作，决定以中央驻北方代表的名义，
派刘少奇主持北方局工作。

此时的天津黑云压城，笼罩在日本帝国主义侵略的阴云之下。华北事变
前后，日本帝国主义加紧对华北地区的经济侵略，其中天津纺织业的六大纱
厂中有四家（裕大、裕元、华新、宝成）在1936年被日资吞并。民族工业在侵略
者的铁蹄下难以生存，难以摆脱被吞并或破产的命运，少数幸存的工厂企业
也仅是苟延残喘。民族工业的萧条导致大批工人失业。据当时对裕元、宝

---

①《毛泽东文集》（第2卷），人民出版社，1993年，第253页。

成、大沽造船所等五个工厂的统计，失业工人多达六千五百余人。外有日军入侵，内有经济萧条，民族矛盾和阶级矛盾在天津地区十分尖锐，从1935年到1936年上半年，天津的工人群众发起了二十多次斗争，但是由于仍然受到"左"倾工运路线的影响，天津的工人运动多以失败告终，其间发生的一千五百多起工人斗争，失败和无结果的占62%。

尽管如此，当时也涌现出一批领导天津工人运动的优秀党员，例如张秀岩。在中日民族矛盾日益上升为中国社会主要矛盾的历史时期，由共产党员张秀岩发起的天津颐中烟草妇女救国会，在带领女工争取合法权益的同时，积极开展救国运动，起到的作用尤为卓著。张秀岩早年曾就读于北洋女子师范学校，与邓颖超一起投身五四运动，1926年加入中国共产党，1933年在天津负责妇女工作。1935年，她与丈夫李铁夫到天津大王庄开展工作，主要在天津颐中烟草公司[①]发展党组织，积极投身妇女救亡运动。1936年，张秀岩发起成立了天津妇女救国会，通过三条线组织妇女进行救亡运动，其中之一就是深入女工聚集的大王庄、小刘庄一带的卷烟厂、棉纺厂开展妇女工作。

张秀岩积极发展妇女党员，组织女工开办识字班，教女工识字、唱救亡歌曲，讲革命形势，让女工了解日本帝国主义侵占东北的罪行和东北人民义勇军浴血奋战的故事。当时夜校识字班吸收了四十多名烟厂女工，课本选用的是晏阳初编写的《平民千字课》。识字班的开办提高了女工的知识和文化素养，为培养她们独立的意识与革命精神奠定了基础。

1937年，在中共天津党组织的领导下，天津颐中烟草公司成立了妇女救国分会。1938年，日本人介入天津颐中烟草公司管理，工人与日本侵略者展开了顽强的斗争。1940年12月，工厂全体工人罢工，提出了增加工资的要求。此后，在妇女救国会的领导下，多次举行了罢工斗争。这一系列斗争活动体现了中国共产党不屈的气节，也体现了中国革命女性不软弱、不示弱的顽强革命精神。

---

① 前身为天津大英烟公司工厂，1934年更名为天津颐中烟草公司。

第三节　革命低潮时期天津工人的
悲惨境遇——以地毯工人为例

随着北伐军兴,国民党右派叛变革命,新军阀混战并围剿革命根据地,国内局势风云变幻、纷繁复杂。与此同时,1929—1933年,全球性经济大危机爆发,资本主义世界陷入空前的经济危机,使中国深受影响。危机爆发后,帝国主义国家为了转嫁危机,加紧对殖民地、半殖民地的经济掠夺。

一、天津地毯行业因外贸而兴

这一时期,外国资本尤其是美国资本利用与南京国民政府的友邦关系,渗透到工商业各个领域。天津地毯行业发展较早,1893年,中国地毯就在美国万国博览会上展出,获得好评,引起了国际上的普遍重视。从此以后,对中国实行政治掠夺、经济掠夺的军官、外交人员和商人,都想方设法在天津购买地毯送礼或批量贩运牟利。据说,当时的旧地毯一平方尺值十几美元,欧美地毯市场过去一向被土耳其、波斯地毯占据,但其在工艺色彩、图案方面,远不如中国地毯别具一格,因此中国地毯成为欧美市场上的稀罕物品。尤其是在第一次世界大战后,中国地毯在国际市场销路持续旺盛,出口量逐年增加。到1937年前后,天津地毯出口占天津海关出口货物数额的第二位。①

根据地毯业同业公会统计,在1937年以前的十几年中,天津地毯工厂有三百家之多,其中产量高、人数多、规模大的都是外商所办,工人数量占行业总数五分之四;中国人办的地毯工厂,从数目上说虽占绝对多数,但规模很小,有的厂甚至只有几个人,工人人数仅占五分之一。②

其中,美国商人经营的地毯公司实力较为强大。"仅在天津一地,经营地

---

① 芮允之:《天津地毯工业的兴起和发展》,《天津文史资料选辑》(第1辑),天津人民出版社,1978年,第66页。

② 芮允之:《天津地毯工业的兴起和发展》,《天津文史资料选辑》(第1辑),天津人民出版社,1978年,第73页。

毯出口的美商比较大的就有五家之多。它们是海京(Elbrook Inc)、瑞海(Raymond and Heller)、美兴(C. J. Mentrup & Co.)、美古绅(A. and M. Karagheusian American Corp)、倪克(Nichols Super Yarn & Carpets, Fed. Inc)。海京、美古绅、倪克三家,不仅是进出口商,而且各自设立毛纺厂,用机器纺出毛纱,再雇工用手工织造地毯出口。他们凭借不平等条约特权,在中国的领土上,掠夺廉价的原料,剥削廉价的劳动力,攫取高额利润。"[1]其中成立较早(1920年)的美古绅地毯厂约有两千多名工人,还有很多小厂为它加工;成立于1923年的海京、倪克地毯厂,工人也有近三千人。[2]

相比之下,同行业的天津仁立地毯厂,采用旧式手纺纺车,不仅效率低,而且质量不如机器纺纱,这就使仁立厂处于极其不利的竞争地位。[3]面对帝国主义尤其是美帝国主义的经济压迫,仁立厂不得不向美古绅、倪克等美商厂家购买机毛纺纱来织地毯,但是美商借机抬高价格或延迟交货,以此打击中国民族资本。

二、抵制日货迎来发展机遇

在中日民族矛盾日益激化的20世纪20年代至30年代初,天津本土地毯行业开始迎来发展时期。九一八事变后,中国各大城市很快出现规模浩大且旷日持久的反日运动。最令日本感到压力的是抵制日货的民间经济活动。尤其是上海、北平、天津、武汉等大城市,对日经济绝交运动早在九一八事变之前就已经开始了。起因是1931年7月在中国东北爆发"万宝山事件"后,韩国境内日本人支持的排华事件。9月22日,上海的"对日经济绝交实施委员

---

① 朱继圣、凌其峻:《四十年来的仁立公司》,《文史资料选辑》(合订本第38辑),中国文史出版社,1999年,第30页。

② 芮允之:《天津地毯工业的兴起和发展》,《天津文史资料选辑》(第1辑),天津人民出版社,1978年,第71—72页。

③ 朱继圣、凌其峻:《四十年来的仁立公司》,《文史资料选辑》(合订本第38辑),中国文史出版社,1999年,第30页。1928年初,仁立公司为出口方便,在天津设立办事处,地点位于旧法租界狄总领事路,现位于和平区哈尔滨道,后迁至海大道(今大沽路)西门子大楼楼上,再迁旧法租界中街78号(今解放北路)。

会"更把"反日"改为"抗日"，还明确制定了严格的对日经济绝交办法：一、不买日货，不卖日货，不运日货，不用日货；二、不以原料及一切物品供给日本人；三、不乘日本轮船，不用日本轮船载货；四、拒用日本银行钞票、拒提取日本银行存款，对日本银行停止收办；五、不为日本人工作；六、不雇佣日本人；七、不登载日本人及日货广告；八、不接待日本人。"对日经济绝交实施委员会"还规定了惩戒办法，违背者将遭受没收货物、公开警告、没收财产全部或部分、游街示众、穿标示有"卖国贼"字样的衣服示众等处罚。

抵制日货是一场工商业者、工人、学生、市民广泛参与的经济领域对日抗争抗议活动。一时间中华大地上，民族主义风起云涌，南京国民政府认为民心可用，一开始亦不过多干涉，但随着日本的多次抗议，极力避免"友邦惊诧"的南京国民政府开始加以管控，甚至组织武装军警残酷镇压，其反动面目可见一斑。

抵制洋货使国货大兴，国货大兴则民族资本收益增加。天津的仁立毛纺厂订单与日俱增，遂扩大生产。1931年，仁立公司的新厂房落成后，又从英国买来旧机器，从美国工厂聘请技术工人，全厂职工增至五十余人。①随着全国性抵制日货运动的兴起，民族资本主义工商业继续发展。仁立地毯厂继续扩建厂房，购买了16台英国织机，聘请的很多技术工人都有在国外留学的经历，或者在南开大学教过书。到20世纪30年代，天津仁立已经成为华北第一家民族资本的毛呢厂。

三、地毯工人境遇凄惨

工厂的兴起往往伴随着对工人的剥削和各种欺诈手段。例如，成立最早的地毯厂玉盛永招募童工为学徒，在三年学徒期间只管饭而不给工资。如果因病请假，出徒的日期还要向后顺延以补足因请假"耽误"的时日。在地毯行

---

① 朱继圣、凌其峻：《四十年来的仁立公司》，《文史资料选辑》（合订本第38辑），中国文史出版社，1999年，第32页。

业中,学徒工比例最大,占到工人总数的三分之二。①尤其是很多童工都是来自农村地区,年龄在十一二岁左右,进入工厂后首先是充当厂里大小管理者的奴仆,看孩子,做饭,倒尿盆,洗衣服,什么活都要干。即便是熬到了学手艺时,也常常挨师父或工头的毒打。仁昌地毯厂徒工刘金海,因见徒工小刘被打致病,不久悲惨死去,担心自己也会是同样命运,便偷偷跑到姑姑家,姑姑穷养活不了他,又被送回厂。②

此外,由于地毯行业的产品大量出口,导致天津地毯厂的生产具有间歇性,根据国外的订货而出现淡季、旺季。因此,为了降低工资开支,工厂在淡季不会保留大批工人。当工厂接到大量订单时,资本家为了按时交付会雇佣大量的临时工,完工后立即解雇。这些临时雇工有的是附近农村的农民,有的是城市其他行业的体力劳动者,有的甚至是城市中的乞讨者。

为了进一步剥削工人,工厂还施行了非常苛刻的计件工资制度。资本家给工人设置的定额是很难完成的,所以工人为了赶工,经常是从早上5点一直干到夜里12点。有的小厂更是精明,让工人从腊月十五到正月十五之间回家过年。因为这段时间属于淡季,如果让工人在工厂里上班,还要改善伙食。有的工厂如玉盛永还开辟有菜园子、酱园子、米面铺、杂货铺等,工人吃饭必须从厂里的米面铺买劣质粮食,结果是工人得到的部分薪资转了一圈又回到了资方的腰包。

尽管工人工作时间很长,劳动强度很大,但资方依旧千方百计地扣压或拖欠工资。地毯工人的工资每月不过六七元,仅有少数人才能赚够十元,这些薪水难以养家糊口,所以很多地毯厂的工人不能结婚成家。③在当时的天津,由于工人赚钱太少,许多超过二十岁的工人仍未结婚。在该年龄段的纺

---

① 芮允之:《天津地毯工业的兴起和发展》,《天津文史资料选辑》(第1辑),天津人民出版社,1978年,第74、75、76页。

② 芮允之:《天津地毯工业的兴起和发展》,《天津文史资料选辑》(第1辑),天津人民出版社,1978年,第77页。

③ 芮允之:《天津地毯工业的兴起和发展》,《天津文史资料选辑》(第1辑),天津人民出版社1978年,第76页。

纱工人和地毯工人中，仅有三分之一的人已婚。①

柳直荀曾于1928年9月到1929年9月在天津从事革命活动，他在给弟弟柳瑟虎的信中（1929年3月2日）就记述了天津当时物价之高，哀民生之多艰："我生意如常，惟北方销路不及南方，而人民痛苦又远过之。猪肉每斤三角，牛羊肉每斤二角余，而活人肉每斤不及一角。知此则其他可知矣！"②按照柳直荀的记述，地毯工人每月工资也只相当于20斤猪肉或30斤的牛羊肉，也只是相当于21世纪的今天几百元的工资。如此微薄的薪水难以应付生活开支，连最基本的温饱都难以维持。

即便如此，资方还经常用各种借口搪塞工人，扣压拖欠工资。每到发放工资的时候，资方要么说上游的洋行没给钱，要么就以先暂存在厂里、用时再取的荒唐理由拖欠。这些被拖欠的工资则被资本家用于放贷或投资其他生意。

和其他行业相同，地毯行业也存在工头、把头制度，这也是民族资产阶级封建属性的重要表现。工头是资本家的帮凶，他们作威作福，滥用私刑，随意打人骂人，对待女工更是任意调戏侮辱，工人们的命运被牢牢地掌控在这些人手中，生活极为悲惨。

正如天津海关的一位职员在1933年所评述的那样："富者资产累万，炊金爨玉，一饭十金，重裀叠褥，一衣百金，居则深宅大院、洋楼高厦，行则汽车飞驰，用以代步，身受者虽尚自恨不足，旁观者实已望尘莫及。至于辛劳苦工、贫困小贩，终年竭尽全力劳苦工作之结果，而所入亟微……甚至数米为炊，称薪而爨，衣难蔽体，食难一饱，居求一贫民之窟……以与日食膏粱、居必华贵者较，实大有天壤之别。"③

---

① ［美］贺萧：《天津工人，1900—1949》，许哲娜、任吉东译，天津人民出版社，2016年，第81页。
② 王兰垣：《柳直荀在天津的革命活动片断》，《天津文史资料选辑》（第19辑），天津人民出版社，1982年，第31页。
③《天津市之风俗调查》，《河北月刊》1933年3月卷1第3号。

　　1935年,国民政府与日本签订《何梅协定》,华北五省逐渐沦为日本帝国主义的禁脔,日本商人仗势在华北各地公开走私,行径十分猖獗。日本的工业制成品,特别是呢绒在华北大量倾销,对民族资本主义工商业冲击巨大,本土地毯行业往日辉煌不再,地毯工人群体中有的进入日本工厂继续遭受压迫剥削,有的则流落街头忍饿挨饥。总之,地毯工人的遭遇是那个时代天津工人乃至全国工人的一个缩影。

第五章　全民族抗战时期的
天津工人运动
（1937—1945年）

　　20世纪30年代，日本帝国主义对华侵略步步紧逼，中日两国民族矛盾日益加剧。九一八事变后，日本的侵略势力逐渐向华北转移。天津成为日本全面侵华的前沿，日本的政治、军事和经济势力迅速增强。日本的中国驻屯军兵力增加且升格，军政机构和经济财团派驻各种机构，进行大量的社会调查，策划侵华的方针政策和计划，如疯狂进行华北走私，策划"华北自治"，投资电力、盐业和纺织等关键部门。①1933年初，日军侵占热河，5月进攻冀东，《塘沽协定》的签订划定冀东为"非武装区"，②日本以武力威慑为入侵华北打开了通道。

　　华北地区物质资源丰富，煤、铁、钨储量丰富，尤其是天津、唐山等地是华北的工业重镇，工矿企业较多，工人数量众多。因此，日本帝国主义者觊觎华北，试图利用丰富的资源和廉价的劳动力为侵略战争服务，甚至于1935年策

---

　　① 张利民、刘凤华：《抗战时期日本对天津的经济统制与掠夺》，社会科学文献出版社，2016年，第3页。

　　② 冀东，指天津—北京—古北口一线以东河北省东部地区，按抗战前的建制包括密云、平谷、怀柔、顺义、通县、三河、香河、武清、宝坻、宁河、蓟县、兴隆、遵化、玉田、丰润、迁安、卢龙、抚宁、临榆、昌黎、滦县、乐亭等22县和唐山、秦皇岛及塘沽两港，总面积约4万平方公里，人口630万。它北据燕山、长城，与热河接壤；南临渤海，与辽东、山东半岛相望；西扼京津，与华北平原相连；东出山海关，通向辽西走廊，为华北与东北之咽喉要道。这里土地肥沃，农业发达，物产丰饶，同时交通便利，因此具有十分重要的战略地位，历来为兵家必争之地。王凯捷：《天津抗战》，天津人民出版社，2005年，第256—257页。

动华北五省自治,妄图把华北变成第二个伪"满洲国"。此时的天津是日本对华北政治、经济侵略的现地大本营,也是各种方针政策和计划的实施地。①

七七事变以前,国共长达10年(1927—1937年)的内战使共产党在白区的力量和工人运动遭到了严重削弱。1935年一二·九运动和瓦窑堡会议后,党在白区的工作方针随着民族矛盾日益深重、抗日救亡运动蓬勃发展而有所转变,全国各地的工人斗争逐渐从低潮中复苏。而国民党当局依然顽固地坚持反对工人运动的政策,尽管在口头上不得不发出"开放群众运动"的诺言,但在实际上处处限制工人运动,以"抗战时期不能改善民生"为由拒绝工人改善待遇的合理要求。因此,国共第二次合作时期,"共产党领导的工运组织规模仍然狭小,工运力量远远说不上强大"②。这一时期,天津工人运动以积蓄力量,破坏日伪当局生产,尽己所能地支援根据地建设为主。

第一节　日本侵略者对天津的
经济剥削及工人境遇

全民族抗战爆发后,日军进攻平津一带。在进攻天津时,日本空军每天出动60余架飞机,对市内进行狂轰滥炸。日资企业的工人举行罢工,抗议日本军国主义者的野蛮进攻。③1937年7月30日,天津沦陷。无家可归的难民达10万以上,被毁房屋2500多间,被日军破坏强占的校舍377间,受炮火摧毁的工厂、企业53家,事后统计财产损失达2000万元之多。④8月1日,在日军的扶持下,由日伪汉奸、地痞流氓组成的地方治安维持会成立。高凌霨任委员

---

① 张利民、刘凤华:《抗战时期日本对天津的经济统制与掠夺》,社会科学文献出版社,2016年,第3页。
② 刘明逵、唐玉良编:《中国工人运动史》(第5卷),广东人民出版社,1998年,第4页。
③ 刘明逵、唐玉良编:《中国工人运动史》(第5卷),广东人民出版社,1998年,第15页。
④ 中国人民政治协商会议天津市委员会文史资料研究委员会编:《沦陷时期的天津》,天津人民出版社,1992年,第262页。

长，①王竹林、刘玉书、孙润宇等10人为委员。名义上，维持会口称"维持地方治安,恢复秩序,安定人心"，实际上是认贼作父,卖国求荣。从7月到9月,7个师团共二十多万日军陆续在塘沽登陆,在天津集结,天津成为日军进一步施行侵华战争的重要兵力集结地。

从1941年3月到1942年12月,日伪当局在华北和平津城乡地区先后进行了五次"治安强化运动"，加强对沦陷区百姓的控制和劫掠。每次"治安强化运动"开始后,天津全市便进入"非常戒备状态",伪政府出动大批军、警、宪、特和保甲人员,在各主要路口值勤警备,同时对市民的言行、日常生活及思想状况逐一加以调查,对"可疑者"详细登记,加以监视,并随时检查盘问甚至搜索住宅。②例如,1941年7月7日,为了压制天津人民纪念卢沟桥事变、反抗侵略的斗争情绪,天津日伪政权发布命令,举行了为期两个月的"治安强化运动"。日伪当局清查户口,检查报纸书刊,进行人口和舆论的管控,同时经常实行宵禁,限制天津市民的行动自由。大量便衣特务潜入工厂、学校、车站、码头、货栈等地进行侦查,对工人、学生和市民言行举动进行探听和监视,试图镇压抗日活动。侵略者法西斯式的统治,暴露了他们作为非正义一方的胆怯心虚、色厉内荏,而他们的这些举动不仅丝毫撼动不了中国人民内心对于侵略者的坚强反抗意志,反而增加了人民对侵略者和汉奸的憎恶与鄙夷。

日本占领华北地区后,日货在华北走私倾销行径更加明目张胆,给天津的企业以极大的威胁和打击。由于工厂开工不足,新招聘的工人无事可做。在日伪暴政下,本就极为困苦的工人生活更加雪上加霜。日伪政权发行伪联币,物价每日都在上涨,而工资却很难调整,每月薪水只有伪联币几十元,无法应对飞涨的物价。总之,天津工人的境遇日益恶劣,不仅饱受日本资本家的剥削,还受到日伪政权敲骨吸髓般的盘剥和残害。沦陷期间,天津工人以

---

① 高凌霨不仅是天津维持会主席,而且兼任天津特别市市长和河北省省长。张炳如：《华北敌伪政权的建立和解体》,《文史资料选辑》（合订本第39辑）,中国文史出版社,1999年,第147页。

② 天津市总工会工会志编修委员会编著：《天津工运百年纪事》,2014年,第182页。

民族大义为重,始终站在斗争的最前线,在中国共产党的正确领导下开展了多种形式的斗争,并在抗日战争即将迎来胜利的时候尽己所能守卫工厂,保护了人民的财产,是抗日民族统一战线的重要力量。

一、搜集经济情报,掠夺重要资源

日本侵略者对华侵略是蓄谋已久的。早在七七事变爆发前,天津作为华北重要的工商业城市和北方的经济中心,就为日本侵略者所觊觎。1934年10月,日本中国驻屯军司令部就制定了《华北重要资源调查之方针及要领》,开始构思建设"日、满、华北经济圈"的阴谋。日本以满铁为中心,在"日满华经济提携"的政策指导下,对华北开展经济调查。1935—1936年间,仅公开记载的,日本对华北开展的经济情报调查便高达25次。如1935年7月7日,以满铁总务部东亚科长内海治为团长的华北事业经济调查团,由长春抵达天津,准备有计划地搜集华北贸易、金融、纺织、农业、铁路、矿山、制铁等方面的情报。[①]这类资源调查、情报搜集勾当以服务日本国防建设为中心,侧重于工矿资源及日本工业所需原料的调查,目的是考察华北各政权的民众收入与负担能力,进而分析华北诸政权的战争能力。[②]

为了摆脱因战线拉长而军费激增的困境,日本侵略者加紧对沦陷区物质财富的掠夺。据统计,仅1937年至1938年一年时间内,日军就从天津直接掠走了价值62万英镑的物资。[③]五次"治安强化运动",日伪当局共搜刮铜60万公斤、铁41万多公斤、锡纸1.5万张,此外还掠走铁质水井盖3083个,总计金额达392.6万元。[④]

除了掠夺物质资源,日本侵华期间,为了掠夺资源、修建军事工程等目的,利用骗招、抓捕等手段强征数千万中国劳工在东北、华北、华东、华中、华

---

① 王凯捷:《天津抗战》,天津人民出版社,2005年,第146页。

② 郭晓辉、肖红松:《日伪对华北粮食统制研究(1933—1945)》,《日本侵华南京大屠杀研究》2022年第3期。

③ 王凯捷:《天津抗战》,天津人民出版社,2005年,第150页。

④ 中共天津市委党史资料征集委员会编著:《津沽怒涛——天津人民抗日斗争史话》,天津古籍出版社,1995年,第129页。

南等地从事繁重的劳动。史料记载,1931年至1945年14年间,日本共强制役
使中国劳工超过一千万人。①这些劳工被强制从事军事工程、筑路、开矿、拓
荒和大型土建等劳役。在日本侵略者的残酷压榨下,劳工们遭受着非人的虐
待。居住环境破烂不堪,劳动环境危险恶劣,劳工们衣不蔽体,食不果腹,有
病得不到救治,甚至为日军虐杀,受尽了常人难以想象的痛苦。

二、倚仗军事优势,吞并中国企业

华北地区平原广袤、物产丰盈,且天津地处要冲、水陆通达,便于华北地
区的物资及时转运。因此,天津自近代以来即处于东西方列强的觊觎之中。
20世纪30年代,随着中日民族矛盾加剧,日本侵略者对东北、华北步步鲸吞蚕
食,日本各大财团纷纷涌入天津,在纺织、面粉、造纸等行业,利用各种手段排
挤、吞并中国企业。天津的民族资本工商业经过多年发展已成规模,尤其是
天津的纺织行业六大工厂,无论在资金方面还是工人数量上都是行业翘楚
(如下表5.1所示)。这些工厂是天津工人智慧和汗水的结晶,最终却在日本
侵略者的步步紧逼下,为日资蚕食收购。

表5.1 1931年天津六大纱厂各项经济数据

厂别	资本(元)	纱锭	布机(台)	职工	日用煤(吨)	马达(座)	年产纱(担)
华新	3700000	27000	—	1200	28	—	20000
裕元	5600000	70000	1000	4200	70	185	37000
恒源	4000000	31000	200	2500	45	120	30000
北洋	3000000	28000	—	1300	30	—	20000
裕大	3000000	35000	—	660	—	60	15000
宝成	3000000	27000	—	1700	26	—	18000
合计	223000000	218000	1200	11560	199	365	140000

(资料来源:宋蕴璞:《天津志略》,蕴兴商行,1931年,第147页)

南京国民政府一再妥协退让,"对此则束手无策,眼睁睁看着日本工厂的

---

① 《日本强征劳工史不容掩盖》,《光明日报》2017年7月30日。

产品潮水般涌来,顿时将中国的工业冲垮。合法经营的美英进口行和其他进口行,亦发现生意难以为继。中国商家成百上千地倒闭,然后被日本人和韩国人三钱不值两钱买去。天津地区的大型华资丝织厂和棉织厂无法与日货竞争,因后者只付了平常关税的四分之一。于是只有破产关门,被日本人收购"①。1935—1937年间,天津原有的规模较大的7家中资纱厂被日资并购4家,占天津纱锭总数70%以上。到1937年初,日资掌控的纱厂已有10家,织机数千架,纱锭1.7万枚,而中资纱厂仅余5家,纱锭7100枚,织机310架。②天津六大纱厂先后被官僚资本和日资所兼并。在七七事变前,恒源纱厂和北洋纱厂分别于1925年和1936年被官僚资本的诚孚信托公司接管。裕大纱厂和宝成纱厂先后于1933年和1935年被转卖给日资东洋拓殖会社和伊藤忠商事会社合组之大福公司。裕元纱厂和华新纱厂也于1936年被拍卖给日资钟渊纺绩株式会社,分别改为公大六厂和公大七厂。

七七事变后,侵略者的巧取豪夺更加肆无忌惮,对面粉、纺织、交通、采矿、钢铁、机械、化工等行业开始实行严格的军事管理。重压之下,天津大批企业不得不转让给日方或被迫接受日伪政权"战时经济体制"和各种统制政策的管控。总之,在日本占领期间,天津的民族工业处处受到日伪当局及日资企业的压制排挤,天津曾经的优势产业棉纺织业几乎被日资纱厂所垄断,面粉行业和毛纺织业则由于原料匮乏以及日本人的吞并长期处于半停产的状态。由此,天津的支柱产业生产量逐年下降。

三、施行经济统制,实现以战养战

七七事变之后,日本以满铁调查搜集到的情报为依据,制定经济开发年度计划,统制沦陷区经济。从1937年7月底天津沦陷到1945年8月日本投降,天津工业是在日本帝国主义的直接统治和控制之下发展的。尤其是进入战略相持阶段后,日本侵略者逐渐认识到当务之急要先巩固已经占领的

---

① [美]哈雷特·阿班:《一个美国记者眼中的真实民国》,杨植峰译,中国画报出版社,2014年,第174页。

② 王凯捷:《天津抗战》,天津人民出版社,2005年,第149页。

地区,因此开始实行与"以华制华"政策相呼应的"以战养战"经济策略,强调
日本、满洲、关内占领区在经济上的合作互补,使之共同为战时经济服务。
日本方面以所谓"经济开发""经济建设"为名,使天津工业为其侵略战争服
务,对天津工业从原料采购、分配,到产品的销售、贩运和消费,进行全面的
严格控制。例如,在五次"治安强化运动"期间,日伪当局就制定了各类物资
统制措施、办法近二十项,范围包括粮食、棉花、钢材、牲畜、医药用品、锡纸
等各类物资。①

　　以粮食为例,在沦陷之初,天津的面粉行业还能够从本地市场购进少量
小麦,或者从洋行进口小麦。1939年,日本侵略者建立了"华北小麦协会"。
小麦全部由日本三井、三菱等株式会社统购,不准许中国商人私自购买,以致
天津各面粉厂因无原料,被迫停工。②后来,日本人把统购统销的小麦交给
"华北麦粉制造协会",按照生产能力的大小,再分配给各面粉厂加工。这种
状况直到1945年日本投降才结束。1941年9月,日本陆军特务机关发表"强
力统制收买辖区所产米谷令",对天津陆军特务机关管区生产之米谷实行"整
年间统制收买",除指定商号外,任何人在任何情形下"绝对禁止米谷之收买
及搬入"。针对违反者,按"日华两官宪之规定处罚之,并对于违反者之物件、
米谷全部没收之"。③命令施行后,天津地区加工面粉的工厂基本处于停工或
半停工状态,市场上精米精面奇缺,民众只能吃一些玉米面、块茎植物、高粱
面和豆饼。即便如此,也非敞开供应,且工人工资只能维持简单温饱。根据
工人张文清回忆:

---

　　① 王凯捷:《天津抗战》,天津人民出版社,2005年,第190页。
　　② 杨文焕:《靠美麦"施舍"过活的寿丰面粉公司》,《天津文史资料选辑》(第5辑),天
津人民出版社,1979年,第161页。据该文记载,寿丰面粉公司是天津开业最早、规模最大
的一家机制面粉公司,下属三个面粉厂。
　　③《伪市公署转发日陆军特务机关强力统制收买辖区所产米谷令并附收买大纲》
(1941年9月20日),天津市档案馆等编:《天津商会档案汇编(1937—1945)》,天津人民出
版社,1997年,第578、583页。

吃饭没有固定时间。我们带一点豆饼，将它放在一个缝在衣兜里的小口袋里。豆饼用水泡一下，撒上一点盐，再放回衣兜里，当我们干活的时候就吃它。吃完之后，没有热水，我们就喝凉水。上夜班时，到处是放屁的人，很臭，因为我们吃的食物不能好好地消化。①

工人们夜以继日的劳动强度与营养不良、品质粗劣单一的食物结构形成了鲜明的对比，也导致工人们大批出现身体健康问题。年长的工人容易患上关节炎，童工由于营养不良造成膝盖内翻，女工的常见病则是背部、腿部酸痛、胀痛。此外，比较普遍的还有呼吸道疾病和眼病。同时，工人宿舍拥挤逼仄，通风不畅，一旦出现流行性疾病、传染病，容易导致疾病传播。

一些日本工厂，尽管直接发给工人粮食以冲抵部分工资，但所发的粮食不仅缺斤短两，而且品质低劣，难以下咽。以纱厂为例，日本人占领期间，纱厂部分工资常常以实物支付，但是工人们不清楚工资中现金和实物的比例，而且"工人们常常抱怨……作为工资发放的粮食是质量最差的玉米面、甘薯、高粱或大豆，并且经常发霉或掺杂了土、石子或玻璃碴"②。尽管品质如此低劣，但是纱厂工人依然得不到应得的全部工资，据一位曾经当过童工的工人回忆：

有一次我排着队，风刮得很大，当你一排到前面，他们就催促你快去领你的粮食。我把粮食拿回家。我很高兴，因为粮食很轻，我以为我已经强壮得可以拿东西了。当我到门口时，我父亲在迎接我。到家后，我母亲给我倒了碗茶，并让我坐到炕上。我们称了一下我拿回来的粮食，

---

① [美]贺萧：《天津工人，1900—1949》，许哲娜、任吉东译，天津人民出版社，2016年，第210页。

② [美]贺萧：《天津工人，1900—1949》，许哲娜、任吉东译，天津人民出版社，2016年，第213页。根据贺萧的采访记述，纱厂以劣质食物冲抵工资的行为一直持续到天津解放前。由此说明，日本投降后，国民政府没有让工人的境遇好转起来。

发现是28斤大豆。他们本应该给我40斤。他们倒走了一些,给了我28斤,而且,三分之一是土。①

由此可见,在日本侵略期间,天津工人的生活十分艰苦,工人不仅拿不到工资,只是得到一些残次粮食,且数量上不足以养家糊口。这也表明,随着战争不断加剧,政局日益动荡,侵略者加紧掠夺,天津原本脆弱的资本主义工商业陷入了极度的困难。在货币贬值、通货膨胀、物资奇缺的联合冲击下,工厂已经回到了以物易物的时代。

这种军事管理和战时统制导致天津工业畸形发展,"即偏重于与军需品密切相关的企业和少数重工业的发展,而与人民生活直接相关的轻纺工业则普遍衰落"②。随着侵略战争的不断扩大和日军在战场上颓势渐显,日本的军阀、财阀加紧了对天津等工业城市的掠夺压榨,给天津人民带来了深重的灾难。天津的经济命脉由此被侵略者掌控,沦为侵略者生产战争物资的供应基地,被纳入日本殖民经济体系当中。

四、沦陷时期天津工人的悲惨遭遇

天津沦陷后,天津人民群众在日伪当局的残暴统治下,生活极其艰难。在工厂尤其是日本工厂做工的天津工人表面上有一份工作勉强维持生计,但实际上经常遭受侵略者的压迫剥削甚至殴打折磨。

(一)收入微薄,极度贫困

民国时期一般家庭人口平均约5人,而每家有工资收入者,在天津不到1.5人。③通过出卖劳动力赚取工资的工人绝大多数是没有文化和专业技术的体力劳动者,他们的工资很低,也因此决定了整个工人阶级整体工资水平的

---

① [美]贺萧:《天津工人,1900—1949》,许哲娜、任吉东译,天津人民出版社,2016年,第213页。

② 杨生祥:《简论日本侵略者对天津工业的掠夺与"开发"》,《天津党校学刊》1995年第3期。

③ 陈柳青:《天津工人经济收入与生活状况考察(1930—1956)》,天津大学硕士学位论文,2007年,第18页。

低下。全民族抗战爆发后不久,中国的金融进入严重的通货膨胀时期,之后更进入恶性膨胀阶段。[①]天津工人的薪资待遇十分低微,再加上局势动荡物价飞涨,致使工人的生活更加艰难。如表所示。

表5.2 1938年天津纺织工业工人薪酬统计表

（单位:元/天）

工厂名	性别	最高	最低	平均
公大第六厂	男	—	—	0.40
	女	—	—	0.36
公大第七厂	男	—	—	0.47
	女	—	—	0.41
恒源纱厂	男	0.63	0.35	0.50
	女	—	—	—
裕达纱厂	男	—	0.25	0.49
	女	—	0.13	0.42

资料来源:刘明逵、唐玉良:《中国近代工人阶级和工人运动》(第12册),中共中央党校出版社,2000年,第208页。

从表5.2可知,纺织工人每月(按30天算)薪资大概是3.9—18.9元。同一时期,其他行业如面粉厂、石化厂、榨油厂、造纸厂工人月薪分别是9—18元、9—40元、4—18元、13.5—21元。[②]由于纺织厂雇用了大量的女工、童工,因此纱厂最低薪酬是相对最低的。[③]实际上,天津产业工人多数成年男工的月平均工资大体上都在14—20元,高于20元的少之又少。而且,大多数工厂都要

① 陈柳青:《天津工人经济收入与生活状况考察(1930—1956)》,天津大学硕士学位论文,2007年,第12页。

② 陈伟:《抗日战争时期天津工人运动研究》,天津师范大学硕士学位论文,2015年,第21—23页。

③ 根据贺萧的研究,20世纪20年代初期和中期,童工占了所有棉纺厂工人的四分之一以上,而且6个工厂中有5个工厂只为多数童工支付微薄的薪水,或者仅提供食宿。20世纪30年代初,纺织业危机,工厂频繁倒闭,管理者很可能不希望保留一群需要提供食宿的驻厂童工。1937—1945年,日本人占领期间,使用童工再次盛行。虽然有培训,但由于过于随意,导致童工和学徒工的区别并不明显。日占时期,天津工厂中童工的比例介于三分之一到三分之二之间。[美]贺萧:《天津工人,1900—1949》,许哲娜、任吉东译,天津人民出版社,2016年,第75、76、77页。

求工人每天工作10小时以上，北洋火柴厂甚至要求工人每天工作14小时。这说明当时工人的劳动强度是很大的。当时，天津工人平均每家每年支出为212.76元，大多数工人的工资收入仅能维持家庭日常基本开销。[①]

表5.3 天津136名工人各项生活开支统计表

| 厂名 | 人数 | 平均支出（元） | | | | | 总平均数 |
		食品费	衣服费	交通费	交际费	杂费	
天津久大	86	78.09	18.93	5.70	10.28	11.42	124.42
天津永利	50	74.27	20.66	2.79	7.73	10.75	116.20

上述两厂工人的恩格尔系数[③]分别为62.7%、63.9%，根据联合国粮农组织提出的标准，恩格尔系数在59%以上为贫困，50%—59%为温饱，40%—50%为小康，30%—40%为富裕，低于30%为最富裕。由此可见，两座工厂的工人生活均处于贫困状态。

除了工人的薪酬支出，还要对抗战时期天津工人的生活消费指数进行量化统计分析。如表所示。

表5.4 1930—1942年天津工人生活消费指数统计表[④]

| 时期 | 生活费分类指数 | | | | 总指数 |
	食品	服饰	燃料及水	房租	
1930	100	100	100	100	100
1931	91.61	94.08	78.99	95.28	99.99
1932	84.64	96.16	93.87	97.57	88.58

---

① 陈柳青：《天津工人经济收入与生活状况考察（1930—1956）》，天津大学硕士学位论文，2007年，第12页。

② 王玉茹：《近代中国物价、工资和生活水平研究》，上海财经大学出版社，2007年，第115页。

③ 食品支出占总支出的比重是一个重要的为多数人所接受的指标，即恩格尔系数。根据恩格尔系数的高低我们大致可以判断居民生活水平的高低。生活水平越高，一般说来恩格尔系数越低，在一定范围内该系数总是和家庭收入成反比例。

④ 王玉茹：《近代中国物价、工资和生活水平研究》，上海财经大学出版社，2007年，第8页。

续表

时期	生活费分类指数				总指数
	食品	服饰	燃料及水	房租	
1933	73.62	85.79	77.96	96.60	77.84
1934	69.57	81.59	78.50	96.60	75.50
1935	81.70	77.82	80.67	95.69	83.34
1936	98.67	82.48	89.44	90.65	94.96
1937	111.31	95.10	92.48	90.65	103.88
1938	148.19	122.84	108.76	93.04	131.99
1939	247.05	193.02	156.21	116.75	210.19
1940	406.87	373.96	304.14	190.85	355.80
1941	399.60	458.47	388.26	248.99	402.69
1942	653.84	589.68	795.47	314.97	620.12

1930—1936年间,变动幅度不大,指数基本保持在100以下,这主要是由于国内经济进入了平稳发展时期;1936—1942年间,这两个指数持续上升,生活消费总指数从1936年的94.96增长到1942年的620.12,食品指数从98.67增长到653.84。这主要是由于这段时期正处于抗日战争。从天津工人生活指数统计表不难看出,全民族抗战爆发后,生产物品的厂家在规模和数量上减少,大部分的社会生产能力用于军事开支,结果导致居民生活必需品供应减少、物价上涨。工人实际工资水平的下降,导致工人的购买力更是不断下降。1933年一个工人的月收入可购买大米1.84石(1石相当于现在的100斤左右),相当于其全家(七口之家)生活费(包括吃、穿、用)的76.03%,到1937年,其月收入只能购买0.97石,只相当于全家生活费的40.08%。在这种情况下,他们只能吃糙米(一种质量很差的大米)、青菜。有的家庭甚至只有当家的吃干饭,妻子儿女整日喝粥。①

天津市总工会工会志编修委员会编著的《天津工运百年纪事》,以口述史

---

① 陈柳青:《天津工人经济收入与生活状况考察(1930—1956)》,天津大学硕士学位论文,2007年,第16—17页。

的形式，收录了大量老工人的回忆，有助于我们还原历史真相，是我们进行历史研究的重要一手史料。据天津国棉四厂的老工人回忆：

> 1941年12月8日，日军接管工厂。军管后，工人的生活进一步恶化，甚至连土豆都吃不上。许多人一天只吃一顿饭，工资拿到手后还了债也就没钱了。因此有人早上到菜道上捡拾烂菜叶子，回家煮着吃。工人们挣扎在饥饿线上，不知生死。有的下工后拉车，连冻带饿倒毙在路旁。物资供应也十分困难，为了买到八斤土豆，从中午12点一直排到次日早晨八点，而且有的时候第二天什么都买不到。

位于今南开区三纬路一带的汽车修理厂，在1938年被日本丰田自动车工业株式会社接管，以制造汽车为主。[1]丰田厂不把中国工人当人看，工时长，强度大，却工资微薄。一般工人每天只挣6—8毛钱，一个月的工资仅够维持一个普通家庭1—2周最低生活。为了养家糊口，很多工人不得不在下班后还要去打短工赚外快补贴家用。据曾任天津机械厂厂长的毛桂亭回忆：当年弟兄四人都在丰田厂干活，四个小伙子的薪水却不能维持一家人的生计，只能下班后打短工，即便如此家里有时候也是揭不开锅。

天津沦陷后，天津市面上的米、面、豆等供应军需，或运往日本或支援前线，玉米、高粱、山芋及豆饼等粗食配给中国人食用。[2]尤其到了1943年夏，日本在太平洋战场屡遭败绩，颓势已现。由于战线过长，物资捉襟见肘，日军前线的补给也开始出现问题，因此加紧掠夺中国百姓的粮食。当时北平、天津市面上已经没有了大米、白面，就连玉米面也极难买到。老百姓只能吃由山芋面、蚕豆面、豆饼再掺杂了锯末子的杂合面。即便是这种连牲口都不吃的

---

[1] 新中国成立后该厂为天津拖拉机制造厂，后划归给天津机械厂。

[2] 朱仙舟、刘树英、张连祥：《断了粮源的粮食业》，《天津文史资料选辑》（第5辑），天津人民出版社，1979年，第166页。

"口粮"也还是长虫、发霉、掺沙子的,蒸出来的窝头松散,只能拿手捧着吃。到日本统治后期,连杂合面都不能按量配给,导致北平、天津的百姓吃了上顿儿没下顿儿,忍饥挨饿,苦不堪言。

丰田厂的工人王宝华一家五口人,吃了杂合面后全部病倒,上吐下泻。因为无钱医治,二儿子和小女儿先后离开人世。不久后,妻子也死在了逃难的路上。半个月内,五口之家三人惨死,家破人亡,怎一个惨字了得。日本工厂对天津工人的压榨迫害罄竹难书,更是日本侵华罪行的重要例证。

(二)饱受欺辱,毫无人权

为了进一步利用中国的劳动力和其他资源,日本军国主义者豢养的资本家纷纷在天津开设工厂,利用种种特权,攫取最大利益,为战争服务。这些日本工厂实行军事化管理,日本资方、工头、厂警经常借机对中国工人进行打骂凌辱。日本人对工人残酷压榨,视如牛马,工人们不仅在经济上极度贫困,在政治上也是毫无人权可言。

据永利制碱公司的老工人王光亭老人回忆:

日本鬼子侵占永利碱厂以后,我在锅炉房烧火(司炉)。工人们吃的是树皮磨的窝窝头,像个驴粪蛋子,难以下咽。那时连咸菜都没钱买,每当吃饭就用白水往下送。那时三班连夜生产,抬煤工人吃不饱,肩上抬着大筐的煤,走在爬坡的斜跳板上,身体发晃。日本鬼子拿着檀木柄小榔头,看谁不顺眼,就没头没脸地打。鬼子老嫌我们烧的火不好,就经常用榔头敲我们的脑袋。我用胳膊搪了一下,他们就用榔头把我的胳膊打伤了。直到现在,我的胳膊还不能向前弯曲,就是那时留下的残疾。[1]

王光亭老人的遭遇只是沦陷时期千千万万个工人所遭所遇的缩影。工

---

[1] 陈调甫:《永利碱厂奋斗回忆录》,《文史资料选辑》合订本(第10辑),中国文史出版社,1999年,第21页。

人饱受虐待却只能忍气吞声,身心都留下了永久的创伤。

丰田厂戒备森严,厂门口设有岗哨,日本军警特务牵着狼狗在四周巡视,工人下班时要挨个搜身,更为可恨的是厂内设有刑讯室,对待工人犹如罪犯和奴隶,进厂仿似入狱一般。丰田厂对工人实行军事化管理,从行政到生产完全采用日本方式。工人上班时要在厂门口排队打卡,无论雨雪皆是如此。如果由于排队工人较多,打卡花费时间较长,超过了规定上班时间,也被视为迟到,不仅要被扣工资,而且还要挨打挨骂。13岁的童工岳景玉由于迟到,不仅被日本监工打耳光,而且罚他举了一小时的哑铃。据老工人回忆,几乎没有没挨过日本人打的,无缘无故地挨打更是家常便饭,要是被抓到点把柄,更是要拉到刑讯室严刑拷打。

日本侵略者掌控的其他工厂对待工人也几无不同。1939年,天津地区发生严重的洪涝灾害。日本人调集军队封锁租界,给租界工厂中做工的工人出入造成了极大不便,绝大多数工人们被迫在工厂内食宿。即便有机会在周末回家,工人们还需要冒着生命危险,钻过封锁用的电网、铁丝网。

在工人群体当中,女性工人是一个特殊的群体。她们走入社会,参与工厂劳作,一方面是生活所迫的无奈之举,另一方面她们冲破封建礼教桎梏的勇气也令人钦佩。然而在实际工作中,女工不仅受到经济、政治上的剥削压迫,而且极易受到人身的侵犯,一旦出现罢工,女工往往是监工们拷打逼问的对象。1940年12月,天津颐中烟草公司全体工人罢工,日本工头为了追查组织者、领头人,竟然丧心病狂地抓走几名女工,绑在电线杆上严刑拷打,用火烧、泼凉水,女工们被折磨得奄奄一息。此外,有些工头为虎作伥,利用手中的微末权力折磨女工,甚至"有权力在车间侮辱女工并常常奸污他们。性虐待被当成一种管束犯错工人的方法"①。有的女工由于在工厂偷东西,被带到日本宪兵那里,不仅遭受侮辱,而且被关押了两天。有的女工由于生病没有

① [美]贺萧:《天津工人,1900—1949》,许哲娜、任吉东译,天津人民出版社,2016年,第218页。

去上班,工头就借机在女工宿舍揩油。被工头欺压的女工要么忍气吞声,要么辞工不做。那些不顺从者就会被工头找各种理由打骂欺辱,最终也难逃毒手。所以,沦陷期间,天津工厂的女工命运十分凄惨,"性交易常常是女工保证她在工厂能继续工作的唯一手段"①。

(三)条件恶劣,毫无保障

除了管理人员态度恶劣、滥施刑罚、侮辱女工,工人们的劳动强度极大,食宿条件极差,饱受饥饿和疾病的折磨。据天津国棉五厂老工人张元和回忆:

> 日本侵略天津的时候,纱厂工人们一天工作24小时,当时工人们称之为"连轴转"。工人们在工作时常常晕倒在地上,日本监工一见就用棍子打,起来还逼着干。

国棉五厂老工人左振玉、王文义等人回忆:

> 几千人住在工房里,一个炕上睡着几十人,挤得不能动,又窄又脏又臭,里面满是臭虫、蚊子、苍蝇,工人们得了病也没人管。王家辛等七人被活活饿死,死后尸体上生了蛆,所以工人们称工房为"集中营""臭虫楼"。②

工人不及牛马,生命毫无保障。当时的工厂里面,机器设备没有安全装置,工人们极易受伤。在侵略者眼中,受伤或丧失劳动能力的工人没有了利用和压榨的价值,因此日伪资本家对他们十分冷酷无情。因生产事故

---

① [美]贺萧:《天津工人,1900—1949》,许哲娜、任吉东译,天津人民出版社,2016年,第219页。
② 天津市总工会工会志编修委员会编著:《天津工运百年纪事》,2014年,第182—183页。

致伤致残的工人不仅得不到救治和补偿，而且被开除，丢掉了赖以为生的工作，结局极为悲惨。1942年，天津动力机厂机工车间工人何金华由于吃不饱，全身无力，一次挂皮带，一不小心被皮带绞了进去，最后两条腿、一只胳膊被截去，人已经残废，日本人不仅不发抚恤金，还说他"命该如此"，并把他开除。

由此可见，日本侵略者把包括天津工人群众在内的广大中国劳动人民视为压榨盘剥凌辱的对象，尤其是把工人束缚在"血汗工厂"之中，极尽压迫之能事，妄图实现以战养战，掠夺物质财富、劳工资源为其侵略战争服务的狼子野心。

第二节　中国共产党调整策略领导天津工人抗日救国

全民族抗战爆发后，中国共产党审时度势，及时调整策略。平津一带党组织闻令而动、积极响应，不仅保存了有生力量，而且团结了广大爱国群众进行正义的抗争。

一、有生力量战略转移

1937年7月，平津沦陷后，北方局决定："凡不能在平津立足的党员和抗日分子都撤出平津，党的领导机关撤退到太原……不能到太原者，即退到冀东或平津城外的乡村，设法拿起枪来打游击。"[1]9月，国共宣布合作后，刘少奇根据新的形势，给平津党组织的指示信中指出："以游击战争为中心，一切半公开的救国团体均取消，人员下乡游击。不能在平津立足，又不能参加游击的干部即退出平津。"[2]北方局也决定，党在平津的组织转入长期秘密工作，保存集聚力量，等待准备将来反攻，而且提出："城市工作服从乡村工作……在华

---

① 王凯捷：《天津抗战》，天津人民出版社，2005年，第132页。

② 中共中央文献研究室编：《刘少奇年谱（1898—1969）》（上卷），中央文献出版社，1996年，第190—191页。

北即将失守的城市、矿山、铁路、工业区,号召工人、职员在敌人到来时,组织工人游击队,或到乡村同农民一起打游击。"①中共天津市委坚持党在沦陷区的工作方针,②转移和保护革命有生力量,积极开展抗日宣传,并以租界为掩护,团结带领天津人民群众同日伪政权进行各种形式的斗争。

当时需要转移的党员、青年学生、工人骨干多达数千人,为了保证安全,河北省委书记马辉之和天津市委书记姚依林做了大量艰苦细致的工作,天津市委从党费中拿出几百元作为转移路费,利用开滦煤矿堆栈和太古洋行、怡和洋行仓库,安置即将被转移的同志。党组织上下有钱出钱、有力出力,经过两个多月的紧张忙碌工作,到1937年10月把平津地区的党员、民先队队员、爱国学生,通过各种途径转运出天津,成为撒向各地的革命火种,继续在抗战中贡献力量。

天津沦陷后,面对日伪政权残暴野蛮的统治,中共天津市委坚决贯彻执行党中央提出的全民族抗战路线和战略方针,在中共河北省委的领导下,及时转变工作方针和斗争策略。③1937年8月,中共河北省委在天津建立了领导机关,省委书记马辉之,负责领导北平市委、天津市委、冀东特委及自卫委员会工作(由于冀中、冀南、北岳地区都开辟了抗日游击根据地)。所以,党中央和北方局布置给河北省委的任务主要是三个方面:一是开展冀东游击

---

① 中共中央文献研究室编:《刘少奇年谱(1898—1969)》(上卷),中央文献出版社,1996年,第191页。

② 1937年,中共天津市委机关办公地址位于和平区西安道福顺里12号(现为南京路诚基中心)。中共河北省委秘密电台位于和平区沙市道45号(今福林公寓),1939年5月,为了安全起见,该秘密电台转移至和平区昆明路福寿别墅4号(今京海公寓)。1938年9月,经党中央批准,负责领导北平、天津、唐山三个城市工作委员会,以及铁路沿线党组织工作的中共平津唐点线工作委员会,在天津和平区和平路322号东方饭店(今狗不理大酒店)成立。该工作委员会为抗日前线培养和输送了大批抗日骨干和党员干部,同时利用天津城市优势,向党领导的抗日武装秘密运输了军械、通信器材、医药、布匹、食盐和纸张等物资,为抗日战争的胜利作出了贡献。

③ 1928年6月,国民革命军占领天津,设立天津特别市。1930年6月,天津特别市改为直辖市,由南京国民政府行政院直接管辖。11月,河北省省会由北平迁至天津,天津由直辖市改为省辖市。1935年6月,河北省省会迁往保定,天津恢复直辖市。

战争；二是做好平津唐地下工作；三是对冀中、冀南在医药用品、日用品和人力、输送知识分子干部等方面给予支援。①中共中央决定河北省委、北平市委、天津市委的负责人开始有步骤地陆续撤离平津抵达太原。河北省委在平津、冀东等地建立了秘密交通及联络站，开始把工作重心转移到乡村组织游击战争。河北省委书记马辉之，河北省委主要负责人吴德、林铁、胡锡奎，天津市委书记姚依林、组织部部长李启华等人留在天津继续坚持战斗。在这种严峻的形势下，河北省委制定了"隐蔽组织、蓄积力量、等待时机、里应外合"的指导方针，决定利用天津租界的有利条件，隐蔽且积极稳妥地开展抗日活动。利用外国租界开展革命活动是中共在大城市、在白区工作的一大创新。

二、组织领导冀东抗日大暴动

1937年8月，党的洛川会议决定在冀东地区②开展游击战争。1937年9月底，中共中央讨论华北游击战争的部署，拟将华北划分为绥西、绥察边、晋西北、晋南、冀察晋、直南、直中、冀东（平津在内）、山东九个战略区。③冀东地区的工农群众在当地党组织的组织下闻风而动，积极响应，打响了华北地区工农武装暴动反抗侵略者的第一枪。冀东地区具有光荣的革命斗争传统，大革命失败后，中共顺直省委曾在这里发动过玉田农民武装暴动。全民族抗战爆发后，日军深入中国腹地，战线过长、兵力不足的劣势初显，为中共领导敌后武装斗争提供了有利的条件。

为了便于在冀东发动武装暴动，中共河北省委靠前指挥，在天津英租

---

① 王凯捷：《天津抗战》，天津人民出版社，2005年，第130页。

② 冀东是一个地理名词，曾经作为一个正式的行政区域，来源于新中国成立前的河北省冀东道公署，位于华北平原东北部，北倚燕山，南临渤海，包括当今的唐山、秦皇岛，天津东部、北部的宁河、宝坻、蓟州，廊坊北部的三河、香河、大厂，北京东部的通州、顺义、平谷、密云。鉴于天津部分地区是冀东地区的一部分，因此考察天津工人运动，要与冀东地区联系起来。

③ 中共中央文献研究室编：《刘少奇年谱（1898—1969）》（上卷），中央文献出版社，1996年，第191页。

界张庄大桥附近的居民区(今营口道与南京路交口)建立了领导机关。①因此,天津实际上成为党领导冀东人民进行敌后武装斗争的指挥部。河北省委利用租界和码头向冀东地区运送了大批物资,派遣了李楚离、王仲华等党员骨干深入矿山、农村发动群众,为暴动做好了充分的准备。河北省委军事部长林铁在天津秘密训练军事骨干,讲授游击战争的战略战术、各种武器的使用方法和爆破技术,随后把这些人秘密派送到冀东地区。为了支持冀东暴动,中共利用一切力量,在天津租界内的一些旅馆如交通旅馆、国民饭店、佛照楼、渤海大楼等设立联络点,为来往于津冀之间的人员提供安全屋。

1938年5月,华北人民抗日自卫委员会在天津召开会议,对冀东抗日暴动作出了具体安排。7月,八路军第四纵队五千余人在邓华、宋时轮的率领下挺进冀东地区。7月6日,中共冀热边特委(书记李运昌)领导了冀东抗日。工农抗日联军率先在河北滦县举行抗日武装起义。随后参加起义的有丰润、迁安、遵化等二十余县和开滦矿区的工农群众二十万人,起义武装一度发展到十万人,声势浩大,史称"冀东人民武装抗日大暴动"。②刘少奇曾高度评价过冀东大暴动:"这是一次很值得研究的人民抗日大起义。我们的同志在起义前做了很好的工作,那里的国民党组织及伪政权下差不多全部的保安队(七八个旅)、县政府的伪军,开滦矿山的工人、农民及许多地主、资本家,都联合起来参加了起义。这是真正地发动了几十万群众来进行反对日本侵略者的武装斗争,并在起义后立即组织了联合领导起义的政权与军事指挥机关。"③

---

① 为了在冀东地区实施武装暴动,中共河北省委与天津市委通力合作,在思想上、组织上、物质上做了充分的准备。领导机关具体成员包括:省委书记马辉之、组织部部长吴德、军事部部长林铁、宣传部部长兼天津市委书记姚依林。

② 1938年9月中旬,八路军第四纵队(宋时轮、邓华纵队)部分主力及5万起义队伍由冀东西撤过潮白河到平西整训。

③《刘少奇选集》(上卷),人民出版社,1981年,第254—255页。

三、在工人中秘密开展工作

为了进一步阐明抗战时期工会和工人阶级的中心任务、组织原则与斗争方式，刘少奇于1938年2月撰写了《工会工作大纲》。大纲指出："中国工人阶级目前主要的任务是积极参加抗战，争取抗战的胜利。中国工人阶级应该最积极地来参加目前地民族解放战争，并给这个战争以最高限度地组织性、坚持性和彻底性，以便求得中国民族地彻底解放与独立自由。中国民族解放战争的胜利虽然还不是中国工人阶级的最后的解放，但对于中国工人阶级是很有利益的，因为中国民族自卫战争的胜利是中国民族的最高利益，也是中国工人阶级的最高利益，所以，为中国民族的彻底解放而斗争，也就是为自己阶级的彻底解放而斗争。"①

在谈到工会在抗战时期的基本任务时，大纲指出："工会是工人阶级的群众组织，在平时，工会的基本任务是团结与教育工人阶级拥护工人的切身利益，并争取工人阶级的解放……在抗战时期，工会最重要的工作，就是动员广大工人群众与会员来参加战争中各方面的工作与建设，主要的有如下一些：一是动员工人加入抗日的军队，派遣工人到战场上去服务（如铁路破坏队、交通队、电信队、救护队、运输队等）；二是积极帮助政府建立国防工业，发动工人的劳动热忱，提高国家工业中的生产，提高工作的技能；三是帮助政府武装工人，组织工人自卫队，或动员工人加入人民自卫队或工人游击队；四是帮助政府肃清汉奸，巩固后方，帮助政府一切抗战法令的执行；五是派遣积极的工人干部参加一切抗战的领导机关和组织，反对贪污、浪费、腐化及官僚主义……"②

《工会工作大纲》是抗战爆发以来，党在领导职工运动过程中积累经验的系统总结，为抗战时期工会工作和工人运动指明了方向、提供了思路，推动了最广泛的抗日民族统一战线的构建，在思想上、舆论上、行动上助推了全民族

---

① 中共中央文献研究室编：《刘少奇年谱（1898—1969）》（上卷），中央文献出版社，1996年，第204页。
② 中共中央文献研究室编：《刘少奇年谱（1898—1969）》（上卷），中央文献出版社，1996年，第204—205页。

凝心聚力共抗仇寇。刘少奇撰写的《工会工作大纲》也得到了党内同志的高度评价。1938年11月5日,后来担任中共中央职工运动委员会副主任的张浩①在六届六中全会上发言时强调:"少奇同志著的《工会工作大纲》与边区总工会的手工业工会与农业工会的两个章程,在这里是特别值得郑重介绍的,因为这三个文件均是十年来工作经验的结晶,是根据持久抗战的环境融合起来的,是值得全国各地依据实际的具体情况,善于利用的。"②

抗日烽火风起云涌,中共中央审时度势。1938年7月中旬,中共河北省委书记马辉之从延安出发,秘密抵达天津,向天津的同志们传达了中共中央对平津唐城市工作的重要指示,即在河北省委转移到冀东后,党秘密筹办建立平、津、唐点线工作委员会,负责领导北平、天津、唐山三个城市和北宁铁路北平至山海关段党的工作。铁路系统的党组织以党员为骨干,秘密建立了北宁铁路职工抗日救国会,吸纳有抗日思想的职工参加,规模逐渐扩大到上百人,同时出版了秘密刊物《铁球》,宣传抗日主张和爱国主义,在民众中有一定影响。③

四、建立统一战线与抵抗组织

随着中国共产党工作重心和组织机关的转移以及抗战形势的骤变,平、津、唐等重要工业城市的工人群众在中共的领导下,坚持正确的对敌斗争方针,团结一切愿意抗日的爱国志士,化整为零,组成短小精干的团队,坚持秘密工作,利用各种渠道了解敌情,向根据地输送人员和物资,积蓄力量,积极开展对敌斗争,为全民族的抗战大业贡献了力量。

---

① 1939年4月24日,中共中央组建中共中央职工运动委员会,由刘少奇、陈云、康生、林育英、高长久、朱宝庭、乐少华、刘达潮、孔原、李卓然十人组成。由康生(后为邓发)任主任,林育英(化名张浩)任副主任,主持职委工作。5月1日,中共中央职工运动委员会正式宣布成立。主任改称书记,下设研究室、编辑室和总务科。刘明逵、唐玉良主编:《中国近代工人阶级和工人运动》(第11册),中共中央党校出版社,2002年,第227页。
② 中共中央文献研究室编:《刘少奇年谱(1898—1969)》(上卷),中央文献出版社,1996年,第205页。
③ 王凯捷:《天津抗战》,天津人民出版社,2005年,第131页。

1937年11月5日，中共河北省委直接领导的统一战线组织——华北人民抗日自卫委员会在天津成立。该委员会的纲领指出："唯有毫不松懈地抗战，唯有各阶级、各党派、各种不同思想信仰的国民一致团结起来，用共同的力量，来争取民族的生存，才是今天我们唯一的出路。"[①]华北人民自卫委员会是河北省委贯彻洛川会议精神而采取的重大举措，是国共合作后中共在北方建立的首个抗日民族统一战线组织。

在统一战线的领导下，天津涌现出一大批抗日救亡团体。例如，天津抗日东进委员会，专门破坏小刘庄大直沽一带纱厂的自来水和发电设备。还有天津工人抗日宣传队、天津工人别动队、天津工人突击团等，这些组织皆以工人为主体，在工厂商店进行抗日活动。其中，天津工人救国团和天津工人救国联合会联系工人和各界群众比较广泛，有较高的威望。前者由中共河北省委组织领导，后者由国民党组织和领导。

早在全民族抗战爆发前，中共根据时局的发展，深谋远虑地在北平、天津的工厂、学校中积极发展青年中坚力量，组建了中华民族解放先锋队（简称民先队）等群众性组织。平津沦陷后，民先队遵照党中央的指示精神，在中共天津市委书记姚依林的领导下开展工人运动。他们在小刘庄棉纺厂、公大六厂、北洋纱厂和卷烟厂的工人中间秘密进行抗日宣传，并通过开办工人夜校，启发工人们的抗日救国觉悟，在工人中颇有影响。1938年春，该组织加入华北人民抗日自卫委员会。尽管天津民先队于1940年7月停止工作，但是天津城市工作委员会在同年又先后建立了其他党的外围组织，如中国青年抗日先锋队、天津青年抗日救国会、天津各界抗日救国联合会、天津民族革命联盟等抗日救国组织，使天津的抗日活动在中国共产党的领导下一直向前推进。

值得一提的是，在日伪当局严密监视下，1941年3月，天津市内第一个中共地下党支部在"中国青年抗日先锋队"建立。它的工作重点放在工厂、

---

① 中共北京市委党史研究室编：《北京地区抗日运动史料汇编》（第3辑），中国文史出版社，1996年，第394页。

铁路和要害部门,在工人中结交朋友,宣传抗日,发展进步力量,为准备反攻积蓄力量。①总之,这些团体不畏强敌,在中国共产党的领导下,敢于斗争,善于斗争,对日伪当局展开了各种灵活、分散、隐蔽的斗争,为抗战大业作出了贡献。

五、艰苦卓绝的斗争

全民族抗战爆发后,鉴于敌我态势,党在沦陷区的工运方针并不是普遍地发动工人武装起义。平、津、唐地区在抗战初期规模最大的罢工就是1938年7月,三千多名开滦矿工举行的武装起义。天津沦陷后,面对日伪政府的各种宣传蛊惑和盘剥搜刮,天津工人群众不仅敢于斗争,而且善于斗争。譬如,日寇强行派送汉奸报纸《新民报》,很多工厂企业坚决不予订阅,敌人仍旧每天来送报纸,工人群众绝无一人捡拾,并在上面来回践踏,敌人终无可奈何。②占领天津后,日本侵略者及其豢养的汉奸走狗开始夺取各个关键部门。其中,天津电话局(又称电话三局,位于和平区烟台道35号)是日伪政权劫夺的重要目标。在穷凶极恶的侵略者面前,电话局职工在中共地下党的组织领导下,展开了拒绝将电话局交给日本侵略者的"抗交"斗争。斗争过程中,电话局工程师朱彭寿遭到日伪当局的逮捕,并被折磨致死。但电话局职工上下一心,不畏强敌,使"抗交"斗争一直持续了三年,这在如此严峻的形势下是极为不易的。

日伪政权对天津经济实施统制政策后,广大工人群众为了反对外来侵略,维护自身的权益,在异常凶险的环境下进行了艰苦卓绝的抗争。虽然当时的形势不允许公开的罢工斗争,但不屈不挠的爱国工人们充分发挥自己的智慧,因时因地制宜,采取灵活多变且分散隐蔽的斗争,例如怠工、生产残次品、破坏机器设备甚至放火烧毁仓库,千方百计地阻挠敌人生产。除了反映

---

① 天津市地方志编修委员会办公室、天津市总工会编著:《天津市志·工会志》,方志出版社,2017年,第41页。
② 朱继圣、凌其峻:《四十年来的仁立公司》,《文史资料选辑》(合订本第38辑),中国文史出版社,1999年,第39页。

民族矛盾高涨的政治斗争外,工人们还进行反对克扣拖欠工资、要求改善待遇、反对减少食物配给的经济斗争,对虐待迫害中国工人的日本资本家、大班、工头进行了不懈的斗争。

(一)抗议斗争,改善待遇

1941年,华新纱厂的工人们抗议伙食太差(麸皮子窝头),捣毁克扣工人粮食的工厂食堂,举行了两个小时的罢工,最终迫使日本资本家答应改善伙食,工人们的斗争取得胜利。1942年6月,日商二菱酱油厂资本家强迫全厂360多名短工吃玉米面和酱油残渣做的窝头,激怒工人,工人进行"哑巴罢工"斗争。[①]1942年秋,饱受日本侵略者和封建脚行把头压迫剥削的东货场六号门(现天津站旁中国邮政)搬运工人,在地下党的周密组织部署下,举行了罢工斗争,迫使日本侵略者答应了罢工条件。此次罢工的胜利极大增强了工人们的斗争勇气。这种持续时间短、方式较为平缓但态度又十分鲜明的斗争,彰显了天津工人群众的超凡勇气和非凡智慧。

到了抗战后期,日军兵源不足、前线吃紧,日伪当局在天津的反动统治颓势已显,日本人及汉奸已成惊弓之鸟。这一时期工人运动的规模较之于抗战初期已有明显扩大,工人们的组织更为有力,态度更为坚决。1944年5月26日,天津纱厂(原宝成纱厂)的工人们每顿饭只能吃又苦又辣的豆饼、山芋干等,每天忍饥挨饿无力干活,以"集体歇工"的方式向日本资本家抗议示威。后者带领军警持枪挨家挨户搜查,强迫工人们上工。以姜汝为、黄安琪、王耀宗为代表的粗纱工人团结一致,表示不给棒子面、不加工资,绝不上班。资本家最后被迫答应工人条件,每人每月加棒子面20斤。1944年11月7日,东亚毛纺厂一千多名工人罢工,要求提高工资待遇,斗争持续数日,工厂停工停产。罢工期间,工人们组成了纠察队,防范资本家和工贼对工人队伍的分化瓦解。罢工还得到了其他工厂工人的支持。资本家最终答应工人要求,斗争

---

① 天津市地方志编修委员会办公室、天津市总工会编著:《天津市志·工会志》,方志出版社,2017年,第42页。

取得胜利。

除了产业工人的罢工,劳工们的斗争也是不能忽略的。为了缓解本国兵员和劳动力严重不足的窘境,日本侵略者执行所谓的"中国劳工移入内地"政策,在华北地区抓骗壮丁。在天津驻军长达五年的二十七师团把天津作为集结、运送劳工的中转站。在一年多的时间里,二十七师团仅在天津就劫持、诱骗劳工七万多人。独立混成第九旅团在塘沽新港卡子门的4号码头仓库(现第一航务工程局一公司船舶工程处院内),建立了新港劳工收容所,当地百姓称之为"劳工营"。这是华北地区最大的"劳动收容所",每年都有几十万劳工从塘沽转运到伪满和日本。①劳工营内,工人们不仅要忍饥挨饿,还要饱受日寇汉奸的打骂凌辱,被迫害致死者数以万计。②据幸存者之一的中共地下党陈再生回忆:"被囚禁待运的劳工们在集中营里所受的残酷折磨,是一般人难以想象的。白天只需坐着,晚间只准躺着,不许说话,稍有不从就被毒打;每天两顿饭,发霉发烂,难以下咽。连大小便都无自由。而且集中营里的汉奸走狗挖空心思地整治'犯人'寻开心,如让他们互打耳光、互骑互摔,最后头破血流,血肉模糊。"③1944年6月,不堪折磨的劳工们在地下党员刘建民、范自强的组织下,发起了暴动,经过一番搏斗,最终有114人冲破层层封锁,逃出了敌人的魔掌,谱写出一首悲壮的斗争诗篇。

(二)消极怠工,拖延生产

为了反抗欺压,工人们在日常工作中普遍采取"磨洋工"的方式进行有组织的消极怠工。工人之间相互串联,大家统一按照量定好的日工作量进行生产,日本监工毫无办法。当时工人们中间流传着几句话:"磨洋工,磨洋工,拉屎撒尿半点钟,看看不到点,回去再空空。"工人们还摸准了监工的生活作息,

---

① 王凯捷:《天津抗战》,天津人民出版社,2005年,第163页。

② 1992年,为纪念在新港"劳工营"被折磨致死的同胞,天津市塘沽区政府在滨海新区新港一号路与二号路交口处修建了万人坑纪念碑。

③ 中国人民政治协商会议天津市委员会文史资料研究委员会编:《沦陷时期的天津》,天津人民出版社,1992年,第253—255页。

每到夜间对方睡觉时,工人们就让机器开空车,门口设置岗哨,其他工人们回去睡觉。到凌晨四点,在监工睡醒前,工人们回来干活。工人们有组织的消极怠工,在车间里与监工、工头"打游击",降低了生产效率,使前线得不到有效的物资补充,从敌人统治的中心搞破坏,发挥了积极作用。

部分爱国工厂企业资方在抗战期间与工人一道进行怠工斗争,用自己的方式为打败侵略者出力。太平洋战争爆发后,日本军方强令仁立公司加工制造军毯,全厂工人没有一个人愿意织造这批军毯,因而采取了种种方式拖延怠工,最终勉强够数。1944年冬,日寇再次强派7万条军毯,在刺刀的威逼下,工厂不得不进行生产,工人们的怠工斗争更为激烈,把生产效率降到最低,直到1945年日寇投降时,只交付军毯2万条,最终不了了之。[1]消极怠工成本低,影响深远,在保证工人安全的同时,破坏了敌人的后勤补给。这种内心不合作,暗中"搞破坏",低调且略带顽皮的斗争方式体现了天津工人卓越的斗争智慧,也表达了天津工人对侵略者的鄙夷和仇恨。

(三)火烧仓库,破坏生产

工人们还积极配合抗日武装人员,里应外合,实施计划。抗战期间,中共晋察冀分局和冀东、冀中抗日根据地,常秘密派遣精干人员潜入天津,组织领导爱国工人焚烧日军仓库、破坏日本工厂机器设备。

1939年1月1日,公大六厂[2]工人放火焚烧原棉仓库,大火连烧了7天,给敌人造成了严重损失。1940年4月17日下午,该厂仓库再次发生大火,烧毁棉花2000包。1942年10月,塘沽装卸工人故意制造事故,破坏港口生产。一次,工人把7吨重的大气锤由起重机放落,砸断了日本轮船上的大梁;之后,又在铁道上滚排泥管子,使四节车厢被撞翻倒。[3]其他工厂尤其是军工产业的

---

① 朱继圣、凌其峻:《四十年来的仁立公司》,《文史资料选辑》(合订本第38辑),中国文史出版社,1999年,第41页。

② 1934年以后,日商钟渊纺绩株式会社在青岛、上海收购了5个纺织厂,分别排列为公大一厂至五厂。1936年,又将天津裕元收购,更名为公大六厂。

③ 天津市地方志编修委员会办公室、天津市总工会编著:《天津市志·工会志》,天津人民出版社,2005年,第42页。

工人采取种种方式阻挠日军物资的生产,工人们或者人为制造卡梭、断线,或者把机器零部件拆除藏匿,或者让工厂停水停电,或者直接放火焚毁,搞得资方焦头烂额,毛毯、药布、军呢、降落伞屡屡供应不上。日本监工除了暴跳如雷,对工人们乱打乱骂却依旧无可奈何。纺织工人们的正义行动有力地支援了全民族的抗日战争。到了1944年,日军败势已显,天津工人群众破坏生产的活动进一步升级。为了破坏日军后方物资尤其是医用纱布的生产,公大七厂①工人故意使机器卡梭、断线,还放火烧毁了毛绒车间,一时间浓烟滚滚,火光冲天,虽有全体日本侵略军及消防人员拼命抢救,大火仍然烧了一昼夜。结果,生产军用物资的整个毛绒场变成一片瓦砾。这种里应外合的方式立竿见影,不仅损坏了军用物资,给敌人发动侵略造成了困难,而且扰乱了敌人的军心,使敌人杯弓蛇影,坚定了国人抗战必胜的信心。

(四)转运物资,支援抗战

随着战事不断扩大,天津的工人们逐渐认识到共产党领导的抗日武装是抵抗侵略的中流砥柱,因此工人们千方百计地支援抗日根据地。塘沽新河材料厂工人多次向渤海游击队提供成吨的铁管、钢丝、盘条等五金器材。新港工人从仓库中"拿"出约二百吨钢材,通过海路送到游击队手中。

抗战期间,药品(特别是消炎药、麻醉药)和医疗器械是极为重要的军用物资,位于估衣街的中西大药房为根据地和抗日前线的军队筹集输送了大批医疗物资,有力支援了抗日队伍。开设于1905年的上池馆大药房,是天津以经营西药为特色的药店。从20世纪30年代起,上池馆大药房就以医药物资支援中共革命根据地的斗争。抗日战争时期,在中国共产党关于建立抗日民族统一战线的感召下,上池馆大药房坚持为抗日根据地提供药品及医疗器械,为抗战胜利作出了贡献。据上池馆大药房伙计回忆:"为把药品运送出去,我把消炎药品碾成粉末,还有水银等送到郊区,送到西于庄外边大同门

---

① 公大七厂位于天津市北站外小于庄,原是华新纺织股份有限公司,1936年秋被日本商人强行吞并,改名为公大第七厂。七七事变后,该厂成为日军在天津的军事基地。

外,最远送到韩树(韩家墅),有时送药品也搭渔船往上走。解放区小渔船上天津运鱼来,借此机会就在金钢桥下坡鱼市码头及大红桥一带,把装好药的蒲包码在渔船里,把药品放在船底,上面铺好防水油布,放上水再摽点活鱼来伪装,就可以通过子牙河运往解放区去了。"①在药房的另一位伙计杨恩普的记忆中,隔三岔五就有来药房购药的客人,每次都是三四个人拿着清单买药,药量很大。经理钟桓芳、账房先生及各位大师兄时常叮嘱他,"如果来人多,购的药也多,要千方百计提前把药配齐,短缺药品及时外购,不要耽误"。有时药品太多,药店伙计们就(把药品)分成小包(不显眼),然后送到指定的地点。大量药品及医疗器械经过各种巧妙的伪装,不断及时送到解放区。上池馆的"暗度陈仓"引起了日本特务的警觉和注意,在抗日战争时期,日本侵略者对上池馆大药房进行了三次查抄。上池馆大药房经理钟桓芳曾三次被日本宪兵队抓捕,掠走价值约1.6亿元的药品,折合1937年7月的法币约42万元。②为了保护中共地下工作者,钟桓芳的长子钟振复在日伪狱中宁死不屈,壮烈殉国,表现出钟氏家族不畏强暴、可歌可泣的民族大义和强烈的爱国主义精神。

(五)组织队伍,武力对抗

天津工人的斗争空间不仅限于厂区之内,而是遍及天津市的各个角落。天津工人的斗争形式也不仅限于非暴力的,对于凶恶的侵略者采取武力对抗,更能有效地打击敌人。从天津工人参与斗争的人数上看亦非单枪匹马、单打独斗,而是建立组织,进行团队式的反抗。工人们的力量与智慧在反抗外敌入侵的过程中展现得淋漓尽致。

1937年11月,经过酝酿与筹备,天津工人救国团(又称天津工人救国团体

---

① 大红桥码头位于大红桥西侧子牙河北岸,是子牙河、大清河往来物资的重要集散地。这条航线对外联系着抗日根据地、游击区,因此一直是天津地下党向根据地和前线运送物资、传递情报和输送干部的重要水上通道。

② 天津档案网,https://www.tjdag.gov.cn/zh_tjdag/wangShangZT/ZhuanTiZT/tjdag/wszt/ztzt/dazdhsgsztjkz/9857246/index.html。

代表会议)成立,成员包括宝成、北洋、裕大、恒源、华新五大纱厂的工人和邮电、电车、济安自来水公司等市政单位员工。12月,天津救国联合会成立。天津的工人抗日救亡团体不仅敢于斗争,而且善于斗争,工人们把团体设在租界内,开展活动时既在租界内又分布在全市各个角落。例如,日军占领天津后,铁路工人庄严宣告,拒绝为侵略者服务,两千六百多名工人愤然离职,给铁路运输调度造成了巨大的混乱,迟滞了日军南下侵略的步伐。1938年8月,一群勇敢的铁路装卸工人甚至抢劫了一列日军军火列车,展现了沦陷区工人们敢于反抗的不屈精神。这是利用自身便利条件,发挥自身优势,进行因地制宜、灵活多变抗日斗争的光辉典范。

在抗战即将胜利的战略反攻阶段,天津工人一边在工厂中继续开展对日本侵略者的政治、经济斗争,一边支援配合游击队、武工队,对天津地区日伪据点的袭扰进攻。1945年3月,天津市内各工厂企业工人仇恨日本侵略者的情绪达到极点,斗争已经表面化。公大六厂、东洋造纸厂、中山制铁所等许多工厂,时常发生痛打日本侵略者的事情。[1]8月15日,日本天皇宣布无条件投降,消息传来后,天津工人和各界群众欣喜若狂,共同庆祝这一来之不易的伟大胜利。泰兴纺纱厂工人庆贺抗战胜利,工人们揪出平时作恶多端的日本工头痛打,打得他们跪地求饶、表示服罪,并交出工厂钥匙。

天津的工人群众不甘心当亡国奴,不甘心被资本家压迫剥削,民族矛盾和阶级矛盾往往交织在一起,成为工人们抗争的动力。以天津为代表的沦陷区大城市各界爱国群众的抗日行动,不仅使日伪势力维持占领区社会秩序的企图难以实现,而且有力地配合了广大乡村地区军民的抗日斗争。

六、迎来最终胜利

1941年12月,太平洋战争爆发后,日军立即开进英法租界,强制解除了英、法、美三国驻天津的武装,接收了开滦煤矿等外国资产。与此同时,日本宪兵队和伪警察开始大肆搜捕、屠杀租界内的抗日分子,给平、津、唐点线工

---

① 天津市地方志编修委员会办公室、天津市总工会编著:《天津市志·工会志》,天津人民出版社,2005年,第43页。

作委员会造成严重破坏。在日伪军警的围追堵截之下,工作委员会被迫撤离天津,天津城区的抗日救亡运动陷入黎明前的黑暗。

由于日伪当局强占租界,党在租界内的活动基地遭到破坏,部分党员被迫撤离天津。之后,天津仅剩下4名党员,依然在逆境中坚持斗争,并发展了87个抗日积极分子。①1943年4月10日,中共北方分局（即晋察冀中央分局）在上报中央的《关于两年来城市工作总结报告》中,重点分析总结了天津城市工作的经验,党支部的活动范围扩大到工厂、农村、大中小学校,以及电台、邮局等要害部门,其中东亚纺织厂、仁立纺织厂、恒源纱厂、双喜纱厂、公大七厂、机械制造厂、铁路津浦大厂、铁路机务段、东车站、电信局都有了党员和"天津抗联"成员。②到1944年11月,天津党员人数多达70人,其中工人党员将近一半（33人,包括木匠3人、纺织工人11人、钢铁厂工人7人、染工2人、印刷工1人、电气工1人、裁缝1人,其余7人不详）,联系进步群众160余人。③

1944年6月,就在盟军即将进行诺曼底登陆开辟欧洲第二战场之际,中共中央根据国际国内战争形势,积极进行战略部署。5日,中共中央发出《关于城市工作的指示》,把城市工作提到了和根据地同等重要的位置。为贯彻中央这一方针,冀中、冀东和渤海区党委先后组建了城市工作部,并先后秘密在裕大纱厂、裕丰纱厂、双喜纱厂、六号门货场、三条石、光明油厂、兴和油厂等工厂企业的工人中发展党员,并建立了党组织。地下党组织在工人群众当中组织读书会等爱国进步团体,通过阅读传播进步书刊的方式,使广大爱国群众凝聚在中国共产党的周围。其中,从1942年底至1945年8月,冀中各级城工部在全市大中型工厂、中小学校、市民中,共建立支部30余个,党员300余人,团结积极分子近千人,他们成为打击天津日伪当局、夺取抗战胜利的坚强队伍。④

---

① 《晋察冀抗日根据地》史料丛书编审委员会、中央档案馆编:《晋察冀抗日根据地》第1册（文献选编下）,中共党史资料出版社,1989年,第845页。
② 王凯捷:《天津抗战》,天津人民出版社,2005年,第227—228页。
③ 王凯捷:《天津抗战》,天津人民出版社,2005年,第239—240页。
④ 王凯捷:《天津抗战》,天津人民出版社,2005年,第246页。

　　1945年上半年,反法西斯战争在世界范围内取得了重大发展。8月8日,苏联对日宣战。8月9日,毛泽东发表了《对日寇的最后一战》的重要声明。8月10日,朱德总司令命令各解放区和根据地的部队立即向敌占区和交通要道发起反攻。8月15日,冀中军区部队根据八路军总部的命令,在天津近郊、北宁路和津浦路150公里的战线上,向盘踞在天津及周边地区的日伪军队展开了全面攻击。8月19日,八路军相继攻克杨柳青、杨村和北仓等地,并于当天夜间攻占了天津西站,给即将灭亡的日本侵略者及其爪牙予以沉重打击。9月5日,中共天津工作委员会制定《目前天津市形势与工作方针》和《关于目前工作的补充指示》,就天津党的工作作出了部署和安排。指出在工人运动中,要"组织各厂工人要求厂方与日伪政府发给生活费,组织失业苦力向日伪政府请愿、要求救济等合法运动,另一方面还需组织工人苦力和小贩将敌人的商店、工厂、罪大恶极的汉奸财产收归国有,并向根据地运销等等"①。9月30日,美国海军陆战队在塘沽登陆。10月16日,在美国驻津海军陆战队司令部(和平区承德道12号,原法租界公议局)门前广场举行受降仪式,日本天津驻屯军司令内田银之助签字投降,天津人民经过八年的忍辱负重和不懈抗争,终于迎来了最后的胜利。

---

　　① 天津市地方志编修委员会办公室、天津市总工会编著:《天津市志·工会志》,方志出版社,2017年,第44页。

第六章　解放战争时期的
天津工人运动

（1945—1949年）

1945年8月15日，日本投降，全国人民积郁已久的内心顿时舒畅起来，每个人的脸上都露出愉快兴奋的笑容，盼望着和平、幸福的美好生活早日到来。岂料这种欢乐的心情没有持续多久，国民党阴谋发动内战，人民对美好生活的向往逐渐破灭。

日本帝国主义投降之后，美帝国主义代替了日本侵略者，全面垄断中国市场。中美商约签订后，美国向中国市场大量输出各种商品物资，从面粉、纸烟、罐头、水果到棉花、布匹、丝袜，从汽油、煤油到卫生纸、钓鱼竿等。尤其是天津，市面上流通的几乎都是美货，几乎是"无货不美""有美皆备"，导致国货大量滞销。

蒋、宋、孔、陈四大家族官僚资本依仗权力与民争利，所积累起来的巨额财富，是通过发动内战和充当买办，特别是"利用其独裁权力横征暴敛、假公济私而来的"[①]。在这一段时间内，国民党反动统治集团从通货贬值中掠夺的人民财富，估计在一百五十亿银元以上。四大家族官僚资本集团垄断了几乎全部的钢铁、钨锑和糖，大部分的电力、锡和相当部分的煤和水泥，这些都是

---

①《毛泽东选集》（第4卷），人民出版社，1991年，第1237页。

关乎国计民生的重要资源。①蒋介石为了发动内战,横征暴敛,滥发纸币,抬高物价,对人民进行极其残酷的经济掠夺。在国民党政府的残酷统治下,作为当时中国的第二大城市,天津是国民党劫收、四大家族投机、大小官僚敛财的主要场所。天津的广大工人群众的境遇不仅没有因为日本投降、山河光复而有所好转,反而再次陷入官僚资本的盘剥压榨中。

解放战争时期,天津工人在地下党的领导下,积蓄力量,等待时机。平津战役期间,天津工人、学生及各界爱国群众积极进行反对国民党反动统治的斗争,为天津解放作出了重要贡献。1949年1月15日,中国人民解放军东西对进,在金汤桥会师,全歼13万国民党守军,天津宣告解放,天津人民真正迎来了当家做主人的重要历史时刻。在中国共产党的关怀和指导下,工厂企业工会积极开展工作,举行职工大会,保障工人权益,提高工人地位待遇。广大工人群众以饱满的热情投入生产当中,天津经济社会秩序在短时间内迅速得以稳定,天津这座历史悠久的工业城市再次焕发出了勃勃生机。

第一节　国民党政府"劫收"狂潮下的天津

抗战胜利后,国民党政府各级官员、抗战时期国民党特务系统在沦陷区潜伏的各色行动队,利用手中的权力和便利条件捷足先登,在收复区内如上海、北平、天津等几个大城市,迅速掀起接收敌伪财产的狂潮。他们一股脑儿接收下来,然后扩大战果,工厂、洋楼、银行、医院,样样都要。沦陷区百姓惊呼"强盗坏来了"。在整个接收过程中,国民党各级官员贪赃枉法,肆意抢掠,把对沦陷区的"经济接收"变成了事实上的"劫收"。这些正宗"接收大员"到

---

① 陈柳青:《天津工人经济收入与生活状况考察(1930—1956)》,天津大学硕士学位论文,2007年,第19页。根据高尔夫的记述,日本投降后,四大家族接收了日本在平津留下的大型企业,即"华北八大公司",包括华北钢铁公司、冀北电力公司、华北水泥公司、天津机器公司、天津制车厂、天津化学公司、天津造纸公司、中央电工器材厂天津分厂,此外还接收了天津纺织行业16家企业。高尔夫:《在经济崩溃冲击下的天津工商业》,《天津文史资料选辑》(第5辑),天津人民出版社,1979年,第159页。

达收复区后,毫无顾忌地滥用职权、徇私舞弊、中饱私囊,如同洪水猛兽,给收复区人民留下了极坏的印象,以至于当时有民谣曰:"想中央,盼中央,中央来了更遭殃。"

一、"五子登科"丧失民心

1945年8月,日本投降,抗战胜利。人们翘首以盼,迫切希望社会稳定、经济发展、乐业安居。然而,国民政府战后对沦陷区的进驻和接收,不仅没有实现人们的希望,反而带来了无穷的灾难。9月30日,美军在塘沽登陆,进驻天津、北平、唐山、秦皇岛等地区,随即空运国民党军队第九十四军到天津和唐山一带。在美军的协助下,国民党各级军政人员开始在沦陷区接收日伪各项产业和物资。本来沦陷区人民"南望王师"已数年,没想到最终却迎来了横征暴敛、贪污腐化的国民党接收人员。这些人倒卖日伪的物资,抢占物业房产,以胜利者的姿态在自己国家的沦陷区作威作福,恣意妄为,花天酒地,一片乌烟瘴气。

在接收过程中,由于地处西南大后方的国民党军队短时间内无法抵达沦陷区,这就给在沦陷区潜伏着的各种名目的"先头部队"以可乘之机。在接收大城市时,这些人近水楼台捷足先登,迅速掀起了抢夺、瓜分日伪财产的狂潮。日本投降后,潜伏在沦陷区的国民党军统特务捷足先登,纷纷"钻出地面",成立各种名头的单位,接收敌伪财产。

由于国民党时期各部门互不统属,隶属于不同系统的特务们于是各行其是,自立山头。抢得先机的军统特务迅速引起了其他部门特务的嫉恨。霎时间你争我夺,封条满天飞,闹得乌烟瘴气,混乱之极。① 仅上海一地在短短几天内,竟然出现了4家国民党上海特别市党部;而北平则冒出了8个市党部。天津也不逊色,军事委员会抗战建国工作团天津总站、天津市党部、三青团天津市支团部、中统天津站、军统天津站、军统天津特别

---

① 李绍泌:《国民党劫收平津敌伪产业概况》,《天津文史资料选辑》(第5辑),天津人民出版社,1979年,第80—81页。

站等机关名目繁多、鱼龙混杂。①这些人明争暗抢,无所不为。更有甚者"联络满洲和冀东伪军,给他们国军名义和番号,协同美国自天津登陆"②。

在天津租界居住的北洋军阀后人与国民党政府的官僚、特务沆瀣一气,在抗战胜利初期大肆活动,攫取利益。例如,抗战末期,国民党军统特务陈仙洲,在天津潜伏作秘密活动时,经常隐匿在旧英租界17号路文泉西苑曹郁文(曹锟弟曹锐的孙子)的住处。日本投降后,陈仙洲以接收大员的身份,首任天津警备司令稽查处长,曹郁文以功臣自居,利用稽查处的势力,把已经被诚孚公司③接管多年的恒源纱厂强制收回,他以常务董事身份兼任经理。在反饥饿斗争中,恒源纱厂工人罢工,曹郁文请陈仙洲由警备司令部派遣军队武装镇压。④

1945年9月,为了统一天津的接收工作,国民党政府在旧意租界二马路40号张廷锷的私宅成立了天津市党政接收委员会,张廷锷担任主任委员,副市长杜建时和国民党天津党部主任时子周为副主任委员。该委员会还聘请了天津本地工商业界人士三十余人担任顾问委员⑤。

虽然有官方接收组织,但是"接收的方法极为简单、草率,即携带党政接收委员填发的接收凭证、布告及若干封条进厂后,召集厂方负责的日本人,出示接收凭证,宣布接收;在厂门口张贴接收布告及封条各一张,然后将厂内各仓库及现金逐一封存,并责成日本人编造接收清册(包括房地产、机器设备及物资等)、资产负债表、损益计算书,限期交于接收人员。如该厂仍在生产,即责成日本人维持开工,等待处理,而由接收人员带回接收清册,即告

---

① 颜公平:《抗战胜利后国民党对沦陷区的"劫收"风潮》,《文史月刊》2007年第3期。
② 杜建时:《从接收天津到垮台》,《天津文史资料选辑》(第5辑),天津人民出版社,1979年,第12页。
③ 诚孚公司是由中南、盐业、金城、东莱四家银行,以债权者的立场,为接管恒源等纱厂合组的机构。
④ 陈世如:《曹锟家族对人民的经济掠夺和压榨》,《天津文史资料选辑》(第1辑),天津人民出版社,1978年,第112页。
⑤ 例如东亚毛呢公司副经理陈锡三、仁立毛纺公司经理朱继圣、北洋纱厂经理朱梦苏等人。

接收完毕"①。

党政接收委员会并没有消弭接收的混乱局面，②反而开启了以张廷锷为首的利益集团以官方名义，借接收之名大肆揽财的勾当。天津市当时在名单上的敌伪产业包括一百五十多家工厂企业，其中比较有规模、经营状况较好的16家工厂，原本应由经济部接管，结果张廷锷伙同其财政局局长李金洲，将其中最好的10家，包括兴满橡皮工厂、流星化学株式会社天津油墨厂、石城化学肥皂工厂、天津炼铁厂、三隆印刷厂等改由市政府接收，成立公营事业管理处，李自任处长。李金洲对外宣称是替市政府管理各厂，实则贪污中饱，公开变卖所存成品。其中幕后主使张廷锷所得仅黄金一项就多达四百两。③

各色名目的接收使得上亿物资变成私产，被揣进了各级人员的腰包。本来正当名义的接收变成了民怨沸腾的"劫收"，而这些官员也成为富豪，站在了人民的对立面。国民党军队海军上校刘乃沂，自从担任了海军司令部驻津接收人员，半年之内成为巨富，坐拥大小别墅五六栋，姨太太五六个，汽车数辆，金条数百，珍珠数桶。④即便如此，在四大家族面前，这些敲骨吸髓的大小官员也仅仅是小巫见大巫而已。国民党以胜利者的姿态收复天津，但是却以贪官污吏的行径让天津百姓乃至全国人民唾骂。

敌伪产业原本是国家的财产、人民的财产，但是国民党的各级接收大员们垂涎三尺，利用权力、巧立名目，试图浑水摸鱼，把公产纳入私囊。有些人面对日本人侵略时退避三舍，但在"劫收"过程中却一马当先、唯恐落后。他们利欲熏心、财迷心窍，早就把行政院收复区全国性事业接收委员会主任翁

---

① 李绍泌：《国民党劫收平津敌伪产业概况》，《天津文史资料选辑》（第5辑），天津人民出版社，1979年，第82页。

② 天津市党政接收委员会尽管已经成立，但争夺现象仍层出不穷。有的单位已为该会接收贴上封条，但是不久又有其他单位重贴封条，有的竟贴了几个封条，也有的打开封条，予以占用。接收委员会对此亦无法制止，只好听之任之。李绍泌：《国民党劫收平津敌伪产业概况》，《天津文史资料选辑》（第5辑），天津人民出版社，1979年，第83页。

③ 杜建时：《从接收天津到垮台》，天津人民出版社，1979年，第20页。

④ 李绍泌：《国民党劫收平津敌伪产业概况》，《天津文史资料选辑》（第5辑），天津人民出版社，1979年，第83页。

文灏制定的"先恢复生产再进行接收"准则丢到九霄云外。他们在接收过程中，犹如恶犬扑食，你抢我夺，极为难看的吃相让箪食壶浆以迎王师的天津百姓着实吃了一大惊。这些打着各种旗号，拥有各种身份，巧立各种名目的中饱私囊者给光复区人民留下了极坏的印象，人们愤怒地称他们是"五子登科"，即房子、条子(金条)、票子(现钞)、车子和婊子。抗战胜利之初的"劫收"狂潮暴露了国民党贪腐的丑恶嘴脸，失掉了民心，为日后之彻底失败埋下伏笔。

1946年7月，敌伪产业接收大体完成。在将近一年的时间里，国民党当局混乱无序的经济接收，给社会生产造成了极大的破坏。大批工厂、企业、商店在接收中倒闭或停工，使战后经济丧失了恢复活力的能力。更为严重的是，这场"劫收"闹剧让已经千疮百孔的国民党官僚队伍愈发腐败，使国民政府在短时期内民心丧尽。在败退到台湾以前，蒋介石痛心疾首地说："我们的失败，就失败在接收。"

二、经济萎靡，金融崩盘

国民党的"劫收"，对天津本地经济来说是一场劫难。接收大员在短短三个月里，共"接收"日本工厂400处，机关、商店、医院、学校、庙宇、房屋等394处，德籍商店、住宅114处，代英美接收被日本强占的财产94处，共计1002处。[1]部分不动产在各种操作下，落入了大员们自己的腰包中。

抗战胜利后，南开大学老校长张伯苓向蒋介石推荐张廷锷赴天津接收，[2]得到采纳。张廷锷虽然在抗战期间守住了民族大义的底线，未与王克敏等汉奸同流合污，但是在接收过程中，利用职权、中饱私囊。后来丑闻曝光，民怨沸腾，其虽然焦头烂额，但在上级庇护下最终全身而退。由此可见，国民政府

---

[1] 陈柳青：《天津工人经济收入与生活状况考察(1930—1956)》，天津大学硕士学位论文，2007年，第19页。

[2] 抗战时期，张廷锷跑到重庆，一直未得到重用。张在重庆住在沙坪坝，邻近南渝中学，经常追随于张伯苓左右(张伯苓为南渝中学校长)，以为进身之阶。李绍泌：《国民党劫收平津敌伪产业概况》，《天津文史资料选辑》(第5辑)，天津人民出版社，1979年，第81页。

之腐败透顶。

这样的历史背景,注定了天津在光复后的悲惨命运。从1945年9月到12月底,在国民党的"劫收"狂潮下,天津五十多家比较有规模的工厂企业倒闭,资金亏损多达两千多万。"从产业部门来说,损失最大的就是纺织工业。天津的纺织工业很大程度上是靠外资维生,特别这一时期,多数工厂都是日方投资开办。日本战败,这些工厂多数关停,上万工人因此失业。"①到1947年下半年,天津失业工人总数已达7万人。②天津光复后,国民政府不仅没有恢复秩序、稳定经济,反而破坏了当地经济社会秩序,造成了大批工人失业。以抗战功臣自居的国民政府迅速失掉了民心,使广大人民群众认清了它的真面目,进而在共产党的领导下进行革命斗争,成为国统区反抗国民党独裁暴政的重要力量。

1946年夏,国民党发动了大规模内战。随着战争形势逐渐恶化,国统区的经济持续低迷,通货膨胀,物价高涨,民不聊生。以解放战争时期国民政府军政费的支出和赤字数额来说,在1946年,国民政府军政费的总收入仅为3万亿元法币,当年的总支出是8万亿—10万亿元,因此当年的赤字总额达到了6万亿—8万亿元。到1948年时,由于国民党军队的溃败,仅在上半年,国民政府的军费支出就达到了400万亿元法币,③仅东北地区的军费开支就已占支出总额的40%。④因此,蒋介石发动内战,是法币崩溃的根本原因。⑤

国民党政府的天津市市长杜建时曾不无痛心地回忆:

---

① 陈柳青:《天津工人经济收入与生活状况考察(1930—1956)》,天津大学硕士学位论文,2007年,第19页。

② 孙德常:《天津近代经济史略》(续二),《天津师大学报》1988年第4期。

③ 李新、彭尚思:《中国新民主主义革命时期通史》(第4卷),人民出版社,1962年,第110页。

④ 黄元彬:《金圆券的发行和它的崩溃》,《文史资料选辑》(合订本第8辑),中国文史出版社,1999年,第99页。

⑤ 资耀华:《国民党政府法币的崩溃》,《文史资料选辑》(合订本第7辑),中国文史出版社,1999年,第46页。

抗日战争胜利后，国民党中央银行掌握了500多万两黄金和7亿多美元的外汇。如果国民党不挑起内战，走和平的道路，是有条件进行币制改革的。但蒋介石一心一意要打内战，宋子文当上行政院长后，并没有认真考虑币制改革，而只企图以开放外汇市场、管理进出口贸易的办法，延长法币的寿命。①

随着战争开支加大，财政赤字骤增，为了避免国统区经济在短时间内崩溃，国民政府不得不增发甚至滥发货币。此时的法币流通量已经达640万亿元，为抗战前1937年6月的45万倍。据四联总处所编上海、南京、汉口的批发物价指数，已为抗战前上半年的600万倍，天津为750万倍。②滥发纸币的结果就是购买力暴跌，通货膨胀极其严重。据《大公晚报》1947年7月30日的报道：100元"法币"在1937年能买2头大黄牛，到1940年只能买1头小牛，1941年只能买1头猪，1943年只能买1只鸡，1945年只能买鸡蛋2个，到1947年只能买煤球1个，而到了1948年只能买到大米0.002416两，以致当时人们得扛着一袋袋的法币去购物。

1945年12月物价指数为战前的885倍，1946年12月上升到了6816倍，全年上涨到7.7倍。米价从1945年12月每石7625元涨至1946年12月的62333元，上涨到8.2倍。进入1947年底，物价涨势更加猛烈。12月的指数，已升至战前的100630倍，比1946年同月上涨14.7倍，12月米价也涨至每担938333元，比1946年同月上涨近15倍。1948年1月至8月发行金圆券为止的一段时间里，物价已如野马脱缰，不可收拾，8月的物价指数竟达战前的5645700倍。③1947年以后，国民政府不仅在军事上颓势已显，而且在财政金融领域濒

① 杜建时：《从接收天津到垮台》，《天津文史资料选辑》（第5辑），天津人民出版社，1979年，第39页。

② 黄元彬：《金圆券的发行和它的崩溃》，《文史资料选辑》（合订本第8辑），中国文史出版社，1999年，第101页。

③ 周启纶：《解放前天津物价飞涨民不聊生纪实》，《天津文史资料选辑》（第5辑），天津人民出版社，1979年，第114页。

临崩溃,其以降低国统区人民生活水平为代价来扭转军事上颓势的企图并未
奏效。

为了缓解国统区的财政金融危机,1948年8月,南京国民政府不得不决定
废弃法币,改发金圆券。8月19日,国民政府以总统命令发布《财政经济紧急
处分令》。同时,公布《金圆券发行办法》《人民所有金银外币处理办法》《中华
民国人民存放国外外汇资产登记管理办法》《整顿财政及加强管制经济办法》
等条例。

虽然出台了各色条例、办法,但是先天不足的金圆券对于挽救国民党政
府经济颓势注定起不了任何作用。国民党政府一心内战,耗费了大量真金白
银、美元外汇。尤其是宋子文担任行政院长期间,把抗战胜利后国民党中央
银行贮存的500万两的黄金和7亿美元外汇损耗大半,导致金圆券发行缺少
准备金。所谓"十足准备发行金圆券"完全是鬼话。[1]

由于战局对国民党极为不利,民众对新发行纸币的信心严重不足。尽
管天津市政府勒令市民用金银、外币兑换金圆券,但是真正兑换的人寥寥无
几。有些地区的政府强力推行新币,结果却引发民众恐慌,纷纷抢在截止日
期前花掉法币,结果导致正常商品流通陷于瘫痪,交易几乎全部转入黑市,
正常市场反而极度萧条。当时物价波动最敏感的是纸烟,估衣街侯家后中
街纸烟市场往日熙熙攘攘的景象已经不再,各个纸烟店铺摆出来的商品非
常之少。原因就在于大型纸烟公司囤货拒售。当时的天津市市长杜建时命
令警察、社会两局四处走访,查明真相,最后在纸烟仓库查获6000大箱纸烟。
这已经充分说明,试图用发行新币的手段来管制物价无异于痴人说梦。[2]

1948年9月26日,济南解放,此时辽沈战役已经开始两周。国民党在东
北、华东的败局已显,天津市场状况也深受影响。金圆券日益贬值,物价猛

---

[1] 杜建时:《从接收天津到垮台》,《天津文史资料选辑》(第5辑),天津人民出版社,
1979年,第43页。

[2] 杜建时:《从接收天津到垮台》,《天津文史资料选辑》(第5辑),天津人民出版社,
1979年,第44页。

涨。人们存货不存钱,以致抢购之风盛行。到11月初,兵船面粉已经涨到80元一袋、稻米2元一斤、大象牌纸烟10元一条、火车票价上涨5倍、平津客车三等座5元4角。①除了普通民众外,很多工厂企业也加入抢购的行列之中。例如,天津规模比较大的寿丰面粉公司,在纸币贬值金融危机之下,为了保证企业正常运转,只好一面经营工业生产,一面搞商业投机,只要面粉一经出手,决不存现钞,立即派人各处抢购麻袋、面袋、棉花、罗底②、皮带、机器油等实物,囤积起来,用钱时再倒卖,同时也做黄金、股票生意,在价格涨落之间牟取利润,以贴补面粉的赔累。③

限期币制改革不仅没有稳定物价,反而进一步引发社会混乱。国民政府不得不于1948年10月1日宣布放弃限价政策,准许人民持有金银外币,并提高与金圆券的兑换率。10月11日,国民政府又公布《修改金圆券发行办法》,取消发行总额的限制。至1949年6月,金圆券发行总额竟达130余万亿元,超过原定发行总限额的6.5万倍。票面额也越来越大,从初发行时的最高面额100元,到最后竟出现50万元、100万元一张的巨额大票。金圆券流通不到一年,形同废纸,国民政府财政金融陷于全面崩溃,通货膨胀比以前更加严重,物价竟暴涨到900万倍以上。④

金圆券发行不过两个月,崩溃的现象已经显现出来。到了1948年平津战役前,民众早已对金圆券乃至国民政府丧失信心,极度不信任。出于对战争形势和货币贬值趋势的担心,民众纷纷走上街头,开始了对物质生活必需品的抢购。据时任天津《中庸报》编辑周启纶的日记记载:

---

① 杜建时:《从接收天津到垮台》,《天津文史资料选辑》(第5辑),天津人民出版社,1979年,第45页。

② 罗底,又叫筛板、筛片。粉碎机配件,一般饲料厂、面粉厂,还有很多食品方面的公司用到,是粉碎机主要的零部件。

③ 杨文焕:《靠美麦"施舍"过活的寿丰面粉公司》,《天津文史资料选辑》(第5辑),天津人民出版社,1979年,第162页。

④ 陈柳青:《天津工人经济收入与生活状况考察(1930—1956)》,天津大学硕士学位论文,2007年,第22页。

1948年10月6日,"神经敏感"的上海、天津市场,先后掀起抢购风波。从昨天起,天津各商店顾客骤然增加,百货店、布店、杂货店、油坊,甚至糕点铺、酱园、鞋帽店都成为抢购的对象。各商店经不住抢购之风的冲击,多在中午宣布休息或下午四时前就提前关门。罗斯福路(今和平路)上仅有药铺、旅馆、茶叶店、影剧院照常营业。这种抢购之风,说明人民对金圆券也是没有信心的,宁愿存货,也不存钱,免得再吃法币、关金贬值的苦头。10月12日,抢购之风未止,市面上已无物可购,而黑市交易又活跃起来,限价令无形中取消,物价自由上升。金圆券恐重蹈法币、关金的覆辙无疑。面粉每袋40元,合法币一亿两千万元,突破一亿元大关。①

随着恐慌的蔓延,民众"重货轻币",一不问价格,二不看质量,甚至也不管是否适用,见什么买什么。布匹、绸缎、服装、鞋帽等被抢购光后,就开始抢购中西药品、糖果点心,甚至连腌萝卜、酱豆腐、臭豆腐也成了抢购目标。数日之内,各商店的货架被抢购一空。纸币购买力的骤降是市民抢购、囤积各种生活物资的直接原因,这些物资部分是为了家庭生活使用,另外也可以应对战时极易发生的以物易物局面。国民政府财政金融整顿以失败告终,不仅进一步破坏了经济秩序,加剧社会恐慌,而且彻底失掉了民心。

三、当局攫取工运领导权

抗战胜利后,天津工厂的许多机器设备由于日本人占领时期的粗暴使用,损坏不少。幸赖工人们尽心竭力地守护工厂,使得大部分机器厂房、仓储设备在日军败退时未遭严重破坏。但是,国民政府官员贪污腐化,比抗战前更甚,蒋、宋等家族总视民族企业为肥肉,或意欲吞并,或百般勒索。加之通货膨胀,纸币下跌,人心惶惶,社会秩序混乱,工矿企业难以组织有序的生产。

当时天津的工厂企业当中,除了被服厂由于能够生产军需,为满足国民

---

① 天津市总工会工会志编修委员会编著:《天津工运百年纪事》,2014年,第277页。

党发动内战的需要而开足马力正常生产外,其他工厂基本上都处于半停工状态。大批工人处于失业或半失业的状态,拿不到工资,难以维持最基本的生活,陷入饥寒交迫之中。为了给工人发放工资,保证后续能够正常开工,各厂纷纷请求变卖库存成品和原料缓解经济压力。

工厂开工难,不仅政府没有税收,而且本地工人失业难以生存,在舆论上不利于国民党政府在抗战后胜利者形象的塑造。因此,天津市政府选择了十多个规模中等、容易开工且利润较高的工厂,委托财政局组织人员复工复产。其中包括天津化学株式会社(味之素厂)、酱油厂、水府机器株式会社、满蒙毛呢株式会社等。①这些工厂都是与百姓衣食有关。对于一些利润率高的工厂,如烟草工厂,张廷锷委派亲信管理,自己在幕后参与分红。对于那些占大多数且难以从中分得油水的小型工厂,"张廷锷们"丝毫不考虑工人失业后如何生存的难题,竟然以无法满足开工生产条件为名,一封了之,任由其破产。

与此同时,国民党政府一味滥发纸币,导致纸币购买力下降,物价猛增,加剧了人民的悲惨境遇。天津市的物价在抗战胜利初期有所下行,但随着"劫收"狂潮的袭来,工厂停工,产品供应不足,物资短缺,商品价格再次上涨。到1945年底,天津市物价已经超过了日伪时期,到抗战胜利的第10个月时,物价已经上涨了35倍。对于处于失业、半失业状态的工人群众来说,物价上涨直接威胁着他们的日常生活。

面对如此经济窘境,国民党各级贪官、庸官不仅不思良策救民于水火,反而各藏私心、与民争利,终于在1947年的天津酿成了粮荒。当时,天津民用粮食主要依靠南粮北运,而当时南京政府的粮食政策是江南的粮食先扣作军用,可以流动的零碎粮食,又为官僚资本所囤积,非有适合他们胃口的高额利润不肯出售,因此北平、天津就不能按时按需地得到粮食补给。②由于南粮难

---

① 李绍泌:《国民党劫收平津敌伪产业概况》,《天津文史资料选辑》(第5辑),天津人民出版社,1979年,第84页。
② 杜建时:《从接收天津到垮台》,《天津文史资料选辑》(第5辑),天津人民出版社,1979年,第25页。

以北运,天津市场上粮食的价格飞速上涨且居高不下,给天津百姓的生活带来了巨大的困难。天津工人群众首先奋起抗议,强迫资方在每月的工资中配发面粉,资方慑于工人之威,不敢不抢购粮食来敷衍工人。①例如,天津市政府公用局下属单位电汽车管理处的工人罢工,要求每月发放工资时还要发放面粉,因有一次管理处没有买到面粉而延迟配发,工人们把办公室团团包围,呐喊口号,颇具声威。最后局长、处长不得不想方设法弄到一些粮食,才算解了一时之危。当时天津面粉价格每袋为法币11万元,黑市已经涨到13万—14万元。②因此,群众有了一点钱后马上用尽方法买粮,然后在夹壁墙或房顶夹层中藏起来,当时流行一句话:"手里存法币就等于怀里揣冰核儿,不久就化没了。"

到1947年4月,天津粮荒不仅没有好转,反而愈加严重,市面上已经买不到粮食,饭馆饭摊处于停业状态,买不到粮食的人拿着空面口袋在粮店门口骂街。在内无粮食、外无救济的情况下,天津的工人、学生及其他各界群众掀起了反对国民党反动统治的"反饥饿"大游行,声势震撼津沽大地。

虽然在抗战胜利初期,许多工人对国民政府尚抱有幻想,但随着时间推移,国民党各级官僚的倒行逆施令广大工人市民极度失望并引发强烈不满。工人群众从切身感受中看清了国民党反动派的真面目,思想认识和斗争觉悟日益提高。为了建立一个和平、繁荣的新中国和过上幸福美好生活,工人群众纷纷起来,同国民党反动派进行勇敢坚决的斗争,直到1949年1月天津解放。

国民党的军政要员借"劫收"的东风,试图掌控天津的工人运动。1945年12月,国民党当局先后组建了"失业工人临时救济委员会""天津市各工厂劳资纠纷调解委员会",装出了一副帮扶工人、为工人谋得权益的样子,实际上是借助两个委员会拉拢、操控工人队伍。

---

① 杜建时:《从接收天津到垮台》,《天津文史资料选辑》(第5辑),天津人民出版社,1979年,第25—26页。

② 杜建时:《从接收天津到垮台》,《天津文史资料选辑》(第5辑),天津人民出版社,1979年,第29页。

　　这种不符合国民党阶级立场和阶级斗争规律的表面伪善注定长久不了。1946年4月27日,天津市市长张廷锷上书蒋介石和宋子文,要求"齐一步骤"镇压工人运动。6月1日,天津社会局明令禁止工商界罢工罢市行为。尤其是6月26日,蒋介石悍然撕毁"双十协定",对中原解放区发动疯狂进攻,国共双方的较量全面展开。7月16日,国民党天津当局把"劳资纠纷调解委员会"改组为"劳资纠纷评断委员会",从而达到对工人运动统一控制的效果,竭力维持大城市秩序。评断委员会一共纠集了市府、党部等十多个机关,对工人群众的动向进行全方位监控和压制。该委员会发布公告称:"厂方和工方在争议未解决之前,均按照规定不得以任何理由停工、怠工或罢工,工方不得干涉厂方行政,滞碍生产。违者各负其责,依法严惩不贷。"①该公告以十分强硬的态度和偏向资方的立场,公开表明了国民党当局在全面内战爆发后,撕下了伪善的面具,暴露出对工人运动严令禁止、动辄镇压的真实面孔。

　　除了对工人运动全面压制,国民党天津当局还谋划建立了自己的御用工会。抗战胜利后,那些在抗战期间潜伏于天津各大工矿企业中的国民党地下人员开始公开露面活动,他们纠集在一起成立了"天津工人联合会"(简称"工联")。工人联合会利用工人们对失业的焦虑和担心,假借保护工厂、让工人免遭失业的名义,在工人中收买人心,大肆活动,蒙骗了一批不明真相的工人群众。

　　还有一些战时投靠日本侵略者的汉奸特务摇身一变,成为暗中支持抗战的"地下工作者",在政府和党部中谋得了一些职位。在这些人眼中,天津作为华北重要的工业城市,拥有数量众多的产业工人,谁若能领导工人运动,就能以此作为筹码扩大势力,以求晋升夺权之策。他们并不是真心为了改善工人的待遇和生活,而是把工人及工人运动当成了人人可以分而食之的蛋糕。这些所谓的"地下工作者"成立了"天津市工人职员救济委员会"(简称"工

---

　　① 天津市地方志编修委员会办公室、天津市总工会编著:《天津市志·工会志》,方志出版社,2017年,第12页。

职"），他们以对失业的工人、职员展开救济为名，同工人联合会明争暗斗、相互攻讦，在天津的国民党、三青团和工人群众中间收买人心，扩充势力。双方的争斗甚至引发流血冲突，扰乱了工厂的生产秩序。国民党天津当局经过多次调解，才使得工人联合会和救济委员会两派人马勉强开始合作。1948年8月28日，在国民党党部和社会局的主持下，双方人员经过谈判组成"天津市总工会"。"天津市总工会"实质上是为国民党天津当局服务的御用工会，目的在于加强对天津工人运动的控制，避免共产党的渗透，保障工厂企业物资生产，稳定天津社会秩序，支援国民党发动的内战。

四、工人的境遇没有改变

从1945年8月日本投降，到1949年1月天津解放，国民党统治天津的三年时间里，经济崩溃，社会混乱，民心尽失。在外国资本和官僚资本的联合挤压下，在经济崩溃冲击下，天津的民族工商业首当其冲，遭到了致命的摧残，纷纷停工倒闭。抗争胜利之初，天津民族工商业涉及一百四十多个行业，工厂、商户总共两万多家，到1948年底天津解放前夕，停工和倒闭的工厂、店铺近七千家，约占总数的1/3。①如果只看工厂，数据更加触目惊心。抗战胜利初期的五千多家工厂，到1946年底已有一千五百家倒闭，1947年时有95%的工厂处于停工或半停工状态。②余者中除少部分依附大小官僚投机牟利分杯残羹外，大多数则屡遭盘剥惨淡经营，天津的经济日渐萧条。

抗战胜利后，天津市工人数量为58.5万。由于大批工厂停工倒闭或开工不足，大量工人失业。至1945年底，大约有22.9万名工人失业，占到了工人总数的39%。③国民党逆历史潮流而动，发动了反人民的内战，加速了国统区经济的崩溃。一时间，物价飞速上涨，纸币急剧贬值。到1948年7月，天津物价

---

① 高尔夫：《在经济崩溃冲击下的天津工商业》，《天津文史资料选辑》（第5辑），天津人民出版社，1979年，第158页。
② 高尔夫：《在经济崩溃冲击下的天津工商业》，《天津文史资料选辑》（第5辑），天津人民出版社，1979年，第160页。
③ 高尔夫：《在经济崩溃冲击下的天津工商业》，《天津文史资料选辑》（第5辑），天津人民出版社，1979年，第160页。

比抗战前上涨6万倍,年底更达到14.5万倍,到天津解放前夕竟暴涨至3.16亿倍。[①]因此,工人的生活更加艰难。1948年7月,一个五口之家最低生活标准费用为18700万元(法币),而工人工资最高的仅为此生活标准的1/3,低的只有1/10,甚至更低。改发金圆券后,最低生活费用需要3.4万—3.7万金圆券,但所得工资与之相比,差距仍旧惊人。[②]普通工人的薪资只能使自己吃上饭,无法养活家人老小,而且工人工资始终处在最低水准之下,远远赶不上物价上涨的速度。就连收入微薄的公务员、中小学教员也被生活所迫,多利用早晚摆小摊卖旧物或拉黄包车,赚几个钱糊口。[③]

早在1946年初,物价已开始有上涨之势。为了平抑物价,保障市民基本生活,稳定社会秩序,国民党天津市社会局于2月7日颁布议价办法。但是议价后,粮商利润下降,于是其囤积拒售甚至到黑市上去交易,日常门市交易时间仅持续半日,而且粮食质量极差,掺有细沙。天津市民苦矣,起早去粮店排队买粮,去晚了买不到,买来粮食要先捡沙子,再用簸箕簸几次才能下锅。[④]除了粮食掺沙,天津市民生活必需品之一的煤球也掺杂掺假,不等晒干就出售,不仅难以点燃,而且不耐烧。即便如此,煤球依然连日涨价,到1947年3月6日,每百斤售价法币120元。其他生活必需品也随着内战阴云密布急剧上涨。例如三花牌毛巾、狼狗牌线袜在1946年1月时每打分别是2600元和4300元法币,比1945年9月日本投降后分别上涨了320和530多倍。[⑤]5个月内,物价先猛跌后出奇暴涨,批发户和零售户倒闭100多家,需要购买生活必需品的百姓叫苦不迭却又无可奈何。

---

① 高尔夫:《在经济崩溃冲击下的天津工商业》,《天津文史资料选辑》(第5辑),天津人民出版社,1979年,第159页。

② 陈柳青:《天津工人经济收入与生活状况考察(1930—1956)》,天津大学硕士学位论文,2007年,第24页。

③ 周启纶:《解放前天津物价飞涨民不聊生纪实》,《天津文史资料选辑》(第5辑),天津人民出版社,1979年,第148页。

④ 周启纶:《解放前天津物价飞涨民不聊生纪实》,《天津文史资料选辑》(第5辑),天津人民出版社,1979年,第146页。

⑤ 乔家钧:《遭受经济"洗劫"的百货业》,《天津文史资料选辑》(第5辑),第170页。

1947年6月，解放军由战略防御转入战略进攻，国民党军队在战场屡遭败绩。平日里在天津耀武扬威、纸醉金迷的国民党要员们，如惊弓之鸟惶惶不可终日。天津警备司令部于当月17日宣布，即日起每晚9点戒严。此后每到晚8点左右，大小商店关门闭户，工厂纷纷停工。街道上昏黄的灯光下只有军警往来巡逻，华北重要的工业城市一片萧条肃杀之象。

到1948年初，天津市民趁着新年休假三天，忙于到市场上抢购粮食。此时玉米面每斤涨到了9600元，兵船面粉每袋90万元。春节前夕，猪肉每斤6400元，牛羊肉每斤6万元，普通百姓春节吃饺子已实属不易，吃肉更是难上加难。①

到了下半年，情况更加糟糕。周启纶在日记中详细记载：

> 1948年7月11日，津市的物价由于当局抛售粮食刚刚平静了几天，从10日起又像决口的洪水一样，掀起了7月的涨风。9日兵船面粉暗盘是1300万元，第二天就是1500万元，稻米32万元一斤，玉米面16万元一斤，红五福布涨到3160万元。纸烟涨得更凶，买一小盒纸烟，需要用一捆子钞票！②

物价飞涨，人民生活难以为继，市面上流通的货币都是以"万"为单位，千元的法币已经没了用途。因此当时社会上充满了"黄金窝头，珍珠玉米"的怨声。③到了一个月后，物价更是翻了一倍：

> 1948年8月10日，面粉每袋2600万元，稻米每斤61万元，小米每斤

---

① 周启纶：《解放前天津物价飞涨民不聊生纪实》，《天津文史资料选辑》（第5辑），天津人民出版社，1979年，第151页。
② 天津市总工会工会志编修委员会编著：《天津工运百年纪事》，2014年，第274—275页。
③ 陈柳青：《天津工人经济收入与生活状况考察（1930—1956）》，天津大学硕士学位论文，2007年，第24页。

39万元,玉米面每斤32万元,五福布7270万元。各公营事业亦争先恐后地加价,人民生活已陷于绝境。[①]

天津每月需面粉多达三万吨,偶尔从南方运至天津的数千吨面粉,根本就是杯水车薪,难以解困。上海运津的米面还要办出境许可证。[②]因此,基本生活物品供不应求已经成为天津市场的常态。1948年下半年,天津局势更加紧张,二三百里之外的粮食几乎不能运津,只有百里之内跑单帮的粮贩子与少数郊区农民,推小车或骑自行车驮点粮食,到丁字沽和南门外杂粮市场出售,但粮食质量较差,有的在玉米面里掺水,欺骗市民。[③]10月28日,局势进一步恶化,供给市民和公务人员的面粉停止发放,而电车公司发给职工的面粉由于质量低劣难以入口,电车公司职工抗诉无果遂举行罢工,全市交通工具陷入瘫痪状态。此时的天津,在国民政府三年的昏聩统治下,人心惶惑,内外交困,溃败之相十分明显。天津解放前三个月,华阳烟草公司已解雇职工百余人,在职的也发不出工资,改由本厂积存的纸烟代替。[④]

为了监视与控制天津工人群众,天津市社会局在各个工厂企业普遍建立了工会组织。工会成员叫作理事和监事,工会分会的成员叫作干事。[⑤]国民党政府的特务组织也不断向工人队伍中渗透,试图瓦解共产党领导的赤色工会,阴谋破坏工人运动。其中中统局天津站调派人员组建了工运组,秘密渗透到各工厂的工会当中。尤其是在国民党组织的黄色工会中,理事、监事及大多数干事都是中统工运组的特务人员,这些人被天津市社会局分期分批地

---

① 天津市总工会工会志编修委员会编著:《天津工运百年纪事》,2014年,第275页。

② 朱仙舟、刘树英、张连祥:《断了粮源的粮食业》,《天津文史资料选辑》(第5辑),天津人民出版社,1979年,第167页。

③ 朱仙舟、刘树英、张连祥:《断了粮源的粮食业》,《天津文史资料选辑》(第5辑),天津人民出版社,1979年,第168页。

④ 杨健庵:《苟延残喘的卷烟工业》,《天津文史资料选辑》(第5辑),天津人民出版社,1979年,第165页。

⑤ 曹钟麟:《天津市训练团的成立经过和活动》,《天津文史资料选辑》(第5辑),天津人民出版社,1979年,第130页。

送往天津市训练团培训。①

在解放战争时期,除了组织黄色工会瓦解中共对工人的领导,国民党方面颓势加剧,其对工厂的军事管制也是日甚一日。根据工人回忆:

> 在工厂里,随着解放的临近,控制得更紧了。我们厂有几次罢工。每次国民党都派军队对着工人架起机枪。维持厂里治安的不仅限于专职保安人员,甚至连人事部的头头都有枪。他与国民党的特务机构南区稽查处合作,组织了一些秘密活动,探听工人内部有哪些传言。②

1948年辽沈战役后,东北野战军主力南下入关。天津市市长杜建时、城防司令陈长捷下令进一步加强军事管制。此时,城中的地下党已经组织由数百名工人组成的纠察队,准备配合解放军进入天津。因此,国民党反动军警对于地下党活动的主要阵地——工厂车间进行大规模的搜捕。除了工人宿舍、车间,军警还在上下班路上对工人们进行挨个搜查,"对工人的管制程度甚至超过了外国列强占领天津时期"③。

随着人民军队在平津一带铺开阵势,天津城内的国民党守军更加胆寒。为了严防工人暴动且为所谓的"焦土政策"做准备,巡逻队进驻工厂;士兵对工人严密监控,"在工厂车间里和上班的路上搜查工人;工人被要求带身份证明。工厂的工头接到指示要向政府报告工人活动分子的情况,特别是与八路

---

① 天津光复后,国民党政府于1946年在天津组建了天津市训练团,直接隶属于天津市国民党政府,旨在对市属工作干部进行政治训练、思想教育,培植亲信。曹钟麟:《天津市训练团的成立经过和活动》,《天津文史资料选辑》(第5辑),天津人民出版社,1979年,第122页。

② [美]贺萧:《天津工人,1900—1949》,许哲娜、任吉东译,天津人民出版社,2016年,第220—221页。

③ [美]贺萧:《天津工人,1900—1949》,许哲娜、任吉东译,天津人民出版社,2016年,第221页。

军有联系的嫌疑者。"①随着监视的加强,大张旗鼓的罢工活动减少了,反抗活动不得不转入地下。工人们面对强敌,在地下党的领导下,采取了正确的斗争策略,用降低生产效率、消极怠工等较为隐蔽的方式进行斗争,同时对准备执行"焦土政策"的反动军警时刻保持警惕,准备反制。

第二节　天津工人为解放事业作出贡献

在国民党"劫收"狂潮和攫夺工人运动领导权的严峻形势下,天津工人在中国共产党的领导下对国民党反动当局进行了有力的回击。

一、游行示威,反抗当局

1945年8月28日,根据中共中央指示精神,天津党组织成立了天津市工作委员会。工作委员会建立后,积极开展工作,深入群众,了解工人兄弟的诉求,并居中谋划、领导天津工人开展斗争。9月,铁路工人在中共的领导下展开提高工资待遇的斗争,并在斗争中冲击了国民党党部,建立了铁路工人联合会。10月,裕大纱厂解雇一千四百多名工人且没有任何补偿。10月13日,工作委员会带领工人开展索要解散费的斗争。

当时间来到1946年,国民党发动内战的阴谋昭然若揭,内战阴云笼罩在全国人民头上。因此,期盼和平、反对内战的天津工人群众在共产党的领导下,积极开展对国民党反动当局的正义斗争。1946年初,东亚、仁立两个毛纺织厂的工人开展了夺取工会领导权的斗争。1—2月间,棉四、棉五工厂的工人开展反对国民党军警、保卫赤色工会的斗争。1946年5月30日,天津海河工程局的工人们提出改善工资待遇的合理要求,遭到工程局的拒绝和压制。工人们在中共的领导下奋起抗争。由于天津海河工程局从属于国民党天津市水利委员会,且国民党偏袒工程局一方,因此工人的斗争逐渐升级,从经济

---

① [美]贺萧:《天津工人,1900—1949》,许哲娜、任吉东译,天津人民出版社,2016年,第311页。

斗争转向反抗国民党苛政的政治斗争。

解放战争时期，在中共的领导下，广大爱国学生、工人职员、市民及其他阶层人民，在国民党统治区掀起了反对美军暴行和反对蒋介石政权内战、独裁、卖国政策的爱国民主运动，有力地支援了中共领导的人民武装反对国民党军队的军事斗争战线。国统区的爱国民主运动也被称为解放战争的第二条战线。1946年7月到1947年6月，国共作战的战场上，共产党领导的人民武装处于战略防御阶段。这一时期，共产党领导的工人运动多达155次，其中反解雇、反饥饿、反减薪的斗争有56次；1947年上半年，在42家工厂企业中开展反解雇的斗争。天津的工人运动在中共的领导下此起彼伏，遍及各行各业，有的虽然规模不甚大，但影响深远，提高了工人群众的斗争觉悟，使各界群众认识到国民党当局不仅是发动内战的元凶，而且是压迫工人群众民主运动的首恶。

随着战场上形势的好转，城市中的工人运动进一步深入发展。1947年7月，在经过了一年多的军事较量后，中共领导的人民武装由战略防御阶段转入战略进攻阶段，国共双方的力量对比发生了重大变化，兵力对比由战争初期的3.4∶1变为1.9∶1，悬殊态势大大缩小。国民党军队屡战屡败，人民军队节节胜利。战场上的捷报不断鼓舞着天津广大工人群众的反蒋斗争热情。随着斗争的深入，天津工人们的觉悟不断提高，他们逐渐认识到自己在国统区的每一次斗争，无论规模大小、或成或败，都是对战场上人民武装力量的有力支援，都是对国民党反动统治的削弱、动摇。

在解放战争的战略进攻阶段，面对国民党当局的高压政策和御用工会的扰乱，天津的工人群众运动出现了走向联合的趋势，行业性的联合斗争逐渐增多。1947年5月以来出现的行业性斗争有：地毯业各厂500多名工人要求调整工资和反解雇的斗争，酒业12个厂870多名工人要求调资的斗争，澡堂业28个单位1900多名工人要求按澡资提成的斗争，制香业16个厂590多名工人要求增资的斗争，火柴业部分工厂540多名工人要求调整底薪的斗争，木材业30个厂240多名工人要求增资的斗争，绒毛加工业13个厂640多名工人要求调资和抗议停工的斗争,牛奶业7个牧场90多名工人反解雇的斗争,印刷业63个工厂850多名工人要求调资的斗争,皮鞋业760多名工人要求增资的斗争,还有橡胶织布等行业工人的联合斗争。[①]

尽管规模不大,且有的斗争由于遭到国民党军警镇压而失败,但天津各行各业工人凝聚在一起形成合力,以怠工、罢工、请愿、游行等多种方式展开斗争,与各界爱国群众团结一致,展开反饥饿、反内战、反迫害、求生存运动,与国民党天津当局进行了连续不断的斗争,让蒋介石国民政府稳定大城市、集中打内战的计划失败。据国民党天津社会局的统计资料,1947年5月到1948年7月,共发生"工潮"156次。[②]工人们的斗争有力地配合了人民解放军的前线战斗,加速了国民党反动统治的灭亡。

在解放战争的战略反攻阶段,天津党组织在工人群众中间积极开展组织和教育工作,在群众中扩大影响,发展党员,壮大革命力量,扩大了革命阵地,巩固了党在天津地区开展工农运动的良好局面。天津的党组织积极贯彻落实党中央"隐蔽精干、长期埋伏、积蓄力量、等待时机"的正确方针,结合天津的具体实际,合理运用《关于白区职工运动的提纲》规定的斗争原则、方法和策略,不断推动天津工人运动的健康发展。根据当时的敌我态势,天津市的工人运动仍然以经济斗争为主,党组织积极开展如救济失业工人、开工复工、有饭吃、有工作等工作,领导工人进行反解雇、求生存、反饥饿、反迫害、反南迁的斗争。

随着全面胜利的步伐逐步加快,天津党组织在组织领导工人运动时,既帮助工人群众争取合法权益,同时也注意斗争策略,竭力保护工人群众的人身安全,把公开与秘密的斗争形式结合起来,根据形势变化而采取或攻或退的斗争方法。

---

① 天津市地方志编修委员会办公室、天津市总工会编著:《天津市志·工会志》,方志出版社,2017年,第13页。
② 天津市地方志编修委员会办公室、天津市总工会编著:《天津市志·工会志》,方志出版社,2017年,第13页。

二、传递情报，保护工厂

1948年9月到1949年1月，解放战争进入战略决战阶段。1948年11月29日，华北第3兵团向张家口地区发起进攻，平津战役的帷幕就此拉开。为了敲山震虎，迫使傅作义接受和平解放条件，中国人民解放军东北野战军5个纵队、22个师，共34万人，[①]把天津围得铁桶一般。

陈长捷率领13万国民党军队坐守孤城，困兽犹斗。保密局、党通局特务垂死挣扎。国民党军队不甘心坐以待毙，"在市区内各交通要地和广场设有层层街垒，直达指挥核心区域，构成了坚固的防御体系。环绕全城，还挖掘了水深3米、宽10米、长近50公里的护城河。在护城河和防御前沿五里纵深内遍设碉堡群、鹿砦、铁丝网，并埋设下大片的地雷，又构成了外围的坚固防御体系"[②]。敌人依靠"大天津堡垒化"的工事负隅顽抗。

在战略决战阶段，出于保护工人群众的目的，避免过度刺激敌人，引来血腥报复，造成不必要的损失，天津党组织根据实际情况采取了应对措施，要求一切组织不冒进、不盲动，积蓄力量，等待时机，不单独建立赤色工会。

1948年11月10日，位于沧州泊头市的中共中央华北局城市工作部对天津党组织作出明确指示，要求地下党配合接管工作。根据指示，天津地下党"职业青年工作委员会"（简称"职委"）委员岳亭[③]，以大直沽第三十九小学（今河东区六纬路小学）为基地，[④]联系党团员、青年职工和小学教师，采取多种方法，摸清国民党军队在城防河（月牙河）沿岸的明碉暗堡位置、火力配备及雷区分布，并将敌人的仓储、油库、工厂、居民区等重要据点位置绘图说明，及时向上级党组织汇报。得益于地下党的有效情报输送，战斗打响后，解放军的炮弹像长了眼睛一样，不打民房工厂，专打碉堡仓库，让敌人猝不

---

① 军事科学院军事历史研究部：《中国人民解放军战史·第五卷·全国解放战争时期》，军事科学出版社，2000年，第297页。

② 刘锜：《天津战役的回忆》，《天津文史资料选辑》（第5辑），天津人民出版社，1979年，第3页。

③ 岳亭，原名张樾堂，广东省中山县人，天津解放后任天津市第五区首任区长。

④ 今河东区六纬路小学。

及防、损失惨重。

1948年12月13日,中共中央华北局再次发出《关于平津地下党的组织在解放与接管城市中应如何工作的指示》。为了迎接即将到来的曙光,天津党组织与工人群众一道,开展了护厂、护库斗争,组成护厂队,保护工厂企业的厂房、档案、设备、仓储物资,以免国民党反动派狗急跳墙采取焦土政策。在地下党的领导下,各工厂普遍建立了护厂队、纠察队,以地毯行业工人为骨干,成立天津行业系统工人纠察队第三大队。中纺一厂[①]进步工人在商兆华(中共中央华北局城工部领导的职业青年工作委员会系统的地下党员)领导下开展护厂斗争。工人们清查车间设备,统一登记造册,保护了厂房、机器和仓储物资,使它们免于被特务破坏。工人们还动员厂内管理层参加护厂工作,对一些游移不定的工厂、仓库的负责人,地下党、护厂队向他们递送《中国人民解放军布告》(又称约法八章)和"劝告信",[②]给他们指明出路,奉劝他们不要跟着国民党走,要求他们保护好工厂和仓库。这些工作起到了立竿见影的效果。中纺一厂的负责人本来已经把机器设备拆除准备运走,由于地下党和工人们的警告劝说,厂方最终接受了劝告,同工人一道保护工厂,并在天津

[①] 位于天津市河东区大直沽六号路17号(现为万达公馆)。早在19世纪,天津就已成为华北地区最大的棉花集散地,加之海河便利的漕运条件和丰富的水资源,海河两岸聚集了众多的棉纺织厂。20世纪初至日本侵华期间,天津建立起数家日资纺织厂。其中就有天津第一棉纺织厂的前身裕丰纱厂。1945年后国民党政府接收了日本在津的纺织企业,组成中国纺织建设公司天津分公司,包含中纺一厂至中纺七厂,裕丰纱厂即被整改为中纺一厂。1949年天津解放后,原中纺一至六厂改为国营天津棉纺一至六厂。

[②] 约法八章包括:保护全体人民的生命财产;保护民族工商农牧业;没收官僚资本;保护一切公私学校、医院、文化教育机关、体育场所和其他一切公益事业;除怙恶不悛的战争罪犯和罪大恶极的反革命分子外,凡属国民党中央、省、市、县各级政府的大小官员,"国大"代表,立法、监察委员,参议员,警察人员,区镇乡保甲人员,凡不持枪抵抗、不阴谋破坏者,人民解放军和人民政府一律不加俘虏,不加逮捕,不加侮辱;为着确保城乡治安、安定社会秩序的目的,一切散兵游勇,均应向当地人民解放军或人民政府投诚报到;农村中的封建的土地所有权制度,是不合理的,应当废除,但是废除这种制度,必须是有准备和有步骤的;保护外国侨民生命财产的安全。

解放后第三天就恢复了生产。①值得一提的是，天津解放前夕，国民党也组织
起了所谓"护厂队"，由反动党团分子、工头和打手组成。共产党领导的护厂
队与他们展开了争夺护厂权的斗争。中纺二厂的工人在地下党领导下，赶跑
了国民党的"护厂队"，组建400人的"工人护厂纠察队"。②

外围战斗打响后，工人们在极恶劣的条件下扑灭火情，保护物资设备，为
新中国成立后迅速恢复生产作出了巨大贡献。1949年1月5日，解放军第46
军137、138师攻克天津东南大门灰堆镇，陈长捷下令国民党军队炮兵"打平灰
堆造纸厂"③，短时间内造纸厂遭到上千发炮弹的轰击。炮击引发五次大火，
护厂工人在地下党的领导下冒着炮火奋力扑救。华北氧气厂④老工人冒着生
命危险，在枪林弹雨中抢运200枚氧气瓶，为后来恢复生产提供了保证。

在解放天津的最后阶段，工人、学生在中共的领导下分工协作，分成若干
小队，或为人民解放军进城带路，或是准备夺取敌人要害部门，为解放天津、
保护国家财产作出了巨大的贡献。1949年1月14日，中国人民解放军对拒绝
投降的天津守敌发起总攻。当夜，国民党一个团从南线溃败下来，闯入中纺
二厂⑤，把炮位安在厂内，妄图做垂死挣扎。厂地下党支部督促厂长与国民党
团长谈判，为保护工厂赢得时间。随后，人民解放军包围中纺二厂，这部分国

---

① 中共天津市河东区委党史研究室：《中共天津市河东区历史》，中共党史出版社，
2011年，第3页。

② 中共天津市河西区委党史研究室：《中共天津市河西区历史》，中共党史出版社，
2011年，第2页。

③ 日商内田隆于1937年创办的东洋制纸工业株式会社1945年被国民党接收，位于灰
堆（今大沽南路1339号），新中国成立后为国营天津造纸总厂，1979年更名为天津造纸厂。

④ 华北氧气厂于1932年建厂，原名东方修焊公司，1953年更名。

⑤ 中纺二厂即创立于1918年4月的裕元纱厂，位于海河西岸小刘庄（解放南路一带）。
北洋皖系军政财商界要人倪嗣冲、段祺瑞、段芝贵、徐树铮、曹汝霖、陆宗舆纷纷入股，很快
成为华北地区最大的纺织企业。1936年，日商钟渊纺绩株式会社以赊账形式夺取了裕元
纱厂控制权，并更名为公大六厂。日本投降后，国民党政府接收公大六厂，改名为中国纺
织建设公司天津第二纺织厂，简称中纺二厂。新中国成立后，1950年，中纺二厂改为国营
天津市第二纺织厂，后又改为天津市第二棉纺织厂。该厂是天津纺织行业中规模最大、生
产能力最强的大型企业。全厂职工人数最多时曾达上万人，在全行业居首。

民党军残余全部缴械投降。地下党员韩家礼等带领护厂纠察队,在清花车间棉花堆中俘获了国民党军的团长。厂地下党员还配合人民解放军俘获监视地下党活动的特务。1月15日凌晨,中国人民解放军在金汤桥胜利会师。隐蔽在六区(河西区旧称)的地毯行业地下党组织配合进城公安干部,接管国民党天津市警察局第六分局。①下午3时,在城内中共地下党组织、爱国学生组织、进步工人的帮助下,天津全境解放。

三、稳定秩序,恢复生产

天津解放初期,这座老牌工业城市需要稳定社会秩序,恢复发展生产。党中央指示"依靠工人积极建设城市",天津党组织按照指示迅速建立工会组织,把工人运动纳入华北总工会筹委会天津办事处领导,积极发展工会成员,通过工会密切联系群众,组织恢复工厂生产,巩固新生人民政权。此时的天津,百业待兴。在日本侵略者和国民党政府的轮番压榨之下,天津的工厂企业普遍规模很小,生产能力也极为有限。在1949年天津解放后不久,全市进行了一次经济普查,9800多家私有工业企业,平均每个企业只有7.3人;只有18家企业雇佣的人数超过了1000人,其中包括全部政府所有的纱厂。②

1949年1月17日,天津市市长黄敬视察中纺二厂,向全体职工作关于立即恢复生产、支援大军南下、解放全中国的动员报告,并宣讲党的"三原"政策(原制度、原职、原样)。各行各业备受鼓舞。1月18日,天津市立第一医院率先开始恢复门诊。1月19日,纺织行业的龙头企业中纺二厂重新开工。值得一提的是,中纺二厂工人一心向党,在军管会于15日接管工厂后,90%的职工在两天内即回厂报到,重返工作岗位,为复工复业作出表率。

---

① 中共天津市河西区委党史研究室:《中共天津市河西区历史》,中共党史出版社,2011年,第3页。
② 纪广智:《旧中国时期的天津工业概况》,《北国春秋》1960年第2期。

1949年2月初，二区①区委与各行业工人代表召开座谈会，重点讨论了全区复工复业、组织生产以及工人如何在建设新天津中发挥作用等问题。截至2月12日，二区226个工厂已复工的182个，占80.5%，开始营业的商店达86.5%，其中天津市私营四大纱厂之一的恒源纱厂在人民政府扶助下，生产上得到恢复和发展，并于1949年7月在产量上超过1948年度最高水平。②在中国共产党的领导下，天津这座华北重要的工商业城市重新焕发出了青春活力。

除了鼓励恢复发展生产，一区、十区（今和平区）区委按照党中央关于城市工作的政策方针，以雷霆万钧之势迅速开展了清除旧社会遗留下来的污泥浊水，重建行业秩序。天津地处九河下梢，码头众多。二百多年来，随着商贸往来愈加频繁、漕粮运输河海并进，码头文化逐渐兴起，搬运行业（俗称"脚行"）也随之壮大，而且自成体系，有自己的一套封建规矩和等级秩序，即封建脚行把持制度。封建脚行把持制度是旧社会套在底层搬运工人脖子上的沉重枷锁，在新中国成立前一区、十区及南市地区的脚行一直被封建把头垄断。1949年3月，区委、区政府依靠人民群众，尤其是广大搬运工人，开展了长达两年（1949年3月—1951年3月）的废除封建把持制度的斗争。③经过区公安机关的缜密调查，摸清了全区脚行的行业状况及把头剥削搬运工人的罪行。6

---

① 1949年新中国成立前，区域曾多次易名。1928年后，为四区、特二区、特三区。1937年后，为四、五、八区。1944年，曾为第三区、特管区。1947年后，曾属第二区、第三区。1949年1月15日，天津解放后，天津市区沿用国民政府旧的行政区划，河北区即为当时的第二区和第三区。1952年10月，天津市行政区划调整二区与三区的市区部分（郊区部分划归天津）合并称天津市第三区。1956年1月起，第三区改称河北区。中共天津市河北区委党史研究室：《中共天津市河北区历史》，中共党史出版社，2011年，第1页。

② 中共天津市河北区委党史研究室：《中共天津市河北区历史》，中共党史出版社，2011年，第4页。

③ 1950年3月，政务院颁布《废除搬运事业中封建把持制度的暂行办法》。6月，市、区公安机关通令脚行把头依法登记，接受讯问和调查。8月，一区、十区分别召开全区的搬运工人控诉大会，揭发、控诉罪行严重的封建把头。1951年3月，天津市召开公判大会，判处封建脚行总头目巴延庆、刘德山等死刑。历时两年的群众性废除封建脚行把头制度的反霸斗争胜利结束。中共天津市和平区委党史研究室：《中共天津市和平区历史》，中共党史出版社，2011年，第7页。

月,在区委、区政府的领导下,搬运工人服务站和搬运工人工会正式成立,搬运工人受把头控制奴役、压迫剥削的历史宣告结束。

1949年10月1日,庆祝中华人民共和国中央人民政府成立的典礼在首都北京隆重举行。下午3时许,毛泽东在天安门城楼上庄严宣告:"中华人民共和国中央人民政府今天成立了!"中国人民从此站起来了,成为国家的主人。天津工人昂首阔步,在中国共产党的领导下,以主人翁的姿态投身于新天津、新中国的工业建设当中,使天津这座历史悠久的工业城市重新焕发出勃勃生机,为新中国的工业化进程作出了巨大贡献。天津工人爱国爱党爱家、勤劳智慧乐观的品质和不畏强敌、敢于斗争的精神将永载史册。

第二编

社会主义革命和建设时期的天津工人运动

（1949年—1978年12月）

新中国成立后,工人阶级翻身当家做主人,以主人翁的姿态投身社会主义革命和建设,为新中国的工业化建设和社会主义现代化建设作出了重要贡献。在党的领导下,工会组织逐渐健全完善。天津各级工会认真贯彻落实党中央、天津市委和中华全国总工会部署,组织动员天津广大职工群众积极开展群众性生产运动,推进经济技术革新,开展劳动竞赛,参与企业民主管理,开展政治教育和文化技术教育;同时,积极开展劳动保护工作、送温暖工程、法律服务工作、女工工作等,切实保障工人权益,努力提高工人待遇。"文化大革命"时期,天津市工会组织遭受严重破坏,一些工会领导和劳动模范被错误地批判和打倒,工业生产遭受严重破坏和损失。但是,天津广大工人群众积极投入调整和整顿国民经济工作中,开展"工业学大庆"运动,使天津工业生产、经济发展在此期间仍然取得了一些成绩。"文化大革命"结束后,天津各级工会开展拨乱反正,组织工人积极开展生产建设,提升工人生活待遇,为改革开放和社会主义现代化建设新时期天津工人运动开辟新阶段奠定了重要基础。

第一章　社会主义革命时期的
天津工人运动
（1949—1956年）

新中国成立后，工人阶级由过去被压迫、被剥削的阶级转变为国家和社会的主人。在新中国成立初期，工人阶级取得领导地位，中国共产党取得执政地位，主要任务已经发生重大变化的情况下，工人运动、工会组织也随着时代的发展而发生变化。这一变化最突出的部分，就是从革命时期的工会逐步转变为建设时期的工会，切实承担起团结组织工人阶级为巩固和建设新中国而奋斗的历史任务。[①]1949年11月，全国总工会副主席李立三在亚澳工会会议上，代表中华全国总工会提出了新中国工人运动和工会工作的主要任务，即组织和领导工人恢复与发展生产，这是工人阶级最高的利益，也是工会工作的最基本的任务；工会要成为人民民主政权的支柱；工会应当保护工人阶级的利益，争取改善工人生活；加强政治文化技术教育工作；建立、扩大和巩固工会组织。这五项主要任务充分体现了新中国成立后对工人运动和工会工作的新要求，为工人运动和工会工作的发展指明了方向。[②]

中共天津市委根据形势发展，紧紧围绕新中国成立初期的重要变化及工人运动和工会工作的主要任务，领导开展工会工作。建立了天津市总工会，在各行业建立了行业工会。在天津市委的领导下，天津各级工会组织广大工

[①] 戴文宪编：《中国工会史干部读本》，中国言实出版社，2014年，第76页。
[②] 戴文宪编：《中国工会史干部读本》，中国言实出版社，2014年，第77页。

人群众,以主人翁的态度和责任感积极投入工作中,为天津社会主义革命作出了重要贡献。这一时期天津的工人运动和工会工作主要是迅速投入恢复发展生产中,积极开展生产竞赛、爱国劳动竞赛,加强劳动管理;发挥工人群众的积极性、主动性、创造性,积极进行经济技术革新,有效提升了劳动生产效率;建立工厂管理委员会,成立职工代表会,签订集体合同,建立劳资协商会议,组织职工参加企业管理,积极在国有企业、私营企业、合营企业开展民主改革;推进基层民主改选工会委员,重视加强工会小组工作,完善基层工会工作;加强私营企业工会组织建设,加强公私合营企业工会工作,积极推动私营工商业社会主义改造;开展爱国公约运动,开展支援前线的爱国捐献运动,积极捐款捐物,捐献飞机大炮,有力支持抗美援朝运动;积极开展劳动保护工作,实施《中华人民共和国劳动保险条例》,开展困难补助工作,积极救济失业工人,做好女工工作,提供法律服务,保障了职工权益;彻底废除封建脚行把头制度这一旧天津社会顽疾,使天津广大搬运工人彻底摆脱了封建脚行把头的剥削;进行工资改革,提升工人工资水平;开展职工文化设施建设,建成第一工人文化宫和第二工人文化宫;动员职工参与政治学习,积极开展职工读报活动、识字运动和基层技术教育、职工业余教育,推进科学技术普及工作,开展职工业余教育,满足职工文化生活需要,提升了工人的综合素质;开展劳模评选表彰奖励活动,调动了工人生产积极性,增强了优秀工人的荣誉感。天津各级工会所做的这一系列工作,不仅促进了新中国成立初期天津的工业生产,也提升了工人的物质生活和文化生活水平。

第一节　新中国成立初期的天津工人运动

新中国成立后,天津工人运动的面貌焕然一新。根据新形势新任务,在中共天津市委的领导下,广大工人群众积极投身经济恢复和发展工作,大力开展生产竞赛和经济技术革新,为经济发展作出了重要贡献。同时,按照党和政府的要求,巩固发展工人阶级主人翁地位,积极推进企业民主改革,废除脚行把头制度等封建残余制度。同时,努力提高生产,踊跃捐款捐物,积极支持抗美援朝运动。在市委的领导下,天津市总工会认真贯彻落实《中华人民共和国工会法》,不断健全工会组织,为工人运动的开展提供了重要组织保障。天津各级工会加强对工人群众的政治和技术教育,积极开展劳动保护工作,努力提升工人工资,开展劳模评选表彰奖励活动,为保障广大工人权益、提升工人阶级生活水平作出了重要贡献。

一、贯彻工会法,发展工会组织

中国共产党是中国工人阶级的先锋队,工人阶级是开展城市工作的主要依靠力量。天津解放后,为了动员和组织工人阶级积极投入经济恢复和发展的各项事业中,更好地代表和维护工人利益,党领导工人阶级建立起各级工会组织,建立起党与工人阶级和各界群众的密切联系。

在准备和实行接管的过程中,党积极推进天津工人组织的筹建工作。至1949年4月,已有129个单位建立了临时职工代表会,有组织的产业工人达1万余人,经全市公私营企业职工代表联席会议选举,产生了全市职工代表大会筹委会。[①]

1949年4月28日至30日,天津市首届职工代表会议召开。会议提出,工人运动的主要任务是:恢复生产,发展经济,建立工会,把工人组织起来。会议总结了华北总工会筹委会天津办事处的工作,选举产生了天津市职工总会筹委会(后改为总工会筹委会),作为全市性的工会组织。天津市职工总会筹委会由55名执行委员和10名候补执行委员组成。华北总工会筹委会天津办事处的工作结束,天津职工运动由天津市职工总会筹委会领导。5月24日,天津市职工总会筹委会首届执行委员会召开会议,选举常务委员23人。5月28日,召开首次常委会,推选黄火青为主任,丘金为副主任。

天津市职工总会筹委会成立后,全市职工组织建设工作迅速发展。各产

---

① 中共天津市委党史研究室:《中国共产党天津历史:第二卷(1949—1978)》,中共党史出版社,2015年,第20页。

业工作委员会相继召开产业、行业职工代表会议,成立产业、行业工会筹委会,并推动基层单位大力发展会员,建立基层工会组织。到7月底,全市铁路、纺织、海员、运输、产联、五金、化学、手工业、店员等工作委员会,已建立基层工会138个,基层筹委会71个,工会小组3210个,发展工会会员89497人。[①]

新中国的诞生,开创了天津工人和劳动人民当家作主的新纪元。天津解放初期,根据党的"依靠工人阶级建设城市"的指示,迅速建立和发展工会组织,通过工会,团结广大工人群众,协助党和政府恢复发展生产,巩固人民政权,担负起建设新天津光荣而艰巨的任务。在党的领导下,迅速建立发展工会组织。

工会组织建立后,首先在职工中进行系统的阶级教育和政策教育,提高工人阶级觉悟,特别是注意纠正私营企业职工中某些与资方不合作的"左"的倾向,积极协助督促资方搞好生产,为天津经济的恢复创造有利条件。通过一系列努力,到1949年底,全市先后建立了纺织、化学、五金、铁路、市政、海员、产联7个全市性的产业工会和285个基层工会。[②]

1950年1月10日至14日,天津市工会第一次会员代表大会召开。市委副书记、市总工会筹委会主任黄火青作了题目为《工会工作面向生产,为完成1950年生产任务而奋斗》的工作报告,确定工会工作的方针是:组织全市职工,积极恢复和发展生产,保证完成和超额完成当年生产任务。大会原则通过了《天津市国营公营企业劳动保险暂行条例(草案)》,选举产生天津市总工会第一届执行委员和候补执行委员,宣告天津市总工会正式成立。1月22日,在首次执委会上选出常务委员25名,黄火青当选为主任(6月改称主席)。[③]此后,全市相继建立了21个产业工会和12个总工会办事处。

---

① 中共天津市委党史资料征集委员会、天津市档案馆编:《天津接管史录》(上卷),中共党史出版社,1991年,第9页。

② 中共天津市委党史研究室:《中国共产党天津历史:第二卷(1949—1978)》,中共党史出版社,2015年,第21页。

③ 天津市地方志编修委员会办公室、天津市总工会编著:《天津市志·工会志》,方志出版社,2017年,第461页。

为了明确规定工会组织在新民主主义国家政权下的法律地位与职责,使全国工人阶级更好地组织起来,发挥其在新民主主义建设中应有的作用。1950年6月29日,中央人民政府主席毛泽东发布命令,公布《中华人民共和国工会法》(简称《工会法》)。命令指出,中央人民政府委员会第八次会议通过的《工会法》,应自1950年6月29日起公布施行。《工会法》的颁布,对于推进工会组织发展、保障工人阶级的合法权益、进一步提高工人阶级的觉悟、争取国家财政经济状况基本好转,具有重要意义。《工会法》颁布施行后,天津一般国营企业及部分私营企业,均能认真执行,有些基层工会组织与职工,根据其中规定的权益,排除了原来推行工会工作中的一些障碍。如私营同新化学厂资方,此前曾公然阻挠该厂工人参加工会,拒绝工会干部进厂。当时,工会干部因无法律的依据,虽尽力解释说服,但终于无效。《工会法》颁布后,该厂工人明白了工人有参加工会的正当权益,因此不顾阻挠要求入会,资方从此不敢公开阻止。以前,很多企业单位的行政和资方,有时限制工会干部开会和做其他活动,不给工会办公室等。自《工会法》颁布后,其中规定了公私企业都要向工会拨付一定的工会经费,开辟办公处所,不脱离生产的工会委员还有权每月占用两天的生产时间开会,从而便利了工会工作的开展。由于《工会法》的实施,有些单位的工会更明确了工会工作面向生产的方针,组织职工开展生产竞赛和生产运动,大大提高了劳动生产率增强了主人翁意识。如私营东昌橡胶厂工会经过整顿后,职工们学习了《工会法》,增强了主人翁意识开展了爱国生产竞赛,球鞋日产量增加一倍以上。另外有些工厂的工会代表工人,与行政和资方签订集体合同及生产合同,参加工厂管理委员会和劳资协商会议,因而保证了生产任务的完成。

1950年5月到1951年5月,天津市的工会工作在发展和巩固组织、培养和提高干部素质等方面取得了显著成绩。一年中,据不完全统计,吸收工会会员近9万人,全市会员总数占全部职工70%左右,全市产业工人基本组织起来。①

①《天津市一年来的工会工作》,《天津日报》1951年5月1日。

为了巩固和健全工会基层组织,1950年下半年,许多工会整顿了组织。经过整顿组织的单位,基本纠正了不按产业或生产组织原则来建立组织或划分小组的混乱现象;发扬了工会的民主,批判并纠正了某些工会干部包办代替、不认真依靠工人群众的工作作风,从而进一步密切了工会与工人群众的联系。这一时期,整顿组织的主要经验是:发动群众,以批评与自我批评的方式着重检查工会工作。只有通过检查工作,才能发现更多问题。国营棉纺六厂在整顿组织中,充分发扬了民主,工人群众对过去的工作提出很多意见,如"工会经费开支不公开""对合作社监督不够""某某委员工作不积极"等。经过充分讨论,群众对每位干部或积极分子都有了比较深刻且正确的认识。所以在后来当选的新委员中,绝大部分都是工作上有能力且又为群众所拥护的优秀职工。此外,工会改选后,需时时注意新干部的培养教育,但缺少工作办法。如不提高其业务能力,就会使干部陷于事务,甚至脱离群众。这是一年中工会组织工作中遇到的教训。棉纺一厂、棉纺三厂、汽车制配厂、市百货公司等基层工会整组后,均立即组织小组长以上的干部,学习工会工作细则、组织条例等文件。学习后,他们感到"摸着门路"了,知道如何工作和做些什么。在培养和提高干部能力方面,市总工会有关部门于1950年下半年开始注意训练基层干部。1951年,市总工会更明确地将训练干部作为全年工会工作的重要任务之一,作出了基层工会干部普遍训练一次的计划。据不完全统计,一年中,经市总工会、产业工会、区办事处和基层工会训练的工会小组长以上的干部共达6000余人,其中5000余人是在1951年2月至4月中训练的。①大批基层干部的轮训,对健全工会组织,开展生产竞赛,及在私营企业中正确执行发展生产、劳资两利政策具有重要意义。

1951年,天津工会组织得到进一步发展。如1951年2月,天津市店员工会首届会员代表大会召开。会上宣布中国店员工会天津市委员会正式成立。此次大会共收到提案483件,经大会提案审查委员会审查后,共归纳为104

---

① 《天津市一年来的工会工作》,《天津日报》1951年5月1日。

件,其范围包括组织领导、劳保、学习、财务、女工等方面。这些审查提案,经大会正式通过。大会还一致通过了《天津市店员爱国公约》及向毛泽东主席致敬电文和致中国人民志愿军、朝鲜人民军的慰问电文。[1]同时,积极整顿基层工会。

1952年,天津市总工会积极开展基层组织建设及培养提拔干部等工作。2月开始,市总工会派大批干部配合产业工会搞重点厂的工作调研,发现问题并总结经验。4月至5月,市总工会继续派干部由党、工、团联合组成工作组,到各大中型工厂进行整顿和健全组织工作。经过整顿或改进的基层组织共有267个,占整个基层组织的13%。据市政、化学等6个产业工会统计,共提拔基层委员391人,在9个产业工会基层中清洗不纯分子104人。[2]同年6月,根据全国组织工作会议精神,市总工会整编工人队伍,重新划分和组建产业工会,划分为21个产业工会,即纺织、五金、化学、铁路、邮政、电信、轻工业、市政、建筑、财金、店员、搬运、电业、海员、教育、文艺、医务、新闻、民用航空、盐业、食品,并在市内先后建立了11个区办事处,加强对私营小厂的领导,使大中型工厂及小厂工会工作得以平衡发展。

为了适应生产发展的需要,在党的领导下,更好地与企业政治部门互相配合,并进一步健全工会组织,迎接经济建设高潮,1952年7月,天津市总工会发布关于调整工会组织的指示。指示指出,天津市总工会根据中华全国总工会华北工作委员会第一次会议的精神,在第二次常务委员会议上,决定对产业工会的组织形式重新进行调整,并建立区工会,撤销市总工会区办事处。指示指出,要调整产业工会组织,其基本原则是:在国营、公营企业内,按照党和行政的系统,并尽量兼顾产业原则,分别地区,确定工会组织,以求党、政、工、团步调一致;在私营企业方面,除海员、民船、盐业、建筑、搬运、教育、文艺等工会所领导的私营单位不动,其他产业工会将私营单位全部(外商除外)移

---

①《成立店员工会委员会》,《天津日报》1951年3月1日。
② 天津市地方志编修委员会办公室、天津市总工会编著:《天津市志·工会志》,方志出版社,2017年,第739页。

交给区工会领导。要建立区工会,撤销市总工会区办事处,并接管天津县总工会。在经费方面,指示指出,除海员、民船、邮政、电信、铁路等工会经费自理,其他产业工会、区工会的财务问题均应按照组织变动的情况办理交接手续。之后,经费均按市总工会的财务制度统一收支使用。

1952年9月,天津市总工会开办基层工会干部培训班,共调训工会干部285人,其中脱产干部140人、不脱产的正副主席67人、委员68人、小组长10人。①开办生产竞赛运动训练班,培养干部和积极分子。同年10月,为加强对基层工会的宣传工作,天津市总工会发出关于在工会基层组织中建立工会宣传队的指示。指示发出后,工会宣传队在工会基层组织中陆续建立起来。

1952年,天津市总工会在各区建立区工会后,私营企业工会工作有了进一步的加强。各区工会是在市总工会各区办事处的工作基础上建立起来的,目的是加强对私营企业的职工和分散工人的领导。全市私营企业的工会工作,均在各区工会直接领导之下进行。各区工会都设立了生产、组织、文教、劳保等科,各产业工作委员会也增添了干部。各区工会成立后都适当地整顿了基层组织。据不完全统计,到1952年底,全市私营企业中已有工会会员19.9万余人,占全体私营企业中职工人数的90%以上,在25人以上的工厂中即有基层工会1000余个,组织成员则已有1万余个。②

二、恢复发展生产,组织生产竞赛

1949年3月召开的党的七届二中全会明确指出,在城市工作中必须全心全意依靠工人阶级,把恢复发展城市的生产事业作为中心任务。按照党的新民主主义经济纲领的要求,迅速恢复与发展生产是天津解放后的中心任务,也是最紧迫的任务。在接管前,天津市军管会反复强调,进城后的最根本的工作是依靠工人阶级恢复秩序,发展工业,发展生产;一切工作都要为了恢复与发展生产。随着接收工作的展开和完成,迅速实现复工复业、恢复与发展

---

① 天津市地方志编修委员会办公室、天津市总工会编著:《天津市志·工会志》,方志出版社,2017年,第739页。

②《私营企业工会工作有进展》,《天津日报》1952年12月2日。

生产成为全市首要的工作任务。天津市总工会按照党的七届二中全会指示精神,认真开展工会工作。

没收官僚资本任务的完成,使官僚资本企业开始变成党领导下的社会主义全民所有制企业。企业性质的根本变化,提高了工人的政治觉悟和社会地位,增强了工人的主人翁意识和恢复发展生产的积极性。例如,天津被服厂在接收后的半个月内就完成了几十万条军裤的生产,及时支援了解放军南下作战;天津钢厂工人潘长有冒着高温抢修马丁炉,为早日出钢作出了贡献。在接管的同时,职工群众即进行了机器设备、复工用料的清点,并打扫工房、擦洗机器、购置复工急需的原材料,为尽快恢复生产作了充分准备。

私营工商业的恢复,是在贯彻党的民族工商业政策、正确处理劳资关系基础上实现的。天津是我国解放较早的工商业城市,资本主义工商业比较集中,在全国具有举足轻重的地位。恢复私营工商业,对于天津的复工复业、安定人民生活具有重要意义。解放前夕,多数有益于国计民生的民族工商业被迫停产,有的甚至面临破产,处于奄奄一息的状态。天津解放后的一个月,私营企业开工尚不足30%,广大工人饱受失业之苦。为使民族工商业迅速复工复业,华北总工会筹委会天津办事处向较大的私营工厂派出工作组,各区也派出干部深入中、小型私营工厂,重点宣传讲解党的保护与发展私营工商业、繁荣经济的政策,号召职工报到上班,动员资本家复工生产。工作组坚持"劳资两利"方针,调解劳资纠纷,说服工人在工资待遇上不提过高要求,以协助企业尽早复工生产。党对私营工商业的政策和迅速复工的号召得到广大工人的热烈拥护。他们纷纷到厂上班,赶修机器,争取及早恢复生产。私营企业复工最早的恒源纺纱厂,在新中国成立后的第四天,就有一千二百多名工人上班。[1]当时仍有许多资本家或资方代理人,受到国民党反动欺骗宣传或谣言的影响,不愿复工,有的拖延复工时间。工人群众对资本家这种消极态度极为不满,纷纷向

---

① 中共天津市委党史资料征集委员会、天津市档案馆编:《天津接管史录》(上卷),中共党史出版社,1991年,第596页。

工作组揭发,积极提供企业在原料资金等方面的真实情况。各工作组还主动与私方人员个别交谈,讲清开工早晚对国家及私方人员本身的利害关系,纠正了一些私营企业工人对资本家进行"清算"斗争,甚至要求分店分厂的"左"的做法,使资本家逐步消除思想顾虑,为私营工厂复工扫清了道路。

1950年1月召开的天津市工会会员首届代表大会指出:"天津市的工业生产已基本恢复,我们工会工作的任务是努力发展生产。"黄火青在会上指出,各位代表应在大会结束后将这次大会的决议和精神贯彻到工人群众中,并把他们的政治觉悟与劳动热情组织起来,全部投入1950年的生产任务中去。贯彻的方法,就是要依靠和启发群众的自觉,发扬民主,反对官僚主义。各代表回到自己工作岗位后,应主动与行政上讨论制定生产计划,并尽可能组织每个工人都拿出自己的具体计划来。①

1950年天津市总工会成立后,于5、6、7三个月第一次有领导地开展全市规模的大竞赛。其间,市总工会组织开展了红五月大生产竞赛,宣传李兆珍小组搞好团结、分工负责的经验,全年涌现出四十多个模范小组。在竞赛中,市总工会总结中纺一厂一纱场细纱乙班变行政计划为群众计划的经验。这使群众奋斗目标更加明确,调动了职工生产积极性,不仅对恢复生产作出贡献,而且创造了许多新纪录,涌现出王德山、李兆珍、钱嘉光等一批生产能手。市总工会和纺织工会以恒源、北洋两纱厂为示范典型,组织生产竞赛,实现了工厂增加利润、工人改善待遇、生产管理制度改进的目标,并总结了宝贵经验。

1951年5月7日,天津市人民政府公布"评模决定"。"评模决定"规定了模范小组的五项标准,小组工作有明确的目标,全市五千多个小组订立争取做模范小组的规划。1951年,天津市总工会组织全市职工开展爱国主义劳动竞赛及爱国增产节约竞赛运动。竞赛形式主要是小组竞赛,竞赛内容是研究技术与建立制度,同时发起向马恒昌小组应战活动。

1951年,天津生产竞赛经历了两个时期。第一个时期是1月至5月,向马

---

① 《保证完成今年任务》,《天津日报》1950年1月15日。

恒昌小组应战是生产竞赛的主要形式。1951年1月，全国闻名的东北第五机器厂马恒昌先进生产小组，为了使爱国主义竞赛经常地开展下去，提出五项要求，向全国各厂矿工人挑战。五项要求是：第一，团结技术人员，加强技术学习，改进操作方法，提前完成任务。第二，师傅保证把所有徒工提高到一般技术水平的60%；徒工保证爱护机器，整理工具，不影响师傅到点开车。第三，遵守劳动纪律，坚守工作岗位，保证春节前后出勤率不降低。第四，加强四防工作，保证全组机器和人员的安全，爱护公物，克服浪费。第五，加强时事学习，提高政治觉悟，做好宣传鼓动工作。马恒昌小组向全国各厂矿工人提出挑战后，全国各地纷纷应战。当时采取了创造先进小组作为参加生产竞赛的形式，以便于发挥群众的创造性，使竞赛的内容更为丰富、更加深入，劳动竞赛从生产部门扩展到了非生产部门。特别是在大规模的抗美援朝运动、反对美帝国主义武装日本的运动与镇压反革命的运动中，大大提高了职工群众的觉悟。第二个时期从5月7日天津市人民政府发布全市评选劳动模范的决定后，生产竞赛迅速进入了一个新阶段，爱国竞赛公约运动以空前壮阔的规模开展起来。到9月，先后参加竞赛的大单位808个，包括工厂、企业与经营部门1091个，小组7274个，职工16.5万多人。①运动规模非常大，大大提高了劳动生产率，大部分工厂都超过了计划，降低了成本，为国家创造了大量财富。

在私营企业方面，根据34个参加竞赛的较大工厂的统计，全部完成并超过了产量任务，产品质量也得到了提升，全面达到了预期目标。一般生产效率提高10%到300%，共获利润616亿元（旧币，下同）。其中永利制碱厂盈余在300亿（旧币）左右，东亚企业公司上半年盈利也达135亿元（旧币），有193个单位增添了生产设备。②在非工厂生产和非生产性质的各行业中，也创造了许多优异的成绩。他们在爱国竞赛公约运动中，创造了新的制度，特别是有些医院和医生推行新的治疗方法，减轻了病人的痛苦，发扬了为人民服务

---

① 《天津市爱国劳动竞赛总结》，《天津日报》1951年9月29日。
② 《天津市爱国劳动竞赛总结》，《天津日报》1951年9月29日。

的、革命的人道主义精神。总之,1951年劳动竞赛是广泛的群众性运动,职工群众以主人翁的态度来工作,创造出各种方法,超额完成了国家交给天津的任务,从各方面推进了天津的建设事业,表明了天津工人阶级伟大的创造能力和高度的爱国主义精神。

1950年至1951年底,天津市总工会提出,变行政计划为群众计划,发动工人讨论、补充与修改行政计划,逐步制订个人计划,通过发动工人讨论行政计划来贯彻民主管理。1950年涌现出40个模范小组,并提炼出各自优秀的经验,如李兆珍小组搞好团结、分工负责的经验。1951年随着小组工作的开展,普遍发动制订计划。小组计划的内容主要是产量与质量的提升,以及生活检讨会、技术研究会、读报等制度的规定,个别先进小组还订出了财务计划。在发动向马恒昌小组应战及市政府公布评模决定后,竞赛形式主要是小组竞赛,竞赛内容是研究技术与建立制度,出现了100多个模范小组,如张淑云从群众中来、到群众中去的工作方法,陈典衡集中群众智慧、改进与提高技术、集体提出合理化建议的方法等。

1952年5月22日,天津市总工会召开常委扩大会议,出席与列席会议的有常务委员、执行委员、各部正副部长、各产业工会和各区办事处负责人等。会议讨论并通过工会工作方针,决定加紧做好爱国增产节约竞赛运动的准备工作,于6月起在国营、公营企业中陆续展开竞赛。在私营工厂中,如条件具备,亦应展开竞赛。7月,市总工会在前期"变行政计划为群众计划"的基础上发动了修订计划,广大职工形成大规模的制订计划运动,计划内容不但有产量、质量计划、增产节约的财务数字,还有保证计划实现的具体办法,许多小组建立统计记录制度,具体到小组生产、财务、技术计划。这时小组不仅完成任务多,还关心成本的降低,刘长福小组生产不断提高而成本也不断降低,1952年10月成本比1951年平均月成本降低了1.7%,年初制订增产节约计划70亿元,第一季即完成32亿元。①

---

① 天津市地方志编修委员会办公室、天津市总工会编著:《天津市志·工会志》,方志出版社,2017年,第695页。

从天津解放到1952年底,天津工人群众在市委、市政府的领导下,在市总工会的组织下,认真贯彻执行党的七届二中、三中全会精神和新民主主义经济方针政策,为实现经济全面恢复,特别是工业的迅速恢复和发展作出了重要贡献。全市工业总产值1949年为7.29亿元,1952年达到19.71亿元,[1]相当于新中国成立前最高年份1947年的3.5倍,位居全国第四位。同时产业结构得到调整,使主要工业产品产量大大超过新中国成立前最高年份的水平,产品种类也由几种发展为几十种,产品行销全国20多个省市。工业生产的发展,也促进了工业技术水平、技术力量和劳动生产率的提高。截至1952年底,全市工业职工人数达23万人,较1949年增加了2倍,其中工程技术人员达5219人,比1949年增加2.3倍。[2]

三、开展经济技术革新

天津解放初期,华北总工会筹委会(天津办事处)认识到恢复生产是天津人民的最高利益,也是工人阶级的最高利益。工会要引导和组织职工群众完成恢复生产的任务。要恢复生产,必须进行经济技术革新,提高生产效率。新中国成立后,职工群众感觉到自己是工厂的主人,有了发明创造的动力和机会,不计较报酬,不辞劳苦,贡献自己的经验和智慧。据不完全统计,1949年天津市各公营工厂职工的发明创造共560件,其中发明4件、创造53件、改造133件、仿造3件、改进工作法60件、创造新纪录9件、节约130件、其他168件。[3]

成立专业技术研究会,是推进经济技术革新的重要途径。1950年7月,为了进一步推动全市工人的技术学习,交流生产经验,提高劳动生产率,天津市总工会召开了锅炉技术专业会议,成立锅炉专业技术研究会。之后,天津市

---

① 天津市统计局编:《天津五十年》(1949—1999),中国统计出版社,1999年,第120页。
② 中共天津市委党史研究室:《中国共产党天津历史:第二卷(1949—1978)》,中共党史出版社,2015年,第97页。
③ 天津市地方志编修委员会办公室、天津市总工会编著:《天津市志·工会志》,方志出版社,2017年,第654页。

总工会又成立了翻砂、机械、电工、汽轮发电机、面粉、烟草、橡胶、纺织等专业技术研究会。100多名工程技术人员参加,取得很大成效。如锅炉专业技术研究会2个月中对24个厂的统计,共节煤3740吨;汽车制配厂铁炭之比,由8:1提高到11:1;棉纺机械厂粗纱链管废品率,由50%降至5%;面粉专业,共改进技术34件,出粉率由79.49%提高到82.14%。[①]

为加强专业技术研究,1951年1月11日,天津市总工会举行锅炉、翻砂、机械、电工、汽轮发电机、面粉、烟草、橡胶、纺织9个专业技术研究会联席会议。会议总结和交流各研究会的工作经验,确定健全巩固组织机构,这些专业技术研究会普遍开展了开办技术讲座、建立厂级技术研究会等工作,为巩固和进一步发展这一工作,打下了良好基础。1951年4月,市总工会召开全市工业技术工作者代表大会,正式成立天津市技术研究总会,更广泛地推动了技术研究会的工作。

1951年,"学习技术"已经在天津工人群众中形成热潮,组织形式,有专业技术研究会、技术学习班、技术讲座、艺徒训练班、师徒合同等。其中以小组的技术研究会发展得最广泛,全市有数以千计的小组建立了小组技术研究会。5月以后,开展了学习苏联先进经验的工作,主要是学习高速切削法与郭瓦廖夫工作方法。另外,张淑云工作法已开始形成群众运动。其他各种工作法,特别是郝建秀工作法的学习,也在迅速开展中。这样广泛的学习技术的运动,提高了职工的技术水平,打下了开展合理化建议、改进技术的基础,推动了技术与实际相结合,直接推动了生产,并且促进了职工团结。1951年,在群众学习技术的基础上,开展了广泛的合理化建议运动。据28个国营工厂的统计,1951年1月至7月共收到合理化建议8455件,采纳实行4231件,其中有642件可以计算价值的。1951年合理化建议是逐月增多的。[②]1951年6月,天津市人民政府发布了全市评选劳动模范的决定,把提出重大的合理化建议,

---

① 天津市地方志编修委员会办公室、天津市总工会编著:《天津市志·工会志》,方志出版社,2017年,第654页。

②《天津市爱国劳动竞赛总结》,《天津日报》1951年9月29日。

作为模范标准之一,同时规定了各厂要建立定期答复职工意见的制度。合理化建议之所以这样激增,是由于技术学习打下了基础,评选模范决定与生产竞赛运动起了推动作用;同时,基层工会建立合理化建议委员会,企业行政建立了技术奖励审查委员会,有组织地推动了这项工作。1951年天津市职工在工业技术方面,创造了辉煌成绩。其中最突出的如:汽车制配厂自制五一四一式汽缸与自制汽车成功,这在我国工业发展的历史上具有重大意义。再如天津机器厂制造一百匹马力移动式柴油机与空气压缩机的成功,解决了我国矿山与森林工业面临的动力问题;电车公司的职工把电车修理厂成功改建为我国第一个无轨电车制造厂;天津造纸分厂成功地制造了之前一贯依赖外国的绝缘纸等。这些创造的价值是难以计数的,这些创造使原来是殖民地性质的修配工厂,变为独立自主的制造厂,从事实上有力地驳斥了那种盲目崇拜帝国主义国家技术、忽视中国人民创造才能的错误观点。1951年,在技术革新运动的推动下,天津共获得了30余件技术改进上的重大成就,最突出的是试制四缸引擎、百马力柴油机、粗纱锭翼、无轨电车、绝缘纸等的成功。①

1952年,天津市总工会开展了找窍门运动,效果显著。如天津铁路分局天津车辆段发动职工开动脑筋,取得重要成效。1952年5月中旬到6月12日,职工们找出400多个窍门,其中陆续采用的有160多个,对改进操作方法和机具设备等方面都起了很大的作用。②辅修组工人宁克谦在推行流水作业法中,钻研技术,找出实行横作业法的窍门,使工作进一步专业化,提高了工作效率,使每天中午出段的辅修车由五辆增加到八辆。在开展找窍门运动中,该段工会更注意教育技术人员克服保守思想,与工人一道参加到找窍门运动中去。天津市自来水公司通过"查好、查坏、查原因"的"三查"运动,引导全体职工挖潜力、找窍门。全年增产节约的价值达15.5亿元;如快滤池与凝结罐两小组工人共同研究水质,改由快滤池自行掌握水的混浊度,每年可以节省

①《天津市总工会一九五一年工作总结与一九五二年工作计划纲要》,《天津日报》1952年1月20日。

②《开展找窍门运动有成绩》,《天津日报》1952年6月19日。

明矾200吨,折合人民币8亿元。①

到1952年8月,天津市国营、公营工厂职工开展的群众性找窍门运动已取得显著成效。据纺织、重工业、地方工业、公用事业等单位不完全统计:找出的窍门约有17220件,与1951年5、6月制订和修订的爱国竞赛公约中所提到的合理化建议的件数相比,提高4.7倍以上。②这次找窍门运动的群众基础十分广泛,从先进的工厂、车间、小组到一般的工厂、车间、小组,参加找窍门运动的人包括劳动模范、先进生产者、工人、学徒、技术人员和管理人员等。经过找窍门、挖潜力,许多厂修订的计划都比较先进和切实,进一步提高了增产节约计划。如工业局天津橡胶总厂通过找窍门运动,把增产节约计划提高了40%多,天津钢厂增产节约计划也提高了25%。③找窍门运动的另一特点是有领导有计划地集中职工群众智慧,以解决各种生产中的关键问题。有些厂在发动职工找窍门以前,经过反浪费、反虚假运动,找出生产中的问题,引导职工开动脑筋,设法解决;一般厂也总结了上半年生产情况,指出努力方向。

在找窍门运动中,重视加强与推动技术研究会的工作,全市建立20个专业技术研究会。据19个厂的统计,共建立42个专业技术研究会。④

四、推进企业民主改革

企业的民主改革,是一项彻底扫除封建残余的重要社会改革。天津在城市接管过程中,对官僚资本企业实行了"原封不动"的政策。企业中不可避免会残留原来的封建把头势力,他们有的利用封建关系拉拢群众,打击积极分子,破坏生产;有的伪装进步,混入党、团组织或把持基层工会组织,在生产中压制工人的政治热情和生产积极性。企业残留的落后管理制度,如稽查、包

①《发动职工积极找窍门》,《天津日报》1952年7月6日。
②《开展群众性找窍门运动》,《天津日报》1952年8月7日。
③《开展群众性找窍门运动》,《天津日报》1952年8月7日。
④ 天津市地方志编修委员会办公室、天津市总工会编著:《天津市志·工会志》,方志出版社,2017年,第654页。

工和搜身等，严重侵犯工人的人身权利；裙带关系、待遇悬殊等问题也较严重。要解决这些问题，必须对企业内残余的反动势力进行清理，对旧的企业管理制度进行民主改革。

（一）国营企业中的民主改革

天津国营企业的民主改革从1949年3月即已开始。首先在企业中成立职工代表会，安排工人参加各种短期培训班、学习小组及其他活动，提高工人的政治觉悟，把工人初步组织起来。此外，还废除了长期以来压迫、奴役工人的不合理制度，如包工制、搜身制等。同时，注意在工人中培养选拔干部，使工人骨干走上企业各级领导岗位。在国营企业的民主改革过程中，企业中新型职工关系逐步建立起来，技术和管理人员逐步转变了思想，树立了人人平等的观念。一些职员主动调整与工人的关系，积极参加企业改革，企业职工关系明显改善。

国营企业的民主改革，主要从以下四个方面展开：

一是建立健全企业管理机构和生产责任制，在工厂设立管理委员会。工厂管理委员会由厂长、军代表、总工程师、工会主席和相当数量的职工代表组成。作为企业的行政领导组织，讨论决定有关生产和管理的重大问题，其决议以厂长或经理的命令颁布实施。

入城初期，华北总工会筹委会天津办事处立即派出干部组成纺织、摩托、联勤、电讯、私企等工作组到各工厂企业和各区去，进行职工群众的组织与教育工作，发动工人协助接管、复工复业，并根据华北总工会筹委会天津办事处关于建立职工代表会的具体实施方案，组织职工代表会。各工厂企业职工经过民主讨论和充分酝酿选出了自己的代表，成立职工代表会。各单位职工代表分工负责，着手进行协助接管清点、组织职工学习、举办福利等工作。

为使各地国营、公营工厂认真依靠工人阶级搞好生产，建立工厂管理委员会，实行工厂管理民主化，1950年2月28日，中央人民政府政务院财政经济委员会发布《关于国营、公营工厂建立工厂管理委员会的指示》。一些企业在建立工厂管理委员会后，提高了生产效益。如天津私营长城橡胶厂在1950年

1月成立了工厂管理委员会,实行民主管理后,在产品质与量的提高及材物料的节省上,均获一定成绩。到1950年3月,平均日产CC牌胶底120打,超过1949年一般日产量的25%左右;废边减少了50%,残品也由6.7%降低到1.6%左右。①因为质量提高,产品供不应求。

根据指示精神,天津市总工会组织职工参加企业管理,在工厂企业进行民主改革,选择部分国营、公营单位建立了职工代表会和工厂管理委员会等民主管理制度。据1950年5月3日天津市总工会统计国营工厂建立管理委员会情况是:市政工会所属25个单位,已经成立的12个、准备成立的1个、未成立的12个;产联工会所属36个单位,已经成立的10个、准备建立的3个、未成立的23个;化学工会所属31个单位,已经成立的26个、准备成立的1个、未成立的4个;纺织工会所属12个单位,已经成立的11个、未成立的1个;铁路工会所属17个单位,已经成立的14个、准备成立的1个、未成立的2个;五金工会所属17个单位,已经成立的16个、未成立的1个。国营、公营单位,已经成立的89个、准备成立的3个、未成立的43个。②

二是推行经济核算制。经济核算是加强企业管理、提高生产效率的重要方法。在生产改革中,要求企业在经营管理中实行经济核算制,严格计算生产中的消耗和成本,厉行节约,降低成本,提高劳动生产率。如天津铁路局遵照铁道部指示,从1951年7月起正式实行经济核算制。为配合这一艰巨工作的顺利展开,全路又发动群众性的爱国主义红旗竞赛。天津铁路局自1950年起,即开始了实行经济核算的各种准备工作,首先在南口铁路工厂、丰台机务段、天津检车段作了典型试验。1951年1月起又在以上3个单位初步推行经济核算制,在推行前先作了一些科学的工时消费及材料消费定额的核定工作,并在查定工作中,查出了过去很多人力、物力的浪费现象,整顿了组织机构,改善了设备及劳动力的配备,改进了工作方法,因而提高了工作效率,节

---

① 《初步实行民主管理》,《天津日报》1950年3月16日。

② 天津市地方志编修委员会办公室、天津市总工会编著:《天津市志·工会志》,方志出版社,2017年,第477页。

省了大量的人力物力。如天津检车段，以查定工时的标准来定员，节省了101
人的劳动力，全年可节省工资5亿余元；查定的消费定额较部（铁道部）定标准
全年可节省40亿元。通过这些典型试验，给全局推行经济核算制，打下了初
步基础。①

三是改革工资制度。贯彻按劳分配的原则，国营企业的工人实行八级工
资制。国民党统治时期遗留下来的工资制度的混乱和不合理的情形主要是：
轻工业的工资比重工业高，工业特别需要发展的地区的工资比其他地区低，
同一产业系统内同等技术的工资标准不统一而且高低悬殊，特别是多等级的
平均主义的工资制度严重地影响了职工生产积极性和创造性的发挥。此外，
各地区各产业的工资计算单位也不一致，变相工资的名目繁多。这些混乱和
不合理的情形，是劳动力流动、工人不能积极钻研提高技术等不良现象的主
要原因。天津改革工资制度的经验证明，八级工资制是比较科学、合理的工
资制度。

四是开展合理化建议运动。新中国成立后，各工厂企业大都成立了合
理化建议委员会，发动工人提合理化建议，改革落后的生产方法，采用新的
生产技术。1950年，天津市工业局所属各厂开展合理化建议运动取得一定
成绩。据不完全统计，各厂（不包括机器、针织、津南、思勤、罐头等厂）职工
共提出合理化建议516件，提建议者约占职工总人数的10%。1951年，天津
展开了广泛的合理化建议运动，据28个国营工厂的统计，2月至7月共收到
合理化建议8455件，以一年为期，即创造与节约价值约130亿元。②1952年，
一些企业、系统积极发动工人提出合理化建议，促进了生产，提升了效益。
如天津市国内贸易系统各单位职工，在8月增产节约竞赛运动中提出合理化
建议的数量大增，据不完全的统计，共提出3000件以上合理化建议，比7月
增加1倍多。③

---

① 《正式实行经济核算制》，《天津日报》1951年7月9日。
② 《广泛开展合理化建议运动》，《天津日报》1952年8月31日。
③ 《广泛开展合理化建议运动》，《天津日报》1952年8月31日。

(二)私营企业中的民主改革

民主改革也在私营企业中陆续展开。私营企业民主改革中创造的签订集体合同、劳资协商会议等重要经验,在市总工会的领导下得到大力推广。通过这一组织形式,沟通劳资双方,使劳资双方在生产、经营、管理等方面存在的矛盾和问题得以妥善解决,劳资两利政策得以落实,劳资关系进一步正常化。这一方面提高了工人的劳动热情和责任心,另一方面使资方能够依靠工人群众实现管理、推动生产,达到了劳资双方协力搞好生产的目的。这一经验得到私营企业劳资双方的普遍欢迎,全市一百多个行业纷纷建立了劳资协商会议,收到很好的效果。

1.签订集体合同

签订集体合同,是指在一个集体合同中,把劳资双方的权利与义务、雇佣、解雇、工时、工资、劳保福利、厂规等问题,都由双方根据政府政策法令,按平等自愿民主协商原则,作出明确具体的规定。经政府劳动局批准后,全市各行业的劳资双方在合同有效期间,都必须认真履行。这样,使同一行业的许多工厂、商店劳资关系中的问题能基本得到有条理、有组织地解决,就可以稳定与提高职工的劳动热忱,及资方对生产经营的积极性。同时采取这种方法,又便于把各行各业的工人组织到工会中来,加强集体主义的教育,增进团结,提高觉悟。

关于集体合同问题,在1948年第六次全国劳动大会的决议中就提出,劳动须有契约,并尽可能采用集体契约形式,以便双方履行。1949年8月召开的全国工会工作会议,又根据经验,认为以市为单位,由一行一业劳资双方所组织的团体,根据平等自愿原则,签订集体合同,是正确处理劳资关系解决劳资争议的最好办法。1949年11月,天津市总工会筹委会在《关于当前工会工作任务》中指出,这一时期的中心工作是巩固已建立的工会,发展会员建立新的组织,用最大的关心解决工人中存在的合理的又可能解决的要求,以巩固工会在工人中的威信,加强工会组织与群众的联系。在私营企业中,要组织工人讨论天津市各界代表会议通过的劳资关系处理办法,组织签订劳资集体合同。

1949年11月15日，天津造纸、烟草、三轮车人力车三行业召开劳资集体合同的签订典礼大会。造纸、烟草、三轮车人力车三行业的劳资双方代表都一致认为在民主协议下订立集体合同，是消除劳资纠纷和确立劳资关系唯一的好办法。

同日，为贯彻"发展生产，劳资两利"之方针，根据天津市三轮车人力车业的实际情况，天津市三轮车人力车租赁办法劳资集体合同正式签订。

1950年1月23日，天津地毯、皮鞋业经过半年的劳资双方反复讨论，签订了劳资集体合同。这是天津私营工业中继造纸、烟草、三轮车人力车业后签订的第二次集体合同。且此次地毯业所订合同之外，并附有管理规则，皮鞋业合同亦附有厂规要点。这为上次所未有的，也就是此次集体合同的特点之一。该两行业共有八百多个工厂与作坊，由于集体合同的订立，在劳资关系上将得到进一步改善，并给这两个行业1950年的生产提供了更好的发展条件。劳资双方一致认为，这两个合同是"劳资两利"的，并保证以实际行动去实行合同中的各项规定。这两个合同的订立，解决了两个行业中很多主要问题。

此后，天津私营企业的劳资双方积极签订集体合同。截至1950年3月，已经签订合同并经劳动局批准的，有造纸、烟草、三轮、地毯、皮鞋、挑粪、码头装卸等行业；已完全或基本获得协议的有国药、染料两个行业；积极协商中的有橡胶、面粉、染整、肠衣、五金、织染等行业。已经订立了集体合同并认真执行的行业，劳资关系都渐趋正常，生产情况逐步好转，有些工厂的产能获得迅速提高。如造纸业中的富源纸厂，在订立合同前，少数工人工作消极，时常迟到；合同订立后，工人劳动态度发生积极转变。该厂工人曾因提高产量，不熟悉机器性能，质量一度下降，工人马可峰、史广文在资方建议下，到光华纸厂参观学习后，即改进机器，提高了运转速度，使产量、质量随之提高。华阳烟厂，1949年9月只产烟600箱；至11月，由于签订了合同，全月即产烟900箱；至12月更增至1200箱，厂方为扩大生产，已增加了除梗工50多人。[1]在三轮

---

① 《劳资集体合同订妥》，《天津日报》1950年3月9日。

车业中,自签订合同后,资方不修车、劳方不交租情况已基本消除。六区利生三轮车厂,在签订合同以前,经常有十数辆车欠租,合同签订后,工人们即凑钱交清欠租。工人们的行动感动了车主,一些车主集资组织了一个小型合作社,购买零件,供工人修理换用。

2. 建立劳资协商会议

新民主主义经济的指导方针,必须是发展生产、繁荣经济、公私兼顾、劳资两利的。在这个方针的执行上,尤其是在旧的观点尚未肃清的一个过渡时期中,劳资双方由于对政策的认识不够,因此在某些企业中,劳资间未能建立起正常的关系,以致影响到生产上的积极性。其实,劳资关系从发展生产、繁荣经济的观点上看是一致的,只要劳资间的观点不过分偏差,劳资间的正常关系就可以很好地建立起来。劳资协商会议就是劳资间建立正常关系的产物。

新中国成立之后,天津私营东亚企业公司由于种种原因,生产未获发展,在劳资双方建立了工厂管理的协商会议以后,生产开始好转。由于单位产量提高,总产量也跟着提高,资本家对工厂的经营热情亦大为提高。

1950年1月,天津市总工会和纺织工会总结东亚劳资协商会的做法,并选择北洋纱厂和恒源纱厂作为推广劳资协商会的试点单位。

1950年1月18日,天津市军事管制委员会发布《天津市劳资关系暂行处理办法》。该《办法》是根据"发展生产、繁荣经济、公私兼顾、劳资两利"的新民主主义经济建设的总方针,由天津市总工会负责起草,经广泛征求意见和反复讨论修改的处理劳资关系的具体规定。

1950年2月,天津私营仁立毛呢公司也成立了劳资协商会议。会议除劳资双方各派代表五人出席外,天津工商局及纺织业工会均派人参加,主席由该公司总经理朱继圣担任。此次会议的提案有劳方提出的取消搜身制度、改善浴室和理发室设备、男工宿舍增添衣柜小桌、延长哺乳室儿童年龄至2周岁、增添职工会客室5个的要求。[①]另建议资方订立生产计划,明确奖惩制度,

---

① 《劳资协商会议成立》,《天津日报》1950年3月1日。

统一工资项目，并改订加点工资计算方法。资方提出职工应严格遵守工作纪律，加强工厂清洁卫生，以确保职工安全保健，及努力节约物资、时间，降低成本等提案。开会以后即逐条讨论劳资双方的提案。关于劳方提出的取消搜身制度，双方协议取消。关于改善浴室和理发室设备的问题，决定在会后由劳资双方成立研究小组，研究具体改进办法。关于资方提出的职工严格遵守工作纪律，劳方表示一定对职工加强教育，并说明有些具体制度和有关的设备必须改善，如诊疗室的设备和制度等。关于加强工厂清洁卫生，保护职工安全健康的问题，劳方提出应由各部门提出改善的具体计划，由工会配合教育工人执行，资方对这些意见表示同意后，双方决定在会后由研究小组作具体计划。

1950年3月底，天津市总工会向各产业工会发出抓住重点企业、推广劳资协商会的号召。在此期间，中央人民政府劳动部于1950年4月29日发出《关于在私营企业中建立劳资协商会议的指示》，对劳资协商会议的目的、性质、代表组成、协商内容和程序等都做了明确的规定，有力地推动了劳资协商会在天津私营企业中的推广和完善。《指示》指出，根据人民政府"发展生产、繁荣经济、公私兼顾、劳资两利"的方针，在私营工商企业中，为了便于劳资双方进行有关改进生产、业务与职工待遇各项具体问题的协商起见，在劳资双方同意之下，设立劳资协商会议的组织。各地劳动局接到本指示后，应召集当地工会组织与工商业者团体之代表共同商议执行本指示之办法，以期在劳资双方同意和自愿的条件下，有准备、有步骤地逐渐推行，并将执行的情况和经验随时报告本部。①

到1950年5月，已有70多个工厂、商店建立了劳资协商会议，取得了明显成效。通过劳资协商会议，在劳资两利的原则下，有些工厂开展了生产节约、红旗竞赛与爱护机器节省原料等生产运动；有些工厂、商店的工人，为协助资

---

①《劳动部关于在私营企业中设立劳资协商会议的指示》，《天津日报》1950年4月30日。

方克服困难,则主动与资方签订临时协定,降低薪资。这种积极生产与克服困难的结果,使各厂的生产面貌焕然一新,一般工厂和商店的营业情况亦逐日好转,如北洋纱厂、恒源纱厂自开展红旗运动后,产量逐月上升。北洋纱厂3月纱的日产量较2月提高4.7%,4月又比3月提高8.9%;恒源纱厂4月的正布率达到98.7%,创该厂空前纪录。①在提高质量、节省原料方面,长城橡胶厂经职工耐心研究改进后,胶鞋底的废边率减少了一半,从而使质量大有提高。南洋橡胶厂自改为轧胶过磅的方法后,节省原料约十分之一。在协助资方克服困难、维持生产方面,久大、光华造纸厂、瑞蚨祥绸缎店等单位职工,都适当降低了工资。与此同时,许多工厂的资方,自动向工人表示愿意放弃自己"减薪裁人,缩小经营"的消极打算。由于劳资关系的趋向正常,和某些工厂的生产好转,职工福利也随之得到逐步改善。恒源纱厂自规定了临时劳保条例和增聘了女医生以后,劳动条件和职工的身体健康得到了有力保障。北洋、达生、仁立、东亚及南洋橡胶厂,有的修建了工人食堂和澡堂,有的在车间增设了痰盂和热水桶,有的清理了厕所。通过劳资协商会议,开始改变了各工厂、商店中某些旧的不合理的管理制度和经营方式,逐步树立了科学的民主管理的新制度。在各级工会组织的努力下,1950年,全市共有125个大中型企业建立劳资协商会。②

通过劳资协商会议废除落后陈旧的管理制度,如恒源纱厂劳资协商会根据工人提议废除了侮辱工人的"搜身制"。在恒源纱厂的带动下,北洋纱厂、东亚毛织厂、耀华玻璃厂等私营企业也相继废除了搜身制。一些私营企业的劳资协商会还建立和改善了工厂的生产、管理和奖励等制度。

五、积极支持抗美援朝运动

1950年6月,正当全国人民为恢复国民经济而斗争的时候,朝鲜内战爆发,美国随即派兵干涉,发动对朝鲜的全面战争,并入侵台湾海峡。为援助朝

---

① 《津市劳资协商会议的成绩和目前存在的问题》,《天津日报》1950年5月22日。
② 天津市地方志编修委员会办公室、天津市总工会编著:《天津市志·工会志》,方志出版社,2017年,第477页。

鲜人民抵抗以美军为首的"联合国军"的侵略，维护中国国家安全，中共中央作出了"抗美援朝、保家卫国"的决策，毅然派遣中国人民志愿军赴朝作战。面对强大的敌人，为支援志愿军作战，党和人民政府发动了一场声势浩大的全国人民抗美援朝运动。天津工人阶级在市委、市政府和各级工会组织的领导下，积极投身这一伟大运动，为支援志愿军作战贡献力量。

1950年7月16日，天津市各界群众3万余人举行大规模集会，反对美帝国主义入侵台湾海峡和武装干涉朝鲜。天津工人阶级怀着高昂的爱国热情，挺身而出，踊跃报名参军，奔赴抗美援朝战场。朝鲜战争爆发时，我国西南部一些地区和沿海一些岛屿尚未解放，加上美帝国主义企图侵占我国台湾和武装干涉朝鲜，我国更需要加强国防建设和补充兵源。12月1日，中央人民政府、中国人民革命军事委员会和政务院联合发出关于招收青年学生、青年工人参加各种军事干部学校的决定后，市委积极部署和领导了这项工作。青年工人、学生响应党的号召，踊跃参军或报考军事干校。1951年下半年，仅天津铁路局就有3000名青年职工报名参军，其中有百余人在前线立功。①

为慰劳在朝鲜英勇战斗的中国人民志愿军，天津各界发起"千元劳军运动"。1951年1月6日，总工会、青联、妇联、工商联等十余单位的代表集会，商讨推动这个运动的有关事宜。运动发起后，天津工人迅速行动，踊跃参加捐款。如天津自行车厂利用广播器把报上登载的关于这个运动的消息传播到全厂，仅2小时即有230人响应；天津电信局职工一分局9日1天，就有144人捐献出了14.4万元；天津建筑器材分公司9日上午1小时内，即有50余人签名捐献20余万元。②在3周的时间中，各界捐款共23亿1744万余元，超过原定计划5亿余元。③这是天津人民又一次以实际行动抗美援朝、保家卫国的具体表现。

---

① 中共天津市委党史研究室：《中国共产党天津历史：第二卷（1949—1978）》，中共党史出版社，2015年，第43页。

②《各界纷纷自愿捐献》，《天津日报》1951年1月10日。

③《三周捐款廿三亿余》，《天津日报》1951年2月3日。

1951年6月1日，中国抗美援朝总会发出了《关于推行爱国公约，捐献飞机大炮和优待烈军属的号召》。建议普遍开展爱国公约运动，同时开展支援前线的爱国捐献运动，做好优待烈属军属的工作。天津工会坚决拥护抗美援朝总会的这个庄严的号召。1951年6月5日，天津市总工会号召全市职工响应抗美援朝。市总工会发出号召后，天津广大职工热烈响应，捐献飞机、大炮运动火热展开，充分表现了天津工人抗美援朝、保家卫国的精神。华北纺织管理局全体职工迅速进行集会，2小时内就捐献了1亿元和金表、白布、古玩等物品多件；民航局华北区办事处及所属天津各单位热烈展开捐献运动，共捐出4760多万元，金戒指13只，手表、望远镜各2个，及美金、港币、银元等；海河工程处工务科内外勤两小组捐出80多万元；棉纺四厂张明兰小组除捐一日工资外，还把奖金捐出来买飞机、大炮。①此外，响应市总工会号召，为购买"天津工人号"飞机、坦克而踊跃捐款的，还有国营汽车运输公司、电信局长途站、钢铁配件分厂、运输公司汽车厂、工业局铁丝厂、天津机器厂等企业。

天津市广大职工热烈响应抗美援朝总会关于捐献飞机、大炮的号召，除踊跃捐献现金，各厂纷纷订立了增产捐献计划，半年内决定捐献十架战斗机。由于全体职工的积极捐献，到1951年10月24日，全市职工的缴款数额即达认捐数字的四分之三。10月25日以后，全市职工为纪念志愿军出国作战一周年，和响应毛泽东主席在中国人民政协第一届全国委员会第三次会议上的号召，又掀起了捐款热潮——仅仅20天时间，即提前完成认捐的25%的余额。截至1951年11月15日，实缴款额达150.54亿元，提前并超额完成半年内认捐10架战斗机的计划。②

通过捐献运动，职工们纷纷提出检查、修订爱国公约，以实际行动支援志愿军。在爱国竞赛公约运动中，职工们创造了许多成绩，提高了生产能力，为国家增加了大量财富，自己的收入也有了增加。很多职工把所得的奖金捐献

---

① 《加紧生产捐献"天津工人号"》，《天津日报》1951年6月6日。
② 《超额完成半年捐献计划》，《天津日报》1951年11月16日。

了出来；有些职工省吃俭用，把积存的钱也捐了出来。

天津工人群众把爱国热情转化为加快生产建设的实际行动。工人群众提出"工厂就是战场，机器变刀枪"的口号，广泛开展劳动竞赛。工商企业普遍呈现了"你追我赶"的生产竞赛场面。据13个大型国营企业统计，1951年1月至8月生产率平均超过计划的21.9%，生产总值比1949年同期提高97.8%。私营企业生产效率平均提高20%至200%。①在工人群众的带动下，从1951年4月下旬开始，全市各行业普遍开展了订立爱国公约活动。公约内容包括：积极参加抗美援朝运动，搞好增产节约，努力捐献，防奸防特，不传信谣言，等等。爱国公约最初以全厂、全校、全机关等整个单位的名义订立，后来逐步深入到车间、生产小组及居民院落，直至以个人名义订立。订立爱国公约等活动，使爱国主义教育更加具体深入，进一步激发和凝聚了广大群众的爱国热情。

六、废除脚行把头制度

封建的脚行把头制度是旧天津社会顽疾之一。天津是华北最大的水陆码头。过去码头起卸、铁路起卸及市内运输，都为包工头、把头、脚行头等封建势力所把持，造成城市中封建割据状况。天津解放前，脚行一直为封建把头所垄断。据统计，解放前全市有二百二十多家脚行，大小脚行把头三千多人。②脚行把头为了维持其野蛮的封建剥削，经常威胁工人，对商人和市民任意勒索，强行搬运货物。此外还霸占妇女，聚赌抽头，讹诈商号，无恶不作。

天津解放以后，工人迫切希望摆脱封建脚行把头的剥削，曾结队游行，高呼"打倒脚行头子，谁劳动谁吃饭"的口号，要求人民政府给予支持。一般工商业者也希望人民政府能够解决脚行把头的问题。人民政府批准了群众这

---

① 中共天津市委党史研究室：《中国共产党天津历史：第二卷（1949—1978）》，中共党史出版社，2015年，第44页。

② 中共天津市委党史研究室：《中国共产党天津历史：第二卷（1949—1978）》，中共党史出版社，2015年，第7页。

个要求,并依靠工人的觉悟和组织,有计划、有秩序地展开了废除封建把持制度的斗争。

为废除封建把持制度,1950年2月6日,中国搬运工会全国代表大会通过《中国搬运工会第一届代表大会关于设立搬运公司废除各地搬运事业中封建把持制度向中央人民政府的建议》。3月9日中华全国总工会第24次常务委员会批准。3月24日政务院通过了《关于废除各地搬运事业中封建把持制度暂行处理办法》。3月31日政务院第26次政务会议通过了《中央人民政府政务院接受中国搬运工会第一届代表大会关于设立搬运公司废除各地搬运事业中封建把持制度之建议的决定》。

天津认真贯彻落实文件精神,首先建立了没有剥削的新的运输机构——服务站。市军管会接管原国民党政府公用局运输事务所后,在市公安局的配合下,通过座谈、访问、开会等方式,深入发动工人群众,组织搬运工人着手承办公私营货物运输,建立工人自己的组织,以摆脱封建把头控制。1949年3月12日,天津市第一个搬运工人服务站在饭市脚行成立,其业务承揽和收入分配完全由工人自行组织,取消了把头制度。到4月初,在运输事务所领导下,已先后成立9个服务站。此外,许多地区的卸煤工人与运输工人成立了自己的组织。总工会天津办事处并于3月20日设立"码头运输工会工作委员会",负责他们的组织、领导与教育工作。到5月5日,全市相继成立了18个服务站。

为防止脚行头子的捣乱破坏活动,市公安局多次召集各脚行头子训话,向他们宣布党的政策,要求他们遵守政府法令,参加劳动。为了把更多的搬运工人组织起来,1949年6月,天津市分别成立码头运输工人工作委员会、搬运工人工作委员会(后改为搬运工会联合会),确定了搬运工会的工作方法和斗争策略,即团结全体工人加入工会组织,对脚行把头要争取多数,打击少数,彻底废除封建压迫和经济剥削;凡愿意参加劳动的一般小脚行把头,经工人讨论同意后即可参加搬运;对欺压工人、罪行严重的要进行揭发检举,由政府进行处理。搬运工会成立仅4个月,即发展分会40个,支会101个,覆盖职工45711人，发展会员34491人，近80%的搬运工人加入了工会。[1]7月4日，天津市运输公司正式成立。随后，在全市搬运行业中开展了以民主编队为主要内容的民主改革。由市运输公司等单位组织两个工作团深入到搬运工会、码头装卸工会各基层单位，发动群众进行民主评议。在此基础上，各搬运单位建立了班、组、队的劳动组织，并实行同工同酬、按劳分配的劳动制度，清除了混入工会组织的大小脚行头子和车主。搬运工人组织的成立和新的劳动分配制度的实行，结束了几百年来搬运工人为封建把头所控制，受压迫、受剥削的地位，为最终废除封建把头制度打下了坚实基础。

劳动组织和分配制度的改革，使封建把头被完全孤立起来。但少数脚行头不就此悔悟，反而千方百计进行破坏和挣扎，企图伺机反攻。解放初期，有的隐匿不露；有的则造谣"解放军住不长""谁不听话，走着瞧吧"，以此威胁广大工人群众，镇压工人的反抗情绪，破坏工作组与工人的密切联系。1949年5月间，以刘德山为首的二十多个脚行头子，又跑到北京前华北人民政府去告状，诬告工人分了他们的财产。在搬运工会吸收会员建立组织过程中，脚行头更大肆活动。在1949年7月间，运输公司整编工人队伍时，大脚行头刘德山等，起初拒不参加，拒绝整编，后又依仗徒众，动手打人，并从中篡夺了部分领导权。情形最严重的是第八区，共有大小脚行127处，大小头子七百多个，脚行的数目占全市脚行的三分之二，脚行头大部分参加了运输公司的搬运组织。[2]

为进一步解决封建把持制度问题，1950年5月，根据中央人民政府政务院《关于废除各地搬运事业中封建把持制度暂行处理办法》，天津市人民政府制定了废除天津封建脚行把头制度的方针、政策和工作步骤。此后，打击封建把头、废除封建把头制度的运动很快开展起来。天津市总工会、搬运工人联合会、天津运输公司组织广大搬运工人检举、控诉封建把头的罪恶行径，彻底

---

[1] 中共天津市委党史研究室：《中国共产党天津历史：第二卷(1949—1978)》，中共党史出版社，2015年，第51页。

[2]《天津"脚行"罪恶史》，《天津日报》1950年6月2日。

废除搬运行业中的封建把头制度。6月,为了彻底肃清封建脚行把头的残余势力,天津市公安局先是逮捕了刘德山等8名脚行头,又于同月22日将总脚行头、国民党反动统治时期伪运输业同业公会理事长、红帮大头子巴延庆等脚行头,以及勾结封建脚行把持势力、为害人民、扰乱治安的封建结社"青帮"首要分子王金才等17人,一并予以逮捕。

同时,通令全局员警严格取缔守街把口、聚众斗殴、强装强卸、高价勒索、强要"过肩钱"等破坏运输秩序及扰乱社会治安的行为。这一系列措施,获得了天津市广大工人特别是搬运工人、工商业界,以及市民的热烈拥护。大家一致认为,这不仅有利于搬运事业的开展,为沟通城乡物资内外交流、发展工商业创造了极便利的条件,而且直接保护了搬运工人短期与长远的利益,给少数残余脚行把头分子敢于暗中剥削工人、高价勒索工商业者以有力打击,使天津市社会治安得到进一步的保障。市公安局通过对各脚行把头进行全面登记和监督管理,坚决镇压了首恶分子。据统计,全市11个区共登记各种脚行261家,脚行把头1201人,一般小把头514人。其中,参加反动党团组织和反动帮会的937名。[1]在此基础上,经过深入调查取证,公安局掌握了反动脚行头子的大量犯罪事实,先后逮捕有严重罪行的脚行头子70名,并处决了其中的罪大恶极者。至此,封建脚行把头制度彻底废除,全市群众性反封建把头的斗争胜利结束。

废除了封建把头剥削以后,天津广大搬运工人生活有了很大改善。经过1950年6月间初步调整运价后,货运量大增。1950年市运输公司每个工人每日平均收入在20斤玉米面以上,很多人每月可以有一半日子吃到白面;在穿衣方面,由新中国成立前的"一铺一盖、两条麻袋"发展到一般工人都有棉衣棉被。[2]市搬运工会为工人举办了很多劳保福利事业:1950年推行了"疾、病、残、亡等暂行办法",修建了一所搬运工人医院;为照顾工人饮水,在工人集中

---

[1] 中共天津市委党史资料征集委员会、天津市公安局编:《难忘的岁月——天津市解放初期社会治理纪实》,中共党史出版社,1994年,第294页。

[2]《搬运工人生活大改善》,《天津日报》1951年1月25日。

的地方建立了10个饮水站,在市边缘区则设立了12辆流动水车,每日可解决1.5万名工人的饮水问题。①

七、提高工人工资和生活水平

新中国成立前,天津的经济状况呈直线下滑趋势,工人阶级生活境况非常艰难。以中纺天津分公司的工人平均工资为例,1948年9月折合玉米面347.27斤,到10月,就只能折合玉米面49.18斤,下降了85.8%。由于工厂停工、倒闭,造成大量人口失业。到解放前夕,天津失业工人达11.3万人。②

（一）救济失业工人

据新中国成立前夕统计,在全市35万名工人中有近20万名失业工人,工人生活极端困苦。③新中国成立后,在党的领导下,迅速解决工人失业问题,安定工人。华北总工会筹委会天津办事处入城后,成立生活福利部,立即把救济和安置失业工人的工作承担起来。

1950年5月23日,以天津市总工会、天津市劳动局为主,会同共青团、妇联、民政局等单位,成立天津市失业工人救济委员会,并在各区设立专门组织,为全面开展对失业工人的救济安置工作提供了重要的组织保证。为了筹措资金,迅速解决失业工人的生活困难,安置他们的工作,稳定国计民生,市总工会号召在业的各公私营企业、在职工人援助失业的工人。各公私营企业和工人分别拿出工资总额或个人工资的1%,交纳救济金,帮助失业工人解难。同时,许多社会团体、职工会、私立医院、外商、在业职工纷纷捐款、捐粮、捐物。市总工会和各区的工会干部、积极分子日夜奔忙,深入工人家里,访贫问苦,问寒问暖,送衣物钱粮上门。

为使失业工人生活得到妥善的安置,天津市总工会采取安置失业工人工

---

① 《搬运工人生活大改善》,《天津日报》1951年1月25日。
② 中共天津市委党史研究室:《中国共产党天津历史:第二卷(1949—1978)》,中共党史出版社,2015年,第8页。
③ 天津市地方志编修委员会办公室、天津市总工会编著:《天津市志·工会志》,方志出版社,2017年,第667页。

作、以工代赈、生产自救、转业训练、回乡生产等方式,解决他们的生活和工作。在以工代赈工作中,天津市总工会十分关心工赈工人的生活和政治文化教育,按月发给工赈费,保证其家属的生活,组织职工学习文化、政治,参观展览,看电影,提高职工素质,掌握生产技能。仅1950年至1952年,就组织失业工人53000名进行修路、疏浚河道等市政建设工程40余项。①第二工人文化宫即有500名失业工人参加修建,后53000名工赈工人全部转为市建委、市建工局的正式工人。②

1951年,天津市失业工人自己动手解决生活困难,开展生产自救,寻求就业门路。先后共办19个厂,共吸收了3382名失业工人。③

1952年,天津市总工会举办转业训练班,培养财会、土木测绘,保育员、教师等专业人才,使1万余失业工人的工作得到安置。与此同时有262户职工响应政府号召,自动还乡生产,解决就业出路问题。④

天津市总工会同劳动局共同起草制定《关于失业工人医疗、丧葬补助暂行办法》,失业工人最感困难的生、老、病、死问题得到解决。到1952年底,基本解决了新中国成立前遗留的失业工人的安置工作,天津市失业工人救济委员会撤销。

（二）实施《劳动保险条例》

1950年1月10日至14日,天津市工会第一次会员代表大会召开,会议原则通过了市职工总会筹委会起草的《天津市国营公营企业劳动保险暂行条例草案》。

1950年9月1日,《天津市国营公营企业劳动保险暂行条例》及其实施细

① 天津市地方志编修委员会办公室、天津市总工会编著:《天津市志·工会志》,方志出版社,2017年,第674页。
② 天津市地方志编修委员会办公室、天津市总工会编著:《天津市志·工会志》,方志出版社,2017年,第674页。
③ 天津市地方志编修委员会办公室、天津市总工会编著:《天津市志·工会志》,方志出版社,2017年,第674页。
④ 天津市地方志编修委员会办公室、天津市总工会编著:《天津市志·工会志》,方志出版社,2017年,第674页。

则开始在国营、公营企业实行。条例实施后，有160个公营单位先后实行，62615名职工（铁路、邮电、制钢等单位职工未计在内）及187845名职工家属（平均每人家属按三口计），可以享受到保险待遇。在发展生产的基础上，改善了职工福利待遇，增添与改进了托儿所、诊疗所、食堂、浴室、宿舍、理发等设备，建立职工互助组织，用职工自己的力量，解决职工自己临时发生的困难。此外，解决了2461名困难工人享受政府设立的免费治疗。天津市总工会从会费中补助有特殊困难的会员329人，积极为困难职工治病。1951年1月至10月，天津市总工会组织各区办事处及塘大工会等13个单位，为困难职工减免医疗费用治病，治疗10645人，治愈7664人。[①]

1951年，天津市实行全国劳动保险条例，工人的物质生活和文化生活也有所改善。全市有237个单位、14.15万职工（其中包括邮电、铁路40个单位，职工2.68万人）实行劳动保险条例。根据条例的原则精神，不符合劳动保险条例规定的461个单位订立劳动保险集体合同，包括7.5万职工，加上教育、医务及搬运工人实行生、病、死、伤等多项补助办法的职工3.87万名，全市共有25万多名职工享受了劳动保险待遇，占全市职工总数50%以上。集体劳动保险事业也有很大发展，有2500余人享受了集体保险的待遇，不能享受到劳动保险的分散流动的工人，政府每月拨出5万公斤小米为贫苦工人减免治病费用。[②]

1952年8月，天津市总工会为了保障职工的健康，制定了五项集体劳动保险事业的规定，于1952年8月1日起实行。五项集体劳动保险事业是：海滨劳动模范休养所，凡是区级以上个人劳动模范，模范小组的主要人员，转入企业工作的战斗英雄，非直接生产单位的模范工作者均可入所休养；工人疗养院，职工有慢性病或身体羸弱经疗养可收效的，或在手术后的恢复期的，经有关

---

① 天津市地方志编修委员会办公室、天津市总工会编著：《天津市志·工会志》，方志出版社，2017年，第668页。

② 天津市地方志编修委员会办公室、天津市总工会编著：《天津市志·工会志》，方志出版社，2017年，第668页。

部门提出、核准,均可入院疗养;业余休养所,基层工会应根据本单位具体条件,协助企业行政或资方举办。对身体羸弱还能坚持工作而需要增加营养的职工,或对生产有贡献的老技术工人和技术人员,经有关部门批准,可入所休养;营养食堂,收入条件、经费开支、营养期限、申请手续等办法与业余休养所一样;牛奶站,实行劳动保险条例的单位,目前不好解决房子问题,也没有食堂的,可举办牛奶站。对身体羸弱或45岁以上的老技术工人,或因工作性质损害身体健康的,都可经工会小组提名,由有关部门批准入站。每天供牛奶0.25公斤,费用由劳保金支付。劳动保险条例的实行,解决了全市33万名职工的生、老、病、死、伤、残等困难问题。同时,天津市总工会还制定关于海滨劳模休养所收容休养员之规定。

新中国成立后,伴随天津工农业生产的恢复与发展,工人的物质文化生活得到初步改善。城市就业人数增加,职工工资大幅增加,劳动保险、集体福利事业陆续开展起来,职工生活水平明显提高。1952年,全市职工总数达45.18万人,比1949年增加近1倍,国营企业工资提高了40%至81%。①私营工厂中的工人也普遍提高了工资和福利待遇。

八、开展劳动保护工作

(一)开展工会劳动保护工作

天津解放后,人民政府贯彻保护劳动者的政策,颁布实施有关劳动保护的法令,切实保障了工人利益。

1950年2月,在天津各级工会的协同下,天津铁路局对天津铁路工厂、北京检车段、古冶机务段三单位的安全设备及工厂卫生,进行重点检查。普查保定、丰台、南口、沧县、唐山、天津等地机器作业各厂,发现各厂安全防护设备不足、工厂卫生情况不好所造成的影响职工健康的问题。随后,天津铁路局开展清洁卫生及生产安全运动。8月10日,天津市颁布《天津市总工会关于

---

① 中共天津市委党史研究室:《中国共产党天津历史:第二卷(1949—1978)》,中共党史出版社,2015年,第99页。

工厂卫生暂行条例》（以下简称《条例》），旨在保护工人健康，预防疾病，提高生产效率，适用于一切公私营工厂企业。《条例》共66个条款，是一部较为全面的工厂卫生规章制度。

1952年1月，天津市总工会在市工会三大上强调指出，要进行群众性的安全卫生大检查。建立与健全劳动保护组织，建立与巩固安全制度，把事故减少到最低限度，以至完全消灭。

1952年7月底，天津市竞赛委员会发布加强劳动保护工作的指示，全市各企业、各生产系统开展安全卫生大检查活动。仅据铁路、市政、后勤、工业局、纺织局、塘沽区及重工业党委所属各厂的不完全统计，通过安检总计提出问题二万五千多件，解决一万四千多件，限期解决及计划解决四千三百多件；用于改善安全卫生设备方面的费用，仅纺织局、铁路、后勤及重工业党委所属各厂，支出计203亿元。[①]通过安检活动，企业领导提高了对劳动保护的认识。如，通过这次安检，天津车辆厂的严重烟雾问题得到纠正。部分企业建立了劳动保护组织机构。纺织局及重工业党委所属各厂成立劳保科或安技科；工业局通令各厂成立安全技术劳动保护科，后勤军需生产部筹备建立，搬运公司成立保安科；石油公司储油所成立安全科。各企业通过安检活动，改善设备，建立制度，避免或减少工伤事故，并且涌现出许多安全模范小组。如天津联钢六分厂的胡广惠及吴成安全小组，在一年内消灭工伤事故，疾病缺勤率降低到1.4%，小组荣获厂安全模范称号。[②]

新中国成立后，私营工厂企业的劳动条件比此前有了不少改善，在恢复、发展生产上起了很大作用。但由于部分私营企业对职工生产中的安全不够重视，以致发生工人死伤事故。市人民政府决定随时将恶性死伤事故通报，以此来提高私营企业资方对职工安全的重视，保障职工生命安全。

---

① 天津市地方志编修委员会办公室、天津市总工会编著：《天津市志·工会志》，方志出版社，2017年，第659页。

② 天津市地方志编修委员会办公室、天津市总工会编著：《天津市志·工会志》，方志出版社，2017年，第659页。

(二)积极开展服务女工工作

1949年9月15日至17日,天津市首届女工代表会议召开,各行业工会女工代表一百六十余人出席了会议。会上,天津市职工总会筹委会女工部部长报告了天津解放以来的妇女工作。天津市政府和天津市职工总会筹委会主任等领导出席会议并讲话。讲话要求,各级工会对女工工作要给予充分的重视。

1949年9月24日,天津市职工总会筹委会召开女工干部会议。会议要求,各基层工会加强托儿所的建立和管理工作,并明确企业托儿所由女工部门直接领导。

1950年5月,中共中央人民政府颁布了《中华人民共和国婚姻法》(以下简称《婚姻法》)。天津市总工会为推广、贯彻《婚姻法》,作了大量宣传教育工作,取得一定成绩,自由自主的婚姻显著增加,民主和睦、团结生产的新家庭日渐增多,打骂虐待及买卖、重婚等现象减少。但买卖婚姻与限制自由恋爱的现象仍然存在,女工或职工家属遭虐待自杀的事件屡有发生。因此,天津市总工会决定在全市职工及职工家属中开展贯彻《婚姻法》运动。在运动中各级工会组织做了以下工作:一是在全市工人群众中,普遍深入地开展《婚姻法》的宣传工作,揭发批判各种封建思想的残余,树立新的婚姻制度,从根本上摧垮封建的婚姻制度。二是调查研究《婚姻法》执行情况,树立先进典型,以提倡男女平等、婚姻自主、家庭和睦的新风气;对严重的压迫虐待及其他违法事件,协助政府加以处理。

1951年,《天津日报》刊登全市私营中小工厂中某些违反《工会法》与劳资两利原则,欺压工人及男女同工不同酬等不合理现象报道后,引起天津市总工会办事处、各区委会等有关机关及许多中小工厂劳资双方的注意和重视。天津市总工会三、四、六、八等区办事处深入基层调查情况,并把过去工作中的缺点,在干部会上或报纸上作检讨。四区等发动全区中小工厂的基层工会干部,根据报纸展开讨论和检查,并召开全区基层工会主席、组织员的联席会,研究改进办法。不少工厂的资方主动到市劳动局或天津市总工会办事处商讨改进。在天津市总工会的领导下,以及有关机关的协助及劳资双方的协商下,大部分私营中小工厂改进了男女工同工不同酬、女工长期当临时工、受资方无理欺压的不合理现象。

(三)开展法律服务工作

1949年4月14日,在天津市人民政府和华北总工会筹委会天津办事处的调解下,全市441件劳资纠纷大部分得到圆满解决,全市已有80%以上的私营工厂、90%以上的私营商店相继复工复业。[①]9月1日,市劳动局成立,成为当时解决劳资纠纷的仲裁机关。9月5日至8日召开的市首届各界人民代表会议,通过了工会起草的《天津市劳资关系暂行处理办法(草案)》。就劳动条件和时间、劳动报酬、休息休假、政治社会活动、雇佣解雇、受雇辞职等事项,明确劳资双方各自的权利、义务。9月13日至14日,天津市召开职工代表会议。会议期间,中华全国总工会领导到会讲话,市总工会筹委会传达了全国工会工作会议决议和精神,劳保部部长传达市各界代表会议《关于劳资关系暂行处理办法的决议》。

1950年,天津市总工会根据职工要求发出号召,并领导职工在运输行业开展废除封建把持制度的斗争。9月,全市共召开16次控诉大会。

1950年6月,中共中央人民政府颁布施行《中华人民共和国工会法》(以下简称《工会法》)。全市各级工会广泛发动工会干部和职工全面学习宣传贯彻《工会法》,如塘大区70%职工学习过《工会法》,市政、海员、五金、化学等产业工会通过广播、报刊、会议等方式,组织工会干部与职工学习讨论。工会监督行政与资方切实执行政府法令,如督促行政实行劳动保险条例,培养了5574个劳保干事,使绝大部分公营工厂和私营大厂近10万职工及20余万职工家属享受了劳保待遇。中小工厂工会协同劳动局进行缩短工时工作,如六、八、十一等区已有1100余工厂、作坊,把工时由过去14—18小时缩短为11—12小

---

① 天津市地方志编修委员会办公室、天津市总工会编著:《天津市志·工会志》,方志出版社,2017年,第715页。

时。许多工厂工时缩短后,产量反而增加,做到劳资两利。①

1951年6月,天津市总工会在纪念《工会法》颁布一周年时,对全市执行《工会法》情况开展了检查。检查情况为:《工会法》颁布后,全市进行了广泛的宣传教育工作,广大职员认识到自己在新国家中主人翁的地位,提高了政治觉悟。《工会法》规定国家赋予工会组织以广泛的权利,如工会有监督国营企业行政方面与私营企业资方切实执行政府所颁布的一切保护劳动的法令的责任;同时给工会以各种物质方面的支持和优惠待遇。广大职员则须"维护人民政府法令,推行人民政府政策,以巩固工人阶级领导的人民政权"。基层工会组织建设,基本上扭转了轻视工会组织的思想。

1952年1月,天津市总工会开展反对不法资本家行贿、偷税漏税、盗骗国家资财、偷工减料、盗窃国家经济情报(简称"五反")运动,全市职工揭发资本家"五毒"行为12万件。②市和各区成立处理"五反"案件的人民法庭,天津市总工会和各区工会负责人分别担任相应法庭的副庭长。通过开展"五反"运动,对违法资本家进行了审判,打击了不法资本家的违法行为,维护了国家经济秩序和党政机关的廉洁。

九、加强对工人职工的教育

(一)开展职工文化设施建设

1.建立天津市工人文化宫

1949年1月天津解放,天津人民从此翻身做了主人。职工群众欢欣鼓舞,他们在劳动之余载歌载舞,大唱革命歌曲,扭秧歌舞,演话剧,形成天津职工文化活动的第一个热潮。年底,天津市总工会筹委会决定筹建"天津市工人文化俱乐部"。市政府拨出一幢原意租界的"回力球场"大楼,并资助资金筹建工人文化俱乐部。

---

① 天津市地方志编修委员会办公室、天津市总工会编著:《天津市志·工会志》,方志出版社,2017年,第715页。
② 天津市地方志编修委员会办公室、天津市总工会编著:《天津市志·工会志》,方志出版社,2017年,第716页。

1950年元旦，天津市工人文化俱乐部正式开幕。天津市30多个工厂企业和一些文化团体单位在俱乐部上演出文艺节目，广大职工凭会员证或介绍信即可进入自己的俱乐部，参加各种文化娱乐活动。1950年2月，俱乐部与工人文工团合并，5月改称天津市工人文化宫。工人文化宫拥有一座简易剧场，兼作室内体育活动场地，另有一个游艺活动室和一个小剧场，先后开办了戏剧、舞蹈、美术、音乐等学习班，举办了文学艺术、知识讲座及国际形势报告会等。

在市委领导和市政府的支持下，市总工会多次整修扩建工人文化宫。1951年将"回力球场"改建成大剧场，可组织戏剧和电影演出，接待国内外大型剧团演出。工人文化宫在活动中注重配合党的中心工作，开展政治宣传、生产动员。例如，结合抗美援朝、镇压反革命，举办"反帝宣传周"，为基层单位培训工人宣传员200多人；配合反封建斗争，组织专场演出《搬运工人翻身记》等；配合党在过渡时期总路线、总任务的宣传，举办社会主义工业化讲座、图片展览等；配合增产节约竞赛，承办发明创造实物展览、先进事迹展览。

2.建立天津市第二工人文化宫

1951年，在天津市委和市政府的关怀支持下，拨款百万元筹建天津市第二工人文化宫。1952年7月5日，天津市第二工人文化宫正式建成开幕。第二工人文化宫刚建成之后，主要文化设施还在筹建之中，为了配合党的中心工作，开展政治宣传、鼓动工作，市总工会在文化宫后广场、土山等处用原木、竹竿、草席搭起席棚子，先后举办"抗美援朝"图片展，"300名市级先进人物事迹"展览，棉纺三厂、恒源纺织厂的"厂史"展览，"增产节约"展览和中苏友好图片展等，参观人数达几十万人，并到基层单位巡回展览扩大宣传面。

因天津市第二文化宫已建成，天津市工人文化宫则改称为"天津市第一工人文化宫"。

（二）动员职工参与政治学习

天津解放后，天津市各级领导高度重视广大职工政治学习。天津市军管会召集工人代表座谈会，加强工人的政治教育，提高工人阶级觉悟。各厂军代表工作组结合接管、复工、复业工作,组织工人学习,聘请各机关干部讲课,进行政治、政策教育,揭穿国民党反动派的各种诬蔑造谣,消除各种顾虑和怀疑,稳定情绪,逐渐启发阶级觉悟。

启蒙教育运动掀起了热潮,至1950年上半年,全市工人中约有一半工人接受了马克思主义基本理论教育,其中不少人成为工会、青年团和妇女干部,共产党员或青年团员。

1949年4月至1950年初,天津市委领导天津各级工会在全市范围内开展大规模的政治启蒙教育运动,通过"上大课"、报告会和短期轮训班等多种形式,进行了"劳动创造世界""谁养活谁"的历史唯物主义基本常识教育和党对民族工商业政策的教育。天津市委、天津市总工会领导带头深入工厂企业为工人群众讲课。政治启蒙教育激发了私营企业工人群众的政治觉悟和生产热情,因而在1950年上半年大部分私营企业生产经营面临困难的情况下,工人们为帮助企业渡难关,主动降低待遇、减薪停薪,开展增产节约运动,加速私营工商业生产经营的好转。

1950年2月1日,天津市军管会主任黄克诚为《天津日报》职工生活专栏第一期的题词是:"为巩固与加强工人阶级在人民革命和新民主主义建设中的领导作用,首先要加强工人的政治教育,提高工人阶级觉悟。"

1952年10月初,天津市总工会连续发出通知,重申各级工会组织在党委统一领导下,加强对职工读报工作的领导,把读报活动开展起来,并且还明确规定用工会经费,给工业、交通、基建系统的每个工会小组订一份《天津日报》。各产业、区工会和区工人俱乐部都结合中心工作,组织力量,深入基层,推动这一工作的开展。

在落实订报的同时,各单位还采取措施,推动小组读报活动的普遍开展,建立健全小组的读报制度,挑选、补充读报员,有的单位总结交流小组读报工作经验,培训了读报员。天津市总工会和有些产业工会下厂蹲点的领导干部,也亲自给小组工人读报,有的还帮助厂里举办读报训练班,给读报员讲课。

读报活动也帮助职工进一步树立赶超先进的思想，积极投入增产节约运动。标兵大会期间，推动各级工会组织抓好小组读报工作，组织全市职工学习标兵经验。通过学习，很多小组职工找到了与标兵的差距，激起了赶超先进的决心和信心。

在组织职工读报活动中，组织职工学习先进事迹与推动此时的生产工作紧密结合，与形势任务和战备教育结合，针对职工的思想情况，有的放矢地解决几个问题，把先进事迹的崇高精神转化为促进职工思想提升、推动生产和工作的动力。

（三）开展识字运动

1950年12月22日，天津市群众识字教育委员会成立。各级工会联合行政组织了识字运动委员会，统一领导工厂的识字工作。如天津棉纺一厂成立了识字运动领导组织，下设指挥部，负责领导、推动识字运动。1952年6月20日举行动员大会，中国纺织工会中共天津市委员会文教部部长李鸿安，天津棉纺一厂厂长张振华、工会主席王福元均出席大会并讲话。又如搬运工会识字运动委员会由工会主席耿益盈任主任委员，搬运公司经理赵西安、港务局业务处处长张国让分任副主任委员，并于1952年6月21日举行首次会议，有关单位领导干部纷纷发言，一致认为这是一个伟大的政治任务，坚决保证其顺利完成。

1952年6月23日，天津市总工会发出指示，要求各级工会组织根据市人民政府颁布的《天津市各级识字运动委员会组织条例》，联合各级行政部门及其他有关部门组成识字运动委员会，加强对识字运动的组织和领导。全市广大工人、妇女和一般劳动市民大规模开展推行祁建华速成识字法的识字运动。

各区和各产业工会陆续筹备建立各级识字运动委员会，纷纷举行动员会，组织力量推动这一运动全面开展。到1954年，全市有640家工厂企业形成了制度，有15万多人参加了学习。在文化、技术教育方面，自天津市职工业余教育委员会成立后，全市有工人业余文化学校178所，16.4万人参加了正规的文化学习;全市有正规业余技术学校9所,2933名三级以上的技术工人参加了系统的技术学习。[1]

(四)开展基层技术教育

基层技术教育自1951年1月陆续展开。当时,正普遍进行抗美援朝、镇压反革命的爱国主义教育,广大工人群众政治觉悟不断提高,且适逢全市各厂向马恒昌小组应战。马恒昌小组不出废品的原因,其中一项很重要的工作是组织小组技术学习,提高工人的技术水平。因此,天津市各厂职工在应战时,都提出要组织小组技术学习。特别是从4月底,全市召开了工业技术工作者代表大会之后,由于许多工厂的技术人员参加了这项工作,使各厂技术学习普遍地组织起来。基层技术教育的主要形式有:

一是小组技术研究会。1951年时,工人的文化水平是很低的,普遍处在扫盲阶段。当时主要采取小组技术研究会的形式学习,主要的内容为:集体研究和解决生产中发现的困难问题,集体提出合理化建议与讨论专业技术研究会的理论。

二是建立专业技术研究会。自1950年起,天津市总工会及五金等产业工会先后组织了锅炉、翻砂、机械、焊接、电工、汽轮发电机、橡胶、钙粉、烟草、植物油共十个专业技术研究会,对改进生产、提高技术起了一定作用。

三是建立技术学校。在天津市技术研究会的关怀和指导下,天津市总工会和五金工会协同市教育局,于1952年9月举办了电工和机械两个工人业余技术学校。

十、开展劳模评选表彰奖励活动

为调动工人生产积极性,增强优秀工人的荣誉感,天津市总工会开展了劳模评选表彰奖励活动。

1950年1月,在天津市工会第一次会员代表大会上,市总工会有关领导指

---

[1] 天津市地方志编修委员会办公室、天津市总工会编著:《天津市志·工会志》,方志出版社,2017年,第640页。

出,天津解放已一周年,经过了许多艰苦的工作,大家顺利完成了恢复生产的重大任务。在恢复生产工作中,广大工人群众表现出很高的积极性,涌现了大批技术上有创造、生产上有功劳的出色人物。工会从这些人物中挑选出13名个人模范、8个集体模范,到全市代表大会上给他们表扬和颁发一些奖品。

1950年9月20日,天津市第一次劳模大会在中国大戏院隆重举行。全市各单位推选及评模委员会评定出来的个人模范有268名,模范单位和工厂有15个。全市79个特等劳模、189个一等劳模及4个一等模范单位、11个二等模范单位、43个模范小组的代表,相继登台领奖;劳模代表潘长有、于松如、李兆珍发表讲话。[①]

1950年9月25日,全国工农兵劳动模范代表会议在北京召开。大会指出,要把评选劳动模范形成固定的制度。每次总结生产工作时,都必须评选劳动模范,而这种评选要依靠平日生产成绩的可靠记录,因此在生产有成绩的小组、车间、工厂,都应该选出有代表性的模范人物,然后在这个基础上产生市、省、大行政区,整个产业及全国性的劳动模范。要注意对劳动模范的培养与教育工作,使劳模们不断提高政治、文化、技术水平,继续发挥模范带头作用,避免骄傲自满,加强与群众的联系,以永远保持劳动模范的光荣称号。天津市总工会代表在大会上报告了组织生产竞赛与新纪录运动的经验。

1951年,天津市总工会在关于评选劳动模范决定的建议中指出,贯彻全国劳模代表会议精神,规定"全市性的工业劳模,最好每年评选两次(五一国际劳动节和国庆节前各评选一次)",因此决定全市各公私企业单位,必须在规定时间内评选出本单位的全市劳模候选人,并将其候选条件报告市评模委员会,以便评选全市劳动模范,以及出席全国劳模会议的劳模代表;并制定了全市劳动模范及模范单位的标准与评选办法。

1952年4月,天津市劳动模范潘长有等21人,在五一国际劳动节前夕,联

---

① 天津市地方志编修委员会办公室、天津市总工会编著:《天津市志·工会志》,方志出版社,2017年,第701页。

名写信给毛泽东主席,报告"三反"运动成绩,并保证进一步开展爱国增产节约运动。

第二节 社会主义过渡时期的天津工人运动

1953年,以过渡时期总路线正式提出和发展国民经济第一个五年计划开始实施为标志,党带领人民进入了有计划的经济建设和全面实行社会主义改造的时期。1953年5月,中国工会第七次全国代表大会在北京召开。这次大会的主要功绩在于,它在新的历史条件下,适时地为工人运动和工会工作制定了新的任务和方针。尤其是以生产为中心,生产、生活、教育三位一体的工会工作方针,贯彻了党在过渡时期总路线的基本要求,突出了以生产为中心的工人运动和工会工作任务,强调关心职工群众生活,提高职工队伍素质。作为新中国工会的第一个工会工作方针,它基本上是正确的,在团结动员广大职工投入"一五"计划建设任务和社会主义改造等方面发挥了积极的指导作用。[1]

1954年5月1日至1958年8月底,根据中国工会第七次全国代表大会通过的工会章程规定,天津市总工会更名为天津市工会联合会。1958年9月1日,中华全国总工会贯彻中央成都会议关于"工会组织应当实行产业和地方相结合,以地方为主的指示",将天津市工会联合会名称恢复为天津市总工会。

在党的过渡时期总路线指引下,天津市开始实行对农业、手工业和资本主义工商业的社会主义改造,并在实施"一五"计划的基础上,开展有计划的经济建设,掀起了以工业为主体的建设热潮。天津市总工会以贯彻落实党在过渡时期的总路线为主要任务,认真贯彻落实中国工会第七次全国代表大会精神,以生产为中心,将生产、生活、教育统一起来,开展工人运动和工会工作,组织、领导天津工人阶级迅速投入社会主义改造和工业化建

---

[1] 戴文宪编:《中国工会史干部读本》,中国言实出版社,2014年,第92—93页。

设的热潮当中，为天津的社会主义改造、经济建设，特别是工业建设作出了重要贡献。

一、开展爱国劳动竞赛，加强劳动管理

从1953年开始，我国开始执行发展国民经济的一五计划。按照中央统一部署，天津市进行了"一五"计划的编制工作。为保证"一五"计划的顺利推进，市委、市政府采取了一系列有力措施，动员组织广大工人群众发挥生产积极性，掀起大规模经济建设热潮。

1953年上半年，中共天津市委决定，为了迎接五一国际劳动节和第七次全国劳动大会，在修订好1953年计划的基础上，开展爱国劳动竞赛，加强计划管理，贯彻责任制，建立与贯彻工艺规程，一步一步地为争取全面地与均衡地完成和超额完成生产计划而奋斗。

天津市政工会于1953年4月16日召开了爱国主义劳动竞赛动员大会。会议要求，各厂以下列几点为开展竞赛的主要内容：加强计划管理，提高生产质量，搞好安全卫生工作，签订联系合同或集体合同，贯彻执行生产指示图表，学习先进经验。会议号召各厂在竞赛中解决生产中的关键问题，学习刘长福小组经验，并且广泛发动技术人员与管理人员投入竞赛。会后，各厂职工纷纷以小组为单位，提出竞赛条件或保证，热烈展开挑战应战。

天津市汽车公司修理厂的市一等模范小组褚金铭小组首先向本厂和本公司各小组挑战，并向刘长福小组和王德山小组应战；随后，该公司各小组群起向褚金铭小组应战。1953年4月上半月，该公司各小组大部分超额完成了生产指标。

天津市自来水公司各小组的竞赛条件，不但明确地保证要在提高质量和安全生产的条件下，全面地超额完成计划，并提出要试制生产指示图表，做到均衡生产。制表班小组在1953年4月中旬，已经初步做到按日进行均衡生产，他们还决定在这个基础上，提前2天完成4月的生产任务，作为向五一国际劳动节的献礼。市特等劳动模范、该公司总工程师刘茀祺在公司全面开展竞赛的前夕，表示要积极学习苏联先进经验，保证水质水量。

天津市电车公司1952年的安全生产模范组刘经绍机工组在保证中提出，

要巩固一年多没有出工伤事故的成绩,加强安全卫生的检查工作。外勤白牌小组工人,18日下班后,便在西南角站服务室召开了一次会议,一致通过:保证车内外经常保持清洁,每两周大洗车一次,保证不出事故。

此外,国营天津纺织机械厂、天津机器厂、公私合营塘沽永利碱厂等厂职工,也热烈地投入爱国主义劳动竞赛。

1953年4月21日,中共天津市委书记黄火青在全市工业系统党员干部大会上提出,1953年的爱国劳动竞赛中要做好三件事情:一是加强计划,二是贯彻责任制,三是整顿劳动纪律。要从实际出发、实事求是,掌握工作发展的规律性,做一件巩固一件,反对一般化,反对盲目冒进。同时,必须注意工作方法,加强思想领导,善于启发与组织广大职工群众的积极性与创造性。只有这样,才能保证扎扎实实地做几件事情,为"一五"计划创造一个良好的开端。

同日,天津市总工会发出《关于开展爱国劳动竞赛的指示》(以下简称《指示》),提出,在这次竞赛运动中,应以加强计划性、组织性,保证与争取全面地均衡地完成国家计划为主要目的,为此各工厂企业的工会组织,必须在党的统一领导下,发动职工群众做好以下工作:一是贯彻执行组织技术措施计划,以保证计划的实现;二是推广先进经验;三是加强遵守劳动纪律的教育;四是为全面地均衡地完成计划,必须特别注意安全生产和提高质量两大问题;五是在建筑工人中,要认真学习与推广苏联和东北的先进经验,提高工程质量,缩减工程消耗、节省材料、减少窝工返工现象。《指示》提出了竞赛的组织领导问题:工会必须在党的统一领导下,发挥工会的组织作用。在工厂内应以小组为基本单位,首先展开组与组的竞赛。《指示》号召,全市工人、工程技术人员和职员积极地行动起来,发挥工人阶级光荣传统,发挥工人阶级高度的劳动热情和积极的创造精神,开展爱国劳动竞赛,用保证产品质量、保证安全生产、努力降低成本、保证完成和超过国家计划的实际行动,来迎接五一国际劳动节和第七次全国劳动大会的召开。

随后,天津市总工会文教部发布爱国劳动竞赛宣传计划,指示各级工会宣传工作者在各级党委的统一领导下,根据计划精神,立即展开广泛而深入的宣传鼓动,做好竞赛中的政治思想教育工作,以更好地推动竞赛的开展。

在爱国劳动竞赛中,一些企业根据需要,改进了劳保福利工作,订立或修订了一些生产管理制度,促进了企业生产的发展。如国营天津自行车厂脚蹬班工人为了迎接五一国际劳动节和第七次全国劳动大会,提前实现组织技术措施计划,改进了工具,提高了生产效率7.5倍,并杜绝了废品。①

1953年是我国"一五"计划开始执行的第一年。在爱国劳动竞赛的推动下,天津全市工厂、企业、机关不但胜利地完成了国家计划,并且还超额完成了增产节约计划。这一年,天津在工业发展、基本建设等方面都取得了很大成绩。在工业生产方面,提高了质量,降低了成本,产量也有显著的增长。钢铁、机器、化学、纺织工厂的产品和其他工业的大批日用品,支援了全国各地的经济建设,供应了城乡广大人民日益增长的物质生活和文化生活的需要。在基本建设方面,由于制订和贯彻了小组计划,推广了先进经验,建立了质量责任制,基本上保证了工程质量,浪费现象也大为减少。在交通运输方面,铁路职工充分利用现有设备,配合城乡物资交流和农村粮棉收购工作,提高了运输效率,支援了生产建设,保障了人民生活的需要。其他交通运输部门的职工,也创造了良好的成绩。在国内外贸易方面,改善了经营管理,扩大了商品流转,加速了资金周转,节省了流转费用。在税收、邮政、电讯、银行等各部门的工作中,也有显著的成绩。私营企业的广大职工通过竞赛,也挖掘了生产潜力,提高了生产。同时,通过各种专业会议,使许多私营企业得到了改造,逐步纳入了国家计划的轨道,保证了国家加工任务的完成。全市机关在增产节约运动中,也削减预算紧缩开支,并提高了工作效率,如中共天津市委机关仅削减印刷费一项,即多达1.8亿元;税务工作干部也深入下层,检查工作,揭发了织染业私商的"五毒"行为,为国家增加了收入。②

1953年,全市各系统都取得很大成绩。这个成绩的获得,是党的正确领导的结果,是天津市全体劳动人民发挥了高度的爱国热情,努力奋斗的结果,

①《连创生产新纪录向五一献礼》,《天津日报》1953年4月27日。
②《吴德市长的讲话》,《天津日报》1954年2月2日。

也是和广大劳动模范的工作分不开的。一年中,由于劳动模范在生产中发挥了积极性和创造性,并团结和带动了广大职工,使增产节约运动得以轰轰烈烈地开展起来,并有了显著的收获。每个劳动模范都是工人阶级的优秀代表。例如,天津市自来水公司总工程师刘弗祺,领导设计了全国第一个现代化的净水设备,解决了全市供水的问题。

1953年12月17日,天津市总工会在第一工人文化宫召开基层工会干部扩大会议,动员各基层工会干部认真贯彻总路线,深入开展劳动竞赛。天津市总工会副主席谷小波作了《关于贯彻总路线,把劳动竞赛运动向前推进一步》的报告。

1954年2月,天津市总工会召开第四届第四次会员代表会议。会议的中心内容是要解决工会基层组织的工作问题,把劳动竞赛再提高一步,由低级阶段过渡到高级阶段,并要逐步建立工会工作的正常秩序。市总工会副主席谷小波在会上作了报告。在分析1953年天津市劳动竞赛基本情况时,他指出,竞赛是根据国家计划组织起来的,通过竞赛,保证了国家计划和增产节约计划的胜利完成,进一步开展了合理化建议和推广先进经验的工作,开始建立与健全了生产会议与专业会议等制度。竞赛减少了盲目性和突击性,已不再停留在低级状态,而开始向高级状态过渡了。1954年的竞赛必须继续贯彻按照生产计划来组织竞赛的方针,同时应有计划地开展一个技术革新运动,并相应地建立工会工作正常秩序。

1954年10月,天津市工会联合会召开基层工会工作会议。会议的中心议题是研究如何进一步深入开展竞赛,保证全面超额完成国家计划。为此,会议着重研究了如何有效地组织群众实现竞赛保证条件的问题,还相应地讨论了逐步建立工会正常工作秩序的问题。各产业工会按照会议精神,有效地组织群众实现竞赛保证条件,推动竞赛更加深入地开展,保证国家计划顺利完成。

天津市工会联合会根据市委进一步深入开展劳动竞赛的指示,于1954年11月12日举办了"天津市劳动竞赛先进事迹展览会"。展览会的主要内容是1954年度全市职工在劳动竞赛中提高质量、增加新品种、节约原材料、利用代用品、保证安全生产等方面的先进事迹。展览会以丰富的展品具体地反映了天津市职工执行天津市党代表大会的决议，在提高质量、降低成本、增加品种、减少事故四个方面的进步情况。1954年，天津市工业部门生产了许多新产品，支援了141项重点工程的建设，保障了人民的需要。各厂职工还积极改进产品质量，使许多产品受到人民欢迎，扩大了销路。有些单位还改善了劳动条件，创造了一些安全生产的经验，使事故逐渐减少。这些成就的展出，对于全市职工和全市人民都是一个很大的鼓舞。

1954年，为适应国家经济建设和人民生活的需要，天津市工会在国营、地方国营和公私合营工厂职工中开展劳动竞赛，改进和提高了原有产品的质量。包括柴油机、自行车、汽车外胎及各种纺织品在内的70多种产品的质量有了显著改进。职工们在生产中发挥创造性，采用代用品，节约原材料，克服了原材料不足的困难，降低生产成本，保证了国家计划和增产节约计划的完成，还生产新品种钢链、起重机、车床、直贡呢等200多种新产品。

1955年，天津劳动竞赛继续深入展开。为进一步推动劳动竞赛的开展，1955年8月，天津市委发出《关于在工厂中进一步开展增产节约竞赛运动的指示》，具体明确地指出了这一时期劳动竞赛运动中存在的问题及努力方向。该指示发出后，天津各企业切实贯彻落实指示精神，努力克服形式主义、官僚主义，切实加强了对劳动竞赛的领导。

1955年12月，天津市1955年劳动竞赛先进事迹展览会在第一工人文化宫开幕。这次展览会是市工会联合会根据市委《关于在工厂中进一步开展增产节约竞赛运动的指示》的精神举办的，目的是通过展览对全市广大职工进行一次共产主义教育，进一步提高职工为实现第一个五年计划而奋斗的信心和决心，有计划地传播先进事迹和先进经验，推动增产节约竞赛的深入开展。展览会共分五个馆，分别是：总馆、新产品馆、节约馆、提高质量馆、安全馆。除了以上各馆外，展览会还展出了有关我国发展国民经济的"一五"计划和天津市"一五"计划的图表，并且设立了一个技术研究室，准备通过座谈会、报告会和经验交流会等形式，有重点地交流一些价值重大和有推广意义的先进经验。[①]

1955年,天津私营企业也掀起了劳动竞赛的热潮。天津对私营工业的社会主义改造进入新的阶段以后,私营工厂广大职工劳动热情高涨。11月之后,七、八区有四百多个私营工厂的职工陆续开展了劳动竞赛。七区十多个私营橡胶工厂相继展开了竞赛。私营三合义橡胶厂的球鞋,11月的正品率是97.7%,工人们每个小组都订立了保证条件,积极开展竞赛,在生产中认真执行操作规程,努力改进产品质量,12月的球鞋正品率提高到99.2%。[②]

1956年,天津市提前一年完成"一五"计划。这一年天津职工劳动竞赛取得了重要成就。在厉行节约方面,成效显著。公私合营铸锅厂自1956年5月起,用废铁代替矿铁铸锅,全年给国家节约二千五百多吨矿铁。1956年的劳动竞赛,在提高产品质量方面取得了重要成绩。天津市染料化学工业公司公私合营第三厂生产的直接冻黄染出来的袜子、毛线围巾等产品,其染料的色力已经超过了瑞士货。公私合营天津墨水厂生产的蓝黑墨水,对笔尖腐蚀性比进口的派克牌墨水还低一半,红墨水写完字后,在水中浸泡24小时,字迹仍然很清楚。在1956年天津劳动竞赛中,各企业还生产出了很多新产品,如喷花被单、烤花大衣呢、封闭式电冰箱,各种新式样的胶鞋、罐头等。[③]

二、落实劳动保险条例,加强劳动保护工作

(一)贯彻落实《中华人民共和国劳动保险条例》

正当我国大规模的经济建设开始的时候,中央人民政府政务院对《中华人民共和国劳动保险条例》(简称《劳动保险条例》)作了若干修正,适当地扩大了劳动保险条例的实施范围,提高了劳动保险待遇,并决定自1953年1月起实施。这一措施,充分说明中国共产党是工人阶级的先锋队,代表广大工人阶级的利益。同时,也说明新中国成立三年间努力生产的成果,为改进劳动保险制度奠定了坚实的物质基础。

---

① 《劳动竞赛先进事迹展览会今开幕》,《天津日报》1955年12月18日。
② 《开展劳动竞赛迎接全行业合营》,《天津日报》1955年12月24日。
③ 《光辉的一年》,《天津日报》1956年12月2日。

中央人民政府政务院新修订的《劳动保险条例》公布后，天津市人民政府劳动局、天津市总工会特联合发布通知，规定了在修正后的劳动保险条例实施细则及其他有关法令公布前，全市各有关单位应做的劳动保险工作。1953年1月，市劳动局和市总工会发出《关于目前劳动保险工作的通知》（以下简称《通知》），规定了《劳动保险条例》实施细则。《通知》指出，中央人民政府政务院根据情况，将中华人民共和国劳动保险条例进行修正，公布施行，并在《关于中华人民共和国劳动保险条例若干修正的决定》中指示："在扩大范围内的单位一般应自1953年1月1日起由其行政方面缴纳劳动保险金，工人职员从1953年3月1日起，享受劳动保险条例所规定的各项劳动保险待遇"，"凡已实行劳动保险条例的企业应自1953年1月1日起按照新规定支付工人职员应得的各项劳动保险费"。[1]1953年2月，天津市劳动局、市总工会联合发出《关于执行劳动保险条例的通知》。

1954年，一些企业认真落实《劳动保险条例》，切实提升工人职工福利。如国营天津棉纺四厂，根据第三季度集体合同规定，逐步扩大职工的集体福利设施。其中包括扩建职工诊疗所、修建一座设备完善的男女浴室、改建成了一所能容36张病床的肺病疗养所。该厂职工在第三季度中，全面超额完成了集体合同中所规定的各项生产指标，共为国家积累了一百多亿元（旧币）的建设资金。[2]

1955年，劳动保险工作在一些企业得到很好落实。仅在市区就有二百多个小型私营工厂的劳资双方在7月底签订了集体劳动保险合同。合同签订后，解决了不少职工疾病医疗的困难问题。据统计，8、9两个月享用劳保金医疗疾病的职工有一千七百余人次。[3]其中有不少人因及时得到治疗，病很快

① 中共中央文献研究室编：《建国以来重要文献选编》（第2册），中央文献出版社，1992年，第69页。
②《天津棉纺四厂逐步扩大职工集体福利设施，市政工会举办市政工人养老宿舍》，《天津日报》1954年10月23日。
③《一区许多私营厂实行劳保合同》，《天津日报》1955年10月15日。

就好了,回到工作岗位继续工作。实行集体劳动保险合同以前,这些厂的职工往往因生病不能得到及时治疗,生产也受到影响。实行集体劳动保险合同后,职工有病能及时治疗,身体健康有了保障,职工们更加感到党和工会组织的温暖,生产热情高涨。天津铁路管理局为了帮助职工们解决住房问题,为铁路职工新建了第一批宿舍共45间。该局实行的办法,是由房屋所有者根据自身的经济力量,约担负房屋建筑费的30%,其余70%由该局企业奖励基金和劳动保险基金中贷款,然后由职工分期偿还。铁路职工们非常欢迎这种"自建公助"的办法。①

1956年,天津劳动保险工作继续推进,《劳动保险条例》在不少企业得以实施。经国务院批准,自1956年7月1日起,天津市在国营商业系统3万多职工中实行《劳动保险条例》。在这以前,国营商业系统实行的是劳动保险集体合同,为职工解决了一些生、老、病、死、伤、残等困难问题。实行《劳动保险条例》以后,职工的福利获得很大改善。譬如,职工治病需要的贵重药费就完全由行政方面负担(过去是由职工个人负担),国营商业系统还举办疗养所、营养食堂、托儿所等集体福利事业,进一步解决了职工身体衰弱、患慢性病的疗养,以及女职工寄托小孩的问题。天津第一、二、三商业局和商业工会,积极开展了实行《劳动保险条例》的准备工作,建立和健全工会劳动保险委员会及工会小组劳动保险干事,并组织了劳动保险训练班,训练劳保工作人员,保障了《劳动保险条例》在该系统的贯彻落实。

1956年9月,天津市人民委员会决定全市公私合营工业企业从10月1日开始全面实行《劳动保险条例》。各合营厂的十万多名职工和他们供养的三十万直系亲属,都将享受劳动保险待遇。9月21日,天津市人民委员会和市工会联合会,联合召集了各工业局、工业公司及工会各区办事处有关干部开会,进行了工作布置。会议指出,在公私合营工业企业全面实行劳动保险条例,是党和人民政府改善职工物质生活的一项重大措施,一定要及时做好各项准

---

① 《铁路职工第一批"自建公助"宿舍基本完工》,《天津日报》1955年11月16日。

备工作,保证顺利实行。[1]

(二)加强劳动保护工作

加强劳动保护、保证安全生产,是保证增产节约运动和经济建设事业顺利开展的必要条件。对于搞好生产,使爱国主义生产竞赛运动得到广泛开展,作出优良成绩,加强劳保工作具有重大意义。只有在保障职工工作安全及身体健康的基础上,才更能高度发挥职工在生产上的积极性和创造性,促进生产进步。在社会主义改造时期,天津市工会系统在市委的领导下,加强了劳动保护工作。

国营企业的劳动保护工作起步较早。在社会主义改造之前,很多国营工厂就建立或健全了劳动保护工作的组织机构,或是建立健全了各种安全操作制度。如天津钢厂二分厂,在温度高达四百度的镀锌锅上装置了防护设备后,避免了工人摔在锅里的危险。华北纺管局及重工业系统所属各工厂,一般均成立了劳保科或安全技术科;地方国营工业局通令各厂成立技术安全和劳动保护科。毛织厂及炼钢厂等八九个工厂还配备了专职干部,建立了安全保护组织。所有这些措施,都为推动和改进安全卫生工作打下了基础。1952年7、8月间,华北区及天津市爱国增产节约竞赛运动委员会,先后发布了有关加强劳动保护、保障安全生产的指示,之后天津重工业系统、华北纺织管理局及塘沽区各工厂,都进行了安全卫生检查。10月初,市委召开工业会议,为继续防止及减少发生工伤事故,布置全市国营及地方国营工厂结合查定工作进行一次安全卫生检查。之后,市劳动局会同市总工会劳动保护部、工业卫生实验院及市人民监察委员会等部门组成4个工作组,从10月底到11月底的1个月内,协助铁路、市政、华北后勤军需生产部,以及地方国营工业局等系统所属工厂,进行了安全卫生检查工作,取得了明显成效。进入社会主义改造时期,国营企业继续推动了劳动保护工作。

为加强私营企业的劳动保护工作,1953年11月,天津市总工会私营企业

---

[1]《十月份起享受劳动保险待遇》,《天津日报》1956年9月22日。

工作委员会发出指示,号召在增产节约运动中加强私营工厂企业的劳动保护工作。指示发出后,天津各私营企业认真贯彻落实指示精神,注重在增产节约运动中加强劳动保护工作,保障了工人权益。

为进一步推动私营企业开展劳动保护工作,1954年5月,天津市人民政府劳动局、天津市工会联合会联合召开私营企业劳动保护工作会议。会上,检查了当时私营企业在劳动保护方面存在的问题;布置在私营企业职工中开展安全生产的思想教育工作,并督促和协助资方解决车间高温和电器安全等问题,以进一步加强劳动保护,保障职工的身体健康和安全,更好地完成生产任务。为了更好地开展私营企业的劳动保护工作,进一步改善工人的劳动条件,市劳动局、市工会联合会决定第二季度在私营企业中进行四项工作:一是在全市私营工厂(以中小型工厂为重点)职工中,进行一次普遍而深入的安全生产教育,发动职工进行讨论,使基层工会组织的劳保干部及职工明确认识到劳动保护工作的重要意义,进一步树立安全生产的思想,积极督促和协助资方改善安全设备,防止发生工伤事故,贯彻安全生产的方针。二是督促与推动资方及时做好夏季的通风降温工作。以料器、橡胶、铸铁、化学材料等十余个行业为重点,根据各行业生产特点,采取不同措施,降低车间温度,改善劳动条件。在织染、电工器材等行业中,继续贯彻电气安全使用规格标准,防止触电事故的发生。三是重点督促私营工厂建立和健全安全组织机构。较大工厂建立安全卫生职能机构或专职人员,中、小型工厂应指定专人兼管劳保工作,使私营工厂劳动保护工作做到经常化。四是选择条件较好的工厂,发动职工讨论制订简易可行的安全操作规程,并认真贯彻执行。①

会后,天津私营企业普遍加强了劳动保护工作。如公私合营北洋纱厂在私营时期工伤等事故很多。1954年2、3月间该厂合营初期,工伤和安全事故每月平均有14件。从4月开始减少,9月仅有3件轻微工伤事故,10月1日至13日,未出任何事故。该厂工伤等事故逐渐减少的原因,主要是由于公私合

①《决定开展安全生产教育工作》,《天津日报》1954年5月21日。

营后加强了劳动保护工作。该厂在公私合营后,结合企业的改造和整顿工作,开展了群众性的安全卫生运动,发动职工进行了安全卫生大检查。领导干部和车间、科室管理人员,结合过去所发生的事故,作了深刻检查,批判了漠视劳动保护的管理思想,提出了消灭事故、保证安全生产的工作方针,设立了安全技术、劳动保护科。车间班、组也分别设置了安全劳动保护员,负责生产安全及劳动保护工作。另外,该厂还进行了350余件机器设备的装修、改造工程,改善了安全状况。该厂合营以后,工会在党的领导下,配合行政向职工进行了普遍和较深入的安全教育,并在每次事故发生之后,及时帮助职工分析原因,展开讨论,加强了职工群众对劳动保护和安全生产的重视。①

1954年,一些企业在推动劳动保护方面做了一些有效探索。如华北纺织管理局所属各厂在1954年第三季度未发生一起重大伤亡事故,工伤件数比1953年同期减少62%。各厂在7月竞赛开始后,加强了对职工的安全教育。各厂安全科联合工会,建立了每月1次的经常安全教育制度。从8月起,各工会小组普遍设立了劳动保护检查员,使劳动保护工作成为全体干部和工人自觉支持的工作。车间和小组每月订计划时,都把安全卫生工作订入计划。在竞赛中,各厂安全科都制定了每月和每天的工作计划,逐步建立了正常的工作秩序,加强了工作计划性。各厂安全科不但有部门的工作计划,还有每个干部每天的工作计划,工作起来目标明确,效率也高。各厂由于采取了以上的一些措施,因而在第三季度工伤事故比过去显著减少。②

1955年,天津劳动保护工作深入开展。天津装卸、运输工人过去在搬运危险或有毒物品时,因无严格管理制度,曾不断发生中毒事故,致使工人身体健康、安全受到很大影响。为保护装卸、运输工人在搬运危险品及有毒物品工作中的安全与健康,提高搬运工作效率,1955年3月,天津市劳动局公布了《天津市搬运危险品及有毒物品安全暂行办法》。一些企业积极开展了安全

---

①《北洋纱厂加强劳动保护工作》,《天津日报》1954年10月16日。
②《第三季度工伤事故显著减少》,《天津日报》1954年10月14日。

检查。如天津国营、地方国营、公私合营工厂、市建设局所属工地共150多个单位,根据中共天津市委员会国营工业部和地方工业部的指示及市劳动局提出的要求,从4月下旬到7月下旬开展了锅炉安全检查工作,全市有200多台锅炉进行了停炉检查。对在检查中发现的20台不能继续使用的锅炉,予以报废或研究报废;对36台比较严重的危险锅炉,进行大修。绝大部分工厂在检查锅炉的同时,建立或健全了各项安全制度、专职人员和专管机构。①

为进一步推动劳动保护工作开展,1955年9月,天津市工会联合会劳动保护部召开公私合营企业劳动保护工作经验交流会,会上作了关于公私合营企业劳动保护工作的报告。12月,市工会联合会和市劳动局联合召开了各产业工会劳动保护部长、各企业管理局安全技术科科长及部分国营大厂安全技术科科长联席会议。会议决定认真学习苏联先进经验,要求所有国营企业、部分地方国营企业和公私合营企业的工会和行政方面,在1956年1月底以前,签订劳动保护协议书,以开展群众性的劳动保护工作,保证安全生产,为劳动竞赛的顺利开展创造有利的条件。会上,中国铁路工会天津区委员会介绍了天津铁路管理局签订及执行1955年劳动保护协议书的经验。

在社会主义改造过程中,天津市各工厂企业,在劳动保护方面采取了很多措施,做了不少工作,使工人的劳动条件有了显著改善。为了使改善劳动条件的工作纳入群众监督之下,很多单位的行政与工会共同签订了劳动保护协议书,使劳动保护工作有了一定群众基础,进一步保障了劳动保护工作的开展。由于进行了上述一系列的工作,伤亡事故历年都有所减少。如全市伤亡事故的频率,1952年为80.87‰,1953年降为56.52‰,1954年降为36.47‰,1955年又降为35.09‰。②为了进一步加强劳动保护工作,各工厂企业继续贯彻国务院颁布的《工厂安全卫生规程》《建筑安装工程安全技术规程》和《工人职员伤亡事故报告规程》,进一步改善工人的劳动条件。

---

① 《天津市工厂、工地锅炉安全检查工作基本结束》,《天津日报》1955年7月3日。
② 《关于工资、就业和劳动保护的问题》,《天津日报》1956年12月31日。

三、开展评选劳动模范活动

在大规模有计划的经济建设开始后,为提前和超额完成"一五"计划的任务,天津工人群众以高度的主人翁意识,积极投身到社会主义生产建设中,涌现了一大批生产劳动模范和先进单位,在社会主义工业化建设中发挥了先锋作用。天津市重视发挥劳动模范在生产中的示范作用,多次举行劳模表彰大会,评选劳动模范,宣传劳动模范典型事迹,引导广大工人群众向劳动模范学习,积极发挥艰苦奋斗精神、奉献精神,为加快经济建设贡献力量。

从1953年起,天津每年召开劳模表彰大会,介绍劳模事迹和先进单位的经验,表彰他们为天津社会主义工业化建设所作出的突出贡献。天津广大青年也积极投入社会主义建设热潮,在自己的工作岗位上勤奋敬业,刻苦钻研。

1953年是执行国家"一五"计划的第一年,在全市爱国主义劳动竞赛和增产节约竞赛中,各劳动战线上都涌现出大批的先进人物。他们以忘我劳动的模范行动带动全市职工超额完成了1953年度国家计划和增产节约任务。

1954年2月1日,天津市1953年劳动模范大会在天津第一工人文化宫隆重举行。会议表彰了在全市工业、交通运输业及国营商业中评选出的226名劳动模范和78个模范小组、5个模范车间。吴德市长总结了天津市广大职工群众1953年在各方面的成就,指出这个成就的获得,是党的正确领导的结果,是天津市劳动人民发挥了高度的爱国热情、努力奋斗的结果,也是和各位劳动模范的工作分不开的。他勉励全体劳动模范戒骄戒躁,努力学习,更好地发挥带头、骨干、桥梁作用,更好地完成国家和人民交付的重大任务。①这次评选劳动模范,突出地表现了以下特点:一是当选的劳动模范绝大多数都能认识到完成国家计划就是贯彻总路线的实际行动,不但自己积极完成计划,而且针对完成计划中的关键问题,有目的地带头加以解决,保证了国家计划和增产节约计划的全面完成。二是他们解决关键问题的办法,主要是劳动与技术相结合,竞赛与改进管理相结合,约三分之二以上的劳动模范在革新

---

① 《天津市隆重举行劳动模范大会》,《天津日报》1954年2月2日。

生产、改进技术上有较重大的成就。如著名的钢厂劳动模范刘长福,1953年在贯彻执行苏联专家建议、试制新产品,特别是开展技术教育、帮助新工人掌握半自动化机器等方面,获得了显著的成绩。许多劳动模范根据生产的需要,在改进管理方法上想出了许多办法。三是许多劳动模范在生产上发扬了高度的集体主义精神,团结群众、带动群众,发挥了骨干带头作用。如天津毛织厂工人胡宝德,为了保证生产,带头跳入零下2摄氏度的深水中,奋勇抢堵破裂的水管,被冻昏倒,苏醒后仍念念不忘生产。四是这次评选出的劳动模范,既包括技术工人、老师傅和青年徒工,也包括辅助工人、勤杂工人;既包括工程技术人员、管理人员,也包括党群工作干部、工厂医务人员;在参加评选单位方面,包括了国营和地方国营、公私合营、私营工厂企业,交通运输、基本建设、市政建设单位,以及国营贸易部门,在各方面树立了广大职工学习的榜样。①

1954年,天津经济建设战线取得了巨大成就。这一年,全市许多企业超额完成了生产计划,在提高质量、增加品种、采用代用品、减少事故等方面更取得了显著成绩,许多劳动模范的先进事迹也说明了这个事实。例如,在解决质量问题方面,天津钢厂炼钢工人杨锡恩和群众一道认真钻研技术,执行苏联专家建议,解决了炼沸腾钢新产品的质量问题,并缩短了熔炼时间;在增加新品种方面,津南制革厂的孙安民等职工看到厂里过去出产的皮鞋净是"老三样",不受群众欢迎,就到处找寻群众喜爱的新花样,使厂里生产的皮鞋款式在一年内增加到82种;在节约原料方面,国营各棉纺织厂评选出的许多劳动模范都是在节约用棉工作中有成绩的,他们和广大职工群众共同努力,使每件纱的用棉量各厂平均比国家定额减少了3斤多。②获得这些成绩的重要原因,是职工群众比往年更普遍、更广泛地参加了劳动竞赛。在各方面都出现了许多新的创造和成就,涌现出大批先进人物。因而在1954年评选的劳

---

①《发扬革命英雄主义,为社会主义工业化而奋斗!》,《天津日报》1954年2月1日。
②《在天津市一九五四年劳动模范大会上的讲话》,《天津日报》1955年1月23日。

动模范中有半数以上是新的劳动模范。

1955年1月22日，天津市1954年劳动模范大会在第一工人文化宫举行。市委书记、市长黄火青等领导为244名劳动模范和100多个模范小组、模范车间、模范科室授奖。发奖以后，劳动模范阎春洪、李淑珍、沈冠青、白丙午、莫荣阳、阎增年等人相继讲话。他们一致认为，这次当选为劳动模范，主要应归功于党的培养教育，归功于群众的帮助，并纷纷表示要戒骄戒躁、继续努力，在生产上创造更大的成绩，同时带动群众，更加深入地开展增产节约竞赛，保证完成和超额完成生产计划，以实际行动支援解放台湾。

1956年2月7日，天津市人民委员会召开劳动模范庆功大会，为评选出的1955年劳动模范庆功。这次评选出的劳动模范共有239人，另有6个模范工厂、16个模范车间和模范单位、104个模范小组。当选的劳动模范包括工业、交通运输、建筑和商业等方面的优秀人物，还有医务工作者、保育人员和炊事人员等。这些劳动模范和模范集体，在社会主义竞赛中出色地完成和超额完成了国家计划和工作任务，在生产和工作中作出了卓越的成绩。其中有连续5年未出废品、次品的国营某厂青年车工庞宗禅，连续两年半没有出过废品的国营天津拖拉机制造厂钳工国兴，18个月没有出过一匹次布的国营天津第二棉纺织厂织布女工孙桂珍等，改变下料方法、节约大量铁板、被称为"巧裁缝"的国营天津自行车厂的切剪工人贾秉钧，改进鞋帮裁断法、提高了布的利用率的原天津市第四橡胶厂工人阎家雄，丰富了节约燃料的先进经验、为国家节省大量汽油的天津市汽车运输公司司机高虎臣等。这些劳动模范在生产和工作中能够虚心学习先进经验，刻苦钻研技术。如国营天津钢厂炼钢部值班主任杨锡恩和炼钢工人孙士凤，带头学习和推广了苏联科列斯尼科夫的快速炼钢先进经验。许多劳动模范在党的领导和群众的支持帮助下，勇于打破常规，敢于向右倾保守思想作斗争。如国营天津动力机厂技术员刘如山在改进技术的时候，就曾经冲破了保守思想的严重阻碍。[1]阎春洪等33名劳动模

---

[1]《天津市评选出一九五五年劳动模范》，《天津日报》1956年2月7日。

范代表,在大会上向全市职工提出了深入开展社会主义竞赛,争取提前一年完成"一五"计划的倡议。国营天津钢厂也在会上向全市工厂倡议开展厂际竞赛。这两个倡议立即得到了天津纺织管理局及所属厂全体工程技术人员,国营双林农场东区、西区两个生产队、国营棉纺六厂海鸥工作队等单位的响应。他们在大会上提出了自己的保证条件,并且分别向全市机械工人、全市织布工人、全市工程技术人员等提出了倡议。以上的各项倡议通过广播,传到了本市的许多工厂企业中去,在大会进行中,就已收到了许多职工响应倡议而提出的保证条件。[①]

在天津市委、市政府的领导下,全市经济建设在一轮轮劳动竞赛中不断推进,取得显著成绩。1953年全市国营工业总产值完成全年计划的104%,为国家增产1.09亿元,节约7639万元。1954年国营、地方国营和公私合营工厂职工劳动生产率比1953年平均提高10.75%,工厂企业总产值比1953年增长39%,并给国家多上缴4128万元。[②]工程技术人员在竞赛中,提出很多工艺改革建议,发挥了重要作用。1953—1955年,天津连续3年超额完成增产节约计划,实现了经济快速发展,为完成"一五"计划确定的目标任务奠定了坚实基础。

四、推动私营工商业社会主义改造中的工会

(一)加强私营企业工会组织建设

1954年2月,天津市总工会举行了第四届第四次会员代表会议。会议听取了市总工会私企工作委员会主任陈好问关于私营企业工会工作的报告。对于私营企业工会工作,会议指出,应该推动资方改善经营管理,改进生产;提高工人阶级觉悟,建立自觉的劳动纪律;照顾资方合法利益并监督资方遵守国家法令,防止资产阶级的不法分子向国家和工人阶级进攻。总之,私营企业中的工会应在国家过渡时期中协助国家逐步实现对资本主义工商业的社会主义改造。

---

① 《天津市举行劳动模范庆功大会》,《天津日报》1956年2月8日。
② 中共天津市委党史研究室:《中国共产党天津历史:第二卷(1949—1978)》,中共党史出版社,2015年,第131页。

1954年3月16日至26日,中华全国总工会召开全国私营企业工会工作座谈会,了解自全国宣传国家在过渡时期的总路线以来各地私营企业工会工作的情况,会议并着重讨论了在高级形式和中级形式的国家资本主义企业中的工会工作问题。

1954年4月19日至21日,天津市总工会举行了私营企业工会工作会议,向各区工会及部分基层工会干部传达了中华全国总工会主席赖若愚在全国私营企业工会工作座谈会上的总结报告,布置了第二季度私营企业的工会工作。会议指出,为了更有力地从企业内部实行对私营工商业的社会主义改造,必须在党的统一领导下,进一步加强对职工群众的思想政治教育,提高私营企业工会干部与广大职工的社会主义觉悟水平。这是当时工会工作的首要任务。为此,市总工会决定继续举办基层工会干部训练班,对较大的私营工厂工会干部进行系统的政策思想教育。对于中小工厂的工会干部,则由区工会在中共各区委员会领导下,采用各种不同的方式进行教育。对职工群众,除继续加强已有的政治教育工作,各区工会可根据具体情况,在不影响完成国家加工订货等生产任务的条件下,征得资方同意,轮流抽调部分工人脱产学习,并推广举办职员业余训练班的经验。在各私营工厂,则应健全与活跃工会小组生活,注意搞好读报工作。总的要求是:结合职工的具体思想情况,深入、广泛和反复地宣传总路线,教育基层工会干部从思想上认清对私营工商业实行社会主义改造是一场尖锐、复杂的阶级斗争,从而提高警惕,站稳立场,纠正部分职工只知搞生产、忽略监督工作的片面思想,并批判与克服职工中残存的经济主义思想倾向;教育广大职工群众进一步和资产阶级划清思想界限,认清工人阶级的长远利益和远大前途,不为不法资产阶级分子的小恩小惠所拉拢和迷惑。同时,应结合思想教育工作,有计划有步骤地对部分基层工会组织加以整顿,以提高工会组织的战斗力。

为进一步加强私营企业工会工作,1954年8月24日,天津市工会联合会在第四届委员会第五次会议上,通过《关于加强私营企业工会工作的决议》(以下简称《决议》)。《决议》提出,私营企业工会组织应主要做好五方面的工作：一是加强社会主义教育，不断提高广大干部和职工群众的社会主义觉悟水平；二是工会组织必须以搞好生产为自己的中心任务；三是认真监督资产阶级的不法行为；四是健全巩固基层组织；五是加强劳动保护工作。根据需要与可能推动资方改善职工劳动条件，克服不关心工人生活的官僚主义作风。《决议》指出，私营企业工会干部必须戒骄戒躁、克服困难，在党的领导下，紧紧地依靠广大职工群众，为逐步完成对资本主义工商业的社会主义改造而斗争。[①]

1956年1月12日，天津市工会联合会向各区办事处提出整顿工会组织意见。到2月4日，全市公私合营商业共建立134个基层筹备委员会。在整顿组织中，采取了边检查、边解决、边整顿的方法，一般的由区店员工作委员会提名，经干部讨论和会员大会通过，再正式成立、分工。在整顿组织过程中遇到某些具体问题，原则上尊重区领导意见，征求个别意见，以共同研究、共同协商的方法解决。

1956年2月21日，天津市工会联合会关于私营商业合营后整顿工会组织的情况报告指出，全市私营商业自合营挂牌后，已全部进行了规划，行政组织机构也安排就绪，为了照顾到各产业工会现有力量，便于区工会领导，按行政机构区一级建立了基层委员会。

(二)加强公私合营企业工会工作

对资本主义企业实现公私合营以后，为了保证完成与超额完成国家计划，推动企业的社会主义改造，必须进一步加强与提高工会工作。

为了提升天津公私合营纺织企业工会工作，1954年10月，中国纺织工会天津市委员会召集公私合营北洋纱厂、恒源纺织厂、利和织物公司等纺织业公私合营工厂的工会干部，举行公私合营工厂工会工作专业会议，交流工会工作的经验。会议根据各厂工会工作的情况，指示各厂工会应改变过去在资本主义企业内的领导方法，以适应公私合营后新的情况；在党的统一领导下，

---

① 《加强私营企业工会工作》，《天津日报》1954年8月26日。

积极主动地配合行政任务；加强职工教育，使职工认识到企业性质改变，工人已成为企业的主人，以提高社会主义思想觉悟，克服劳动纪律松弛的现象，完成和超额完成生产计划。另外，工会应协助行政改造旧企业，建立和健全生产管理制度，并协助行政在职工中贯彻执行这些制度。

为了提升公私合营企业工作水平，1954年11月，天津市工会联合会私营企业工作委员会举行了公私合营企业工会工作经验交流会。会议指出，各公私合营厂工会组织在党的领导下，应经常注意对职工进行政治思想教育，提高职工的阶级觉悟，发动职工搞好生产，保证完成与超额完成国家计划，并积极协助行政进行企业的改造，在经营管理上逐步向国营工厂看齐。同时，要教育与依靠职工，进一步做好对资本家及其代理人的团结、改造和监督工作。为了做好这些工作，工会干部应加强政策、业务学习，逐步建立与健全工会工作制度。会议提出，希望各厂工会在工作中注意积累与总结经验，以指导实行公私合营的企业的工会工作。

1955年9月24日，天津市工会联合会关于公私合营过程中的工会工作情况报告中指出，对资本主义企业进行社会主义改造的重要步骤之一，就是实行公私合营。报告指出，公私合营后工会要解决的问题，是要进一步弄清企业性质的变化和工会工作的关系，以及工会在公私合营后的任务、作用是什么，来克服职责不清、干部思想混乱的现象。解决的方法：一是组织工会干部学习和检查工作，并逐步改善职工物质生活和文化生活；二是参加上级工会举办的合营训练班，或邀请上级工会干部讲课，明确公私合营后应该抓什么和怎样抓；三是基层自己开办训练班。通过学习、讨论，使工会干部明确了企业性质的基本变化、工会的任务和作用，鼓舞工会干部的工作信心。报告指出，要健全工会组织，克服兼职，制定必要的工作制度；要改进工作方法，转变工作作风。工会在公私合营后，必须注意深入生产、深入小组进行细致的组织工作，切实掌握"调查研究、以点带面"的工作方法推动工会的一切工作，从而发挥工会在合营企业中的作用。

为动员公私合营工厂商店职工开展社会主义竞赛和服务良好运动，1956

年1月,天津市工会联合会召开全市公私合营工厂、商店工会工作会议。会议提出,公私合营工厂工会要迅速动员职工开展以提高产品质量、反对浪费、降低成本、增加新产品等为主要内容的社会主义竞赛。在竞赛中要积极组织技术人员,开展技术研究工作,组织职工交流技术和业务经验,协助行政改善企业经营管理,提高企业管理水平。已并厂和准备并厂阶段的工会组织,首先要加强工会干部之间的团结;教育职工搞好团结,以企业主人的劳动态度,积极参加社会主义竞赛。会议还要求,公私合营商店工会组织,动员职工开展"服务良好运动",提高服务质量,改进服务态度,增加经营品种,扩大商品流转,更好地为生产和消费者服务,完成国家商品流转计划。会议最后提出:公私合营企业工会组织,还应该积极协助公方代表,做好团结、教育和改造资本家的工作,吸收资本家参加社会主义竞赛和"服务良好运动",帮助他们培养劳动习惯,督促他们守职尽责,逐步改造其成为自食其力的劳动公民。[1]

1956年,在资本主义工商业的社会主义改造中,天津市工会联合会发动职工协助政府做好清产估值、合营改组等工作,同时把职工积极性引导到发展生产上去,提出合营推动生产、生产推动合营,起到了重要推动作用。

五、加强基层工会工作

(一)推进基层民主改选工会委员

1956年,天津市工会联合会开展基层民主改选工作,要求基层普遍进行总结与改选,并认真发扬民主,开展批评与自我批评。各产业工会、区办事处重视这项工作,推动基层民主改选工作的开展。到4月前,全市18个产业工会推动875个基层进行了改选,城厢、河北两个区推动109个基层311个组织员进行了改选。到10月,据8个产业、区统计,推动182个基层进行了改选。全市基层除了新合营企业因改组并厂而未改选外,一般的都进行了总结与改选。[2]

建立与整顿基层工会工作秩序。1953年,在天津市总工会贯彻中国工会

①《开展社会主义竞赛和服务良好运动》,《天津日报》1956年1月28日。
②天津市地方志编修委员会办公室、天津市总工会编著:《天津市志·工会志》,方志出版社,2017年,第740页。

七大决议、学习五三工厂经验、贯彻市委克服"五多"指示及全市基层工作会议精神中,基层工会对工会的性质和基本任务的理解是,工会要以主要力量组织群众搞好生产。1954年,在贯彻全国第二次基层工作会议和天津市工会四届四次代表会议的精神中,根据中华全国总工会"围绕着竞赛并为了竞赛,有计划有步骤地建立工会正常秩序"的方针,天津市总工会先后提出整顿组织、划分范围、培养运用积极分子、加强工会工作计划性,保证劳动竞赛的正常开展。围绕竞赛的逐步正常开展,基层工会工作秩序的建立与整顿进行了以下四项工作:

一是加强工作计划性。要改进工作方法,加强工作计划性,围绕竞赛的三个程序,配合行政组织群众活动,保证完成国家计划。经验证明,订好工作计划使之现实、具体,其关键在于抓住三点:切实从实际出发并正确贯彻领导意图;以行政生产管理计划为主体,提出积极配合办法;制定计划要有群众基础。

二是认真执行工作计划。主要抓住三点:第一,加强深入调查研究工作。对群众生产工作或工会建设工作进行调查研究,掌握具体情况与工作变化,分析研究抓要害、想办法,及时解决。第二,培养重点,以点带面。选择基础条件好的为经常重点,选择具有代表性的为临时重点,领导帮助分析、教育提高认识、总结改进工作等方法,有目的地培养先进经验或找体会,然后加以总结,灵活运用举办训练班或工作会议交流经验、组织观摩表演、工会干部掌握并带下去贯彻等方法,并大力推广。第三,认真检查工作计划。

三是培养工会工作积极分子。首先,在积极分子的挑选上,一般是经过研究、党委批准、本人同意,因此新选任的积极分子对工会工作热情而安心,更适应工会面向生产、联系群众的要求。其次,从明确职责任务和每一时期的具体工作,帮助积极分子解决"干什么"的问题。明确职责任务的主要方法,是划分和学习职责范围;交代具体工作的主要方法,是通过具体研究讨论月工作计划和周进度工作安排。与此同时,采用业余训练班、组织业务学习、设副职带徒弟、组织经验交流会等方法教授积极分子,使其明确"怎样干"。

四是建立制度适应工作的开展。基层工会能坚持并起到一定作用的制度主要有三种:计划、检查制度,职工大会制度,干部业务学习制度。

(二)重视和加强工会小组的工作

1955年1月31日至2月3日,天津市工会联合会第五次会员代表大会召开。大会对加强小组工作提出了明确要求。大会指出,在小组生活中开展批评与自我批评,是健全工会民主生活的重要环节。因为每个会员都参加工会小组活动,每个同志都可以在小组中发表自己的意见,不一致的意见经过讨论后可能一致起来。当然,工会的批评与自我批评不仅限于小组,每个职工都有权向工会干部和工会组织提出自己的意见,可是小组却是工会会员表示意见最容易、最合适的场所。为了做好群众工作,密切联系群众,使工会组织具有广泛的群众基础,我们必须十分注意发挥积极分子的作用。工会是工人阶级的群众组织,是党联系群众的纽带,工会必须吸引更多的有觉悟、有能力、又为群众所拥护的积极分子参加各项实际工作,并通过他们和广大职工建立密切的联系。只有这样,工会工作才会有稳固的基础。

1955年4月,天津市工会联合会指导基层工会加强工会小组建设。加强小组工作,在小组生活中开展批评与自我批评,这是健全工会民主生活的基本问题,而推动这一工作的最重要方法之一就是健全工会小组会。

为了推动工会小组工作发展,1955年11月,天津市工会联合会召开工会小组工作经验交流会。会上,天津自行车厂压材小组和棉纺六厂孙洪敏小组的组长分别介绍了小组工作的经验。压材小组从1952年以来,连续四十多个月超额完成了国家计划。主要原因在于,小组能够经常通过生产会议、访问下道工序和推行班组经济核算,找出本组不同时期的生产关键问题,并针对这些问题,发动群众提合理化建议、学习先进经验等。其主要特点是经常对群众进行政治思想教育,提高群众觉悟。小组能够经常掌握群众的思想情况,针对群众当中存在的思想问题,用召开小组生活会、读报和读书等方法加以解决。市工会联合会的负责同志对许多单位小组工作存在的问题进行了分析,指出加强对小组工作的领导是贯彻执行市委关于在工厂中进一步开展增产节约竞赛运动的指示，把劳动竞赛提高一步，完成与超额完成国家计划的十分重要的环节，各单位必须使小组工作成为工会组织日常活动的重点，并对如何加强小组工作作了具体说明。①

为了进一步引起各基层对健全工会小组会工作的重视，根据各厂的点滴经验及实际情况，天津市总工会对加强工会小组工作提出指导意见：第一，必须从思想上明确工会小组会的具体作用。工会小组会是发扬民主、启发群众政治热情和生产积极性、教育群众、关心群众生活的重要形式之一。因此，必须切实重视健全工会小组会的工作，加强对这一工作的具体领导。第二，工会小组会的内容包括传达工会决议、报告小组工作、讨论工会工作并提出批评和建议，以及讨论解决有关思想作风、生活困难、劳动纪律、时事学习、团结互助等方面问题和一切工会会务工作。第三，开好工会小组会，在方法上应该注意：会前要做一定的准备工作，研究小组会的内容、要求及注意事项等，通知群众每次小组会的内容；组长掌握会场要注意启发群众情绪，充分发扬民主，开展批评与自我批评；会后应注意检查会议效果，不断改进方法，提高小组会的思想水平。第四，从时间上、制度上保证工会小组会的按月召开，并加强具体领导。其方法主要是：在党的领导下，具体研究规定召开工会小组会的时间，争取把小组会列入全厂会议安排日程中去；基层应及时掌握小组会召开的情况。此外，根据实际需要，统一规定小组会内容，重点深入小组帮助解决问题，并注意总结与交流开好小组会的工作经验，特别是总结交流小组长领导方法的经验。

六、提升工人工资，改善工人生活

（一）进行工资改革，提升工人工资

在发展生产、提高劳动生产率的基础上逐步改善职工群众的生活，是党和政府的一项根本政策。新中国成立后，天津职工工资水平是逐年提高的，一般职工的生活有了相当的改善。但是后来生产建设企业中职工的工资提

---

① 《市工会联合会召开小组工作经验交流会》，《天津日报》1955年11月23日。

高缓慢,和劳动生产率提高的情况不相适应。这种情况,主要是由于工资工作中的一些缺点和不足造成的,如工人工资等级制度不统一、不合理等。为提升工人工资水平,把发展生产和改善职工生活结合起来,天津开展了工人职工工资改革,提升了工人工资。到1956年9月,国营工业工资改革工作基本结束。

1.建立群众工资工作组织

1955年4月,天津市召开第一次工会工资工作会议。会议传达了全国工会工资工作会议精神,并要求各产业工会干部根据全国会议精神,认真研究工会工资工作,提出切实的工作方案。

会后,全市各级工会认真贯彻落实会议精神,到1955年12月,在纺织、重工业等6个产业工会和塘沽区工会所属的基层工会中,有80个单位建立了工资工作委员会或工资组;市工会联合会、纺织等产业工会及许多基层工会培养了一批初步具备工资业务知识的干部,使工会工资工作有了一定的开展。有些单位工会协助行政制定了比较先进的生产定额,在推行当中,组织工人交流经验,帮助工人达到或超过了定额。有的单位工会检查了工资基金的使用情况,比较全面地分析工资制度中的问题,向行政提出改进建议,使工资制度逐步合理,提高了群众生产积极性,推动了劳动竞赛。不足是,有些单位工会对工会工资工作的意义认识不足,没有积极开展工会工资工作,或者没有经常地向职工群众宣传国家工资政策法令,教育职工群众自觉地遵守,并且监督国家工资政策法令的实施。

1955年12月,天津市工会联合会召集各产业工会工资工作干部和基层工会主席、工资委员,举行第二次工会工资工作会议。会议提出,各级工会必须加强工会工资工作的思想建设和组织建设,大力宣传国家工资政策法令,并且对国家工资政策法令的执行情况,加强群众性监督。天津第二棉纺织厂和中华火柴厂工会干部在会上介绍了他们开展工会工资工作的经验。

2.推动工资改革,提升工资水平

一是废除工资分制度,实行直接以货币规定工资标准的制度。在过去物价不稳定的情况下，工资分制度对于保障职工的实际收入，使职工的生活不受物价上涨的影响，曾经起过积极作用。但是随着物价的稳定和职工生活的改善，工资分值中所包含的粮食、布匹、燃料、食油和食盐五种实物，早已不能反映职工的实际生活了。各地区的工资分值也存在着和当地实际物价不相符合的情况。并且用工资分来计算工资，手续繁杂，不利于推行经济核算。这样，工资分制度已经由积极的东西变成消极的东西了，取消这种过时的制度是完全必要的。

二是改进工人的工资等级制度。工人工资等级制度，在过去的工资改革中已经建立了，但是还不健全不统一。这次工资改革，按产业修订了工人工资等级表，统一规定了工人的工资标准，减少了现有的工资标准数目，并且制定或修订了工人技术等级标准。例如，土木建筑业统一改为七级工资制；有色金属矿全国原来有25个工资标准，这次统一规定为12个。同时为了鼓励工人提高技术熟练程度，扩大了一级工人和八级工人工资标准之间的差数，例如冶金工人的这种差数，由平均2.87倍提高到3.2倍。[1]

改进工资等级制度是改进工资制度当中的一个重点，也是这次工资改革的一项重要内容。在改进工资等级制度中，首先改革了工资标准。推动改革工资标准的办法，是在普遍提高工资标准的情况下，对同一产业部门的工人统一规定了几个工资标准，把过去繁多的工资标准去掉了，各个企业之间工资标准的差别也比较合理了。每个企业要根据企业在国民经济当中的重要性，还要根据工资情况来确定采用哪一个工资标准。在工资改革当中，各个产业部门统一制定或修改了技术等级标准，每个工人根据技术等级标准来评定应该属于哪一个等级。在评级当中，如果有的工人的技术能力确实已经提高了，符合较高等级的标准就升级。在评级的时候，有人达不到新标准规定的要求，按说是应该降低等级的，在这次改革中保留了原来等级不动，尽量保障工人的利益。[2]在工资改革中，广大企业普遍实现了工人工资的提升。如

---

① 《工资改革、改善职工劳动条件和解决城市失业问题》，《天津日报》1956年7月2日。
② 《改进工资等级制度》，《天津日报》1956年7月7日。

天津市机床厂评定工人工资等级的工作到1956年7月结束,工资升级的工人占全厂工人的57%以上。在评定等级时,该厂二十多个工种划分为五十多个小组,分别讨论了领导方面提出的升级名单。在讨论中,工人们热烈地发表了自己的意见。他们对领导方面提出来的工人的工资等级表示满意,只对很少工人的工资等级提出了不同的意见。领导方面研究了这些意见后,才最后确定了全体工人的工资等级。①

三是改进企业职员和技术人员的工资制度。之前,厂矿企业中的职员工资制度不完备,缺点主要表现在两方面:一是不少企业中某些管理人员的工资标准偏低,有的高级技术工人提拔为工段长、车间主任后,他们的工资收入反要降低,因而有些人就不愿意当工段长和车间主任。这对于发展生产和提拔工人干部,都是不利的。为了克服这个缺点,这次工资改革对于企业中这些管理人员的工资标准做了较多的提高。二是企业中绝大多数技术人员的工资标准,都不是按照他们所担负的职务来确定的,而是按照工程师、技术员的称号和等级来确定的。这样做的结果,就使他们所得的工资和所担任的职务无关,不利于加强他们对管理生产的责任心,同时还产生了担负职务的责任轻重不同,对企业的贡献不同的技术人员,只因称号和等级相同,就拿同样的工资,这也是不合理的。这次工资改革,较多地提高了技术人员的工资,并实行按职务规定工资的制度。这样使得技术人员的职责明确、待遇合理,有利于发挥他们对生产的领导作用。

到1956年8月,天津市已经有50个地方国营工厂结束了工人的工资评级定级工作。有36个工厂按新的工资标准,向工人们补发了4月至7月的工资差额。经过这次工资改革,这50个工厂工人的平均工资,比改革以前增长了16.12%。各工厂在定级以前,都公布了技术标准。经过学习讨论考工评级以后,有6358人提升了技术等级。被提升的工人,多数升了一级;少数升了两级到三级。天津市地方国营工厂的工人们在执行五年计划中,发挥了劳动积极

---

①《天津市机床厂工人工资等级评定完毕》,《天津日报》1956年7月29日。

性,每年都超额完成了国家计划。相较于1952年,1955年的工业总产值增长了1.24倍。①

(二)开展困难职工补助工作

新中国成立后,随着生产的恢复和发展,天津市工人的工资水平显著提高,各项职工集体福利事业和文化教育事业有了很大发展,职工的物质文化生活普遍得到改善。全市广大职工从实际生活中体会到党和国家对工人阶级的关怀,建设社会主义的劳动热情日益高涨。但是,由于社会主义建设刚刚开始,生产发展水平还低,职工的生活水平还不高。在天津工厂企业中,有些职工由于工资收入少,家庭人口多,生活上有时会遇到一些困难。因此,各有关部门和工厂企业中的工会组织需要有计划地开展困难补助工作,解决或减轻职工在生活中遇到的困难。

互助储金会是工会会员在自愿结合的基础上,为发扬阶级友爱、进行同志之间互相帮助而成立的经济组织,在工会基层委员会领导下进行工作。工会通过互助储金会组织,经常向职工进行集体主义思想教育,加强生活指导。如有的会员因不会过日子造成生活困难,经常借款,就帮助他订生活计划,养成量入为出的好习惯。所以,互助储金会是工会运用职工群众自己的力量,解决职工群众自己问题的经济组织。

一些企业很早就办起互助储金会,帮助职工解决实际困难。如国营天津第三棉纺织厂二布场职工,在1951年就组织起互助储金会。那时因为工会放松了领导,互助储金会的借款手续、制度都很乱,有的工人生活并不困难也向互助储金会借钱,借了一年多也不还,使得互助储金会的钱无法周转,真正遇到临时困难的人反倒借不到钱。由于互助储金会不能为工人解决困难,有些工人就组织了"钱会""布会""面会"等组织。1955年4月,布场工会根据市纺织工会号召关心工人生活、帮助工人解决困难的精神,召开了会议研究整顿互助储金会的工作,决定成立互助储金小组。互助储金小组重新制订了入

---

① 《六千三百多个工人提升技术等级》,《天津日报》1956年8月18日。

会、借款的制度和手续，并对过去借了款没还而有偿还能力的人，也具体订出了分期扣还的办法。互助储金小组还对全车间职工的家庭生活情况做了调查，了解了哪家生活富裕，哪家生活真正有困难。对家庭生活真正有困难的职工，互助储金会就主动借钱，帮助解决困难。比如，工人吕玉章的小孩因为得肺炎住医院了，一共花了七十多元，可是吕玉章没有这么多钱，互助储金小组知道后就主动借给他一部分钱。工人们对互助储金小组的反映很好，工人当中那种搭会的现象也没有了。①

为认真贯彻执行中华全国总工会的指示，办好互助储金会和切实做好对有困难职工的补助工作，1955年11月，天津市工会联合会召开了互助储金会和困难补助工作会议。会议简要地总结了互助储金会和对有困难的职工的补助工作。会议提出办好互助储金会的首要条件是，要明确互助储金会的意义和作用，加强领导，健全互助储金会的组织机构，建立切实可行的制度，特别是借款、还款的手续和制度；并且根据职工群众的要求，适当地扩大借款范围。此外，还必须加强宣传教育工作，结合日常工作向职工进行团结互助、节约储蓄的宣传教育，并帮助工人制订个人生活计划，培养艰苦朴素的优良作风；在进行困难补助工作中还必须从实际出发，主动地、及时地、有计划地进行这一工作。会议要求，各基层工会按照中华全国总工会1956年批准试行的《互助储金会组织通则(修正草案)》的规定，检查改进本单位的工作；互助储金会账目混乱的要进行整顿；账目清楚、有人负责、制度较健全的要巩固已有的成绩，并且加以提高；没有建立互助储金会的要逐步建立。同时，应抓紧时间做好冬季困难补助工作，已经补助过的要再检查一下。②会后，很多企业积极落实会议精神，分配好互助储金会，切实解决职工困难。许多单位的行政和工会组织，在党的领导下，利用企业奖励基金中的职工困难补助费和工会会员困难补助费，对部分职工进行了冬季补助，帮助他们解决了添制棉衣、棉

---

①《办好互助储金会》，《天津日报》1955年8月26日。
②《办好互助储金会和困难补助工作》，《天津日报》1955年12月2日。

被和冬季取暖等困难。

互助储金会的建立，不但解决了职工生活中的很多临时困难，受到职工群众的欢迎，而且在安定和鼓舞职工生产情绪、保证完成和超额完成国家计划方面发挥了积极作用。

七、加强工人政治教育和技术教育

（一）继续开展职工读报活动

在工厂企业里组织读报，是向职工群众进行经常的政治时事教育的重要方法。在社会主义改造时期，天津许多工厂的工会组织非常重视开展职工读报活动。通过开展职工读报，提高了广大职工的政治觉悟，推动了生产和工作。

私营仁育堂药店的职工们自建立读报小组到1955年坚持读报三年多，从来没有间断过。这个读报小组是在工会委员会直接领导下进行活动的。每天在读报开始前，先由读报员做好准备，选择读报材料。读报时，还常常配合地图给大家讲解。另外，该小组还建立时事漫谈和考试制度，定期举行时事测验，公布测验成绩，以鼓舞职工们的读报热情。通过读报，进一步提高了职工们的社会主义觉悟。如在1955年2月下旬，该小组读了报纸上刊载的发行新币的消息和社论后，认识到发行新币的意义。为了协助政府做好新币发行工作，该店门市部的店员们立即订立了公约，根据新币和旧币的兑换比率，检查了全部药物的牌价。该店三个伙食员原来不团结，经常口角，有一次听到中国人民志愿军战士在朝鲜战场上团结友爱的故事后，大家都很感动，在漫谈中，大家都虚心地检查了自己，加强了团结。[①]

天津市工会联合会第七区办事处联合业工作委员会重视职工读报工作，到1954年11月，领导全区1500多个中小工厂作坊的职工，分别建立了269个读报组，对职工加强时事政策教育。这1500多个工厂作坊共有6000多个职工，90%以上是分散在10人以下的小作坊做工，平常缺乏学习，对国家大事和政策了解得很少。联合业工作委员会在1954年第三季度组织读报的时候，就照顾到分

---

①《坚持读报三年多》，《天津日报》1955年3月21日。

散的特点,把地区分散、集中有困难的小作坊的工人编成小组来读报;把一些比较集中的小作坊的工人,编成大组读报;对10个人左右及以上的工厂多以工厂为单位组织工人成立读报组。各组都有固定的读报员。为了把读报工作做好,44组联的读报员和宣传委员研究用集体备课的办法做好准备,以充实读报内容。42、36组联的一些读报组,有的建立了定期会议制度或开座谈会的制度,来漫谈读报收获和研究改进读报工作。有的组联还建立了读报问题栏,发动职工提问题、解答问题,并且定期组织读报员交流经验。很多职工都反映读报有收获,如祥盛居织布作坊的两名织布工人,在9月以前织的"五四"布,达不到国营公司的加工要求,读报以后,他俩认识到不重视质量对国家和消费者的影响,就注意认真操作,提高质量,10月正布率显著提高。①

为使职工经常受到政治时事教育,市工会联合会一、四区办事处加强了对基层读报工作的领导。市工会联合会一区办事处在1954年10月底召开了各公私合营厂和私营大厂基层读报员工作会议,介绍了私营盛锡福帽厂坚持四年读报的收获和经验。一区召开读报员工作会议以后,不少工厂检查了读报工作中存在的缺点,初步改进了读报方法,或建立健全了读报制度。私营新华食品烟草厂党工团干部举行联席会议,决定加强对读报员的领导和帮助;私营晶明料器厂新建立了读报小组。到1954年11月,该区有二百多个工厂建立起读报制度。市工会联合会第四区办事处于1954年11月7日,开办了包括各公私合营工厂和私营工厂读报员及宣传员的读报员训练班,并总结了私营华北电石厂的读报经验。②

有的企业针对职工读报中存在的问题,不断改进,收到了效果。如六区私营金刚砂轮制造厂从1953年就组织起了读报组,当时由于读报员在读报前没有很好的准备,在读报时往往上句不接下句,意思讲不清楚,所以大家对听读报不感兴趣。因此每次读报时有的推托请假,有的人虽然来听,但也没有

---

①《组织千余工厂作坊职工读报》,《天津日报》1954年11月12日。
②《一、四区工会办事处加强基层读报工作领导》,《天津日报》1954年11月12日。

听进去。1955年6月下旬，该厂党支部检查了读报活动中的缺点，并积极领导、改进该读报组的工作。另外，支部还向群众进行教育，使大家认识到听读报的意义及其好处。经过这些改进之后，各读报组读报时就很少有人请假了，而且大家都能集中精神静心地听读报。

（二）推进科学技术普及工作

在国家有计划的经济建设时期，不断地提高工人群众的科学技术水平，是发展工业生产、推进劳动竞赛、保证完成和超额完成国家计划的重要条件。而科学技术的宣传工作，则是丰富工人的科学技术知识，提高他们的科学技术水平的重要方法之一，也是培养工人群众的唯物主义世界观的有力手段之一。在工人群众中推进科学技术普及工作，对于丰富工人群众的科学技术知识，提高生产效率，提高产品质量具有重要作用。

科学普及工作是在天津市科学技术普及协会领导下进行的。在1953年，科学工作者们共做了660多次科学普及讲演，举办了宣传天文等科学知识的展览会15次，有14万多人受到教育，其中工人占1/3以上。科学工作者们为了提高工人的科学技术水平，在工厂里大力进行科学普及工作：在国营天津第三、四、五、六棉纺织厂举办了4个"纺织技术讲座"，从原棉到织布，系统地向纺织工人讲解纺织技术理论；在国营第六棉纺织厂还举办了"电机技术讲座"。此外，还举办了"自然科学讲座"，向工人系统地讲解天文、物理、地理、生物、化学等自然科学知识。拥有21个专门学会、团结了3000多名自然科学工作者的中华全国自然科学专门学会联合会天津分会，积极开展科学研究和各种学术活动。1953年，各专门学会共进行了180多次科学研究专题报告和学术讲演，多数学会都开展了经常性的学术研究活动。这些科学研究和学术活动大都和有关部门的实际需要相联系。如土木工程学会根据建筑部门的需要，和建筑工程学会、水利工程学会共同组成地基土壤研究小组和混凝土研究小组，经常为设计部门提供参考资料，为施工单位解决实际问题。各生产部门在生产上发生重大技术问题也经常找各专门学会解决。①

为了提高工人的科学知识和生产技术水平,天津市科学技术普及协会从1954年第一季度起,在许多纺织厂中进行了系统的纺织技术的讲座;同时配合部分工厂的行政和工会,组织了工人业余技术学习班,系统地向工人讲述机械原理等方面的常识。该会在5月间成立了初级电工学习班,吸收国营、公私合营和较大的私营工厂中的电气学徒工参加。后来,又成立了清花保全技术研究会,吸收各棉纺厂清花部门的三级保全工人参加,学习三级工人到六级工人应当知道的操作技术和理论,并交流生产经验。从1953年底到1954年3月间,举办了30次"自然科学讲座",内容包括天文地理、生物、化学、物理、生理卫生等方面。这些讲座大都是由各大学教授主讲的,讲课时尽量配合实验表演及展览挂图实物等。这些讲座受到工人的欢迎,进一步启发了他们的生产热情。如一区私营天顺和修焊器材厂工人于鑫河听了"重要金属"讲座后,认识到节约重要金属的意义,提出了用电木代替电度表上的铜壳的建议,以节约用铜。②

为加强工会组织和科学技术普及协会在科学技术宣传工作上的合作,加强对这一工作的经常领导,1954年7月1日,中华全国总工会和中华全国科学技术普及协会发布了关于加强科学技术宣传工作的联合指示。指示指出,各省、市工会组织和科学技术普及协会组织应在各地党委统一领导下,密切配合,建立经常的联系,结合各地具体情况,共同商讨开展科学技术宣传工作的办法,订出计划,认真执行。各地工会组织的宣传部门,应把这一工作列为日常工作的一个重要项目,负责动员组织群众和搜集群众反映等工作,并帮助科学技术普及协会解决场所、经费等问题;而科学技术普及协会应协助工会解决讲师、资料、仪器设备等问题。为了做好这一工作,各地工会宣传部门和各地科学技术普及协会应指派专人负责这一工作的联系,经常进行督促检

---

① 《广泛展开科学普及和研究工作》,《天津日报》1954年1月28日。
② 《积极开展科学普及工作》,《天津日报》1954年10月24日。

查，并在每一工作阶段结束后，总结经验向上级汇报。

1956年9月，天津市举行第一次职工科学技术普及工作积极分子大会。大会由天津市工会联合会和天津市科学技术普及协会联合召开。在这些积极分子中，有热心科学技术普及工作的工程师、大学教授、医生，也有刻苦学习钻研技术的技术员和工人。会议指出，天津市几年来在广大职工中开展科学技术普及工作有一定成绩，涌现出不少优秀讲解员、学员和组织人员。会议指出，广大职工如果要提高技术水平，甚至有所发明创造，必须努力掌握科学技术知识。同时，科学技术工作者如果把他们的科学知识和广大职工的操作经验结合起来，就能为社会主义事业作出更大的贡献。要更好地组织科学技术工作者参加普及科学知识的宣传队伍，使科学技术的宣传工作种类多、阵地多、次数多，帮助职工掌握科学知识，并破除残存的迷信思想，树立唯物主义世界观。会议指出，科普协会的工作方针主要是为生产建设和思想建设服务。几年来，在这方面虽然做了不少工作，但还远远赶不上形势的发展。科普协会的会员发展得还不够广泛，在全市工厂中，现有会员还不足全部工程技术人员的十分之一。特别是在宣传内容和宣传质量上，还不能满足不同工种不同程度的要求，这都是需要大力改进的。大会选出了出席全国第一次职工科学技术普及工作积极分子大会的代表。

1956年1月初至9月初，天津市共有1473名科学技术人员参加天津市科学技术普及协会。连同前两年发展的会员，天津科学技术普及协会已在工厂、学校、医院等256个单位中吸收2975名科学技术工作者入会。科学技术普及协会已经建立天文地理、化学化工、生物农学、医学、机构、物理、纺织、电力电讯共八个学组。几年中，天津科学技术普及活动取得很大进展，在有关部门配合下，为工人组织了纺织、电工、锅炉、速成看图、数学等讲座。①

（三）开展职工业余教育工作

在社会主义改造和经济快速建设时期，迫切需要大量的科学技术人才和

① 天津市地方志编修委员会办公室、天津市总工会编著：《天津市志·工会志》，方志出版社，2017年，第501页。

管理人才。因此,大力开展职工业余教育,迅速提高职工的文化水平和技术水平,就成了工会一项迫切而光荣的任务。天津市总工会把开展职工业余教育工作作为重要工作来抓,取得了较好的成绩。

根据中共中央精神,天津加强了对工人业余学校工作的领导。1953年4月4日,教育部发出通知,要求整顿工农业余学校高级班和中级班,做好巩固和保证质量的工作。天津根据这一精神,先后制定《工人、干部业余中学及业余初等学校各项制度试行草案》《整顿学习时间的指示》等文件,并对职工业余教育进行了一系列整顿。据1953年5月统计,全市工人业余学校、干部业余学校已有254所,学员93808人。①1954年10月,又颁发了《工人、干部业余中学及业余初等学校各项制度试行草案》,要求贯彻"速成的、联系实际的"教学方针,改进教学工作,提高教学质量。在市委高度重视和推动下,全市工人业余教育有了长足发展。据8所业余中学统计,1954年有47人考入中等学校,16人考入北京大学、天津医学院等高等院校。②

在市委、市政府的领导支持下,天津市的职工业余教育在这一时期有了一定发展,职工的文化水平有所提升。截至1956年1月,全市职工中已经有8.6万人摆脱了文盲状态,另外还有3.2万余人已经在高小班毕业,1800人已经在初中班毕业。但是从全市范围来看,一般职工的文化水平还是不高。不足高小毕业程度的职工还占全市职工总数的70%左右,而且有50%左右还是文盲和半文盲,其中包括不少劳动模范和工厂企业的基层干部。由于一般职工的文化水平不高,使企业管理水平、技术水平的提高受到很大的限制,直接间接地影响了劳动生产率的提高。为了提高广大职工的文化水平和技术水平,更好地完成天津市向全国新建企业部门输送人才的任务,必须积极发展从小学到大学的职工业余教育。③

---

① 中共天津市委党史研究室:《中国共产党天津历史:第二卷(1949—1978)》,中共党史出版社,2015年,第146页。

②《津市十五万工人参加业余学习》,《天津日报》1955年3月22日。

③《工会组织在开展职工业余教育工作中负有重大责任》,《天津日报》1956年1月28日。

在开展职工业余教育的工作中,工会组织担负着重大的责任。开展职工业余教育,主要通过以下三种方式进行:第一种,召开小组生产会议。生产会议是工会组织群众深入开展增产节约竞赛、发挥群众积极性创造性的有效办法和组织形式。通过生产会议使工人和技术人员相结合,集中群众智慧改进生产,把竞赛和改善企业管理结合起来。小组生产会议的内容重点是围绕计划,研究与改进技术和改进劳动组织,推广与学习先进技术经验,特别是苏联的先进经验,提高技术,提出合理化建议,保证计划的实现。许多工厂的不少小组,有各种不同形式和名称的生产会议,对改进生产也起过不小的作用。但是这种群众性的生产会议没有及时提高,没有作为一种制度固定下来。1953年7月间,市总工会在动员开展竞赛时,曾强调指出,小组生产会议是工会小组工作的重要内容,应加以整顿和提高。之后,在不少工厂,小组生产会议在群众中比较广泛地建立起来,并起到了重要作用。如国营天津动力机厂各生产车间的小组生产会议在1953年已经普遍建立起来,各小组每周按时开两次生产会议;月初讨论编制小组作业计划,提出实现作业计划的具体办法;月中检查作业计划的执行情况,克服影响作业计划顺利完成的不利因素;月底一方面检查计划执行情况,一方面着重研究如何提前完成小组作业计划。这样,就使生产会议逐渐成为开展增产节约竞赛与加强计划管理的重要组织形式。10月,全厂各生产工段都完成了作业计划,生产会议起了不小作用。[①]11月,为使小组生产会议进一步发挥应有作用,天津市总工会提出,要加强对小组生产会议的领导,把小组内各种名目的会议加以整顿合并,把小组生产会议作为一种制度固定下来,并加强组织领导,逐步提高会议的质量。

第二种,订立师徒合同。该种形式是采取"学中干,干中学""做什么,学什么"的教学方针。一般是根据生产的需要排出教学进度,双方提出保证,填表交领导审查,最后在大会上签订实施。这样的过程,是为了启发教和学双方的自觉性和积极性,并贯彻严肃对待合同的态度。1953年,根据当时22个

[①]《普遍建立小组生产会议》,《天津日报》1953年11月21日。

厂的统计，订师徒合同的有115对，计有1104个徒工参加了学习，在提高技术水平方面是起着一定的作用。1954年2、3月，在重工业、工业局、公用局、纺管局、铁路局、交通港务6个单位所属50个工厂中统计，有36个厂有师徒合同，订立合同的有1499对，参加学习的青年有1755人。[1]企业、手工业者在订立师徒合同后，普遍收到良好效果。如天津西郊区（现西青区）程村乡共有红炉个体手工业46户，过去这些作坊的师徒关系一直不好，师父在技术上存在严重的保守思想，徒工的生产热情也不高。为了改变这种情况，西郊区人民政府劳动科、工商科、工商业联合会，在1954年1月中旬，召集这些手工业作坊的师父和徒弟开了几次座谈会，向他们指出手工业的前途和搞好生产对国家与个人都有好处的道理，并教育师父打破保守思想，公开技术；徒弟应该听师父的话，好好学习技术。师父和徒弟们经过座谈会以后，都提高了认识，并且提出了自己的保证。师徒双方各推出5位代表进行协商，签订了新的师徒合同，将学徒期限由过去的3年半到4年改为2年半，每日工作时间从15小时左右缩短为12小时，并适当调整了徒工的待遇。经过签订新的师徒合同，这46个的师徒关系有了很大变化，生产上出现了新的气象。徒工每天能生产鞋钉600个，比过去提高了20%，质量也全部合乎规格。[2]

第三种，组建技术研究会。技术研究会根据生产技术亟待解决的问题而产生，以车间为单位，组织技术上有经验的同工种的工人，研究与解决生产技术上的关键问题，对保证计划的完成起着重大的作用。如三区六家私营机器榨油工厂于1954年7月成立了技术研究会，到1955年，经过一年多的活动，证明它是帮助各厂改进技术、提高出油率的一个有效办法。三区六家私营机器榨油厂技术研究会所以能够收到显著的效果，是因为它有着较健全的组织、制度和结合实际的活动方法。技术研究会设有正、副组长各一人，负责掌握各厂的生产情况和技术研究组的思想情况，确定每次技术研究会的内容。市

---

① 天津市地方志编修委员会办公室、天津市总工会编著：《天津市志·工会志》，方志出版社，2017年，第502页。

②《改善师徒关系提高生产》，《天津日报》1954年3月12日。

工会联合会三区办事处食品业工作委员会派出委员一人来负责领导技术研究会的工作。技术研究会建立了每两星期开会一次的制度。在活动的方法上，主要采取多深入现场实地观摩。因为各厂设备不同，技术工人又缺乏理论知识，开始时坐在一起研究，很难切实解决问题。技术研究会根据这种情况，即着重组织各厂技术工人到现场参观，根据具体问题进行分析。通过这种方式的活动，使技术研究会的成员逐渐熟悉了各厂的生产设备和操作情况，给组织技术研究提供了有利条件。

1953年下半年开始此项工作，所起的作用主要是配合搞好技术讲座。如通过生产技术研究的一些科学仪器、图表、模型进行实物教学，进一步帮助学员理解讲座的内容。准备购置一些普遍适用于各厂所需的仪器、模型、图表，如电工、锅炉、机械、电气焊等设备，吸引和组织工人、技术人员、工程师到技术研究室，研究生产中存在的关键问题，以便配合技术革新工作。

此外，天津各企业还通过开办业余技术学校、组织开展各种讲座、开展专业性的技术学习、建立艺徒学习班、开展生产技术研究室工作等方式，加强了对职工的业余教育。至1956年3月，天津市职工和干部业余学校达到223所，参加学习的干部、职工近27万人。[1]工人业余教育的发展，极大地提高了工人群众的思想文化素质，为天津开展大规模经济建设提供了有力支持。

八、开展职工文体活动

（一）满足职工文化生活需要

在开展社会主义改造和经济建设的过程中，天津各级工会和各企业重视开展文体活动，满足工人的文化生活需要。

一些企业结合实际，积极开展职工文体活动，取得了不少成绩。天津市第二建筑工程公司第四工程队二一八工地文教委员会领导职工逐步开展了各种不同形式的体育和文娱活动。他们建立了一个文娱宣传队、一个体育

---

[1] 中共天津市委党史研究室：《中国共产党天津历史：第二卷（1949—1978）》，中共党史出版社，2015年，第147页。

队,文娱宣传队里又分为京剧组、评剧组、话剧组、杂技组等,体育队则分为篮球、排球、举重、大刀、单双杠、鼓号队等。另外,在工地还设立了俱乐部,里边有各种棋类、图书、乒乓球等。职工们根据个人爱好和特长,分别参加了一些活动。每天晚饭以后,只要工地不开会,工人们就开始了各种文娱活动,有的打球,有的练举重、耍大刀,有的练习单双杠;文娱队,有时集体排剧,有时几个人在一起说说唱唱,还有些人就到俱乐部去玩玩棋、看看书。职工们用自己排演的《刘巧儿》《中朝人民一条心》《谁给我们果实》等戏剧,组织了家属联欢会,有时并利用休息日到工地附近给农民演戏,举行工农联欢晚会。公私合营永利久大化学工业公司沽厂的各种文娱活动,在工会的领导下取得了良好效果。到1955年8月,图书馆藏书量已达一万多册。文化程度较高的职工常去图书馆借书。原来不识字的工人经过几年的业余文化学习,也已经能够看懂一些通俗的书籍了。因此,到图书馆借书的人不断增多。工会为了满足职工的需要,还在车间里建立了图书站。工厂里原来只有一个小型俱乐部,每到下班以后及中午休息的时间,人总是挤得满满的。工会为了满足职工文化生活的要求,和行政部门商量腾出了一所楼房,辟为俱乐部。里面有小台球、乒乓球、各种棋类及各种杂志等,还有一个受职工欢迎的技术教育室。俱乐部里还经常举办一些戏剧、舞蹈等活动。每到业余时间或假日,职工们都喜欢到这里来玩。有些老年职工也常到这里来下棋。各车间里还设了"红角"。"红角"每星期六照例都要举行一次集体文娱活动,节目有朗诵、男声独唱及说书等,很受职工们的欢迎。厂里的体育活动也很活跃,许多职工平日都能坚持经常的体育锻炼。

据1955年市工会联合会和市文化局统计,仅市区工厂就有各种业余艺术团体1245个,成员达2.2万余人。[①]自1951年起,市文化局与市总工会、团市委联合,每年举办一届职工业余文艺会演,不仅活跃了工人群众的文化生活,

---

① 中共天津市委党史研究室:《中国共产党天津历史:第二卷(1949—1978)》,中共党史出版社,2015年,第142页。

还涌现了许多优秀作品和文艺人才,不断为市属和中央、外省市及部队专业文艺团体输送人才,使天津赢得"音乐之乡""曲艺之乡""杂技之乡"的美誉。在1955年全国职工音乐舞蹈观摩会演上,天津有12个作品获演出优秀奖。同年举办的第一届全国工人美术展览上,天津有15件美术作品获奖。[①]多姿多彩的各类文化娱乐活动,极大地丰富了工人群众的精神文化生活,激发了他们为社会主义建设而奋发工作的积极性。

(二)推广四〇八厂工会俱乐部经验

天津市的工厂企业俱乐部,在党的领导和工厂企业行政的支持下,进行了许多有益的工作,对于提高职工群众的爱国主义思想和共产主义觉悟,鼓舞职工的劳动生产热情和活跃职工的文化生活等方面,起了很好的作用。四〇八工厂工会俱乐部是天津各工厂企业俱乐部中开展职工文体活动效果很好的一个。

四〇八工厂工会俱乐部将政治时事教育、生产技术宣传和文化娱乐体育活动三方面密切结合起来,开展了多种多样的活动,把全厂职工和广大职工家属都吸引进来。俱乐部受到群众的欢迎、关心和支持,成为一个向职工群众进行共产主义教育的有力据点。1954年6月,天津市工会联合会第四届第八次常务委员会通过了《关于推广四〇八工厂工会俱乐部工作经验的决议》。决议指出:

第一,各级工会组织必须加强俱乐部的领导,定期在工会委员会上加以讨论,及时肯定成绩,纠正缺点;特别要注意加强政治思想领导,提高俱乐部工作人员的政治水平与业务水平。第二,已建立俱乐部的基层工会,应普遍学习四〇八工厂的经验,结合本厂具体情况,拟定计划与步骤,切实改进自己的工作。在学习四〇八工厂俱乐部经验中,应反对保守思想,同时应防止生搬硬套和形式主义的偏向。第三,尚未建立俱乐部的基层工会,应根据四〇

---

① 中共天津市委党史研究室:《中国共产党天津历史:第二卷(1949—1978)》,中共党史出版社,2015年,第143页。

八工厂的经验,有计划地开展群众文化工作,为建立俱乐部创造条件。第四,各产业工会应在所属基层工会的俱乐部中,选择一两个重点,研究推广四〇八工厂的工会俱乐部工作经验,作为"样板",以此指导其他各厂的俱乐部工作。第五,各区工会办事处,应根据四〇八工厂的工会俱乐部工作经验的精神,结合本区的具体情况,开展以区(或片)为单位的群众文化工作。第六,各级工会组织要在推广四〇八工厂工会俱乐部工作经验的过程中,及时总结、交流经验,特别要注意发现新的经验。

1954年6月14日,天津市工会联合会召开的全市第二次工会俱乐部工作会议结束。会议总结检查了第一次工会俱乐部工作会议以来工厂文娱活动开展的情况和问题,并介绍了四〇八厂工会俱乐部的工作经验。其主要经验:一是必须在党的领导、行政的支持、团的配合下进行工作;二是必须做好政治时事教育、生产技术教育和开展文艺体育活动、组织正当娱乐三方面的工作,并使它们互相结合;三是必须依靠积极分子做好俱乐部的工作,必须利用各种方法吸引众多的工人群众及其家属参加俱乐部的各种活动。会议经过讨论,进一步明确了工会俱乐部在向职工群众进行共产主义教育工作中的重要作用,决定加强工会对俱乐部工作的领导,充分发挥俱乐部的作用,以不断提高职工群众的共产主义觉悟,为提前完成国家的生产计划,为实现党在过渡时期的总路线服务。会议一致认为,四〇八厂工会俱乐部的工作经验是比较成熟的,并决定把这一经验在全市各厂工会俱乐部中推广。会议指出,职工群众的文化生活日益丰富多彩。许多工厂中曲艺、戏剧、音乐、舞蹈等业余演出,图书阅读朗诵,体育活动等都十分活跃。经过这次会议,到会的工厂俱乐部工作干部,都提高了工作信心,表示要吸取四〇八厂工会俱乐部工作的经验,巩固已有的成绩,克服工作中的缺点,为做好俱乐部工作而努力。

九、维护女职工合法权益

1953年,根据《中国人民政治协商会议共同纲领》有关保护妇女在政治、经济等各方面与男子平等的权利及保护女工特殊利益的规定,减少其在生产中的特殊困难,以保证生产任务的完成,天津市制定了《保护女工暂行条例》。

一些企业重视开展女工工作，采取切实措施维护女工合法权益。1953年，天津国营棉纺三厂行政方面加强了对托儿所的领导，使托儿所开始扭转过去无人负责的状态，工作有了不少的改进。孩子们的健康水平得到提高，使女工们更安心地投入了增产节约竞赛。在过去，该厂劳保科很少关心托儿所的工作，平时不重视保育人员的政治学习与业务学习。有些保育员缺乏卫生常识，掉在地上的水果，也捡给孩子吃。由于保育工作做得不好，1953年春季，很多孩子得了麻疹，使得很多妈妈心神不安，有些妈妈甚至因此耽误了生产。6月，棉纺三厂加强了劳保科的领导力量。劳保科立即着手帮助托儿所建立了政治学习和业务学习制度，规定每两周讲一次政治课，内容着重阐明保育员的前途及应有的工作态度。业务学习则着重学习麻疹、感冒等病症的预防方法及护理常识。该厂工会则向托儿所全体工作人员发出号召，鼓励大家带好孩子，使有孩子的女工们安心生产。另外配合行政召开"妈妈会"，动员女工帮助托儿所共同看好孩子。该厂妇幼保健站和医务室也加强了对托儿所的帮助。通过这些改进，该所工作人员提高了工作热情和责任心。7月，健康的孩子为全所孩子的84.91%，8月则增为95.47%。1个月的时间，孩子体重平均增加了半公斤，体重超过标准量的孩子约为全所人数的四分之一。孩子们长得壮，使得母亲们更能安心生产了。①

国营棉纺二厂纺纱车间里吸取了苏联先进经验，先后设立了两个女工卫生室，门直通向车间，是专供女工来月经时使用的屋子。屋子墙上悬挂有关妇女生理常识的挂图，屋子里有供女工等候冲洗时坐的凳子、消毒用的酒精、必要的简单药品和女工冲洗登记表等。设立女工卫生室后，女工进入卫生室后就感到非常亲切、舒适，冲洗后感觉到精神轻松愉快，忘掉了工作中紧张的情绪，月经期间的痛苦得到极大缓解。②

在市委、市政府的领导下及各级工会组织的努力下，天津市女工的特殊

---

①《看好孩子使女工们安心生产》，《天津日报》1953年9月19日。
②《女工卫生室》，《天津日报》1954年2月20日。

福利得到了保障和照顾。至1954年底,全市的工厂企业中共设立了360个托儿所和哺乳室,为孩子们服务的保育工作人员就有2700余人。在生产时间中,11000余名女工的孩子可以得到妥善照料。到1954年底,全市工厂企业中已设立有27个女工卫生室。地方国营中华火柴厂在1954年上半年,有些女工因患月经病,每到月经期就完不成生产计划。1954年6月建立了女工卫生室后,患月经病的女工逐渐减少。国家对怀孕女工的身体健康极为关怀。女工怀孕7个月后一般都由企业根据需要,尽可能地调换轻便工作,并保证其原来的工资收入。国营第六棉纺织厂利用业余时间,办了孕妇休养所,收容一些初孕、体弱、流过产的孕妇,在饮食、卫生常识方面给予指导。由于女工的特殊福利得到了应有的照顾,减轻了她们的负担,因而更激发了她们的生产热情。如四〇二厂女工申慧萍将两个孩子送入托儿所后,便能安心生产,积极完成计划,两年多保持全勤。[①]

1955年,天津市工会联合会加强女工工作,努力提高女职工政治、文化、技术水平。经研究发现,影响女工进步的问题主要有以下三个:一是孩子问题。过去曾协助行政建立了许多托儿所,但绝大部分仅收乳婴,且仅在生产时间收托,开会、学习、夜班后睡眠等时间女工的孩子还是无人照顾,出所以后的孩子亦没有帮助女工适当安置。二是家庭问题。女工家庭中劳动力少,承担繁重的家务,下班后还要尽媳妇之道甚至遭到虐待,影响休息和学习。三是思想问题。部分女工对家务事的兴趣比对学习进步的兴趣大得多,缺乏事业心和钻研精神。针对上述问题,天津市总工会女工部主要从三方面加以解决:一是利用各种手段帮助女工解决孩子问题。逐步做到在学习、开会、夜班后睡眠时间女工的乳婴有人照顾;举办托儿站,在学习、业余活动和下夜班睡眠时间收托女工的孩子;建立寄托户;调整托儿所的劳动组织,延长收托时间。二是教育家属关心和帮助女工进步,使女职工家属了解女工积极生产、养家、哺育子女,对国家、家庭后代有很大贡献。三是加强女工的思想教育和

---

①《天津市女工特殊福利得到保障》,《天津日报》1955年3月8日。

生活指导，让女工和一般工人群众一起接受教育。同时，还注意女工的特殊教育，如举办讲座，召开会议介绍先进女工的先进思想和克服困难的经验，组织保健站、托儿所对女工进行妇婴卫生的宣传教育等。

第二章 社会主义建设时期的
天津工人运动
（1956年—1978年12月）

进入社会主义建设时期,天津广大工人群众在党的领导下,积极投入社会主义建设的过程中,取得了重要成就。

这一时期天津的工人运动和工会工作主要是,加强工会组织建设,充分发挥工会区办事处和产业工会的积极性,加强了对基层工会的领导;推行职工代表大会制度,在企业中扩大和健全民主管理,加强群众监督,进一步发挥了工人积极性,也促进了生产发展;积极开展增产节约运动,开展"比先进、学先进、赶先进、帮后进"竞赛,开展先进生产者运动,调动职工积极性,促进了经济发展;组织开展技术协作活动,解决了一系列技术问题,试验推广了一些重大先进技术,提升了技术水平;开展全市生产后勤竞赛,积极为工人解决吃饭、就医、保育、住宿等问题,减轻职工家庭负担,对全市生活有困难的职工普遍进行补助,提升了工人生活水平;在全国率先组织试办半工半读学校,开展半工半读教育,在促进教育和生产劳动相结合方面取得了重要成效;建立职工文联剧院及业余艺术学院,积极推动职工文化工作,开展工人文体教育活动,丰富了工人的精神生活。

在"文化大革命"中,天津工会组织和工会工作遭受严重破坏和冲击,企业管理、生产秩序混乱,劳动纪律涣散,工业和企业生产受到严重影响。但是,天津广大工人群众积极投入调整和整顿国民经济工作中,开展"工业学大庆"运动,使天津工业生产、经济发展在"文化大革命"期间仍然取得了一些成绩。"文化大革命"结束后，天津广大工人、各级工会落实党中央决策部署，开展整党整风活动。在天津市委领导下，在市总工会组织下，天津广大工人积极参与唐山大地震灾后重建和生产恢复工作，进一步开展"工业学大庆"运动，贯彻落实中国工会九大精神，为天津经济社会发展作出了重要贡献。

第一节　探索社会主义建设
道路中的天津工人运动

在大规模的社会主义建设全面展开的新形势下，天津经济社会发展面临前所未有的机遇和挑战（1958—1967年，天津市行政区划曾划归河北省）。为调动各方面积极性，加速天津社会主义建设，迎接党的第八次全国代表大会，天津市召开了党的第二次代表大会。会议围绕社会主义建设这一党的中心工作，分析形势，部署任务，为市委在新的起点上领导全市人民进行社会主义建设奠定了坚实基础。1956年9月，党的八大在北京召开。大会正确地分析了社会主义改造基本完成以后，中国阶级关系和国内主要矛盾的变化，作出了党和国家的工作重点必须转移到社会主义建设上来的重大战略决策。党的八大的召开，意义非常重大，为之后工人运动和工会工作的发展提出了新要求。

1957年12月，中国工会第八次全国代表大会在北京召开。大会确定了工人阶级和工会今后的任务。刘少奇向大会致辞。赖若愚代表中华全国总工会第七届执委会作工作报告，要求把我国工人阶级队伍培养成为一支有觉悟、有组织、有纪律、有文化技术的更加坚强的战斗队伍，把我国工会造就成为真正的千百万人的教育者、新生活的建设者。中国工会八大所规定的工人运动和工会活动的路线、方针、任务基本上是正确的，它符合党关于全面建设社会主义总任务的基本要求，符合工人阶级的根本利益，对于动员和团结全国工人阶级保证完成第二个五年计划任务，充分发挥工会在社会主义建设事业中的作用具有重大而深远的意义。①

进入社会主义建设时期，天津各级工会认真贯彻落实党的八大精神，贯彻落实中国工会八大部署要求，紧紧围绕社会主义建设这个党的中心工作，进一步加强工会组织建设，积极推行职工代表大会制度，组织领导全市广大工人紧紧围绕党的中心任务开展工作，积极开展增产节约运动，组织技术协作活动，推动工业建设取得新成就。同时，组织半工半读学校，积极开展工人文体教育活动，努力提升工人生活水平。

一、加强工会组织建设

1956年11月，全国公私合营企业工会基层干部大会召开。会议主要任务是：系统地研究和确定了全行业公私合营后工会工作的方针任务，同时总结和交流一年来各地公私合营企业工会工作的经验。

1956年12月13日，天津市工会联合会召开公私合营企业工会干部大会，传达全国公私合营企业工会基层干部大会的精神，决定加强全市合营企业的工会工作：第一，计划在全市公私合营企业中向广大职工和干部广泛地开展一次赎买政策的宣传解释；同时加强对私方人员的团结教育改造工作，更好地组织他们参加社会主义竞赛和工会组织的文化娱乐活动，发挥他们在生产上和管理上的积极作用。第二，发扬企业在私营时期职工参加企业管理的民主传统，建立企业管理委员会，以便更好地依靠广大职工办好企业。第三，进一步关心职工生活，同时，向职工进行艰苦奋斗、勤俭办企业、勤俭建国的教育。会议最后提出了在全市合营企业开展增产节约运动的建议。

为了克服过去工会系统机构重叠、力量分散、工作不统一的缺点，充分发挥工会区办事处和产业工会的积极性，切实加强对基层工会的领导，1957年2月初，天津市工会联合会决定改变地方国营和公私合营企业工会组织的领导关系。具体办法是：撤销专业公司工作委员会，在各区建立重工业、第一机械、纺织、轻工业和商业五个产业工作委员会（职工人数少的设工作员），把地

---

① 戴文宪编：《中国工会史干部读本》，中国言实出版社，2014年，第113—114页。

方国营企业和所有公私合营企业的基层工会组织,一律委托各产业工作委员会具体领导。这些产业工作委员会受产业工会和工会区办事处的双重领导,日常工作主要在区办事处的领导下进行。为适应这个改变,市工会联合会和各产业工会结合研究调整机构、紧缩编制,确定抽调一百多名干部下放,绝大部分到区产业工作委员会工作,少数被派往基层工会。在这批下放干部中大部分是前几年从工厂企业抽调的,约占干部总数的四分之一。他们经过党的八大会议精神的学习,一般都认识到接近实际、接近群众的重要意义,因此都愿意到区里或基层工会去工作。

1957年4月,天津市工会联合会第六次会员代表大会召开。这次大会总结了1955年以来天津市的工会工作,选举新的天津市工会委员会。市工会联合会主席谷小波在会上报告了两年来的工会工作。报告指出,两年来,天津市工会工作的成绩是主要的,在国家社会主义建设事业中发挥了巨大的作用。工会组织在发动职工群众开展劳动竞赛、协助政府改造资本主义工商业、改善职工物质文化生活等方面都取得很大成绩。报告指出,当前工会工作中存在的缺点,是和群众的联系还不够密切,在某些工作上还存在着不从实际出发的形式主义现象,日常的思想政治工作做得还很差等。报告还指出,关心群众,不断地改善职工的物质文化生活是工会组织的重要职责。在多方面积极帮助职工解决生活困难的同时,还应加强对职工进行艰苦朴素教育,讲明生活只能在生产发展的基础上逐步改善。最后,报告对改进工会工作的领导和克服一些工会组织和工会干部的官僚主义作风,提出了具体要求。大会通过了《关于工会工作的决议》《关于工会财务工作的决议》。《关于工会工作的决议》指出,改进工会工作的关键在于改进领导。工会各级组织必须切实深入基层、深入群众,认真总结群众经验,克服领导竞赛的公式化;应对工会工作中的主要问题进行系统的调查研究,以求解决;上级工会组织应加强对基层工会工作的领导,帮助基层开展工作,以进一步发挥工会组织在社会主义建设事业中的巨大作用。

1957年10月,天津市工会联合会下发《关于进一步加强工会系统的民主生活和政治思想工作的意见》。意见指出,有关进一步加强机关民主生活和政治思想工作的问题,建议市工会领导将一定时期的工作计划和总结向全体干部作报告,并组织讨论听取意见,同时经常向干部报告思想情况和国内外政治形势。

1957年11月,天津市工会联合会召开第六届第一次代表会议。全市工会干部经过学习有关文件,就当时工会工作中几个带有根本性的问题展开大辩论。通过检查过去的工作,摆事实、讲道理,澄清了部分工会干部中存在的一些混乱思想,提高了认识,进一步明确了工会的方针和任务。

1957年12月,中国工会第八次全国代表大会召开。大会闭幕式上通过的《告全国职工书》,要求全体职工坚决响应党中央和毛泽东提出的勤俭办一切事业的号召,积极工作,勇敢前进,跟全国人民一道,为尽可能快地把我国建设成为一个具有现代工业、现代农业和现代科学文化的社会主义强国而奋斗。大会通过了《中国工会章程》和《关于修改中国工会章程的报告的决议》,批准了中华全国总工会第七届执行委员会提出的、由中国工会八大加以修正和补充的《中国工会章程(草案)》,并且决定从通过之日起,这一章程即为中国工会的正式章程。

1957年12月21日,中华全国总工会发出关于宣传和学习中国工会八大精神的通知,要求工会各级组织结合整风和社会主义教育运动,广泛地、深入地向全国职工宣传这次大会的内容和精神,并组织全体工会干部认真地学习这次大会的报告和文件,进一步提高广大职工群众建设社会主义的热情,并把工会工作水平和工会干部的思想水平提高一步,掀起一个新的生产高潮,迎接和实现"二五"计划。

为贯彻党的八届二中全会、三中全会决议精神,进一步改变工会系统机构多、编制大和克服由此产生的官僚主义,提高工作效率,节约经费开支,1958年1月18日,天津市工会联合会部署精简机构、紧缩编制、下放干部工作。

精简机构工作中,在天津市委的直接领导下,市工会联合会贯彻党中央和市委关于"下放干部,进行劳动锻炼"及"加强基层和薄弱环节"的指示精神,结合整改工作,提出撤销不必要的机构,减少层次、合并部分性质相近的产业和部门:取消体协、劳保会计等各种事业编制,以达到大量减少上层、充实下层的目的,抽调大批干部参加劳动锻炼。在机构方面,市工会联合会由8个部合并为7个部;市属产业工会由14个合并为10个,市、区、产业工会由195个科室减为104个科室。到1958年底,市工会、产业工会的人员编制,由年初553人,精简到261人,减少52.8%;区办事处由378人减为266人,减少29.63%;事业单位由864人减为700人,减少19%。截至1959年初,下放到农村的239人,回工业系统的13人,充实基层和支援文教部门的112人,总计共下放264人,占应下放总人数的63.75%。此外,还从市工会、产业工会抽调了55名科长级以上干部,加强了区办事处和事业单位的领导,根据需要调整了部分产业的骨干力量。①

　　1958年3月8日至26日,中共中央在成都召开有中央有关部门负责人和各省、市、自治区党委第一书记参加的工作会议(即成都会议),讨论和通过《关于1958年计划和预算第二本账的意见》和《关于发展地方工业问题的意见》等四十多个文件。会后,根据成都会议精神,改变体制,实行以同级党委的领导为主,在实际工作中,党的中心工作就是工会的中心工作的要求。1959年6月19日,天津市总工会发布《关于在党的绝对领导下充分发挥工会组织作用的指示》。文件指出,学习和贯彻中华全国总工会党组第三次扩大会议精神以来,工会组织无论在思想、组织上还是在业务工作上都发生了深刻的变化,最突出的是比较彻底地解决了工会工作中的根本问题——工会和党的关系问题。绝对服从党的领导的观念,在干部中特别是在各级领导干部中,已经树立了起来。贯彻党的中心工作就是工会的中心工作,各级工会组织都是根据党对企业各项工作的统一部署和对工会的要求,安排自己的行动计划。在企业中,由于党的领导的进一步加强,党政工团思想统一、步调一致。

---

　　① 天津市地方志编修委员会办公室、天津市总工会编著:《天津市志·工会志》,方志出版社,2017年,第506—507页。

为了适应客观要求,成为党的得力助手,必须调动起一切积极因素,充分发挥工会组织作用。充分发挥工会的助手作用,必须做好两点:一是根据党对整个工作的统一部署和对工会的要求,妥善安排自己的行动计划和各个部门的工作;二是工会干部必须经常深入群众、深入实际,加强调查研究,了解生产、生活和职工思想等方面的情况,提出问题,拿出办法,向党汇报,听取指示。

1963年4月,为贯彻执行中华全国总工会制定的《国营工业基层工会工作条例》,根据天津市委指示,市总工会和各区、产业工会共同选择26个基层进行条例试点。为了推动这项工作,召开数次经验交流会,介绍了印刷一厂紧密结合增产节约运动、加强工会小组工作的经验,棉纺三厂对照条例照镜子找差距、组织积极分子比学赶的经验,俊兴织绸厂领导干部"引火烧身"、发动群众鸣放整改的经验等。这项工作进行到8月结束。

根据该条例要求和群众意见,这些单位都认真进行整改。在整改中,多数单位从两方面进行:一是基层工会把群众鸣放的意见、整理排队,发动各级组织、各个业务部门,一齐动手整改,该哪个部门负责的事,就交给哪个部门去处理。各车间、各部门都在委员会上把群众意见逐条进行研究,把主要问题纳入工作计划,一般性的问题责成专人负责解决,暂时解决不了的问题,也向群众作了答复,基本上做到件件有着落。比如印刷一厂工会宣传委员会,对职工提出的文体工作不活跃的意见,就根据该厂班次多、居住地点分散、搞大活动有困难的情况,在车间中开展了小型多样的文娱活动,群众很满意。对要求工会发电影票的意见,向群众作了解释,说明了工会规定只能在"三大节"才能买票及工会经费的困难,群众也没有意见了。二是在推动各部门整改的同时,基层和车间领导集中力量抓重点,抓主要问题。

1963年12月,天津市总工会在关于试行《国营工业基层工会工作条例》的情况报告中指出,通过试行条例,基层工会工作都有不同程度的提高,主要表现在以下五方面:一是提高了工会干部和积极分子对工会工作的认识,树立了责任感和光荣感;二是工会干部的工作作风有了很大转变,健全了工会委员会的集体领导;三是进一步健全了部门工作,工会的各项经常工作开始确

立起来,一般部门能围绕中心安排自己的活动;四是加强了小组工作,活跃了
小组的民主生活;五是会员受到一次工会性质、任务的教育,提高了会员对工
会的认识。同时,各级党委经常听取工会的汇报,明确方向,帮助解决问题。
企业行政都予以有力配合。

1965年1月,中共中央制定《农村社会主义教育运动中目前提出的一些问
题》,共二十三条。1965年,全国省、自治区、直辖市工会主席座谈会,讨论了
中共中央关于工会加强群众工作、组织群众监督、克服官僚主义的指示,并提
出了整顿基层工会的若干意见。根据"二十三条"和中央指示及关于四清运
动的部署,1965年10月11日,天津市委批转《天津市总工会党组关于在四清
运动中整顿基层工会的意见》。意见明确:一是对整顿工会的要求。整顿工
会的过程,也是重新组织阶级队伍的过程。在四清运动中,适时地对工会组
织进行必要的调整和充实,充分发挥工会组织作用。二是整顿的内容和方
法。整顿和健全职工代表大会,是职工群众参加企业管理、监督干部、监督企
业工作、实行三大民主的重要途径。在四清运动中,要切实进行整顿,充分发
挥作用。三是整顿会员队伍。在整顿会员工作中,要向职工进行工人阶级革
命传统和历史责任的教育,号召职工当一名好会员,增强工人阶级的光荣感
和责任感,使群众热爱工会。凡符合工会会员条件的非会员,可根据他们在
运动中的表现,陆续吸收入会。

在四清运动中,改选工会组织,调整和充实工会各级领导骨干,是整顿工
会组织的重要环节,对基层工会委员会、车间工会委员会、工会小组三级都要
进行整顿。调整和改选各级工会领导骨干的原则是,对原来的工会干部和积
极分子要一分为二,避免不必要的大换班。对于有一般四不清错误的,经过
检查,要大胆使用,在运动中考验、锻炼他们。对问题多、不适合继续做工会
工作的干部,应当进行调整。工会干部要做到"能上能下",经群众选举担任
工会干部,落选后即回原生产岗位。在四清运动中,要把涌现出的立场坚定、
办事公道、热心为群众服务、在群众中有威信的优秀分子,选入工会领导岗
位,充实工会骨干。工会主要领导干部,特别是一把手,应当选择具备上述条

件的本企业的老工人担任,企业行政干部一般不兼任工会主要领导职务。

二、推行职工代表大会制度

1957年1月,在天津市委的统一领导下,天津市工会联合会在国营、地方国营和公私合营企业共19个单位中,进行建立职工代表大会制度的试点工作。旨在企业中扩大与健全民主管理,加强群众监督,正确处理人民内部矛盾,发挥工人积极性,搞好生产。职工代表大会有权听取厂长报告,讨论工厂的生产计划、技术措施计划、财务计划,并提出批评和建议;有权讨论企业奖励基金、劳动保护拨款、工会经费、劳动保险、医疗卫生等有关职工生活福利问题,在与上级指示、命令不违背的情况下,可以作出决议,行政有义务执行;有权提出撤换领导人员和推荐领导人员的建议;有权建议改变上级命令和规定。

1957年2月,天津市委国营工业和交通运输工作部召开国营企业党员干部大会。会议要求,要加强职工的政治思想教育,扩大和健全企业的民主管理制度,在3月要集中进行一次整顿劳动纪律的教育,并普遍召开职工代表大会,在保证和提高质量的基础上,大力节约原材料,力争增产。

1957年3月,中华全国总工会第七届执行委员会第五次全体会议(扩大)召开。这次会议着重讨论了在企业中加强群众监督问题。会议认为,在企业中加强群众监督,就是贯彻执行党的群众路线,吸引群众参加企业管理。而召开职工代表大会是吸引群众参加企业管理的好方法。在加强群众监督、扩大企业民主管理制度的同时,必须加强工会工作。工会各工作委员会和工会小组的工作,应该与贯彻执行职工代表大会的决议结合起来,以便通过工会各工作委员会和工会小组的工作,使职工代表大会制度更加巩固。会议认为,工会要真正代表群众利益,首先在工会内部必须充分发扬民主,反对官僚主义作风,把工会工作放在群众监督之下。工会处处都要以引导的方法在群众中进行工作,在选举活动中,不能因为保证某人当选,而采取强迫办法;工会小组会议,应该成为群众发表意见的场所;工会的财务必须公开。[1]1957年

---

① 《认为召开职工代表大会是好方法》,《天津日报》1957年3月22日。

4月,中共中央发出《关于研究有关工人阶级的几个重要问题的通知》,提出将职工代表会议改为职工代表大会,并规定了职工代表大会的四项基本职权。

1957年3、4月,国营天津造纸总厂、棉纺一厂、天津机务段、自行车厂、拖拉机厂、新港船舶修造厂六个单位召开了职工代表大会,会后积极贯彻、实现代表大会通过的决议,取得了良好成效。这几个厂召开职工代表大会的结果证明,职工代表大会制度是企业内正确处理人民内部矛盾的一个好形式,也是发动职工群众的积极性、推动生产的一个好形式。概括起来,主要有四方面的成绩:一是提高了群众的觉悟,发扬了群众的积极性。二是领导作风转变,和群众的关系更密切了。三是有些过去几年没有解决的问题,作为职工代表大会决议以后解决了。各厂职工代表大会上所做的决议,在群众的监督下实现很快,职工的提案绝大部分都实现了。四是推动了增产节约运动。由于领导和群众的关系密切了,解决了许多群众所关心的问题,因而大大激发了群众的积极性,生产上出现了许多新气象,保证了全季增产任务超额完成。

1957年7月11日,天津市工会联合会召开各区所属第二批试点厂基层干部会。7月20日,天津市委国营工业交通工作部召开国营工业交通系统干部大会,布置各单位在第三季度普遍地推行职工代表大会制度,以便正确处理工人阶级内部矛盾,调动职工群众的积极性,进一步开展增产节约运动。会议总结了试点厂召开职工代表大会的经验、收获,提出第三季度各单位召开职工代表大会必须以增产节约为主要议题,动员群众讨论下半年生产指标,研究重大技术措施,进一步掀起竞赛高潮。在做法上,特别强调加强党的思想政治工作。

1957年8月7日,天津市委地方工业部,召开地方工业和建筑业系统党员干部大会,动员全市工厂企业领导干部进一步改进领导作风,确定第三季度在地方国营和老公私合营工厂普遍推行职工代表大会制度,以便密切联系群众,发扬民主,更好地调动职工的积极性,深入开展增产节约运动。会议提出,各厂召开职工代表大会时,必须把工厂当时的主要问题作为会议的主要议程,以生产上的问题为重点,通过召开会议,发动群众加以解决。会议还提出了召开代表大会时应注意的其他事项。会后,职工代表大会制度得到了进一步落实。

1957年8月15日,天津市工会联合会召开各产业所属第二批试点厂基层干部会,报告了工会在建立职工代表大会中的工作意见。会后,市工会联合会在重工业工会开展试点,组织基层领导干部共同学习,提高认识,解决思想问题;在轻工业工会开展试点,召开基层会议以后,即组织讨论,及时召集汇报,研究解决问题,以掌握和推动试点工作。有些区如河东、河西、南开等区都根据本区具体情况,提出了试点工作意见和计划安排,并召开了试点厂基层干部会议,作了具体布置,组织了讨论和学习。有些区如城厢区还组织了专题经验交流会。

为落实中央通知精神,1957年8月21日,天津市委发出《关于在地方工业企业中推行职工代表大会制度的决定》,要求从当年第三季度开始,逐步分批地全面推行职工代表大会制度,由各区委、党委负责组织和领导。职工代表大会制度的实行,保证了职工群众能够切实参加企业管理和对行政工作进行有力地监督,体现了工人阶级国家主人翁的地位和作用,使社会主义企业的优越性得到充分发挥。

根据天津市委工业交通部和地方工业部门部署要求,1957年12月,经过各产业党委和各区委研究,计划试点的单位均有所增加。根据重工、轻工、一机、电业、建筑等9个产业与和平、城厢、河北、河东、新华、河西、南开、红桥8个区的统计,有225个工厂建立了职工代表大会(或职工大会)制度,其中国营工厂71个、地方国营工厂50个、公私合营工厂104个。[①]

在推行职工代表大会制度的过程中,一些企业取得了显著成效。如东亚毛麻纺织厂自1957年建立职工代表大会制度后,一般每个季度都能召开一次。代表是从各车间、各科室民主选举出来的,具有广泛的代表性。每次会

---

① 天津市地方志编修委员会办公室、天津市总工会编著:《天津市志·工会志》,方志出版社,2017年,第680页。

议之前,代表们经常组织起来,深入车间、小组,通过实际调查、开座谈会、个别了解等方法,广泛征求群众意见,掌握情况,把各方面的重大问题带到会上来。在每次职工代表大会上,代表们都围绕重大问题展开充分的讨论,积极提出解决问题的办法。代表们亲身参加解决重大问题的讨论,进一步加强了主人翁责任感,在生产当中都以身作则地带头贯彻职工代表大会决议。在1961年,职工代表大会决议提高绒线质量以后,绒线车间的职工代表凌先本就苦心钻研解决毛粒多、毛条不匀的办法。他和车间的职工一起研究改装了设备,改变了操作方法,使毛条的质量逐步提高。①

　　1961年,根据"工业七十条"精神和天津市委指示,绝大部分单位整顿和加强职工代表大会制度。天津市总工会就怎样认真实行职工代表大会制度,使之充分发挥作用,做了一些重点调查,举行了一些座谈。1962年1月9日,市总工会在关于国营工业企业实行职工代表大会制度的情况和意见中指出,《国营工业企业工作条例(草案)》中规定了"每个企业都必须认真实行职工代表大会制度"。职工代表大会制度是依靠群众办好企业的好制度,这个认识必须在企业领导者思想上明确起来。因此,要通过学习试行"工业七十条"精神,检查总结实行职工代表大会制度的经验,统一思想,提高认识,为更好地实行这一制度打下良好的思想基础,是十分必要的。1965年9月,中华全国总工会召开省、自治区、直辖市工会主席座谈会。天津市委认为,这次座谈会的精神是很重要的,指示市总工会在工会干部中传达贯彻,统一思想认识,切实做好群众工作,充分调动群众积极性,发挥群众监督作用。1965年10月11日,天津市委批转《天津市总工会党组"关于在四清运动中整顿基层工会"的意见》。1966年1月,市总工会对已搞完四清的单位贯彻职工代表大会制度情况提出意见,提出要总结几个职工代表大会开得比较好的典型,写个贯彻这个制度的意见,报请市委批转下去,以进一步提高干部对群众监督的认识,提高接受群众监督的自觉性。

---

① 《东亚毛织厂坚持职工代表大会制度》,《天津日报》1961年8月13日。

三、积极参与增产节约运动

（一）全面建设社会主义初期的增产节约运动

1956年11月10日至15日，党的八届二中全会召开，会议讨论了1957年经济建设问题。周恩来在会上作了《关于1957年国民经济发展计划和财政预算控制数字的报告》，提出在全党和全国人民中开展增产节约运动。

1956年12月22日，天津市委地方工业部召开全市地方工业系统党员干部大会，贯彻党的八届二中全会精神，发动地方工业系统职工开展增产节约运动。会议强调指出，增产节约运动必须认真贯彻执行中央的方针，增产必须在原料有保证和社会需要的条件下进行，同时无论增产和节约，都必须保证工作质量和注意安全。会议要求，全市地方工业各级领导积极响应党的号召，提倡艰苦朴素，反对铺张浪费，和群众同甘共苦，并且认真改进领导，加强思想政治工作，深入基层，广泛开展宣传活动，认真发动职工群众讨论明年度计划，和群众一起克服困难、挖掘潜力，寻找增产节约的门路，根据增产节约的精神把明年计划编好。同时，在群众中提出"开门红"和"争取全年均衡生产"的口号，组织职工深入开展先进生产者运动，把增产节约运动迅速地开展起来，保证完成和争取超过1957年，即"一五"计划的最后一年的计划。

1956年12月25日至29日，天津市召开第二届人民代表大会第一次会议。会议通过决议，号召全市人民深入开展增产节约运动，努力增加生产，厉行节约，克勤克俭，克服困难，为完成和超额完成1957年的国家计划和各项任务，充分发挥天津市在国家社会主义建设中的作用而奋斗。

1956年12月30日，天津市委工业交通工作部召开全市国营工厂和交通运输部门党员干部大会，动员各企业职工贯彻党的八届二中全会精神，开展增产节约运动。会议指出，全市国营工业已经提前完成了1956年生产计划。各企业正根据国家分配的任务安排1957年的生产。各企业在安排1957年生产的时候，必须在各项工作中切实贯彻党的八届二中全会提出的"艰苦朴素、勤俭建国"的精神，克服原材料供应不足等困难，以进一步提高生产。为此，就必须开展一个群众性的增产节约运动。会议提出，在1957年，各企业围绕开展增产节约运动这一中心任务,还必须进一步贯彻党委集体领导下的分工负责制,全面改进企业领导制度,采取具体办法,发扬民主,发挥职工的积极性。[①]

天津市工业企业在市委的领导下,在之前几年就认真贯彻增产节约精神,取得了生产上的成绩。1956年全市工业企业总产值计划提前完成,第一个五年计划也提前一年多完成,不少工业产品的质量有了显著的提高,新种类产品增加了一千多种。但是,许多工厂的生产潜力仍然很大,生产中的浪费现象也很严重。至于管理机构庞大,非生产人员过多,管理费用过大,更是比较普遍存在的现象。据统计,全市工业中的非生产人员占职工总数的四分之一左右,不仅浪费了大量的人力和资金,而且滋长了官僚主义和文牍主义作风,降低了工作效率。[②]从经济发展实际情况看,开展增产节约运动,既很必要,也很重要。

通过部署和动员,到1957年2月,天津增产节约运动取得了初步成效。据统计,1957年2月,天津市工业企业超额完成2月总产值计划,较1956年同期增加了21%。[③]

1957年3月5日,天津市委发出组织学习《中共中央关于1957年开展增产节约运动的指示》的通知,要求全市各级党组织进一步发动群众,克服官僚主义,迅速掀起增产节约运动的高潮。此后,天津市增产节约运动进一步开展起来。

在开展增产节约运动的过程中,天津市国营、地方国营、公私合营工厂企业,通过对职工进行巩固劳动纪律的教育,提升运动效果。随着社会主义建设的不断发展,天津工厂企业新工人增加很多。这些新工人来自社会各个阶层,把一些非工人阶级的思想作风带到工厂企业中来,加上有些单位放松了对职工的政治思想教育,部分工人对生活和生产的关系、个人利益和国家利益的关系认识不清,表现出自由散漫、不遵守劳动纪律等不良倾向,使有些单

[①]《动员职工开展增产节约运动》,《天津日报》1956年12月31日。
[②]《开展增产节约运动》,《天津日报》1956年12月23日。
[③]《天津市工业超额完成上月总产值计划》,《天津日报》1957年3月13日。

位的生产受到影响。天津市委及时注意了这种情况,于1957年2月召开工厂宣传工作会议,提出加强工厂企业的思想政治工作,并决定对全市职工进行一次巩固劳动纪律教育。接着,各区区委作了研究部署。市工会联合会也召开了宣传工作会议,要求各级工会切实加强思想政治工作,对工人进行劳动纪律教育。到3月,各个系统都已普遍向职工进行巩固劳动纪律的教育。

据统计,1957年第一季度,全市有80%以上的工厂、98%的职工投入增产节约运动当中。1957年第一季度完成计划的情况也比此前各时期都好。如重工业局成本降低率由4.99%达到了5.85%,利润计划完成了110.89%,产值和利润比上一年同期增长47%和288.23%。①

在增产节约运动中,广大工厂企业在天津市委的领导下,积极发动职工开动脑筋,挖掘潜力。商业服务部门深入基层单位,保证市场供应,积极支持工农业生产。各机关企业在行政开支方面做到厉行节约,杜绝浪费。在增产节约运动的推动下,1957年上半年,天津经济建设出现了很好的形势,主要工业产品大部完成产量和质量计划,试制成功230多种新产品,半数正式投入生产。②

(二)"大跃进"运动中的增产节约运动

1958年5月,党的八大二次会议正式通过"鼓足干劲、力争上游、多快好省地建设社会主义"的总路线。天津广大职工在党的领导下,开展以技术革命为中心的比先进、学先进、赶先进劳动竞赛,保证全市工业生产稳步提高,并提前完成计划。

1958年7月,天津市委在《关于开展全民支援工业生产"大跃进"运动的指示》中指出,全市的工业生产和基本建设都在高速度地前进,全民办工业、行行办机电,在工业、商业、文教、邮电,以及郊区的农民、街道居民中形成了热潮。钢铁、水泥等主要原材料暂时供应紧张。1958年上半年,各区、各系统在增产节约原材料方面都进行了许多工作,收到了一定的成效。为争取下半年

---

①《天津市增产节约运动蓬勃展开》,《天津日报》1957年4月4日。
②《天津市工业企业增产节约成绩巨大,全年增产节约四亿五千万元》,《天津日报》1957年12月29日。

天津市工业生产和基本建设以更高的速度前进，为了促使天津市的工业迅速转向制造高级、精密、大型产品和大量发展新品种，使全市工业在支援河北省，华北，乃至全国的社会主义建设中发挥更大的作用，市委认为必须立即开展一个全民支援工业生产"大跃进"运动，在全市一切工厂、建筑、交通运输企业和商业、服务业、机关、部队、学校、医院、街道、农村中，放手发动群众，鼓足全民的干劲，克服钢铁等主要原材料供应的困难，务必使每一个人都在工业生产"大跃进"中发挥作用。

1959年4月召开的党的八届七中全会指出，在1958年"大跃进"的基础上，我国人民继续鼓足干劲，继续发扬苦干、实干、巧干的精神，充分发挥各方面的潜在力量，开展轰轰烈烈的增产节约运动，一定能够完成和超额完成1959年国民经济计划。

1959年4月21日，河北省召开了工业、交通、基本建设先进集体和先进生产者代表会议。会议指出，要贯彻落实党的八届七中全会精神，要挖掘潜力，开展轰轰烈烈的增产节约运动。要在现有设备和材料的条件下，生产出更多更好的产品，努力完成国家计划。天津广大职工响应号召，深入开展以技术革命为中心的红旗竞赛，努力增加生产，厉行节约，提高劳动生产率，掀起生产高潮。

在增产节约运动中，天津广大职工发挥了创造精神，针对生产中的关键问题，提出了大量革新建议。仅天津铁路部门的职工提出了革新建议五千四百多件。这些建议的实现，提高了劳动生产率和运输效率。第四开关厂职工在保证产品质量的前提下，实现了以钢材代替铝板、以铁代铜等措施，保证了生产正常进行，还降低了1/3成本。[①]

1959年5月，天津市工业战线开展了以技术革命为中心的增产节约红旗竞赛运动。各工厂的增产节约红旗竞赛运动高潮是从第二季度开始，在天津市召开工业会议期间逐步形成的。许多工厂发动职工，算细账、闹革新、树标

---

① 《增产节约运动势如春潮怒发》，《天津日报》1959年4月29日。

杆、赶先进，工厂里各方面新的潜力被挖掘出来。各厂增产节约红旗竞赛运动总的内容是"七比"——比产量、比质量、比品种、比成本、比劳动生产率、比协作、比安全；同时根据不同的生产关键，又分别确定了各自的重点，主要是提高产品质量、节约原料、材料或提高劳动生产率，保证完成和超额完成国家计划。

1959年8月16日，党的八届八中全会通过了《关于开展增产节约运动的决议》。决议指出，目前全党全国各族人民的中心任务，就是要深入开展轰轰烈烈的厉行增产节约的群众运动，为完成和超额完成1959年的生产和建设计划而斗争。特别要抓紧一个多月的宝贵时机，掀起新的生产大高潮，使工业、农业、运输业在第三季度取得决定性的胜利，用这个胜利来迎接伟大的中华人民共和国成立十周年。

为了贯彻执行党的八届八中全会决议，中共河北省委从8月24日到9月16日举行了一届八次全会扩大会议。会议通过了《关于反右倾、鼓干劲、深入开展增产节约运动的决议》。会议提出，在党的八届八中全会的伟大号召下，全省增产节约运动的新高潮已经到来了，我们必须继续坚持政治挂帅，坚持放手发动群众的方针，大搞群众运动，在各个战线上广泛深入地开展社会主义劳动竞赛，掀起学先进、赶先进、超先进的热潮。

党的八届八中全会及中共河北省委一届八次全会扩大会议召开后，天津广大党员干部群众迅速展开了增产节约运动。

1960年2月17日，天津工业战线春季生产运动会开幕。会后，各区区委在当天就召集本区各工厂企业领导干部作了具体部署，各工厂也都根据本厂的具体情况迅速行动起来，成立了领导"运动会"的专门组织，广泛展开宣传鼓动，开辟了"生产运动场"，积极做好"运动会"前的准备工作。在各工厂、车间迅速形成的"生产运动场"上，广大职工以"运动员"的身份出现，他们边练兵、边选拔，边总结先进经验、边学习先进经验，使广大职工的技术操作水平大大提高。据不完全统计，到1960年2月23日，河东、河西、红桥、和平、南开、河北、塘沽七个区有八百多个工厂五十多万名职工投入了这一运动。他们广泛交流先进经验,大搞技术革新和技术革命,向高精尖进军,有力地推动了增产节约红旗竞赛运动的持续发展。①

总的来看,"大跃进"中的增产节约运动虽然调动了广大工人的积极性,激发了广大工人的工作热情,也取得了一定成绩,但受"左"倾错误,特别是经济建设上急于求成的思想的影响,在实践中出现了不少问题。在"大跃进"运动中,天津在工业建设方面制定的经济指标过高,严重脱离了实际,如提出在第二个五年计划期间全市工业产值达到300亿元,比1957年增长9倍,平均每年增长高达55.7%。②在脱离实际的高指标的指引下,工业建设、企业管理中的不少做法违背了经济发展、技术革新规律。由于盲目追求高速度,缺乏科学规划和总体协调、管理粗放,工业发展偏离了正常轨道,工业建设比例严重失调,造成了严重浪费和损失。在"大跃进"运动中取得的增产的成绩,很多都是粗放的增长,投入巨大,代价较大,且不可持续,以致为后来的发展埋下了隐患。而"大跃进"运动中在工业生产、企业生产方面造成的大量浪费和损失,则严重背离了节约运动要达成的目的和效果。

(三)国民经济调整中的增产节约运动

到1960年下半年,"大跃进"运动已难以为继,经济形势日益紧张起来。为了扭转困难局面,纠正错误,调整政策,1961年1月,党的八届九中全会正式决定对整个国民经济实行"调整、巩固、充实、提高"的方针。以此为起点,国民经济建设由"大跃进"转入调整阶段。天津市委迅速传达贯彻党中央的指示精神,切实开展调查研究,明确经济调整面临的形势和任务,形成天津经济调整的基本思路,为统一广大干部群众的思想认识,落实国民经济调整的各项具体任务打下了基础。

1961年1月20日,天津市委书记处会议提出,要按照八字方针的要求,对全市工业生产、交通运输和基本建设等方面问题重新进行安排。1月26日,市

①《生产运动会势如春潮怒发》,《天津日报》1960年2月24日。
②《在市委扩大会议上总结发言》,《天津日报》1958年6月23日。

委召开工业生产会议,强调全市工业工作要认真贯彻八字方针。此后,多次就贯彻落实国民经济调整方针问题进行研究部署,召开全市工业会议,在全市工业、交通、基本建设等各系统干部职工中传达、宣传国民经济调整方针及有关政策,并按照八字方针的要求,发动职工群众开展以提高质量、降低消耗为中心的增产节约运动。3月2日,在表扬天津市1960年优秀工会积极分子大会上,天津市总工会向全市工会组织提出明确要求,积极响应市委的号召,认清形势,提高思想,改进工作作风,发动群众立即掀起以提高质量、降低消耗为中心的增产节约运动,更好地发挥党的助手作用。

针对天津的实际情况,为贯彻落实党中央关于国民经济调整的指示精神,1961年10月11日,天津市委书记处会议讨论通过《天津市国民经济调整工作纲要》,后经中共河北省委批准。天津市委领导工业系统党组织,采取各种措施,落实工业调整部署,开展增产节约运动。组织企业职工学习上海等兄弟地区的先进经验,开展以提高质量、增加品种、降低消耗为中心的增产节约运动,着力降低工业产品生产成本。

1961年,天津工业交通部门的广大职工贯彻执行"调整、巩固、充实、提高"的方针,坚持鼓足干劲、力争上游的革命精神,深入开展以提高质量降低消耗为中心的增产节约竞赛运动。据统计,到1961年12月26日,全市有93家工厂170多种重要产品提前完成全年生产计划。天津各厂职工为了全面完成生产计划,在运动中大兴协作之风。棉花机械厂、起重运输设备厂等几十个单位通力协作,赶制拖拉机的牵引农具——圆盘耙和五铧犁。天津自行车厂在有关领导部门的协助下,与天津油漆总厂、冷轧钢材厂等17个单位签订了协作竞赛合同,经常互通情况,密切配合,对天津自行车厂月月超额完成生产任务起了积极的作用。这个厂的自行车产量计划提前八天完成,产品质量也比过去有所提升。[①]

自1962年7月起,根据天津市委指示,全市210个重点企业开展了以落实

---

①《本市许多工厂提前完成全年计划》,《天津日报》1961年12月30日。

国家和企业计划为重点的增产节约运动。在增产节约运动中,工业系统各级领导加强职工思想政治工作,调动和发挥职工参与管理和积极生产的热情,充分发挥老工人和先进分子在落实国家计划及增产节约计划中的骨干作用,并积极探索把企业管理工作与群众运动紧密结合的管理模式。

在增产节约竞赛中,许多轻工、纺织和手工业工厂企业职工和合作社社员,力争生产更多更好的日用工业品,供应城乡市场。天津造纸总厂、恒源毛纺织厂、中达造纸厂、纺织机械厂、天津肥皂厂、纸箱厂等单位,生产竞赛都开展得很热烈。造纸总厂第一造纸车间,围绕产量、质量、消耗、安全、出勤5项要求,开展竞赛。一号造纸机工人多次集体研究,并且3次到其他造纸厂学习访问,终于生产出新产品28克打字机纸,合格率达到100%。到1962年9月,全厂各项指标都已经超额完成。①

1962年10月,天津市总工会、团市委、市妇联联合发表《告全市职工书》,动员全市各个战线上的男女职工,积极响应党的八届十中全会号召,鼓足干劲,开展增产节约运动,全面超额完成1962年的各项任务,为1963年生产做好准备。

随着工业调整的深入,天津工业生产从1962年第三季度起停止下降,转向回升,1963年起实现稳步发展。从1963年开始,为贯彻"工业七十条"、保证国家计划落实,以组织职工群众讨论落实国家计划为契机,天津发动了以比学赶帮为主要内容的新的增产节约运动。

1963年1月15日,天津市总工会党组在《关于广大职工为全面实现国家计划,进一步深入开展增产节约运动的情况报告》中指出,增产节约运动能够迅速、健康地向前发展,根本的动力和条件是:党的八届十中全会精神进一步深入贯彻,经济形势继续好转。同时,提出主要做以下四方面的工作:一是从检查计划进度入手,不断明确实现计划中的生产关键,把广大职工的积极性组织到实现计划的具体奋斗目标上来。二是扎扎实实地开展技术革新,组织

---

① 《创造新成绩,迎接国庆节》,《天津日报》1962年9月3日。

群众运用革新巧干方法,力争"五好",确保增产节约计划的实现。三是认真总结推广先进经验,广泛开展比学赶帮活动,保证更多的人和班组全面超额完成国家计划。四是调动职能人员的积极性,组织科室竞赛,使企业管理工作和群众生产竞赛密切结合,互相促进,步步深入,更好地实现各项技术组织措施。

1963年,增产节约劳动竞赛全面展开,天津广大职工积极开展了比先进、学先进、赶先进、帮后进的竞赛,努力提高生产水平。据对南开区42家工厂统计,共树立了1000多个先进标兵。第三电机厂、友谊制药厂、东南雨衣厂等单位的一些车间,还按工序树立了优质、高产的标兵。水泵一厂、机床厂、第三通用机械厂、变压器电炉厂等单位的许多工人还开展了同机台的对手赛。通过广大职工的努力,增产节约竞赛到1963年2月已初见成效。天津大型水泵、手推车零件、轧花机、弹花机等许多支援农业的产品都比1月增长了很多。[①]

1963年3、4月间,天津市委先后两次召开全市工业交通工作会议,提出"反浪费、查质量、赶先进"的口号,要求各企业放手发动群众,挖掘潜力,改进作风,整顿制度,改进管理,把增产节约运动广泛深入地开展起来。

在天津市委和工业系统各级党组织的组织推动下,比学赶帮活动从学赶产品质量入手,发展到学赶各项经济技术指标和企业管理、技术革新等内容,进而深入到企业各个工种、工序和生产环节,并逐步扩大到企业之间。1963年10月,天津市委及工业、交通系统各级党组织又在全市工交企业中开展了争当"五好"企业[②]、"五好"班组[③]、"五好"职工[④]的竞赛活动,全市工业系统比学赶帮竞赛运动热潮进一步兴起。

为把运动引向深入,天津市委根据华北局有关指示部署,提出"学上海,赶先进"的口号,有计划、有重点地组织工业系统机关干部和企业干部职工分批到

---

①《本市工业战线增产节约劳动竞赛热烈展开》,《天津日报》1963年3月12日。

② 政治工作好、计划完成好、企业管理好、生活管理好、干部作风好。

③ 政治工作好、完成任务好、班组管理好、经常学习好、团结互助好。

④ 政治思想好、完成任务好、遵守纪律好、经常学习好、团结互助好。

上海、北京、沈阳、广州等20多个城市学习先进经验,促进地区间生产技术交流和协作,使比学赶帮运动的内容更加丰富。在比学赶帮运动中,全市工业系统干部职工表现出高度的社会主义建设热情,涌现了电子仪器厂、利生体育用品厂、津东化工厂、天津针织厂等一批"五好"企业,相玉兰小组、卢珊突击队等先进集体和孙占奎、张振奎、张致广、刘广荣等"五好"职工先进典型。

通过增产节约运动,1963年天津市工业企业的全员劳动生产率比1962年提高14.4%;[1]产品品种增多,质量明显提高,机器制造业已成为能够制造成套设备、大型和高级精密设备的工业部门,冶金工业已能生产耐热钢、不锈钢等多种金属钢材。

1964年,北京二百多家工厂在总结1963年的工作时,开展了群众性的评功活动。职工们摆成绩、摆进步、摆经验、摆政治方向,表扬先进,表扬优点,大大激发了职工们的革命精神。北京评功摆好的良好效果,吸引了包括天津在内的很多城市的学习和借鉴。

1964年1月上旬,在天津毛织厂、第二铁丝厂、第一玻璃厂等11个单位的部分车间、班组,共三千六百多名职工中进行了评功摆好试点。评功摆好以发扬成绩为主,以表扬为主,人人有份,鼓励和启发群众发扬成绩、纠正缺点的自觉性,广泛地调动群众的积极性。

据1964年8月统计,全市工业系统四百八十多种可比的主要产品中,有一半以上赶上或接近国内先进水平;不少产品远销国外,在国际市场上赢得良好声誉。[2]

1964年,天津工业、交通、基本建设、财贸系统各单位共评出"五好"职工5502名,占职工总数的0.8%;各种能手19916名,占职工总数的2.92%;"五好"班组1115个,约占班组总数的2.4%;"五好"车间54个、"五好"科室87个、先

---

① 中共天津市委党史研究室:《中国共产党天津历史:第二卷(1949—1978)》,中共党史出版社,2015年,第298页。

②《高举毛泽东思想红旗,奋发图强,自力更生,我市工业战线比学赶帮运动喜获丰收》,《天津日报》1964年10月7日。

进企业54个。①在此基础上,又从"五好"职工和"五好"班组中选拔了出席市代表大会的代表,并由文教、医务、文艺、郊区、天津专区等方面推荐部分代表。竞赛运动取得了良好效果,促进了工业产品技术水平的提升。

1965年1月,在工业、交通、基本建设系统老工人、技术革新积极分子代表会上,天津市委向全市广大职工提出了战斗号召,高举毛泽东思想,以实际行动贯彻第三届全国人民代表大会第一次会议精神,广泛深入地开展比学赶帮和增产节约群众运动,大搞技术革新、技术革命,组织工业生产新高潮,迎头赶上先进水平,争取工业生产的更大胜利。

在落实1965年增产节约和学赶先进规划过程中,天津各级工业领导部门,大力加强质量第一、品种第一的思想教育,明确提高质量、增加品种、降低成本,是全年的主攻方向,在这个基础上,力争生产有大幅度增长。为了使1965年的增产节约规划得到贯彻落实,各级领导部门有计划地交流典型经验。同时,重视开展群众性技术革新、技术革命运动。1965年,不少工厂企业注意将广大职工的革命热情和生产积极性引向技术革新、技术革命。该年度技术革新、技术革命活动的群众性相当广泛,革新的内容也很丰富,针对性强,质量也比较高。据各工业局计算,1965年头两个月,职工提出的革新件数相当于1964年的总和,一般工厂都实现了20%到30%左右。②由于技术革新技术革命的开展,大大地挖掘了增产潜力。

在增产节约运动的推动下,1965年天津工业发展取得重要成绩。国家计划委员会下达给天津工业产品年计划,绝大部分提前20天超额完成。该年度全市工业总产值计划,提前在11月底超额完成。这一年,天津各企业共试制成功了一千四百多种工业新产品,其中有一些不仅在国内是先进的,而且在世界上也是先进的。到11月底,全市已有二百多种工业产品,在质量方面达到了国内先进水平。在开展技术革新和技术革命方面取得的成果也是空前的。1965

---

① 天津市地方志编修委员会办公室、天津市总工会编著:《天津市志·工会志》,方志出版社,2017年,第656页。

②《本市工业生产新高潮正在形成和发展》,《天津日报》1965年4月1日。

年1月至11月，全市共实现了五万多项革新项目，比1964年超出了3倍以上。①

经过近5年的工业调整，天津工业结构趋于合理，企业管理水平和生产能力得到一定提高，工业生产经济效果明显好转。工业增长速度由"二五"计划期间的0.4%增至15.5%，工业在国内生产总值中的比重由1957年的55.1%，提高到1965年的63.8%；工业总产值由1962年的45.39亿元，增至1965年的66.35亿元。②工业调整任务的实现，为全市经济调整任务的完成和人民生活的改善提供了有力保证。随着经济的恢复和发展，人民生活明显改善。据1964年10月统计，与解放初期相比，全市房屋建筑面积增加61%，一百多万职工及家属迁入新居。1963年至1965年，天津全民所有制单位年人均工资由685元提高到745元，城市居民年消费水平由272元提高到302元。③

经过近5年的调整，终于扭转了国民经济严重困难的局面，使经济和社会各项事业得到恢复和发展。国民经济调整期间，在天津市委的领导下，全市各级党组织积极调动、发挥企业职工和群众的生产积极性，积极开展增产节约运动，为天津经济的调整和恢复作出了重要贡献。

四、组织开展技术协作活动

职工技术协作活动是20世纪60年代初期，由劳动模范和先进生产者发起的群众性技术活动，是工人阶级主人翁精神和创造性劳动相结合的产物，是职工群众的一个创举。当时，这支由工程技术人员、能工巧匠和管理干部组成的"三结合"队伍，发扬共产主义协作风格，主动承担并攻克许多企业的技术难关，为克服经济困难、发展国民经济作出了积极的贡献。其中，沈阳市在开展技术协作的过程中，创造了许多宝贵的经验。后来经过报道，全国许多城市对沈阳职工开展的技术协作活动发生了很大兴趣。太原、石家庄、天

①《我市工业职工靠毛泽东思想挂帅今年实现生产新跃进》，《天津日报》1965年12月22日。

② 天津市统计局编：《天津五十年（1949—1999）》，中国统计出版社，1999年，第130、287、288页。

③《当代中国》丛书编辑部编辑：《当代中国的天津》（上），中国社会科学出版社，1989年，第130页。

津、北京、保定、唐山、包头、长春、哈尔滨、吉林等市,先后派出大批人员到沈阳学习开展技术协作的经验。

1963年11月初,天津市学习沈阳技术协作组返津之后,天津市委召开了有区委、工业局、工业专业公司和工厂领导干部、劳动模范、老工人、工程技术人员参加的大会,介绍推广沈阳市开展技术协作活动的经验,对本市如何推广技术协作活动作了具体部署。随后,天津市总工会召开各区产业工会及文化宫俱乐部负责干部会议,又作了传达。参加沈阳学习组的工人和技术人员还分别向铸造、金加工、铅丝、元钉、造纸、车具、染料、玻璃、毛纺、棉纺、印染等行业的技术活动积极分子作了传达。这不仅使全市广大职工了解了沈阳市开展群众性技术协作活动的经验和好处,而且进一步启发了群众的思想觉悟,提高了认识,在原有技术活动的基础上,为开展技术协作活动做好了思想准备。

天津工业系统的群众性技术协作活动,首先是在从沈阳学习回来的工人、技术人员中开始的。通过学习,这些工人和技术人员在思想上、技术上、工作方法上都受到了深刻的教育。回厂以后,他们通过传达、个别访问、组织革新能手研究技术关键等方式,初步把厂内的技术协作队伍组织了起来。如天津纺织机械厂工人张振奎、天津造纸总厂制浆车间副主任赵德俊、动力机厂工人何戴中、第三通用机械厂工人李程良、市机床厂工人王恒利与张连生等都联系了20多个工人,并且开展了活动。第三通用机械厂工人李程良,同杨凤秋、苏成厚老师傅一起,解决了汽车曲动轮键槽的质量问题,还带动了厂内技术革新活动的开展。

在技术协作活动中,许多职工发扬了协作风格,一厂有困难,大家来解决。不少技术协作活动的积极分子在协作解决技术问题时,不怕困难,不讲条件。动力机厂工人何戴中,从沈阳回津以后,他的爱人正患产后病。为了帮助兄弟厂开展技术活动,他妥善安排好家务,始终积极参加各项活动。起重机厂工人郭庆善主动到电机局技校解决铸造质量问题,遇到许多困难,始终没有灰心,直到把技术问题解决了才罢休。在技术协作活动中,许多厂领导也发扬协作风格,大力支持群众性的技术协作活动。第三通用机械厂试制新式减速机,有个十八个孔的部件,加工精度特别严格,该厂不能加工,经过技术协作积极分子研究,要用"坐标搪床"来加工,需要动力机厂协助解决。动力机厂的领导知道以后,立即承担了协作任务。发电设备厂听到锻压机床厂液压机油缸加工后打泵漏,需要补焊抢救,就马上派了5名六级以上的老工人前往支援。当他们来到锻压机床厂,发现没有直流电焊机,就把铸件拉到机床厂,经过两天的试验,才补焊完毕。

在技术协作活动中,许多工厂还试验推广了一些重大的先进技术。造纸总厂赵德俊在沈阳学到"钢板涂铅"的经验之后,采用这种方法,解决蒸煮大锅用鸡毛纸垫质量不够好的问题,并且试验成功了"大料气割"的嘴子。用这种嘴子,切300毫米厚的钢材,可以大大地缩短时间和节省氧气,提高劳动生产率。第三通用机械厂推广了沈阳"滚压刀具"的先进经验以后,也解决了加工减速机里眼、外圆、端面光洁度达不到要求的生产关键问题。

1963年,天津市职工技协活动发展较快,市内成立了各级工会群众技术协作委员会。6月26日,天津市颁布《河北省天津市各级工会群众技术协作委员会组织工作条例》。群众技术协作,打破班组界限、车间界限、企业界限、行业和工种界限,甚至也打破企业、科研机关、高等院校之间的界限,形成一个群众性的社会大协作。10月,由于工会体制有所变动,轻工、纺织、化工、一机、二机、冶金6个工委建立以后,在群众技术协作上出现了怎样才能组织领导得更好一些等新问题。为妥善研究解决这些问题,天津市总工会邀请有关区的协作积极分子、工委和俱乐部的干部进行座谈。根据大家的建议和实践的体会,市总工会于12月22日提出有关加强技术协作组织领导的意见。

1964年4月23日,天津市总工会、市经济委员会《关于转发〈群众技术协作积极分子对开展技术协作活动问题的几点建议〉的联合通知》指出,全市群众技术协作活动,自1963年11月以来,有较迅速的发展。市、区及部分基层的群众技术协作队伍不断扩大,解决不少"老大难"关键问题,对缩短差距赶先进水平,起了很大的作用。通知要求,各基层企业根据市委上一年召开的

"学习先进经验,开展技术协作"大会精神,对本厂群众技术协作活动情况,认真地进行一次研究,总结经验,找出问题,分析原因,采取措施,加强领导,把群众技术协作活动纳入企业领导的工作议事日程,以调动广大职工的积极性、创造性,学习推广先进经验,大搞技术革新、技术革命,推行新工艺、新技术,解决本厂和全市的生产技术难题,为赶上先进水平作出贡献。

1964年,一些企业通过开展群众性技术协作活动,取得了显著成效。如天津标准件厂的群众技术协作活动广泛开展,技术协作队伍逐步扩大,在6个月的时间里,他们为全厂生产解决了132个大小技术问题,对提高技术水平,缩短与先进水平的差距起了很大的作用。这个厂生产的产品是标准螺栓、螺母等紧固件,品种规格有一千多种,但在产品质量等方面,落后于上海等地的先进单位。产品质量不好的原因,主要是在生产过程中螺丝互相磕碰,影响了产品外观。之前,职工们对这个问题虽然做过研究,但始终没有得到解决。这个厂成立了技术协作队伍后,技术协作的积极分子们针对这个问题进行了专题讨论,集思广益,最终研究出一套减少磕碰的操作办法,使螺丝的磕碰划痕现象大为减少,一等品率也提高很多。通过技术协作活动,一些长期解决不了的技术问题得到了解决。①

1965年,在比学赶帮超运动中,天津群众性技术协作活动有了很大发展,天津技术协作积极分子队伍不断壮大。其中,不仅有老工人、先进生产者和工厂的技术人员,还有一些高等院校和科研机构的师生和科学技术人员。除了市、区技术协作活动有了巩固发展,一些过去不够活跃的行业的技术协作活动也有了新的发展。他们在一年时间内传播并推广了先进技术经验1710项。各工厂企业里的技术协作活动也进一步开展起来,据对260多个单位的不完全统计,技术协作积极分子已达2万多人,他们解决的生产上大大小小的技术问题有6700多个。②

---

①《携手猛攻难关,合力学赶先进》,《天津日报》1964年6月4日。
②《大兴协作之风,大步赶超先进》,《天津日报》1966年1月11日。

　　为赶超先进水平贡献力量,是1965年群众性技术协作活动的主要内容。针对比学赶帮超运动中暴露出来的问题,各行各业的能工巧匠集中力量围攻关键。市、区、产业的技术协作积极分子共帮助各企业解决生产技术关键1100多项。下瓦房弹簧厂生产的汽车里程表软轴,使用寿命低,只能行驶不到1000公里,工厂一时没有找到解决的办法。一些技术协作积极分子知道这一情况后,就到处打听,最后得到天津钢厂钢丝绳分厂的帮助,组织老工人、技术人员等十多人,和这个厂的职工一起分析、研究,解决了关键问题,使用寿命达到了1.4万公里,实现了学赶先进规划。通过群众性的技术协作,很多单位长期存在的技术问题得到了解决。[①]

　　在群众性技术协作中,共产主义风格得到了进一步的发扬。参加技术协作的人,帮人帮到底,送"宝"送到手。许多技术协作积极分子利用公休日或下班后的时间,到各单位现场去帮助解决关键问题。很多积极分子从提高全行业技术水平的目的出发,热情参加取"经"送"宝"活动。据一机、二机、冶金等6个系统的统计,有400多名积极分子到181个工厂传播了数百项技术经验,推动了各厂的技术革新、技术革命。[②]

　　各有关单位对于群众性技术协作活动给予了大力支持,扩大了活动阵地,创造了必要条件,从而使技术协作积极分子之间有了固定、密切的联系。

五、提升职工生活水平

　　1959年,天津市掀起生产后勤竞赛高潮,"当好后勤兵,支援大跃进"成为炊事、医务、保育等后勤人员的共同口号,直接地为生产服务,为群众服务。

　　1959年和1960年,天津市总工会在抓好生产的同时,加大抓职工生活的工作力度。1959年春季,为适应市场供应情况,各单位普遍采取"粗粮细作""素菜荤作""一菜多作"等办法,主副食花样翻新,保证了职工吃好。在大干八九月和提前跨进1960年的决战中,掀起全市生产后勤竞赛高潮,生产上的

---

①《大兴协作之风,大步赶超先进》,《天津日报》1966年1月11日。
②《大兴协作之风,大步赶超先进》,《天津日报》1966年1月11日。

标兵赛、能手赛、师徒赛、协作赛、挂钩赛、一条龙赛、技术表演赛等形式在后勤竞赛中广泛采用,涌现出一大批先进集体和个人,市、区、产业和厂都树立了一批标兵。4个单位的后勤代表出席了全国群英会,棉纺三厂的托儿所和纺织机械厂的大食堂被评为1959年度天津市特等劳动模范小组。①

有的工厂和城市人民公社合作解决工人生活中的难题。如天津河西区下瓦房人民公社,在天津国棉二厂、天津印刷厂、罐头厂三个大工厂的单身职工宿舍内设立了生活服务组织。由工厂负责按照单身职工上班的班次,把住宿房间进行了调整,公社负责统一抽调生活福利部门和南华里副食品商店的人员,组织了生活服务指导站,根据单身职工的需要开展各项服务工作。下瓦房公社在各个单身职工宿舍里,设立的服务项目多种多样,有服务部、小卖部、拆洗部、理发部和保健室等。单身职工们生活事务的负担解除了,更好地集中精力、专心生产。如天津第三铁丝厂单身职工宿舍在红桥区丁字沽,离工厂很远。为了帮助职工解决吃饭和拆洗缝补问题,丁字沽公社主动与工厂和商业部门联系,在这个厂单身职工宿舍附近成立了一个食堂。红桥区修配服务公司也派出修配人员驻在这个宿舍里,专为职工缝缝补补、修修配配。职工白天上班,有些琐碎的事情需要人照顾,公社就指定一名生活委员代他们办理,如给职工买东西、取粮油票、送信,以及照顾有病的职工等,职工们感到非常方便。为了让职工们休息得更好,公社党委还建议厂方按照职工的工作班次,调整了房间,并且还在一楼建立了文娱活动室,有书报、棋类等文娱用品。

天津市色织五厂党组织很注意做家属工作。该厂以党总支书记为首,组织家属访问团,对职工家属生活进行了全面的调查了解,然后根据具体情况帮助解决职工家属生活上的问题。有的党小组还把访问家属作为小组经常活动的一项内容。有一个党小组了解到服务员潘士林的爱人有病,孩子多,缝缝洗洗没人管。于是党小组发动一部分同志到潘士林家里,帮助他拆洗缝

---

① 天津市地方志编修委员会办公室、天津市总工会编著:《天津市志·工会志》,方志出版社,2017年,第669页。

做了一些衣服，还替他纳了一双鞋底，帮他安排生活。潘士林很受感动，干劲更足了。为了帮助家属认清当时的大好形势，教育大家勤俭过日子，厂里举办了小型展览会，家属们看了展览会后，受到很大教育。厂里还成立了修配组、电工组、木工组，为家属修理一些生活用具。

有的企业工会在提升职工生活水平，解决职工生活难题方面发挥了重要作用。天津元记食品厂工会积极配合工厂行政，帮助职工修缮房子。工会对需要修理的房子进行登记，还做了比较详细的调查了解，然后把情况汇报给领导，根据轻重缓急做了适当安排。人力缺乏，工会就发动职工互助修理和义务帮忙。工人田淑芳住的房子是危房，修理起来比较费事，光凭职工互助是解决不了的。工会就和行政部门研究，从厂里抽调三名瓦木工给田淑芳修缮房子。工会主席郭玉田还亲自到现场帮助田淑芳计算用工用料，只三天时间就把房子修好了。

1961年9月，遵照天津市委指示，天津市总工会对全市生活有困难的职工普遍进行一次补助。凡是被补助的职工，分别在中秋节、国庆节前领到了补助款。补助后，平均生活费基本上达到10元。据1012个单位的619307名职工统计，有88188人受到补助，开支补助费360690元，平均每人补助18.86元。其中家庭平均生活费低于10元被列为长期补助户的22369人，占职工总数3.61%，共补助290541元；平均生活费高于10元，因临时性困难受到补助的10619人，占职工总数1.74%，共补助170149元。[①]

1961年10月，天津市总工会党组在关于职工困难补助工作的报告中指出，通过这一工作，对职工生活情况了解得更全面具体。经过普遍填写生活卡片和对困难户的调查研究，对每个职工的家庭人口、收入、生活水平、困难原因等，一般都已心中有数。这次补助工作群众满意，对生产起到促进的作用。这次补助工作有四个特点：一是党委、工会委员会反复讨论、具体安排，分管生活工作的

---

① 天津市地方志编修委员会办公室、天津市总工会编著：《天津市志·工会志》，方志出版社，2017年，第669页。

书记、主席深入困难职工家庭访问调查。行政有关部门也大力配合支持,认识一致、行动迅速。二是宣传教育工作比较深透,对政府关心群众生活的措施都衷心拥护。三是自始至终依靠群众,深入调查研究,充分发扬民主。这次各单位都根据职工的不同生活水平进行分类排队,对困难户挨个进行调查访问,核实了家庭人口、收入,摸清了家底积蓄和生活安排及好坏,然后民主评定,公布初步确定的补助名单,广泛征求群众意见,基本上做到了实事求是,公平合理。四是补助办法规定比较明确,同时向群众公布,由群众掌握。

1961年11月,为了加强工会组织对职工家属工作的领导,明确工作任务和方法,天津市总工会召开了全市职工家属工作会议。会上,市总工会副主席孙少华作了关于职工家属工作的报告,恒源纺织厂工会介绍了工作经验。会议要求,基层工会要建立和健全职工家属组织,以便通过家属自己的组织反映家属要求,组织家属群众为生产、为群众生活服务。会议提出,要进一步加强对广大职工家属的政治思想教育,提高职工家属的政治觉悟,树立勤劳、节俭、团结、互助的新风尚,增强克服暂时困难的信心;积极协助职工家属安排好生活、组织邻里团结互助,解决他们生活中的实际困难;根据本单位生产和职工生活需要,组织家属的生产、生活服务事业;组织家属配合商业部门对商品分配,进行群众性的监督。

1962年4月,天津市总工会党组发出《关于解决职工困难补助经费的意见》。根据《意见》要求,将生活标准提高到10元,加强困难补助工作后,基本上保证了困难职工的基本生活,普遍反映良好。[1]10月,天津市总工会规定职工本人生活费不足14元、家属人均生活费不足10元的可酌情给予生活补助。天津市劳动局、天津市总工会组织困难职工的家属从事副业生产,在重大节日还给予老工人一些副食照顾。[2]

---

① 天津市地方志编修委员会办公室、天津市总工会编著:《天津市志·工会志》,方志出版社,2017年,第520页。

② 天津市地方志编修委员会办公室、天津市总工会编著:《天津市志·工会志》,方志出版社,2017年,第669页。

六、组织半工半读学校

1958年4月11日，天津市委拟定《天津市半工半读学校（班）组织章程草案》。5月下旬，在国棉一厂成立第一所"六二制"①半工半读中学。天津在全国率先组织试办了半工半读学校，开辟了一种新的教育途径。

组织半工半读学校的消息公布以后，受到了工人们的热烈欢迎。党的八大二次会议提出了技术革命的宏伟任务，其中强调，要培养成千上万的工人阶级知识分子。国棉一厂举办半工半读中等学校，探索出一个从现有干部、工人中培养新型知识分子的多快好省新途径，为开展成人教育提供了一个新的方向。

实行半工半读对于天津进行社会主义建设具有重要的现实意义。天津是全国重要工业基地之一，担负着支援全国特别是华北各地工农业生产的重要任务。在"二五"计划期间，天津制定了较高的工业发展目标。同时，随着中小城市和农村地方工业的大发展，也要求天津为各地提供更多的设备和技术力量。要完成这些艰巨的任务，不仅需要大批又红又专的技术干部，而且要求现有的工人迅速提高文化水平，才能尽快地掌握起复杂的技术。采用半工半读的形式，可以在短期内迅速发展，同脱产学习和业余学习形成合力，有利于天津开展工业化建设。

1958年5月27日，《人民日报》就此专门发表社论给予肯定。6月3日，天津市委在国棉一厂召开现场会，总结宣传举办半工半读学校的经验。会议指出，国家亟须大量的工业技术干部，用老一套的办法培养人才是不能满足需要的。像国棉一厂这种举办半工半读工人学校的做法，不仅是培养工人阶级知识分子的一个好办法，而且是我国教育事业发展道路上的一个新方向，这对于进行技术革命，对于在教育事业上贯彻阶级路线，对于解决脑力劳动和体力劳动相结合等问题，都具有重大的革命意义。在办学中也可能遇到一些困难和问题，但只要坚决依靠党的领导、真正解放思想、打破办教育的神秘观点，认真贯彻群众路线，什么困难都是能够克服的。会议指出，发展这类学校

---

① 即六小时工作，两小时学习，学习时间不发工资。

的方向是正确的,各个工厂、企业都应当参照国棉一厂的经验办起来;不仅大厂要办,中小型工厂也可以联合办;不但要办这类工人中学,也要办这类的工人大学,使之成为培养工人阶级知识分子的主要形式之一。之后,半工半读在部分工厂进行推广。

1958年6月9日,天津市针织厂半工半读专业大学开始招生。这是天津市第一所由工厂举办的半工半读大学。这个学校设染化、针织、机械3个班,招收本厂具有初中毕业文化水平的职工,每天生产4小时,学习4小时,学习主要的文化课程和技术课程,其中包括工程力学、无机化学、有机化学、分析化学,以及漂染、印花、浸染等专门技术课程,毕业后可达到一般大学专业知识水平。[①]

1958年7月,刘少奇在天津视察期间,专门召开半工半读问题座谈会,对这种办学方式给予肯定,并指出半工半读要采取多种形式:一是工厂办学校,二是工厂和学校合办,三是部分学校和工厂签订合同。座谈会后,市委成立半工半读领导小组,以加强对半工半读教育的领导。

此后,全市许多工厂、企业、机关学习国棉一厂举办半工半读学校的经验,形成一个试办半工半读教育的热潮。到1958年7月,全市已办起15所半工半读的高等学校和24所半工半读的中等学校,参加学习的工人、干部和社会青年约有3000人。各单位筹办中的半工半读学校还有30多所。[②]

到1959年底,市区约有150万人参加半工半读学习,初步形成从初等教育到高等教育的半工半读教育体系。[③]试办半工半读教育创新了教育形式,加速了教育普及和人才培养,为天津职工教育的长远发展奠定了基础。

在开展半工半读教育的过程中,一些企业成效显著,成为先进典型。感光胶片厂就是其中之一。当时,这个工厂有200多名职工,技术人员只有11人,有65%以上职工的文化水平不到高小程度,不能适应现代感光化学工业

---

①《起重机械厂半工半读大学开学》,《天津日报》1958年6月11日。

②《天津市办起39所半工半读学校》,《天津日报》1958年7月11日。

③宋景毅:《天津市第四届人民代表大会第一次会议上的政府工作报告》,1961年2月。

生产和科学研究工作的需要。为了解决这个矛盾，工厂决定采取两条腿走路的办法，招收了300多名初中毕业生，开始试办半工半读技术学校。正、副厂长就是正、副校长，全面安排生产与教育。他们在厂党总支委员会统一领导下，实行一手抓生产，一手抓教育。根据生产的需要，学校设置了感光材料制造、特殊有机物制造、片基制造、设备维修制造4个专业，组织厂内工程技术人员结合老工人的生产经验，编写了80多万字的教材，从厂内外聘请了兼职的教师。学员一边劳动一边学习，厂里人习惯地叫他们为"学工"。到1964年，这个工厂坚持办了6年。6年中，先后招收了4期"学工"，培养了4届毕业生。由于他们是边干边学锻炼出来的，有力地促进了生产和科学研究工作。这个厂试办半工半读技术学校6年的经验证明，工厂企业招收青年学生实行半工半读，是培养又红又专、既能从事体力劳动又能从事脑力劳动的新人的一种好形式。①

1964年，半工半读学校有所发展。对于从1958年坚持办下来的8所半工半读学校，初步总结了经验，加强了领导。同时，新办了31所半工半读中等技术学校和2个大专班。另外，还在16所职业学校、7所2部制初级中学和师范学校试办半工半读。②

1964年12月，天津市委、市人委联合召开半工半读总结经验座谈会，采取群众路线的方法，广泛征求意见，交流经验，对天津市试办半工半读进行了初步总结。通过学习、讨论，提高了认识，明确了办学方向。一致认识到，发展半工半读教育事业，是一项具有根本性的历史任务，要坚决办好半工半读学校。此外，座谈会对于半工半读学校的教学改革、教师半工半教、规章制度，以及办学工厂的劳动制度、经营管理制度等问题，交流了情况，总结了经验。③

1965年12月召开的全国城市半工半读教育会议指出，在全国各地试办的

---

① 《一种新的劳动制度和教育制度的试验》，《天津日报》1964年8月14日。

② 《高举毛泽东思想伟大红旗，用革命精神组织工农业生产新高潮》，《天津日报》1965年3月26日。

③ 《认真总结经验，办好半工半读学校》，《天津日报》1964年12月18日。

城市半工半读学校,已经在促进教育和生产劳动相结合,培养有社会主义觉悟有文化的劳动者,逐步缩小脑力劳动和体力劳动的差别等方面,显示出它的优越性,必须坚持"五年试验,十年推广"的方针,坚定方向,继续积极试办,以便掌握它的规律,实现教育战线上的这一大革命。会议指出,推行半工半读教育制度,涉及各行各业,是全党的任务,因此,必须加强党的领导,统一思想,统一步调。各省市都要在党委领导下,统筹规划,全面安排,通力合作,分工负责,调动各方面的积极性,把半工半读学校办好。

1966年3月18日到23日,天津市委、市人委召开天津市半工半读、职工业余教育工作会议,传达贯彻全国城市半工半读教育会议精神。会议回顾了天津市试办半工半读教育和举办职工业余教育的情况,进一步明确了方向,提高了认识,坚定了信心。会议认为,天津市在近两年时间里的半工半读和职工业余教育都有较大发展。全市有半工半读中等技术学校119所,学工2万多人,设有机械、电机、化工、无线电等108个专业。此外,还举办了工业中学、职业学校。办学形式比较多,发展比较快,专业面比较广。全市职工坚持业余学习的人数达到16万多,在政治教育和技术教育上有新的发展。会议要求各单位在工作中,必须不断总结、创造办好半工半读学校和职工业余学校的经验。会议认为,半天劳动、半天读书的"四四制"是比较好的半工半读形式,但应根据条件实行。会议还要求,各有关工厂加强对半工半读学校和有关挂钩的全日制学校的领导,建立组织,定期研究工作,共同完成培养学工的任务。各办学单位和学校应认真贯彻勤俭办学方针,学习大庆人的革命精神,坚持勤俭办学。

七、开展工人职工文体教育活动

(一)建立职工文联剧院及业余艺术学院

1960年1月2日,天津市总工会制定关于建立职工文联剧院及业余艺术学院的方案。职工文学艺术界联合会(简称职工文联)任务是,组织会员根据党的需要进行创作,对职工文艺创作思想及创作道路中的问题进行评论,加强对全市职工创作及评论的领导;培养天津市职工文学艺术创作及评论工作中的尖端人才和培养职工业余文学艺术家,并组织他们学习,主要学习毛泽东思想;编辑推荐职工优秀作品。职工文联附设在文化宫,受天津市总工会领导。文联最高组织为委员会,主委由市总工会主席担任。委员会下设四个协会,即作协、戏剧协会、音乐协会、美协,分别吸收文学、戏剧、曲艺、音乐、美术的业余爱好者。另设编辑部,主编由部长担任,副主编设专职人员,出版月刊《工人录》,刊登工人创作作品及评论文章。凡职工文艺爱好者,有较高创作写作水平自愿申请成为会员,经区工会及区委同意,天津市职工联合会即可接受为会员,会员在会内应享受所承担义务。

天津市职工业余艺术剧院的主要任务:一是贯彻业余文艺方针,组织学习,加强政治思想领导;二是加工整理区及基层出现的尖端节目,以加强对全市文艺活动的示范指导作用;三是培养工人阶级的京、评、梆、话、音、歌、舞、曲等业余艺术家及优秀演员;四是接受重要任务演出。剧院设在第一工人文化宫,由天津市总工会领导。剧院最高领导为院务委员会,委员会成员在院长领导下,由各团长组成。剧院下设戏剧、曲艺、舞蹈、歌咏、民间乐、西乐等团。剧院一般不做定期活动及演出,全体团员必须为各区艺术团体成员,在区内进行日常活动,市里会不定期组织活动。

天津市职工业余艺术学院的主要任务:一是为区及基层业余教育培养骨干及师资;二是提高市级优秀演员,优秀文学、美术、理论等骨干的理论水平、思想水平和艺术理论知识水平;三是研究编选职工业余艺术教育的教材,提高全市职工业余艺术教学水平。学院下设教学研究室,设专职干部研究教学,组织编写教材,辅导学员学习,编印出刊学习资料及学生作业选集。学员对象为基层和区里骨干及政治思想、生产、学习及在文艺上有培养前途的职工。

(二)加强职工文化工作

1960年1月15日,天津市总工会在开展职工群众文化工作的意见中指出,两年中,天津市职工群众文化活动、工会文化事业有很大发展,工会俱乐部由1957年的665个发展为1177个,图书馆由916个发展为1188个,藏书190

万余册。意见指出,随着社会主义建设事业的发展,职工文化工作还不能满足现实的需要,1960年是我国社会主义建设取得更大胜利的一年,职工文化工作必须跟上形势发展的需要。为此,提出以下六点工作意见:一是继续扩大职工业余文艺组织与队伍,并在普及的基础上不断地提高,形成职工业余文艺组织网。二是普遍建立车间文艺组(或称宣传队)。大工厂车间与中、小工厂的分厂上半年建立起来。全市大力推广国棉四厂细纱乙班文艺组的经验。三是各工厂基层根据本厂职工需要及条件,分别艺术形式,建立各种艺术团队,其中必须建立歌咏队,经常向全厂推荐红色歌曲,全市推广"六号门"艺术团十年来坚持创作与活动经验。四是区级工会或俱乐部建立职工业余艺术团,按各区不同特点有重点地建立,逐步发展。五是市级建立职工业余艺术剧院,下分戏曲、话剧、舞蹈、歌咏、民间乐、曲艺等队,每年每个团队、每种艺术形式要排练出1至2个及更多的尖端节目。六是扩大职工文艺创作队伍。要扩大创作骨干队伍,建立一支职工文艺评论队伍。[①]意见发出后,天津市总工会积极加强职工文化工作,丰富职工群众文化活动。

1960年,天津市总工会开展职工体育主要活动为:一是训练工作。选拔市工人男女篮球、足球代表队进行训练;与体委联合举办教练员训练,为区培养水平较高的教练员;举办体育干部训练班,提高基层干部业务水平。二是开展竞赛工作,主要包括全市工人武术选拔赛,全市工人足、篮球锦标赛,全市工人乒乓球选拔赛,全市工人乒乓球团体赛,全市工人射击比赛,14县工人运动会,基层体育工作汇报比赛,全市第九届工人体育运动大会,全市工人游泳比赛,横渡海河比赛,协作片运动会,全市工人马拉松比赛,冬季职工越野赛。天津市总工会开展的群众文化主要活动是:召开群众文化工作会议。2月组织全市第十届职工会演,会演结束后,组织集训,筹备参加全国会演。5月组织第四届职工美展。7月组织第二次工人写作会议,并进行文学作品评

---

① 天津市地方志编修委员会办公室、天津市总工会编著:《天津市志·工会志》,方志出版社,2017年,第649—650页。

奖；组织3次诗赛会；组织区级俱乐部竞赛。年终召开文艺积极分子大会，出版艺术作品选集、文学作品、诗歌、美术作品，经验汇集等共9本。在丰富工人文学活动方面，1962年5月，天津工人文学社发展到80余人。文学社除经常召开座谈会、讨论成员的作品外，还负责向全国性文艺刊物推荐作品。《河北文学》《新港》杂志几乎每期都有天津工人文学社成员创作的作品。①

第二节　在曲折发展、徘徊前进中的天津工人运动

　　"文化大革命"时期，天津各方面都受到严重破坏。由于广大党员干部群众的抵制和斗争，"文化大革命"的破坏在一定程度上受到限制，国民经济虽然遭受了重大损失，但在有些方面也取得了一定进展。广大工人群众积极投身调整和整顿国民经济工作，开展"工业学大庆"运动，使天津工业生产、经济发展仍然取得了一些成绩。在此期间，天津工会组织遭受严重破坏，工会工作一度陷入完全瘫痪和停滞状态，一些工会领导、劳动模范受到错误批判。1970—1971年间发生了林彪反革命集团阴谋夺取最高权力、策动反革命武装政变的事件，客观上宣告了"文化大革命"的理论和实践的失败。②此后，全国工会工作出现转机。到1973年，全国各地相继开展了工会组织的整顿和健全工作，天津各级工会组织陆续得到整顿和恢复。

　　1976年10月，"文化大革命"结束。在天津市委领导下，广大工人群众开展了声势浩大的揭发批判"四人帮"运动，积极参与灾后重建和生产恢复工作，继续开展"工业学大庆"运动，发展工业生产和国民经济，迎接中国工会第九次全国代表大会的召开。由于"文化大革命"中"左"倾错误的影响，在一定时期内造成的政治上、思想上的混乱不容易在短期内消除，指导思想

---

　　① 天津市地方志编修委员会办公室、天津市总工会编著：《天津市志·工会志》，方志出版社，2017年，第650页。

　　②《中国共产党两个关于若干历史问题的决议》，人民出版社，2021年，第112页。

上的"左"倾错误在一段时间内仍然延续,天津许多工作包括经济工作、工会工作等,都出现了在徘徊中前进的局面。直至党的十一届三中全会召开,我国改革开放和社会主义现代化建设事业开启,在党中央正确路线、方针的指引下,天津经济社会发展、工人运动和工会工作等各方面进入了一个新的历史时期。

一、天津工人运动在曲折中行进

(一)问题蔓延至工人队伍和工业系统

按照党的八届十一中全会规定,"文化大革命"运动的重点是大中城市的文化教育单位和党政领导机关。1966年9月,中共中央发出《关于抓革命、促生产的通知》和《关于县以下农村文化大革命的规定》,要求各个生产地区和业务部门,应当立即加强或组成各级指挥机构,坚守岗位,保证本单位革命和生产的正常进行。天津市委努力贯彻中央的两个文件精神,以保证生产的正常进行。根据市委指示,《天津日报》先后于9月15日、11月10日转载《人民日报》社论《向工农兵致敬,向工农兵学习》和《再论抓革命促生产》,还连续报道了全市部分单位、职工在"文化大革命"中坚守岗位、坚持生产的情况。

针对一些工厂企业陆续成立群众性造反组织、有些群众擅自脱产、有的工厂两派对立、严重影响生产的情况,1966年12月5日,天津市委、市人委联合发出《关于加强工业生产领导的通知》,要求全市工业部门妥善安排革命和生产,努力做到"革命生产双丰收",并决定成立由副市长杨拯民任主任的生产办公室。然而,在中央关于在工厂、农村开展"文化大革命"的文件下发后,"文化大革命"在全市工业生产领域迅速蔓延。

全市很多企业成立起造反组织,企业大多数领导被揪斗,一些企业工人脱离生产岗位,四处串联,导致许多单位陷于瘫痪状态,全市经济形势不断恶化。很多企业生产秩序受到严重冲击,非常混乱,纪律涣散,出现了严重的缺勤和工时浪费现象,并发生了很多事故。

为维持社会生产、生活秩序,制止武斗,1967年1月23日,中共中央、国务院、中央军委、中央"文革"小组作出《关于人民解放军坚决支持左派群众的决定》。3月19日,中央军委发出《关于集中力量执行支左、支农、支工、军管、军训任务的决定》(简称"三支两军"决定)。《决定》下发后,天津驻军迅速成立相关机构,开始接管、警卫重要目标等"三支两军"的各项工作,直接介入"文化大革命"的夺权斗争,并且承担起支援工农业生产的任务。

为控制混乱的局势,1967年1月18日,天津驻军奉命成立中国人民解放军天津市重要目标军事管制委员会,随即对仓库、重要工厂等58个重要目标实施军事管制。5月中下旬,为遏制武斗事件的冲击,天津驻军奉命对天津641厂、天津钢厂及所属分厂等实行军事管制,建立军事管制委员会。

此后,频繁出现的武斗和打、砸、抢局面逐步得到控制。1967年6月,中共中央、国务院、中央军委、中央"文革"小组发布"纠正最近出现的打、砸、抢、抄、抓的歪风"的通令后,天津警备区司令部、政治部及时制定贯彻意见。8月10日,驻军"支左联络站"与市革命委员会筹备小组联合发出"关于立即制止武斗的紧急呼吁",并采取措施使武斗双方分离。

为保证生产的进行,天津驻军于1967年3月7日成立"抓革命促生产指挥部"。"抓革命促生产指挥部"基本代替了原市人委的工作职能,陆续设立了工业、农业等15个办公室,进行"支工"等各项工作。

1967年9月后,军队"支左"实际改为支持两派群众组织,推动和促进各地区、各部门的"革命大联合"。1972年8月,"三支两军"工作结束。在"文化大革命"混乱的情况下,"三支两军"工作对于维护社会稳定、减少生产损失及人民生命财产损失起到了重要作用,减轻了"文化大革命"的破坏。

(二)天津工人群众坚守岗位努力生产

1.为"三五"计划建设作贡献

1968年上半年起,天津的形势逐步稳定下来。广大群众迫切希望结束混乱局面、恢复和发展生产,"三五"计划建设得到恢复。天津广大工人为"三五"计划的建设作出了重要的贡献。

自1968年3月开始,随着混乱的政治形势逐渐稳定,经济形势也开始好转。此后,天津市革委会采取各种措施,使经济保持了逐渐恢复的势头。

1969年3月3日,天津市革委会召开抓革命、促生产、夺取工业战线新胜利誓师大会,强调继续执行"抓革命,促生产"的方针,发动群众夺取革命和生产的更大胜利。会议指出,当前摆在全市人民面前的迫切任务是,进一步学习、宣传、落实毛泽东最新指示和《人民日报》2月21日发表的《抓革命,促生产,夺取工业战线的新胜利》的重要社论。组织生产,必须把立足点牢固地放在自力更生的基础上,发扬艰苦奋斗、奋发图强的革命精神;必须大力开展技术革命运动,充分发挥群众的智慧,发挥工人、技术人员和领导干部"三结合"的作用,猛攻科学技术尖端,开展综合利用,力争在更多的领域中赶上和超过国内外先进水平。

1969年4月,天津市1969年国民经济计划工作会议召开。会议根据全国计划座谈会讨论修改的《1969年国民经济计划纲要(草稿)》精神及中央下达给天津的任务指示,对全市1969年国民经济计划作出安排。

为进一步落实经济计划,提升工业产品质量,天津市于1969年12月15日召开提高工业产品质量动员大会,号召全市职工深入开展革命竞赛,力争多出产品、出好产品,努力提高工业产品质量,多快好省地完成和超额完成国家生产计划,以实际行动支援国防、保卫祖国,迎接20世纪70年代。大会指出,工交建部门生产上存在的一个突出问题,就是部分工厂企业产品质量低。经过努力,1969年天津市经济明显好转,改变了1967年、1968年生产连续下降的不利局面。全年社会总产值实现103.92亿元,比上年增长25.1%,其中工业总产值88.47亿元,比上年增长30%。[①]

尽管经济得到了一定的恢复和发展,但由于"文化大革命"的严重干扰,"三五"计划最终没有完成,实际只完成了计划的73.4%,但在一些重点项目的建设上取得了明显成绩。如成功制造出我国第一台六千吨水压机,6985工程(后定名为天津铁厂)、天津石油化工总厂等重大项目均开始投入建设。[②]

---

① 中共天津市委党史研究室:《中国共产党天津历史:第二卷(1949—1978)》,中共党史出版社,2015年,第396页。

② 中共天津市委党史研究室:《中国共产党天津历史:第二卷(1949—1978)》,中共党史出版社,2015年,第397页。

1970年12月15日,我国第一台六千吨水压机正式投入生产,这是由天津工人设计制造的。从设计到投产,历时近13个月,其中制造、安装、调试用了7个月零8天。这台水压机是制造发电、冶金、化工、矿山、造船等重型机器所必需的锻造设备,其锻造范围广,重量比较轻,操纵灵活方便,而且便于维修,解决了因突然停电造成的事故问题,在高压罐水位控制等方面采用了新技术。它高22米,长43米,宽10米,本机重1400吨。制造这台水压机,不仅工作量大,技术水平要求也很高。当时,天津市机械工业配套水平较低,缺少大型铸造、加工、起重设备和大型热处理设施,制造这样的大型设备有很多困难。但是,天津广大工人毅然接下了这一艰巨任务。在国务院有关部门的指导和大力支持下,在北京、上海、黑龙江、山西、山东、四川等兄弟省市的积极支援下,天津市机械、冶金、轻工、纺织、化工、铁路、交通、航运、建筑、电业、电讯、公用、市政、物资、商业、服务、银行、科研、高等院校等各行业200个单位、5万名干部职工投入大会战,开展大协作,组成了一个无形的水压机制造厂。经过广泛而紧密的协作及各单位的共同努力,最终造出了我国第一台六千吨压水机。[①]

2.投身调整和整顿国民经济工作

为解决经济生产中存在的一系列问题,1970年前后,周恩来主持召开一系列专业会议,批判极"左"思潮和无政府主义,推动落实政策和恢复发展生产。1971年12月至1972年2月,全国计划会议召开,提出了整顿的任务。随后,经济领域各项调整整顿措施开始实施。天津积极贯彻整顿国民经济的各项部署,工业生产呈现恢复、上升趋势,并取得了一些重要成果。

1972年2月至3月,天津市召开全市计划会议,对天津市1972年国民经济发展计划作出安排。会议强调,要加强企业的整顿管理,恢复和健全岗位责任、考勤、质量检验等7项制度,抓好产量、品种、质量、利润等7项指标,提高产品质量和劳动效率,确保计划的完成。在全市工业系统干部群众的努力

---

① 《本市高速度制造出六千吨压水机》,《天津日报》1970年12月17日。

下,1972年工业生产计划超额完成,工业企业整顿取得初步成效。①

天津工业建设在整顿中取得了一些重要进展。大港油田和石油化工项目相继兴建投产,机械、冶金等行业也取得了一定成绩。

其中,1972年2月天津市锻压机床厂成功制造出我国第一台630吨双动薄板冲压液压机。这台机器结构先进,性能良好,通用性较强,是国防工业和汽车工业急需的大型液压设备。全厂职工在"工业学大庆"群众运动中,自力更生、奋发图强,经过6个月的艰苦战斗,最终胜利完成任务。1971年4月,这个厂党委决定发动群众,自己设计、制造一台630吨双动薄板冲压大型液压机。这台大型液压机主机高达9米,工作台有效面积5平方米,总重量75吨。可是,锻压机床厂只是一个生产液压机的中型厂,加工设备、厂房和起重能力,都适应不了制造大型液压设备的要求。厂党委针对这一问题,及时进行了分析,坚定了信心,迅速发动群众组织试制大型液压机的大会战。会战开始以后,第一道难关是天车负荷只有10吨,而有的工件却有23吨重。天车组的工人利用6个滑车,顺利地完成了起重任务。机加工车间主动承担加工23吨重的工作台和几个关键件的任务。该厂最大的刨床只能载重10吨工件,为完成任务,机加工车间的工人们开动脑筋、群策群力,在刨床外侧增加了一个和床身平行的辅导轨和滚动小车,把工件一半放在刨床上,另一半放在滚动小车上,分段切削,胜利完成了加工任务。液压机的工作台上有大小195个孔,没有大型镗床,机加工车间的工人就采用"蚂蚁啃骨头"的方法,大搞专用工具,突破了这道难关。在焊接过程中,电焊工人改进了焊接工艺,不仅保证了质量,而且大大提高了工效。装配车间的工人,在厂党委领导下,组成了一支以老工人为主体、有领导干部和技术人员参加的三结合"铁人攻坚队"。在总装过程中,最硬的一仗就是用什么方法把70多吨重的主机架起来。面对困难,有的老工人提出用该厂16个300吨液压机工作台和4个100吨液压机工

---

① 中共天津市委党史研究室:《中国共产党天津历史:第二卷(1949—1978)》,中共党史出版社,2015年,第407页。

作台拼起来工作的建议。经过试验,证明这样的支撑架完全合乎质量要求,还为国家节省了几十吨钢材。广大职工群众经过21天的艰苦奋战提前完成了总装、调试630吨双动薄板冲压大型液压机的任务。①

同年5月10日,六九八五工程炼铁厂区第一座焦炉、高炉顺利投产。六九八五工程的建设,得到了中央有关部门的关怀,得到了河北省及其他兄弟省、市许多单位的大力支援。在六九八五工程建设中,广大职工深入开展"工业学大庆"的群众运动。建设初期,正值天寒地冻,数万名建设大军开到现场,交通不便,吃、住条件都很艰苦。工人们身居席棚,斗志昂扬、干劲冲天。当时,山上没有路,材料运不到,为了加快施工进度,职工们手拉肩扛,翻山越岭,把材料运到现场。广大职工发扬"一不怕苦、二不怕死"的革命精神,在短短两年时间里,削平一座又一座山头,填平一道又一道深沟,完成土石方工程六百五十多万立方米,先后建成了焦炉、高炉主体工程和一批配套项目。在大打矿山之仗中,剥岩二十二万立方,矿井巷道掘进三千多米。广大职工在建设中把苦干、实干和巧干结合起来,在施工中大搞技术革新,尽量采用先进技术,努力实现多快好省。为六九八五工程赶制焦炉、高炉设备的全市三百多个工厂,树立全局观念,发扬协作风格,千方百计克服任务重、时间紧、原材料不足等困难,努力完成任务。许多单位还派出有经验的老工人和技术人员来到工地,帮助安装、调试设备,为焦炉、高炉的投产创造了有利条件。②

在1972年的基础上,1973年天津市继续采取有效措施,加强对工业企业的整顿和管理。5月23日,市委、市革委会召开工业、交通、基本建设和财贸系统增产节约运动动员大会,号召广大干部职工立即行动起来,为全面完成和超额完成全市1973年国家计划作贡献。

在工业调整中,天津新港扩建工程取得重要进展。1973年3月,为贯彻国务院关于加强港口建设的指示部署,天津市成立了市建港指挥部,开始实施

①《制成六百三十吨双动薄板冲压液压机》,《天津日报》1972年2月29日。
②《我市六九八五工程第一座焦炉、高炉建成投产》,《天津日报》1972年5月18日。

为期3年的港口扩建工作。至1975年,天津已完成13个万吨级以上货运泊位及相关配套工程的建设,占全国同期建成的港口深水泊位的三分之一以上,受到国务院和有关部委的充分肯定。①

1975年初,四届全国人大一次会议闭幕后,在毛泽东、周恩来支持下,邓小平开始主持中央和国务院的日常工作,对各方面工作进行全面整顿。天津努力贯彻落实整顿部署,取得了明显成效。天津把着力抓好铁路整顿,作为经济领域整顿的突破口。4月底,天津铁路运输秩序显著好转。在此基础上,天津进一步开展了以钢铁行业为重点的工业整顿。按照中央和市委的部署,全市钢铁行业干部群众迅速兴起大规模的"夺钢保钢"热潮,钢铁生产不断刷新纪录。钢材生产6月上旬创造了历史上同期最高水平,达到36591吨。钢铁行业整顿取得明显成效。②经过全面整顿,天津工业、交通、教育、农业及科研等各方面都取得进展和成效。至1975年底,全市完成工业总产值145.57亿元,比1974年增长8.2%。国民经济明显回升,并取得一定的发展。然而,随着"反击右倾翻案风"运动的开始,天津的各项整顿被迫中断。③

3.开展"工业学大庆"运动

1964年,党中央和毛泽东提出"全国工业学大庆"的号召,此后大庆油田成为工业战线上的一面旗帜。"文化大革命"开始后,"工业学大庆"受到严重干扰。随着批判极"左"思潮的进行,"工业学大庆"运动再次兴起,调动了广大工人的积极性与创造性,推动了工业生产的恢复和发展。

1971年1月1日《人民日报》、《红旗》杂志、《解放军报》联合发表元旦社论,把进一步开展"工业学大庆"作为一项重要任务。6月19日,《人民日报》发表题为《工业学大庆》的社论。社论指出,在开始实行发展国民经济第四个五

---

① 中共天津市委党史研究室:《中国共产党天津历史:第二卷(1949—1978)》,中共党史出版社,2015年,第408页。

② 中共天津市委党史研究室:《中国共产党天津历史:第二卷(1949—1978)》,中共党史出版社,2015年,第423页。

③ 中共天津市委党史研究室:《中国共产党天津历史:第二卷(1949—1978)》,中共党史出版社,2015年,第425页。

年计划的时候，许多地方的党代表大会提出进一步开展学大庆的群众运动。
这对于加快社会主义建设，具有极为重要的意义。社论号召，全国工业战线
的同志们，要以大庆为榜样，为把我国建设成一个具有现代工业、现代农业、
现代国防、现代科学文化的社会主义国家胜利前进。

社论发出后，天津市广大工人群众迅速投入"工业学大庆"运动当中。天
津市冶金工业系统各级党组织积极带领广大党员、群众，深入开展"工业学大
庆"群众运动，坚决贯彻执行"抓革命，促生产"的方针，不断取得革命和生产
的新成绩。1971年1至5月工业总产值比上一年同期增长了20.56%；钢产量
增长29.76%，钢材产量增长37.5%，产品质量有了不同程度的提高，原材料消
耗逐步下降，实现了61项新工艺、新技术。6月上旬工业总产值和钢、钢材、金
属制品、有色金属、耐火材料等产品的产量比5月同期又有很大提高，并连创
钢、钢材日产水平的历史最高纪录。①

为贯彻中央精神，1971年6月28日，天津市革委会发出《关于认真学习
〈人民日报〉重要社论，进一步开展"工业学大庆"群众运动的通知》。通知要
求，为了把天津市工业学大庆的群众运动进一步推向深入，市委要求，工交建
战线的各级领导、广大工人群众、革命干部和革命工程技术人员，都要认真学
习、深刻领会《工业学大庆》重要社论，制定切实可行的措施，务必取得成效。
各级党委要加强对学大庆群众运动的领导。工交建各局、各公司、各区都要
抓好本系统、本地区学大庆的典型。各级领导都要深入基层，总结和推广学
大庆的经验，要经常分析形势，抓好活思想，及时解决存在的问题，把学大庆
的群众运动不断引向深入。②

天津市内燃机冲压件厂党总支领导成员，在"工业学大庆"的群众运动
中，推进了全厂生产形势的不断发展。在3年中，该厂有3名老工人出席首都
国庆观礼。全厂职工思想水平不断提高，促进了生产的飞跃发展。1969年，

---

① 《革命不断深入，生产不断发展》，《天津日报》1971年6月21日。

② 《中共天津市委关于认真学习〈人民日报〉重要社论进一步开展"工业学大庆"群众
运动的通知》，《天津日报》1971年6月29日。

该厂提前98天完成了国家生产计划,1970年又提前107天完成了国家生产计划;工业总产值1970年比1966年提高2倍,1971年1至5月又月月超额完成了国家计划。①

在"工业学大庆"运动中,天津注重以先进典型示范引领,推动运动全面开展。1971年8月,市革委会生产指挥部在全市学大庆先进单位六四一厂(即今大港油田)召开天津市工业学大庆现场会。六四一厂开发建设中,干部职工学习大庆"有条件要上,没有条件创造条件也要上"的精神,取得油田开发建设的显著成绩,年年提前和超额完成国家生产计划。干部职工还自力更生办起小水泥厂、小炭黑厂、小电石厂、小化肥厂等工厂及其他服务型工厂。

全市工业、交通、建筑战线的广大干部职工学习大庆人的"硬骨头"精神,大搞技术革新、技术革命,提高了产品质量和生产效率。

1972年第一季度,天津工业总产值比1971年同期增长了14.4%。在68种主要可比产品中,有46种比1971年同期有所增长。其中,钢、成品钢材、水泥、纯碱、烧碱、农药、金属切削机床、汽车、矿山设备、自行车、手表等,都完成了全年产量计划的25%以上。一批产品的质量上升,消耗下降。据冶金、化工、一轻、纺织和建设五个工业局的分析,在80种主要产品中,有40种产品质量比上一年提高,其中有20种产品质量稳定。②

天津市各级党组织为了更好地贯彻执行社会主义建设总路线,在"工业学大庆"群众运动中,加强党的领导,放手发动群众,充分依靠群众,实行"两参一改三结合",以大庆为榜样,加强了企业管理。许多单位狠抓企业管理,逐步建立健全了岗位责任制、技术操作规程、质量检验制度、经济核算制度等,推动生产多快好省地全面发展。冶金、机械、化工、轻工一些产品的质量上升,消耗下降,成本降低。

1972年5月,天津市革委会生产指挥部召开企业管理座谈会。会议分析

---

① 《带头学大庆,做出好榜样》,《天津日报》1971年6月30日。
② 《本市工交建战线第一季度革命生产取得新成就》,《天津日报》1972年4月4日。

了本市工交建系统整顿和加强企业管理工作的情况,研究了进一步搞好企业管理的问题。通过这次会议,统一了思想,明确了方向,找到了差距,研究了措施。会议进一步明确了整顿和加强企业管理的方向。

1973年,天津市工业、交通、建筑企业共实现技术革新、技术改造项目41000多项。全市实现机械化、半自动生产线210条,试制成功新产品2400多种,制成一批大型设备。全市完成工业总产值123.5亿元。①主要产品产量增长迅速,如:钢增长1.4倍,发电量增长1.7倍,化肥增长5倍,机床增长1.1倍,自行车增长1.8倍。原油从无到有,产量比投产的第一年增长了17倍。多数产品质量提高,消耗降低,全员工业劳动生产率提高47%,地方工业上缴利润增长1倍。全市基本建设完成投资额比1965年增长3倍。②

1973年召开的天津市工会第九次会员代表大会提出,坚决贯彻执行"鼓足干劲,力争上游,多快好省地建设社会主义"的总路线,坚持"鞍钢宪法",继续深入开展"工业学大庆"的群众运动;积极为党和国家培养、输送工人干部;动员群众协助和监督各级干部执行党的路线方针政策,坚持社会主义方向;关心工人生活,搞好安全生产和劳动保护,注意工人的文化技术教育。一些企业还冲破"左"倾错误思想的阻碍,加强企业管理。至1973年10月,全市工业系统中,天津铁厂、天津动力机厂、天津制鞋厂等单位都在企业管理方面取得了成效,为全市工业企业建立合理的规章制度、提高管理水平,积累了经验。③

天津制鞋厂是一个有一千一百多人的老厂。经济核算是社会主义国家管理企业的一项重要制度,是"执行厉行节约、反对浪费这样一个勤俭建国的方针"的重要措施。在"鞍钢宪法"的指引下,这个厂的经济核算制得到逐步

---

①《天津四十年》编辑部、天津市统计局:《天津四十年》(1949—1989),中国统计出版社,1989年,第206页。

②《天津四十年》编辑部、天津市统计局:《天津四十年》(1949—1989),中国统计出版社,1989年,第719页

③中共天津市委党史研究室:《中国共产党天津历史:第二卷(1949—1978)》,中共党史出版社,2015年,第413页。

发展和巩固。到1973年,有些班组80%至90%的生产工人都能够进行核算,班组实现了管计划、管定额、管质量、管消耗、管费用、管设备。经济核算工作的开展,有效地促进了各项管理工作的加强,调动了广大职工当家作主的社会主义积极性,促进了生产的发展。①

天津动力机厂从1971年7月开始,以"鞍钢宪法"为指导,以大庆为榜样,开展加强企业管理的群众运动。到1973年,改革了不合理的规章制度,调整、充实了必要的专职管理机构,加强了群众管理,使企业建立了比较正常的生产秩序。在此基础上,厂党委进一步发动群众,认真总结经验,揭矛盾、找差距,采取切实措施,加强技术管理和计划管理,在扭转生产前松后紧、提高产品质量等方面,取得了比较好的效果。

1973年下半年起,天津市"工业学大庆"运动中加强企业管理等做法,受到来自"左"的错误思想的干扰和质疑,甚至被扣上"鼓吹制度万能论"等帽子。在"左"倾错误影响下,"工业学大庆"运动中也出现了把大庆经验与阶级斗争、路线斗争相联系,把一些经验模式化、绝对化的做法,在一定程度上也存在着追求产量,忽视成本、效益的偏差。这些都影响和阻碍了"工业学大庆"运动的健康发展。尽管如此,天津市广大共产党员和工人群众在"工业学大庆"运动中,积极恢复发展生产,开展技术革新和技术革命,为实现天津经济建设的好转,作出了积极努力,取得了明显成效。②

1973年,天津市提前十天完成年度国家计划,工业总产值比1972年增长了9%以上。③1974年,天津工业生产逐日增长,各项重点项目建设不断推进,在一定程度上改变了"文化大革命"初期生产管理混乱、生产效率和产品质量下降的状态。

---

①《依靠工人当家理财》,《天津日报》1973年10月17日。

② 中共天津市委党史研究室:《中国共产党天津历史:第二卷(1949—1978)》,中共党史出版社,2015年,第413页。

③《我市百万产业工人夺得新胜利提前跨进一九七四年》,《天津日报》1973年12月25日。

1976年10月，党中央采取果断措施，一举粉碎江青反革命集团，"文化大革命"宣告结束。

总的来看，"文化大革命"对天津工人运动、工业发展、经济建设造成的损失和危害是巨大的。在"文化大革命"中，天津市广大工人队伍，努力抵制、纠正"左"倾错误，尽力减少"左"倾错误造成的危害和损失，为"三五"计划建设做出了积极贡献，积极参与调整和整顿国民经济工作，开展了"工业学大庆"运动，推动天津工业建设、经济建设取得了一定成绩和进展。"文化大革命"作为党探索符合中国国情的社会主义道路中发生的严重挫折，给工人运动造成了巨大的损害。实践证明，只有在党的领导下，坚持正确的政治路线，走一条符合国情、符合实际的正确的社会主义发展道路，工人运动才能不断取得新的成就。

二、天津工人运动在徘徊中前进

（一）落实中央揭批"四人帮"运动的部署

粉碎"四人帮"后，要解决"文化大革命"积累下的严重的政治问题和社会问题，还有许多迫切的工作要做。其中，首先必须彻底肃清"四人帮"的影响，恢复正常的社会秩序。

天津市委贯彻中央精神，于1976年10月30日，组织召开全市揭发批判大会。全市各级组织、各个行业也分别召开了揭发批判大会。各单位还组织了政治夜校和学习班。在市委和各级领导机关带动下，工人阶级认真学习马列主义著作和党中央关于揭批"四人帮"的文件。

揭批"四人帮"，必须落实党的干部政策，把被"四人帮"颠倒了的干部路线纠正过来，平反冤假错案。粉碎"四人帮"以后，市委对万晓塘和张淮三的有关问题进行了严肃认真的复查。1977年12月23日，市委向中央提交了《关于对万晓塘同志有关问题的调查甄别报告》和《关于对张淮三同志有关问题的调查甄别报告》，分别对他们的问题作了说明。报告提出，万晓塘自杀问题应予否定，张淮三的叛徒、特务问题应予否定。1978年1月25日，中共中央批准了天津市委这两份报告。

1978年6月7日至10日，天津市先后召开市委、市革委会扩大会议和两次党员干部大会，传达中央对天津问题的指示，并对全市揭批"四人帮"运动作出部署。广大工人按照中央指示和市委部署，对"四人帮"进行更深层次的批判，特别是集中批判"四人帮"把"抓革命，促生产"说成是"唯生产力论"的谬论，形成了大干社会主义、理直气壮抓生产的热烈气氛；批判"四人帮"污蔑建立合理的规章制度是"复辟"，是"管、卡、压"的谬论，加强了企业整顿和管理，规范了规章制度，改变了过去无章可循、有章不守的无政府状态；批判"四人帮"乱扣"物质刺激"帽子的罪行，实行了各种生产责任制，调动了干部群众的生产积极性，促进了生产发展；深入揭发批判"四人帮"破坏教育事业和迫害知识分子的罪行，进一步调动广大教职工积极性，恢复和健全各级各类学校的规章制度，推动教育教学走上正轨。①

天津市总工会集中揭发批判了天津市某些负责人紧跟"四人帮"，砸烂工会，迫害老劳模、老工人的严重问题。1978年8月，市总工会召开工会工作先进集体、优秀工会工作积极分子表彰大会。会上，和平区工会、第三建筑公司工会、棉纺一厂工会劳保工作委员会的代表和工农兵商场自行车缝纫机组工会小组长，分别介绍了做好工会工作的经验，并联系实际，揭发批判了"四人帮"和天津市的某些负责人对工人运动和工会工作的干扰破坏。会议指出，尽管"四人帮"妄图把工会变成篡党夺权、复辟资本主义的工具，但广大工会干部和工会积极分子对他们的倒行逆施进行了抵制和斗争。工会干部和工会积极分子不辞辛苦，勤勤恳恳为群众服务，做了大量的工作，取得了很好的成绩。特别是粉碎"四人帮"以后，工会工作的形势更好。

1978年，天津各级工会在党委领导下，组织职工深揭狠批"四人帮"的罪行及天津市某些负责人的严重问题，结合各行各业实际，提出了不同的献礼②

---

① 中共天津市委党史研究室：《中国共产党天津历史：第二卷（1949—1978）》，中共党史出版社，2015年，第468页。

② 1978年5月，全国总工会发出通知，号召全国工人阶级用优异成绩迎接中华人民共和国成立二十九周年，迎接中国工会第九次全国代表大会的召开。

竞赛内容,调动了广大职工的社会主义积极性。

针对一些党组织和党员领导干部中存在的思想不纯、组织不纯、作风不纯等问题,从1977年初开始,天津市开展了整党整风活动。市委确定一轻局、棉纺四厂、百货大楼3个试点单位,各区、局也确定了试点单位。全市整党整风包括思想发动、学习和批判、领导班子整风和党员教育、组织整顿等阶段工作。在此过程中,各单位把批判"四人帮"破坏党的建设作为重点,采取谈话、培训等各种形式,对党员和干部进行党的优良传统作风和方针政策教育,肃清"四人帮"在党的建设上造成的危害和影响。至1978年6月活动结束时,全市共1000多个单位开展了整党整风,对于逐步恢复党的优良传统和作风发挥了重要作用。

(二)积极参与灾后重建和生产恢复工作

1976年7月28日,河北唐山、丰南发生强烈地震,严重波及天津,市区特别是靠近唐山市的宁河县、汉沽区灾情严重。这次地震造成全市死亡24296人,重伤21497人。遭到破坏的各种房屋建筑占原有面积的61%,近70万居民失去了住房。据7个主要工业局统计,有289个企业遭受严重破坏,占企业总数的33%。这次地震造成的经济损失约19.6亿多元。[1]

地震发生后,党中央立即向灾区人民发出慰问电,并派慰问团赶赴天津指导、支援抗震救灾工作。在党中央、国务院、中央军委的关怀指导和天津市委直接领导下,工人阶级迅速投入全市抗震抢险斗争中来。

天津市工交建战线工人投入抗震救灾恢复生产中,交通局为灾区抢运物资,不到一个月的时间,出车9.7万多车次,共运送抗震救援物资和人民生活物资39万多吨。立新搪瓷厂恢复生产急需移动式气泵,第八玻璃厂立即把自己正在用的气泵支援给这个厂,而自己却抢修了一台旧的气泵使用,为立新搪瓷厂恢复生产创造了条件。建工局在二十多天的时间里,帮助几十家单位

---

[1] 中共天津市委党史研究室:《中国共产党天津历史大事记(1919—2010)》,中央文献出版社,2011年,第411页

排除险情,同时,还为医院抢建了一万五千多平方米的临时病房,为居民抢建了一万多平方米临建住宅。市房管局直属房产公司担负着和平区公产房屋的管理和修缮任务。新港船厂震后一直没有停顿外轮修理工作,一些修船、造船的收尾工程,从震后第二天就恢复生产。各车间打破工种界限,集中力量进行突击,仅用12天的时间,就先后使四条船离厂出航,其中"向阳号"和"天华号"还参加了抗震救灾的工作。①在各级党组织带领下,经过夜以继日的抢险、排险,遭到破坏的工厂绝大多数在短时期内恢复了生产。8月底,全市97%的企业已全部或部分恢复生产。②

继唐山大地震之后,1976年11月15日,天津宁河地区发生6.9级地震,又波及市区。两次破坏性地震使市区房屋和基础设施遭到严重损坏。在党中央和国务院的关怀下,天津市集中人力、物力进行抗震救灾斗争,取得了伟大胜利。

大地震给天津工业发展带来很多困难,广大工人在党的领导下,积极抗震救灾,努力恢复生产,取得显著成绩。天津作为新中国重要的工业城市和对外贸易港口,工业部门齐全。但是受"文化大革命"的影响,天津工业总产值在全国的排位逐渐下降,在地震灾害中,工业企业厂房、设备损失严重。地震发生后,广大职工在抗震救灾斗争中,响亮地提出"不能等着震,只能迎着干"的口号,余震未停就在解放军救灾部队支援下抢修厂房,检修设备,积极恢复生产。地震后一个月内,全市9个工业局所属1033个工厂中,全部恢复生产的工厂有722个,其中有200个工厂产量达到和超过震前水平,280个工厂部分恢复生产。③在党中央和国务院的关心和领导下,天津广大工人群众积极投入抗震救灾斗争中去,积极恢复发展生产,取得了伟大胜利。

---

① 天津市地方志编修委员会办公室、天津市总工会编著:《天津市志·工会志》,方志出版,2017年,第531页。

② 中共天津市委党史研究室:《中国共产党天津历史:第二卷(1949—1978)》,中共党史出版社,2015年,第432页。

③ 中共天津市委党史研究室:《中国共产党天津历史:第二卷(1949—1978)》,中共党史出版社,2015年,第450页。

（三）继续推动"工业学大庆"运动

1976年12月，国务院在北京召开的全国工业学大庆会议筹备会议宣布，为了动员全党，动员全国工人阶级，在深入揭发批判"四人帮"的基础上，掀起工业学大庆的高潮。1977年1月，中共中央发出《关于召开全国工业学大庆会议的通知》，要求掀起工业学大庆运动的高潮，掀起抓革命、促生产的高潮。通知指出，中央决定，"五一"国际劳动节前召开全国工业学大庆会议，动员全党、全国工人阶级，把工业学大庆的群众运动推向一个新的阶段，为普及大庆式企业而奋斗。

全国工业学大庆会议筹备会议结束以后，天津市委召开全市工业学大庆座谈会，进行了传达贯彻。中共中央《关于召开全国工业学大庆会议的通知》下达后，市委召开了10万职工大会进行了传达，要求广大干部和工人学好文件抓住纲，深入揭批"四人帮"，提高对学大庆意义的认识，加深对大庆基本经验的理解，进一步端正学大庆的态度，调动一切积极因素，为普及大庆式企业而奋斗。市工业、交通、基本建设战线各级党组织，普遍举办了学习班，许多局、公司领导干部认真学习中共中央通知，在深刻领会文件精神的基础上，深入基层，带头向职工宣讲。绝大多数的基层企业举办了各种类型的学习班，培训骨干。同时，运用广播、板报、墙报等各种形式进行宣传，广泛发动群众。建工局等系统要求所属单位的各级领导干部，要带头学习、带头宣讲，使广大职工群众深刻理解工业学大庆的重大意义，知道大庆的基本经验。通过认真学习文件，广大职工群众进一步加深了对工业学大庆的理解，提高了学大庆的自觉性。

1977年4月至5月，党中央召开了全国工业学大庆会议，号召全国人民努力把国民经济搞上去。会议要求，各省、市、自治区党委和中央各部特别是各工业部门在这次会议之后，由领导干部带头，派大批干部下去，深入基层，同广大工人群众实行"三同"[①]，调查研究，总结经验，以点带面，把工业学大庆的

---

① 即同吃、同住、同劳动。

群众运动更加轰轰烈烈、扎扎实实地开展起来，为迅速普及大庆式企业、实现国民经济的全面跃进，为夺取社会主义革命和社会主义建设的更大胜利而努力奋斗。国务院也陆续召开一系列经济部门的专业会议，部署工业生产的恢复工作。

按照党中央的部署，天津市以继续开展"工业学大庆"群众运动为重点，推动工业生产秩序的恢复。1977年4月29日，天津市委发出《关于立即组织广大职工认真学习全国工业学大庆会议文件的通知》。通知指出，各级党委要领导掀起学习大庆经验的热潮，把工业学大庆的群众运动推向新的阶段。要立即组织广大干部和群众，学习已经发表的大会文件和有关材料，认真体会大庆的经验。要边学边落实，学了就要干。要发动群众，对照大庆经验，联系本单位的实际，联系自己的思想，检查工作，总结经验，找到差距，提出办法，制订措施。该办的立刻就办，该改的立刻就改，该建的立刻就建，真正学出成效、干出成果，使企业扎扎实实地向前迈进。

1977年5月19日，天津市工业学大庆会议召开，传达学习和贯彻落实全国工业学大庆会议的精神，动员全市共产党员、工人阶级和人民群众积极行动起来，深揭狠批"四人帮"，立即掀起一个学习、宣传、落实全国工业学大庆会议精神的热潮，掀起工业学大庆、普及大庆式企业群众运动新高潮。为了加快工业学大庆步伐，会议提出要做到以下四个要求：一是努力学习马列和毛泽东著作。二是市委准备集中一段时间，以整风的精神，联系思想实际和工作实际，对照中央的要求和大庆的基本经验，揭矛盾，找差距，听取群众意见，制定改进措施，使领导作风和工作面貌有一个显著的改变。三是要抽调一批干部，由负责同志带队，深入到重点单位，帮助搞好企业整顿，贯彻"鞍钢宪法"，建设大庆式企业。各个企业都要建立健全企业政治工作制度和以岗位责任制为中心的七项规章制度。要加快生产恢复速度，加强科学技术研究工作，继续开展技术革新、技术改造，积极挖掘生产潜力，保证全面完成1977年国家计划。四是要切实加强党的集中统一领导，积极贯彻城市工作为生产、为工人群众服务的方针，努力把城市中的各项工作搞好。切实关心群众生活,搞好集体福利事业。①6月15日,天津市工业学大庆会议闭幕。

在天津市工业学大庆会议召开期间,一些企业就已经按照会议精神开展了工业学大庆活动。市建筑工程局系统的各级领导干部带头认真学大庆,揭矛盾、找差距,掀起了大学习、大宣传、大落实全国工业学大庆会议精神的热潮。参加全国工业学大庆会议的代表一回来,局党委立即召开了党委扩大会,听取了代表的汇报,并布置在全局系统迅速学习、宣传、落实全国工业学大庆会议精神。接着,代表们深入各公司和重点工地进行巡回宣讲。

天津市各条战线的广大职工学习大庆人的革命精神,干劲倍增,以抓革命、促生产的实际行动向市工业学大庆会议献礼。如,四新纱厂的领导成员坚持和群众一起大干,激发了全厂职工的社会主义积极性。1977年5月棉纱单产比4月提高1.3公斤,棉纱一等一级品率达到100%。一机局广大职工学大庆见行动,"大干红五月",工业总产值比4月提高16.3%,有7个企业提前一个多月完成了上半年生产计划,有88个企业创造了历史同期生产最好水平。纺织、印刷等局都提前完成了5月生产计划。5月,全市工业总产值比4月增长10.3%,铁路、公路运输和港口吞吐量均超额完成了5月计划。②

天津工业、交通、基建、财贸战线的广大职工,认真贯彻全国和全市工业学大庆会议精神,广泛开展社会主义劳动竞赛,生产不断发展。1977年上半年工业生产水平逐月提高,工业、交通、基建、财贸系统的957个单位提前完成了上半年计划。多数产品质量稳定提高,单耗平稳下降。交通运输部门顺利完成任务,基本建设完成投资额逐月增长。城市公用事业、商业和服务行业执行城市工作为生产、为工人群众服务的方针,显著改进,受到广大市民和职工的好评。

1977年7月6日,天津市委召开天津市工交建财提前完成上半年计划报捷大会,动员全市广大干部和群众进一步掀起工业学大庆群众运动高潮,为

---

① 《本市一九七七年工业学大庆会议隆重开幕》,《天津日报》1977年5月20日。
② 《本市工业学大庆会议举行大会》,《天津日报》1977年6月9日。

完成和超额完成国家计划而奋斗。会议指出,下半年工、交、建、财战线总的任务是,继续贯彻落实全国工业学大庆会议精神,紧紧抓住揭批"四人帮"斗争这个纲,把工业学大庆、普及大庆式企业的群众运动深入持久地、扎扎实实地开展起来,依靠群众,战胜困难,下最大的力量把工业发展速度搞上去,努力完成和超额完成1977年国家计划,实现生产的全面跃进。①

1977年8月,天津市总工会召开了天津市工业、交通、基建、财贸战线班组竞赛动员大会,号召迅速掀起班组社会主义劳动竞赛的热潮,深入开展工业学大庆、普及大庆式企业群众运动作出新的贡献。会上,工业、交通、基建、财贸战线出席全国工业学大庆会议的14个先进班组,向全市班组提出了举旗抓纲学大庆、深入开展班组竞赛的倡议。

会后,全市广大企业、职工迅速投入社会主义劳动竞赛和班组竞赛中。到1977年底,天津班组竞赛取得了可喜的成果,突出地表现在:促进了整个比、学、赶、帮、超的社会主义劳动竞赛不断深入,使企业与企业、部门与部门、区局与区局,以及天津市与兄弟省市之间的各种形式的革命竞赛活动,有了坚实的群众基础;促进了班组管理和各项基础性工作的开展,大大提高了班组建设的水平,为整顿和加强企业管理奠定了基础;促进了职工队伍的革命化建设,一支思想红、作风硬、干劲大、技术精、纪律严的铁人式职工队伍在斗争中茁壮成长,为建设大庆式企业夯实了基础;促进了全面完成和超额完成国家计划,在全市出现了一批提前跨进1978年,并创造了本组、本行业历史最好水平的先进班组。

根据各区、县、局工会对班组竞赛情况的检查,除了14个提倡议的先进班组成绩显著,据42个区、县、局的统计,直接生产班组共有47328个,1977年提前完成国家计划的有28603个,占班组总数的60.44%,其中,提前跨入1978年的有7483个,占15.81%,创本班组历史最好水平的有10387个,占21.95%。班组实现技术革新项目共23904项,其中,重大革新项目3431项。在竞赛中取

----

① 《本市召开工交建财提前完成上半年计划报捷大会》,《天津日报》1977年7月7日。

得显著成效、跨入先进行列的班组有8384个。①

1978年1、2月，天津市工交系统对158个大庆式企业重点建设单位进行了验收。据统计，1977年工交系统超额完成全年计划，12月工业总产值超过历史同期最好水平，1978年第一季度又比上年同期增长40%以上，达到历史最好水平。②据上报命名大庆式企业的70个单位的统计，有65个单位全面完成了1977年8项经济技术指标，其中有55个企业主要指标达到历史最好水平，有的指标赶上或超过国内同行业的先进水平。③

大港油田勘探一部3227钻井队是天津市工业学大庆的先进集体，到1978年，建队的11年中，年年超额完成国家计划，先后创建45项华北地区钻井新纪录，被油田党委命名为"硬骨头钻井队"。3227钻井队职工坚决贯彻新时期的总任务，深入开展工业学大庆运动，学先进，争上游，坚持推广高压喷射钻井新工艺，大打钻井速度翻身仗，到1978年7月21日，以201天22小时的时间，突破了钻井进尺两万米大关。这是1978年以来，全国大型钻机中第一个上2万米的钻井队。④

工业战线的团员、青年，在工业学大庆运动和"质量月"活动中，学技术、练本领、创优质、夺高产，生产捷报不断传来。二轻局系统各级团组织，采取举办产品质量对比展览、组织产品质量报告会等形式，生动形象地对团员、青年进行"质量第一"的教育，在团员、青年中树立生产优质品光荣、生产劣质品可耻的风气。在棉纺一厂开展的"迎接团十大，指标、操作创全优"的活动中，全厂100多名青年挡车工提出了"多创万米献十大"的口号，114人创出了万米无疵布。⑤

①《一花引出万花红，班组竞赛春潮涌》，《天津日报》1978年1月5日。
② 中共天津市委党史研究室：《中国共产党天津历史：第二卷（1949—1978）》，中共党史出版社，2015年，第452—453页。
③ 中共天津市委党史研究室：《中国共产党天津历史：第二卷（1949—1978）》，中共党史出版社，2015年，第453页。
④《大港油田三二二七钻井队，突破钻井进尺两万米大关》，《天津日报》1978年8月15日。
⑤《争当新长征突击手，为四个现代化献青春》，《天津日报》1978年10月17日。

(四)迎接中国工会九大召开

1977年8月召开的党的十一大指出,要加强党对工会、共青团、妇联等群众组织的领导,把这些组织整顿好、建设好,充分发挥它们应有的作用。1978年4月22日—24日,中华全国总工会第八届第七次执委扩大会议在北京举行。会议决定,1978年10月在北京召开中国工会第九次全国代表大会。5月1日,中华全国总工会发出《全国总工会关于召开工会九大的通知》。通知指出,经党中央批准,10月将召开中国工会第九次全国代表大会。中国工会九大的主要任务是,进一步动员全国工人阶级,在党中央领导下,坚决贯彻执行党的十一大路线,为实现新时期的总任务,建设社会主义的现代化强国而奋斗。大会的议程是:听取和审议第八届执行委员会的工作报告,修改中国工会章程,选举中华全国总工会新的领导机构。

1978年8月,天津市总工会召开工会工作先进集体、优秀工会工作积极分子表彰大会。大会指出,为了以实际行动迎接中国工会九大的召开,首先要抓紧揭批"四人帮"的罪行,揭批天津市某些负责人的严重错误,认真总结新中国成立29年来正反两方面的经验,全面做好工会工作;整顿好工会各级领导班子,把工人阶级的好传统、好作风恢复和发扬起来。会议要求,各级工会组织和工会积极分子积极行动起来,努力做好以下三项工作:一是组织职工大搞质量竞赛。产品质量问题是当前生产的关键问题。要广泛开展"质量信得过"的班组竞赛活动,宣传产品质量好的典型,提倡钻研技术的风气,搞好班组质量自检、互检,抓好质量的评比验收。到9月,要评选出一批"质量信得过"的先进班组、岗位和个人。二是狠抓老工人、老模范的政策落实,调动他们的积极性,充分发挥他们的带头、骨干和桥梁作用。各级工会要调查了解老工人、老模范受"四人帮"和天津市的某些负责人迫害的情况,研究落实政策中的问题,交流落实政策的经验,积极主动地协助党委抓好这项工作。三是关心群众生活。要重点抓好职工食堂和托儿所、幼儿园的竞赛。动员炊管、保教等后勤部门的职工投入竞赛中来,不断提高对做好后勤工作重要意义的认识,努力做好本职工作,千方百计地为生产第一线服务,保证广大职工有充沛的精力抓革命、促生产。

天津各级工会积极响应中华全国总工会通知要求，提出了不同的献礼竞赛内容，调动了广大职工的社会主义积极性。市模范标杆小组天津市磨床厂机工二组，实现生产高速度，产品质量超过国家下达的指标，成为"信得过"的班组。在献礼活动中，广大职工大搞技术革新，千方百计提高劳动生产率，努力赶超国内外先进水平。市工业学大庆先进单位天津永红橡胶厂虚心向兄弟单位和地区学习，对比国际先进水平的产品，大搞技术革新，使工厂生产的橡胶篮球、排球、水球在全国名列前茅。财贸战线的广大职工广泛开展了"服务良好月"活动，特别是饮食行业的职工，努力解决天津市群众吃早点排长队的问题。修配、服务、公共汽车、货物运输的服务质量也有不同程度的提高。

1978年9月28日，天津市总工会在第二工人文化宫召开向国庆29周年、向中国工会九大献礼报捷大会。160多个单位的代表向大会献礼报捷，其中7个单位的代表在大会上发了言，受到与会同志的热烈欢迎。大会指出，天津市各级工会组织在党委领导下，结合各行各业实际，积极献礼竞赛，取得了重要成效。大会号召，工人阶级要响应号召，深入揭批"四人帮"和天津市某些负责人的干扰破坏，拨乱反正，迅速掀起学科学、学技术、学文化的热潮。各级工会组织要解放思想，把广大职工学技术的积极性调动起来、组织起来，在党委领导下，搞好职工的技术培训。要在总结第三季度工作的基础上，动员广大职工大干四季度，保证八项经济技术指标赶上和超过本企业历史最好水平。要继续搞好"质量信得过"的班组竞赛活动，发动职工参加企业管理。要更好地关心群众生活，抓好职工食堂、托儿所、幼儿园的竞赛活动。

1978年10月11日，中国工会第九次全国代表大会在人民大会堂隆重开幕。这次大会是中国工人阶级为尽快把我国建设成为四个现代化的社会主义强国而奋斗的动员大会、誓师大会。邓小平代表中共中央、国务院致辞。大会指出，实现社会主义的四个现代化是一场根本改变我国经济和技术落后面貌，进一步巩固无产阶级专政的伟大革命。这场革命既要大幅度地改变落后的生产力，就必然要多方面地改变生产关系，改变上层建筑，改变工农业企业的管理方式和国家对工农业企业的管理方式,使之适应于现代化大经济的需要。全国工人阶级要在改革中起到大公无私的模范先锋作用。各级工会组织要用深入群众的宣传组织工作积极协助各企业顺利实现改革,为革命和建设事业作出新的杰出贡献。工会要教育全体会员积极参加企业管理。为了实现四个现代化,所有的企业必须毫无例外地实行民主管理,使集中领导和民主管理结合起来。工会要努力保障工人的福利,督促和帮助企业行政和地方行政在可能的范围内,努力改善工人的劳动条件、居住条件、饮食条件和卫生条件,同时要在工人中间积极开展各种形式的互助活动。工会组织必须密切联系工人群众,使广大工人都感到工会确实是工人自己的组织,是工人信得过的、能替工人说话、替工人办事的组织。[1]10月21日,中国工会九大胜利闭幕。这次大会历时11天。代表们通过学习、讨论,明确了新时期工人阶级的历史使命和工会工作的基本方针、任务。大会一致通过了关于倪志福代表中华全国总工会第八届执行委员会向大会所作的工作报告的决议,一致通过了关于修改《中国工会章程》的决议。大会指明了我国工人运动前进的方向,使代表们受到极大的教育和鼓舞。

中国工会九大闭幕后,天津出席大会的全体代表圆满地完成了大会的各项任务后返回天津。代表们表示,一定要把这次会议的精神,带回自己的岗位,把党中央的号令,迅速变为广大工人群众的自觉行动,为加速实现四个现代化作出新的贡献。

1978年11月1日,天津市总工会召开天津市传达中国工会第九次全国代表大会精神大会,市委第二书记、市革委会副主任黄志刚出席并讲话。会上宣读了华国锋、叶剑英的题词,传达了邓小平向中国工会九大的致辞,传达了中国工会九大的盛况和会议精神,并向全市各级工会提出了传达、学习、贯彻中国工会九大精神的具体意见。会议指出,要充分认识要在20世纪末实现更高程度的四个现代化的伟大任务,空前紧张地动员起来,在加快速度上想问

---

① 《中国工会第九次全国代表大会隆重开幕》,《天津日报》1978年10月12日。

题,动脑筋,发挥才干,多作贡献。要全心全意依靠工人阶级,通过职工代表大会等形式,吸收和组织工人参加企业管理,实行政治民主、生产民主、生活民主,反对凭"长官意志"办事的官僚主义、主观主义及瞎指挥的坏作风,充分发挥工人阶级的作用。要把工会工作提高到一个新的水平;紧密联系工人运动和工会工作实际拨乱反正;组织工人群众学文化、学技术、学科学,搞好工人阶级的团结,加强组织性、纪律性。在完成全年计划的关键时刻,工会要发动群众,深入开展社会主义劳动竞赛,做到优质、高产、低消耗,保证全面完成和超额完成国家计划;要关心群众生活,努力改善工人的劳动条件、居住条件、饮食条件和卫生条件;要切实加强党对工会工作的领导,整顿和加强各级工会组织,充分发扬工会工作的好传统、好作风,使工会真正成为党联系群众的桥梁和纽带。

1978年12月,党的十一届三中全会召开。大会作出了改革开放的重大决策,开创了中国特色社会主义事业,中国工人运动进入历史新阶段,天津工人运动迎来了健康发展、开拓前进的新时期。

后 记

历经两年多的时间,在编写组全体人员不懈努力下,我们如期完成了《天津工人运动史》的研究和撰述。从拟定写作提纲、选择典型资料到提出科学观点,编写组几经探讨切磋。初稿完成后,依据有关专家的意见建议,又对书稿进行了多次修改,力求在有限篇幅内对史实的阐述尽可能系统全面、准确科学。《天津工人运动史》的面世,倾注了编写组全体人员的心血。

本套书写作提纲由中共天津市委党校张新华教授和参与撰写的几位同志共同拟定,由天津市总工会审定。各部分撰稿人如下:序言和后记由张新华执笔;第一卷第一编由徐一卯执笔;第一卷第二编由杨肖执笔;第二卷第一编由常越执笔;第二卷第二编由赵静静、辛艺萱执笔。

本套书在撰写中参考了学界前辈、专家学者的丰硕成果,我们表示感谢。天津社会科学院天津历史文化研究中心执行主任暨历史研究所研究员任云兰,天津市总工会原机关党委专职副书记、机关党办主任、二级巡视员钟殿起,原市工会管理干部学院教授、天津工运理论研究所常务副所长孟令军,在本书写作过程中提出了宝贵意见和建议,我们非常感谢。由于我们学识能力所限,这套书对于天津工人运动史的研究还是初步的,书中肯定多有不妥之处,恳请方家指正。

在本套书撰写期间,得到了各有关方面的关心支持和指导帮助,中共天津市委宣传部、市委党校(市委党史研究室)给予了鼎力相助,我们深为感动,在此一并表示谢忱。

2025年1月